21 世纪全国高等院校物流专业创新型应用人才培养规划教材

现代物流基础

主 编 王 侃
主 审 吕向丽

北京大学出版社
PEKING UNIVERSITY PRESS

内 容 简 介

本书主要包括5篇13章。第1篇对现代物流的演化和所涵盖的内容进行了系统化的概括；第2篇讲述现代物流技术，从技术角度分析物流领域中的流动技术、节点技术和辅助技术；第3篇讲述现代物流经济，从经济角度分析物流行业特征及相应的产业政策；第4篇讲述现代物流系统，用系统的方法对现代物流系统进行了分析；第5篇讲述现代物流管理，主要从采购、运输、仓储配送、供应链等方面展开讨论。本书语言精炼、案例丰富，对物流领域涉及的理论、方法、技术等进行高度概括。

本书可作为普通高等院校本科物流管理、工商管理及相关专业或高职高专相关专业的教学用书，也可作为物流理论研究者和实际工作者的阅读参考书。

图书在版编目(CIP)数据

现代物流基础/王侃主编. —北京：北京大学出版社，2010.8

(21世纪全国高等院校物流专业创新型应用人才培养规划教材)

ISBN 978-7-301-17611-5

Ⅰ.①现…　Ⅱ.①王…　Ⅲ.①物流—高等学校—教材　Ⅳ.①F252

中国版本图书馆CIP数据核字(2010)第151561号

书　　　名：现代物流基础
著作责任者：王　侃　主编
策 划 编 辑：李　虎　刘　丽
责 任 编 辑：刘　丽
标 准 书 号：ISBN 978-7-301-17611-5/U・0032
出　版　者：北京大学出版社
地　　　址：北京市海淀区成府路205号　100871
网　　　址：http://www.pup.cn　http://www.pup6.com
电　　　话：邮购部62752015　发行部62750672　编辑部62750667　出版部62754962
电 子 邮 箱：pup_6@163.com
印　刷　者：北京中科印刷有限公司
发　行　者：北京大学出版社
经　销　者：新华书店
787mm×1092mm　16开本　20.5印张　470千字
2010年8月第1版　2010年8月第1次印刷
定　　　价：37.00元

21世纪全国高等院校物流专业创新型应用人才培养规划教材

编写指导委员会

(按姓名拼音顺序)

丛书总序

物流业是商品经济和社会生产力发展到较高水平的产物，它是融合运输业、仓储业、货代业和信息业等的复合型服务产业，是国民经济的重要组成部分，涉及领域广，吸纳就业人数多，促进生产、拉动消费作用大，在促进产业结构调整、转变经济发展方式和增强国民经济竞争力等方面发挥着非常重要的作用。

随着我国经济的高速发展，物流专业在我国的发展很快，社会对物流专业人才需求逐年递增，尤其是对有一定理论基础、实践能力强的物流技术及管理人才的需求更加迫切。同时随着我国教学改革的不断深入以及毕业生就业市场的不断变化，以就业市场为导向，培养具备职业化特征的创新型应用人才已成为大多数高等院校物流专业的教学目标，从而对物流专业的课程体系以及教材建设都提出了新的要求。

为适应我国当前物流专业教育教学改革和教材建设的迫切需要，北京大学出版社联合全国多所高校教师共同合作编写出版了本套《21 世纪全国高等院校物流专业创新型应用人才培养规划教材》。其宗旨是：立足现代物流业发展和相关从业人员的现实需要，强调理论与实践的有机结合，从“创新”和“应用”两个层面切入进行编写，力求涵盖现代物流专业研究和应用的主要领域，希望以此推进物流专业的理论发展和学科体系建设，并有助于提高我国物流业从业人员的专业素养和理论功底。

本系列教材按照物流专业规范、培养方案以及课程教学大纲的要求，合理定位，由长期在教学第一线从事教学工作的教师编写而成。教材立足于物流学科发展的需要，深入分析了物流专业学生现状及存在的问题，尝试探索了物流专业学生综合素质培养的途径，着重体现了“新思维、新理念、新能力”三个方面的特色。

1. 新思维

(1) 编写体例新颖。借鉴优秀教材特别是国外精品教材的写作思路、写作方法，图文并茂、清新活泼。

(2) 教学内容更新。充分展示了最新最近的知识以及教学改革成果，并且将未来的发展趋势和前沿资料以阅读材料的方式介绍给学生。

(3) 知识体系实用有效。着眼于学生就业所需的专业知识和操作技能，着重讲解应用型人才培养所需的内容和关键点，与就业市场结合，与时俱进，让学生学而有用，学而能用。

2. 新理念

(1) 以学生为本。站在学生的角度思考问题，考虑学生学习的动力，强调锻炼学生的思维能力以及运用知识解决问题的能力。

(2) 注重拓展学生的知识面。让学生能在学习到必要知识点的同时也对其他相关知识有所了解。

(3) 注重融入人文知识。将人文知识融入理论讲解，提高学生的人文素养。

3. 新能力

(1) 理论讲解简单实用。理论讲解简单化，注重讲解理论的来源、出处以及用处，不做过多的推导与介绍。

(2) 案例式教学。有机融入了最新的实例以及操作性较强的案例，并对案例进行有效的分析，着重培养学生的职业意识和职业能力。

(3) 重视实践环节。强化实际操作训练，加深学生对理论知识的理解。习题设计多样化，题型丰富，具备启发性，全方位考查学生对知识的掌握程度。

我们要感谢参加本系列教材编写和审稿的各位老师，他们为本系列教材的出版付出了大量卓有成效的辛勤劳动。由于编写时间紧、相互协调难度大等原因，本系列教材肯定还存在不足之处。我们相信，在各位老师的关心和帮助下，本系列教材一定能不断地改进和完善，并在我国物流专业的教学改革和课程体系建设中起到应有的促进作用。

齐二石

2009 年 10 月

齐二石　本系列教材编写指导委员会主任，博士、教授、博士生导师。天津大学管理学院院长，国务院学位委员会学科评议组成员，第五届国家 863/CIMS 主题专家，科技部信息化科技工程总体专家，中国机械工程学会工业工程分会理事长，教育部管理科学与工程教学指导委员会主任委员，是最早将物流概念引入中国和研究物流的专家之一。

前　　言

一、本书的主导思想

本书是按照全校或全院通选课的标准进行编写的，目的是让不同专业的读者能系统地了解现代物流的基本理论，引导读者理解现代物流的基础知识，指导读者把握现代物流主线上(供、产、运、销等方面)的核心内容，并可根据需要进行有选择性的拓展，最终使读者对现代物流的主体与体系有一个清晰的、整体的认识，并能掌握以现代物流系统为核心的重点知识与分析现代物流的一般方法。

二、本书的基本结构

本书的基本结构可以概括为“一条主线，四级阶梯”。

1. 物流技术是现代物流产业的基础

现代物流技术是一类专有技术，也是现代物流产业健康发展的基础。物流的基本流程是依靠若干专有技术支撑起来的。本书侧重介绍以运载为主的“流”技术和以物流枢纽为核心的“点”技术，以及支撑现代物流快速发展的辅助技术。

2. 物流经济是现代物流发展的动力

物流经济是现代物流发展的动力。现代物流经济从研究现代物流需求入手，分析了现代物流产业的供求特征、市场结构、产业组织、产业特性与产业政策。这对读者来说，无论是进入营利性组织还是非营利性组织，都会提供很大的帮助。

3. 物流系统是现代物流运行的机体

物流系统是现代物流研究中的核心内容。只有比较全面地了解现代物流系统，才能在物流管理中更好地驾驭现代物流系统。本书从系统分析入手，着重分析了工业工程的相关内容，并概要介绍了现代物流中一些典型的物流应用系统。

4. 现代物流管理是配置资源的过程

现代物流管理的本质是对物流系统的资源进行开发、整合与有效配置，并对现代物流系统的运行进行协调，最终使系统得到优化。本书侧重介绍了现代物流的采购管理、运输管理、仓储配送管理和供应链管理等内容。

三、本书的主要特色

本书力求以尽可能简练、易懂的语言对物流领域涉及的理论、方法、技术等进行高度概括，并力求化解专业性、技术性比较强的知识点，从而使不同专业背景的读者都能阅读；本书大约收集了 660 个小案例，可帮助读者理解对应的理论和分析；几乎每章都有一节案例分析，帮助读者从整体上理解该章的内容。

四、本书的学时分配(见下表)

章　节	内　容	建议学时
第 1 篇	现代物流概述	6
第 2 篇	现代物流技术	18
第 3 篇	现代物流经济	9
第 4 篇	现代物流系统	18～21(含机动 3 学时)
第 5 篇	现代物流管理	51～54(含机动 3 学时)
合　计		102～108★

注：★前 4 篇可以构成完整体系，即现代物流概论，建议使用 51～54 学时；第 5 篇可以独立，即现代物流管理，建议使用 51～54 学时。

五、本书的编写过程

由于现代物流产业正处在快速发展时期，相关的理论、技术等不断更迭，理论体系也比较繁杂，因此本书在体系构建上对主流的物流知识进行了新的整合。突出系统性与完整性，是编写本书的初衷之一。本书第 5 章的 5.2 节、5.3 节、5.4 节、5.6 节和第 10 章由迟咏梅编写；第 9 章的 9.1 节、9.2 节由刘志勇编写；第 12 章的 12.1 节、12.2 节、12.3 节由孙德明编写；第 13 章由翟学智编写；其余章节由王侃编写。本书由王侃统稿，进行必要的章节调整和内容增减；本书的课件策划由孙建霞负责；吕向丽担任本书的主审。在此一并致以诚挚的感谢！

由于作者的水平有限，难免会存在不足之处，恳请同仁及广大读者给予批评指正。

王　侃

2010 年 5 月

目　　录

第 1 篇　现代物流概述......1

第 1 章　现代物流的演化过程......1

1.1　现代物流的发展背景......2
1.2　现代物流的起步阶段......3
1.2.1　工业领域的物流问题......3
1.2.2　流通领域的物流问题......3
1.2.3　军事领域的物流问题......4
1.3　现代物流的成长阶段......4
1.3.1　1 项显著效果......4
1.3.2　2 个层面整合......4
1.3.3　3 类技术应用......5
1.3.4　4 条发展主线......6
1.4　现代物流的升级阶段......6
1.5　现代物流的发展脉络......7
本章小结......8
本章习题......9

第 2 章　现代物流的主要内容......10

2.1　定义分析......11
2.1.1　欧洲物流协会的定义......11
2.1.2　中国国家标准的定义......11
2.1.3　美国物流管理协会的定义......12
2.1.4　本书对物流的认识......12
2.2　基本功能......13
2.2.1　移动选择......13
2.2.2　储控选择......14
2.2.3　整合选择......14
2.2.4　配置选择......14
2.3　主要特征......15
2.3.1　系统结构越来越复杂......15
2.3.2　组合技术越来越专有......15
2.3.3　信息作用越来越重要......15
2.3.4　标准化应用越来越广......16
2.3.5　柔性化比例越来越高......16
2.3.6　社会化因素越来越多......16
2.4　整合趋势......17
2.4.1　技术的整合......17
2.4.2　行业的整合......18
2.5　核心价值......18
2.5.1　现代物流在宏观系统的地位......18
2.5.2　现代物流在经济领域的价值......20
本章小结......21
本章习题......21

第 2 篇　现代物流技术......22

第 3 章　流动技术......22

3.1　概述......23
3.1.1　流动技术的基本类型......23
3.1.2　流动技术的结构分析......24
3.1.3　流动技术的演化过程......25
3.2　技术特性......28
3.2.1　运载的动力性......28
3.2.2　运营的经济性......29
3.2.3　运行的安全性......30
3.3　使用技术......31
3.3.1　“装、运、搬、卸”设备的合理利用......31
3.3.2　运行时间的合理利用......32
3.3.3　主要耗材的合理使用......35
3.3.4　“装、运、搬、卸”设备的安全使用......36
3.4　案例分析......37
本章小结......38
本章习题......38

第 4 章　节点技术......39

4.1　概述......40
4.1.1　“点”的基本活动......40
4.1.2　“点”的主要功能......43
4.1.3　“点”的基本类型......44
4.1.4　“点”的功能拓展......46
4.2　设施......46
4.2.1　动态设施......46
4.2.2　静态设施......47
4.3　枢纽......50

4.3.1 水陆枢纽......50
4.3.2 陆路枢纽......52
4.3.3 陆空枢纽......53
4.4 案例分析......53
本章小结......55
本章习题......55

第 5 章 辅助技术......56

5.1 标准化技术......57
5.1.1 物流标准化的基本功能......57
5.1.2 物流标准化的基本内容......58
5.2 信息化技术......59
5.2.1 电子数据交换技术......60
5.2.2 电子订货系统......60
5.2.3 仓库管理系统......61
5.2.4 供应商管理库存技术......61
5.2.5 连续补货计划......61
5.2.6 销售时点系统......62
5.3 条形码技术......62
5.3.1 条码技术原理......62
5.3.2 一维条码......63
5.3.3 二维条码......65
5.3.4 物流条码......67
5.4 射频识别技术......67
5.4.1 基本组成......68
5.4.2 工作原理......68
5.4.3 电子标签......68
5.5 数字地球技术......69
5.5.1 遥感系统......69
5.5.2 卫星定位系统......69
5.5.3 地理信息系统......70
5.5.4 数字地球技术......70
5.6 RFID 典型应用......71
5.6.1 RFID 系统在国际航空通关中的应用......71
5.6.2 RFID 系统在高速公路收费中的应用......71
5.6.3 RFID 系统在图书馆管理中的应用......72
5.6.4 RFID 系统在门禁安保中的应用......72
5.6.5 RFID 系统在各种收费方式中的应用......73
5.6.6 RFID 系统在自动化生产线中的应用......73
5.6.7 RFID 系统在仓储管理中的应用......73
5.6.8 RFID 系统在列车车厢识别中的应用......74
5.6.9 RFID 系统在食品安全领域中的应用......74
本章小结......75
本章习题......75

第 3 篇 现代物流经济......77

第 6 章 经济分析......77

6.1 供求分析......78
6.1.1 物流需求层次......78
6.1.2 物流需求要素......80
6.1.3 物流供给类型......81
6.1.4 物流供给要素......82
6.1.5 物流供求分析......83
6.1.6 物流弹性分析......84
6.1.7 物流的投入与产出......85
6.2 主要业务......86
6.2.1 业务分类......86
6.2.2 业务内容......87
6.3 产业组织......88
6.3.1 现代物流产业的类型......88
6.3.2 现代物流产业的主要特征......89
6.3.3 现代物流产业组织......90
6.4 市场结构......95
6.4.1 现代物流市场的结构......95
6.4.2 现代物流市场的特征......96
6.5 案例分析......97
本章小结......98
本章习题......98

第 7 章 产业政策......99

7.1 产业特性......100
7.2 政府职能......101
7.2.1 体制机制建设......101
7.2.2 保护幼稚产业......102
7.2.3 干预物流市场......102
7.2.4 宏观物流调控......103
7.3 产业政策的类型......103

7.3.1 宏观调控政策 103
7.3.2 产业促进政策 104
7.3.3 规范行业管理 105
7.4 案例分析 105
本章小结 107
本章习题 107

第 4 篇 现代物流系统 108

第 8 章 物流系统分析 108

8.1 基础知识 109
8.1.1 构成要素 109
8.1.2 基本特征 110
8.2 物流系统 110
8.2.1 概念分析 110
8.2.2 结构分析 111
8.2.3 要素分析 111
8.2.4 功能分析 113
8.2.5 特征分析 114
8.3 案例分析 116
本章小结 117
本章习题 117

第 9 章 物流应用系统 119

9.1 工业工程简介 120
9.1.1 工业工程的产生 120
9.1.2 工业工程的定义 121
9.1.3 工业工程的内涵 122
9.1.4 工业工程的体系 123
9.1.5 工业工程的应用 124
9.1.6 工业工程的未来 127
9.2 系统仿真技术 128
9.2.1 仿真技术简介 129
9.2.2 物流系统仿真 130
9.3 生产控制系统 133
9.3.1 物料需求计划 133
9.3.2 制造资源计划 135
9.3.3 企业资源计划 137
9.3.4 计算机集成制造系统 137
9.4 企业物流系统 140
9.4.1 生产领域的物流系统 140
9.4.2 流通领域的物流系统 141
9.5 生产物流案例 146
9.6 系统分析案例 150
本章小结 157
本章习题 157

第 5 篇 现代物流管理 158

第 10 章 现代采购管理 158

10.1 现代采购概述 159
10.1.1 采购的意义 159
10.1.2 采购的定义 161
10.1.3 采购的目标 162
10.2 基本采购行为 163
10.2.1 研究采购市场 163
10.2.2 制定采购策略 163
10.2.3 评估与选择供应商 164
10.2.4 设计采购谈判策略 168
10.3 采购过程管理 169
10.3.1 采购成本管理 169
10.3.2 供应商管理 171
10.3.3 早期供应商参与 174
10.4 科学采购模式 175
10.4.1 电子采购 176
10.4.2 招标采购 178
10.4.3 准时制采购 180
10.4.4 集中采购 182
10.5 案例分析 184
本章小结 185
本章习题 185

第 11 章 现代运输管理 186

11.1 运输基础 187
11.1.1 运输行为 187
11.1.2 运输方式 188
11.1.3 运输产品 188
11.1.4 运输品质 190
11.1.5 经济属性 191
11.1.6 社会属性 192
11.1.7 运输系统 192
11.1.8 运输价值 194
11.1.9 运载概况 196
11.2 合理运载与不合理运载 197
11.2.1 合理运载 197
11.2.2 不合理运载 200
11.2.3 影响运载合理化的因素 201
11.2.4 削减不合理运载的原则 202

11.3 综合运输......203
11.3.1 综合运输的形成......203
11.3.2 综合运输的构成......204
11.3.3 综合运输的内容......205
11.4 联合运输......206
11.4.1 联合运输分类方法......207
11.4.2 国际货物多式联运......207
11.5 运载工具......209
11.5.1 船舶运载......209
11.5.2 汽车运载......212
11.5.3 列车运载......217
11.5.4 飞机运载......220
11.6 货运管理......222
11.6.1 运输形式......223
11.6.2 货运组织......226
11.6.3 运输调度......229
11.6.4 运输统计......232
11.7 运输财务......238
11.7.1 运价体系......238
11.7.2 收入分析......240
11.7.3 支出分析......240
11.7.4 成本控制......241
11.8 案例分析......242
本章小结......244
本章习题......244

第 12 章 仓储配送管理......246

12.1 仓储管理......247
12.1.1 仓储管理的含义......247
12.1.2 仓储管理的价值......247
12.1.3 仓储管理的利益......248
12.1.4 仓储管理的任务......249
12.1.5 仓储管理的流程......250
12.1.6 仓储管理合理化......254
12.2 库存控制......255
12.2.1 库存产生的主要原因......255
12.2.2 合理库存的总体要求......255
12.2.3 库存控制的基本内容......256
12.2.4 库存控制的常用方法......257
12.2.5 订货法控制库存简介......260
12.3 配送管理......264
12.3.1 配送含义分析......265
12.3.2 配送演化简介......265
12.3.3 配送功能分析......266
12.3.4 配送类型简介......266
12.4 配送中心......267
12.4.1 配送中心的功能......268
12.4.2 配送中心的分类......268
12.5 包装管理......268
12.5.1 包装的基本内涵......269
12.5.2 包装的主要功能......269
12.5.3 储运包装的技术......270
12.5.4 储运包装的类型......271
12.5.5 环境对包装的影响......272
12.6 案例分析......273
本章小结......275
本章习题......275

第 13 章 供应链管理......277

13.1 供应链基础知识......278
13.1.1 供应链的含义......278
13.1.2 供应链的特征......279
13.1.3 供应链的类型......280
13.2 供应链管理简介......281
13.2.1 供应链管理的基本目标......281
13.2.2 供应链管理的主要思想......281
13.2.3 供应链管理的运营原则......282
13.2.4 供应链管理的重要特征......283
13.2.5 供应链管理的相关内容......284
13.3 供应链管理务实......285
13.3.1 供应链管理规划系统......285
13.3.2 供应链合作伙伴选择......286
13.3.3 供应链的供应商管理......289
13.3.4 供应链的客户管理......291
13.4 供应链绩效评价......294
13.4.1 评价概述......294
13.4.2 物流评价......295
13.4.3 绩效评价......297
13.5 案例分析......299
本章小结......302
本章习题......303

附录 主要物流词汇英汉对照......304

参考文献......312

第 1 篇　现代物流概述

“物流”活动或行为自古有之。只不过在称谓上，没有像今天这样概念化和标准化，而且早期的“物流”行为及其所包含的诸多功能没有像今天这样被科学地整合。“现代物流”恰好是为了完成“基于现代技术的功能整合”这一使命而诞生的。

本篇主要介绍现代物流的演化过程、主要内容和在人类社会(区域)系统中的核心价值。

在第 1 章中，将以“远粗近细”的方式叙述传统物流向现代物流的演化过程，并对关键段落或关键事件进行点评。

在第 2 章中，将概要分析现代物流的内涵、功能、特征及现代物流所整合的内容，并通过分析现代物流产业或行业与社会经济的关系、结合现代物流的特点，归纳现代物流在当今社会经济中的核心价值。

第 1 章　现代物流的演化过程

【教学目标】

通过本章学习：第一，了解现代物流的基本演化过程、主要成长脉络和未来发展趋势；第二，熟悉现代物流在不同发展阶段的显著特征；第三，从整体去认识现代物流能在科技高度发达和全球经济一体化的时代快速发展的客观规律。

【教学要求】

知识要点	能力要求	相关知识
现代物流的演化过程	学会用回顾历史的视角研究 分析物流领域的演化与进步	了解传统交通运输业的演化过程 了解传统仓库和储存的演化过程
现代物流的不同阶段	熟悉按“特征”分类的方法 学会对研究的系统进行分类	了解工业革命后工业技术的发展 了解军事后勤领域中的物流发展
现代物流的发展脉络	学会对研究的对象进行归纳 掌握对研究的对象比较分析	了解现代物流大发展的社会背景 了解现代物流大发展的内在动因

章前导读

在现代物流之前是什么推动着物流的发展?

在远古时期，当人类第一次把多余的食物带回自己的栖息地时，人在行走，“物在移动”，最原始的“搬运”行为诞生；当人类第一次把多余的食物保存起来，最原始的“存储”行为诞生；当人类第一次借助河流中顺水流动的树木或竹子搭载捕获的猎物，最原始的“运载”工具诞生；当人类第一次把捕获的猎物圈养在围栏中，最原始的“保管”设施诞生……上面涉及的搬运、存储、运载、保管都是现代物流中的基本元素。

在漫漫的历史进程中，人类发明了独木舟，制作了马车，建起了仓库，人类进入了使用设施与工具来完成物品“储运”的时代。用经济的眼光看，是最原始的需求催生了最原始的技术。只不过当时还没有“物流”这一概念，而是用“运输”、“仓储”这样的功能来表示。由于早期区域系统结构的相对简单，并受科学技术不发达、社会生产力低下的约束，人类生存的基本需求量在很长时期内没有明显增加，需求水平也没有明显提高，所以“储运”行业的发展也十分缓慢，缺少需求刺激的储运技术也长期裹足不前。

到了近代，有两个重要原因刺激了传统储运业由不断积累的“量变”开始发生“质变”，并促进了传统储运业的快速发展，这恰好为现代物流的产生奠定了基础，而且成为推动社会发展的重要动力。

那么，这是两个什么原因呢?

1.1　现代物流的发展背景

从人类史的发展规律来看，各类需求量的不断增加、需求水平的不断提升，将会刺激相应技术的不断创新，并推动社会生产力的不断提高。传统物流业(以储运为主)也不例外，尤其是到了近代，频繁的、规模化的战争和日益扩大的商贸，成为传统物流业快速发展的重要原因。

应用实例 1-1　最原始的古代战争是双方士兵的拼杀，但随战争规模的扩大，逐渐演化出在保障己方粮草的同时，毁掉或争夺敌方粮草的战术，并成为兵家必争的另一个战场。这表明古代军事家已经逐渐意识到军需给养、军事后勤的重要性。

应用实例 1-2　在古代战争中，为了在战争中赢得先机，路径选择是一种重要的战争手段。在我国著名的“楚汉之争”中，韩信的“明修栈道，暗度陈仓”就是利用传递虚假信息，在战争的路径上大做文章，并最终通过开辟新的路径而出其不意、大获全胜。

应用实例 1-3　在古代商贸中，最初的陆上运载方式以畜力车(或畜力)为主，我国著名的“丝绸之路”最初就是以骆驼为主要运载工具进行远程商业贸易交往；而水上运载主要体现在河道的治理与船舶的制造。我国古代开凿的京杭大运河以及“郑和下西洋”，实际上就是在获得运载技术上的支持后，扩大了商业交往的半径和交易量。

以上的实例表明，一些古代的军事行为在不自觉地应用着物流的内在规律；古代的远程商业交往和不断扩大的交易量需要运载工具和物流方法的支持，而且有了新的技术支持，又促进了商业交往半径的扩大，从而进一步促进了贸易量的增加。

但是，在没有发明机械动力之前，还没有能够驱使“物”快速、大量、高效地“流”

转起来的运载工具，所以运载能力十分有限，同时，“物”在慢速、少量、低效率流动时，管理问题相对简单。用现代的眼光回溯在工业革命之前的物流，只是对简单储运功能的优化，并嵌在储运功能中，商业交往也主要停留在现场(集市)“以物换物”的阶段，商流与物流尚未分离。

到了工业革命时期，机械动力的发明和现代制造业的出现彻底改变了世界。全世界对“物”的需求呈“井喷”式扩张，而且要求“物”的流转方式多元化、流转效率不断提高。这使得传统的储运方式无法满足实际需求，变革也就成为必然趋势。

1.2 现代物流的起步阶段

现代物流的起步可以追溯到1765年(蒸汽机的发明)，在随后的180年中(截至1945年)，经过不断实践与研究，不同领域对物流问题的认识逐步深入。

1.2.1 工业领域的物流问题

在工业革命初期，作坊式的手工业开始向现代制造业转型，其主要内容是通过专业分工来替代由工匠完成全部工艺环节，目的是提高生产效率。因此，专业分工成为工厂设计的核心。随着制造业的发展，工厂设计的内容逐渐归纳为工序划分、生产流程、工艺布局和物料搬运等问题，分析和解决这些带有物流性质的问题，成为制造业物流的起源。

应用实例 1-4 20世纪30年代，泰勒制的科学管理提出了工厂布置(Plant Layout)、物料搬运(Material Handling)和操作方法(Operation Method)3项内容。其中，工厂布置又涵盖了工序划分、生产流程和工艺布局等内容；而物料搬运则是在确定条件下的“装、运、搬、卸”问题。涉及这两项内容的研究与应用，就成为制造业物流的雏形。

1.2.2 流通领域的物流问题

在20世纪初一些流通领域学者开始注意到流通领域中存在着“物流”功能，并认为：“物流是与创造需求不同的问题”；到了1915年，美国学者阿奇·萧(Arch Shaw)所著的《市场流通中的若干问题》中，首次用Physical Distribution (PD，实物分配)表示物流。美国学者克拉克则将商品的流通功能划分为交换、物流和辅助功能。此时，人们开始意识到商流与物流的分离，更重要的是流通领域开始挖掘到“第三利润”(节省原料、技术进步分别获得第一、第二利润)。

应用实例 1-5 传统的贸易方式是将产品运到集市上进行交易。但由于不知道买家的需求情况，最普遍的问题是，在一天的交易活动结束后，要把没有交易的产品全部运回产地。虽然后来逐渐出现了贸易货栈而减少了待交易产品的无效流动，但仓储成本随之上升，而且最终交易产品的流向有些指向原产地，即产生多余的流程。另一方面，商贸物资在储运过程中，因各种原因而产生多次的“装、运、搬、卸”，物资损耗比较大。所以在贸易实践中，上下游之间逐渐建立合作关系，通过良好的商誉(信用)，依靠产品的样品来实现交易，商流与物流实现分离。

1.2.3 军事领域的物流问题

在军事领域，军需给养、路径选择和信息传递等是支持战争的基本元素，也是军事后勤的核心内容。“军事后勤”(Logistics(法语))一词原意是补充兵源给养、武器弹药的兵站。军事物流的核心是必须在规定的时间内，把规定的军需送到规定的地点，而成本则退居其次。

应用实例 1-6 为了满足战争对军事物资的需要，如武器弹药的配置、兵源的补充和粮食药品的补给等活动，与军事后勤相关的运营管理技术得到了广泛应用。例如，通过运筹方法对补给线路进行优化，对兵员进行合理配置，对补给次序进行设计等。

应用实例 1-7 20 世纪的两次世界大战，物流技术与方法在军事领域得到了深度开发和广泛应用。第二次世界大战中的诺曼底登陆就是在“信息战”支持下的“流径”(各种物流通道的总称)选择问题，它与著名的“明修栈道，暗度陈仓”如出一辙。这种选择，使战争的局部区域出现敌我双方军事资源的不对等。与古代军事不同的是，现代战争中，现代信息技术成为辅助战争的重要元素。

综上所述，从工业革命开始，在随后的 180 年中，物流问题或物流现象在工业、流通和军事 3 个不同领域中，得到了认识、实践、研究与发展。更重要的是，一些系统科学的知识，如机械化的“装、运、搬、卸、堆、码”技术，以及正在快速发展的现代信息手段和储藏控制方法被逐渐应用到物流领域。至此，现代物流的雏形已经基本建立起来了。

1.3 现代物流的成长阶段

现代物流的成长阶段，大约经历了 45 年(1945—1990)。第二次世界大战后，由于军事物流的思想、技术和方法等逐渐从军事领域外溢，并逐渐被工商业采用，使得物流词汇 Physical Distribution(PD)逐渐被 Logistics 取代。实际上，物流的本质含义也发生了变化。在这一阶段，快速成长是物流产业或行业突出的特点，并可以用“1234”来形容现代物流的这种成长。

1.3.1 1 项显著效果

在第二次世界大战后大约 45 年的时间里，当时的新技术和科学方法对诸如储运这样的行业进行不断改造、整合，并伴随其发展，使得现代物流所取得的最显著的效果是大幅度地降低了全社会的物流成本。这样的成果在欧、美、日等发达国家和地区尤为明显。

应用实例 1-8 在 20 世纪 70 年代的石油危机之前，发达国家的平均物流费用占其 GDP 比重的 20%左右；在石油危机期间，则达到 25%左右；经过研发和应用，各种适合物流领域的软硬技术，到了 80 年代末，则平均下降到 15%以下，如美国 1990 年为 11.4%。①

1.3.2 2 个层面整合

在第二次世界大战后的 45 年中，随着运筹学、统计学、概率论、系统科学、管理科学与计算机技术的逐步成熟，支持现代物流对社会经济的微观和宏观两个层面进行了比较深入的整合。

① 《中国物流发展报告》(2001)，中国物资出版社，155 页图 7-6。

一是在微观层面，物流技术与方法的应用，将供应、生产、销售等环节串联起来，逐渐形成上下游企业一体化的供应链，而且随着实践的积累和研究的深入，供应链的主导权逐渐从上游向下游转移，集中表现为生产主导型开始向流通主导型、销售主导型转移。

应用实例 1-9 汽车产品最初由汽车制造商决定产量(确切地说由产能决定)，现在已发展到有效客户需求影响汽车产量，并影响整个供应链上所有配件和原材料的产量。也就是说，销售部门的销售信息将直接影响汽车生产计划，但在早期由于信息系统的支持不足，供应链的主导权掌握在生产计划部门，而销售部门尚未参与到运营决策中。

二是在宏观层面，现代物流的相关技术及其方法在各级政府的发展规划、政策法规中发挥作用，并比较集中地体现在物流枢纽和物流园区的规划、物流基础设施的投资建设、物流网络的逐步完善以及出台的各种导向性政策等方面。

应用实例 1-10 20 世纪 60 年代末，英国政府率先组建物流管理中心，开始灌输综合性的物流理念，并致力于发展综合物流体制和全面规划物资的流通业务。在强调为用户提供综合性服务的思想和模式下，英国政府对物流基础设施的建设起到了很大的作用，并扶持建立了多功能的综合物流中心。这些工作的逐步展开，对整个欧洲都产生很大影响。

应用实例 1-11 日本的现代物流发展带有亚洲特色，是由政府和民间共同建立健全的物流管理体制。从 20 世纪 60 年代中期政府倡导建设物流园区开始，到 1990 年颁布《物流法》，都对日本物流业的发展起到了极大的推动和保障作用。

以上两个层面的整合是在适宜的时间、以社会期望的服务水准和不断降低的物流成本将“物”配置到指定场所。

1.3.3 3 类技术应用

在第二次世界大战后的 45 年中，现代物流主要应用的 3 类技术是标准化、自动化和现代管理技术。

一是标准化技术在现代物流领域中得到了广泛应用。在物流领域中，标准化技术主要体现在尺寸(包括长度、面积、体积等)、工艺、流程和管理等方面。它大大地缩短了物流流程耗费的时间、提高了物流流程的综合效率。

应用实例 1-12 集装箱是国际标准化的典型。从 20 世纪 70 年代开始，集装箱得到了快速发展，并推动了运载工具和工属具的标准化，这使得集装箱的装卸、搬运效率大幅度提高，物流成本不断下降。物流流程的安全性和品质得到了极大的改善，并提高了物流流程的整体效率。

二是自动化技术在现代物流领域中得到了广泛应用。在物流领域中，自动化技术使得物流流程中多个环节的衔接，由自动的机械设施替代了原有的人工操作。这种替代使得物流流程的效率和整个流转过程的准确率都得到了大幅度的提高。

应用实例 1-13 立体货架配备巷道堆垛机(一种自动堆码、存放、拣取设备)和自动传输带使仓库库容的利用率大大提高，使装卸、堆码、拣取效率大大提高，使货物进出过程中的“损、差、错”率大大降低，并明显提高了“储控”(存储与控制)质量。

三是管理技术在现代物流领域中得到了广泛应用。在现代管理技术中，运筹理论、系统工程与系统方法的应用，牵引着现代物流快速的发展，使得物流领域逐渐从局部的、孤立的管理向整体的、系统的管理过渡。

应用实例 1-14 系统分析方法最具有代表性的应用是发现了物流系统中的“二律背反”规律，即：当物流系统中各个环节各自追求效率最大化的目标时，系统的整体效率反而无法实现最大化。如运输效率的最大化与仓储效率的最大化很难同时实现。

1.3.4 4 条发展主线

在第二次世界大战后的 45 年中，物流在不同领域中沿着 4 条发展主线逐渐形成了四大物流体系。

一是以大型生产企业，尤其是以制造业为中心，对采购、生产与销售进行了深度的整合，逐步建立起“采购—生产—销售”的供应链(或供销链)物流系统。

二是以大型运输公司，尤其是以集装箱运输公司为主，将运输服务转为更加便捷的物流服务，并逐渐延伸出真正意义上的“第三方物流”，即 3PL(3rd Party Logistics)。

三是以大型仓储业，尤其是由港口和物资部门等经营的仓储业为主，建立起大型的仓库与堆场，形成以集疏运系统为支撑的物流转运中心和以“储”为主的物流中心。

四是以大型批发与零售业为主，建立了以“配”为主的物流配送中心，而且配送的范围不断扩大，乃至构建出全球的物流配送系统。

应用实例 1-15 中国海尔集团的“流程再造”实际上就是以制造业为中心，对采购、生产与销售进行了深度的整合，属于典型的“采购—生产—销售”的供应链物流系统，而沃尔玛是跨国连锁的零售业，其背后依靠的是全球化的物流配送系统。

1.4 现代物流的升级阶段

从 20 世纪 90 年代开始，计算机、网络和通信等信息技术的成熟，IT 行业迅速发展和广泛应用，使得需要信息系统支持的物流领域获得了全面升级的契机，而全球社会经济的发展、理念的更新，也为现代物流的科学发展确定了方向。

(1) 信息技术的快速发展与成熟，为现代物流的全面升级提供了契机。

在信息技术强有力的支持下，物流企业和企业物流能够借助信息技术不断改善物流流程从而追求微观物流活动的效率。另一方面，各级政府提供的公共信息平台，大大消除了物流领域信息不对称的问题，也使建立在这个平台上的物流服务更加透明、公正和有效率。

应用实例 1-16 随着信息技术的进步，原料采购、产品制造和流通销售 3 个在过去相互独立的子系统，可以在共同的信息平台上进行多模式的整合，并形成以上下游关联企业为整合对象，建立在信息共享和战略联盟基础之上的物流信息管理系统，即基于信息系统化的“供应链”物流(Supply Chain Logistics，SCL)。整合后的物流信息管理系统，实现了上下游关联企业的纵向一体化管理。到了这个层面，物流活动被作为一个有机整体加以管理，以实现整个供应链经营效益的最大化。这只有在信息充分、快速、准确的支持下才能实现。

应用实例 1-17 由于信息技术支持建立多适用性的应用平台，使得不同的物流体系可以进行横向渗透与融合，所以，物流活动呈现由“点”连“线”、由“线”织“面”并向网络结构延伸，即物流活动由过去点状的、分散的个别活动，到由点与点连成的线状活动，再到由多个“点+线”构成的网络活动，如电子商务就是现代信息网络平台+现代物流系统。

(2) 发展理念的不断更新与实践，为现代物流的科学发展确定了方向。

进入20世纪90年代，大量先进的发展理念和科学的系统观念得到更广泛的应用，并在多方面获得成功。物流领域的理念同样得到更新，在这一个不断更新的过程中，一批现代物流的理念逐渐建立起来。本书把其中的6个核心理念归纳如下。

① 以信息化和标准化为基础的效率物流理念。

② 以完整流程更优化为核心的精益物流理念。

③ 以满足多元化需求为导向的营销物流理念。

④ 以多层次客户满意为宗旨的服务物流理念。

⑤ 以供应链为联盟参与竞争的系统物流理念。

⑥ 以经济可持续发展为方向的绿色物流理念。

应用实例1-18 随着社会的不断发展，绿色物流的内涵也在不断拓展。20世纪70年代，可持续发展概念提出后，物流领域注重的是有害气体的排放，如汽车尾气的CO排放；到了20世纪80～90年代，人们开始广泛关注污染物对大气及环境的整体影响，如硫化物造成的酸雨；而到了21世纪，人们更关注化石能源的消耗对环境的影响，如无毒的CO_2造成的温室效应。

总之，在现代信息技术支撑下的物流服务，逐步完成了各个环节的升级，“敏捷而精准”是物流服务升级后的突出特征，而新的发展理念推动了现代物流的科学发展。

1.5 现代物流的发展脉络

前面对现代物流的不同发展时期进行了粗线条的梳理，其中，不仅有物流功能的增加、物流内涵的丰富、物流范围的扩大，更重要的是现代物流还发展成为一个重要的行业、建立起一套理论体系和形成一个新的学科。把以上所叙述的内容进一步归纳，就可以更清晰地勾勒出现代物流的发展脉络，见表1-1。

表1-1 现代物流的发展脉络

	工业领域	军事领域	营销领域
20世纪之前	18世纪手工业开始向制造业转型，工厂设计逐渐涉及工序划分、生产流程、工艺布局和物料搬运等问题，分析这些带有物流性质的问题成为制造业物流的起源	古代战争的实践、演化与发展，使军需管理、路径选择、信息传递等问题在战争中显得越来越重要。实证表明，一些古代的军事行为在不自觉地应用着物流的内在规律	商业交往的出现、形成与发展，使许多物品成为商品。物与商相结合的“流”，在人类的创造下，凸现出来。借助日益发展的交通工具，实现了远程的商业交往
建立起步阶段(1900—1945年)	20世纪30年代，泰勒制的科学管理提出了工厂布置、物料搬运和操作方法3项内容。其中，前两项被称为制造业物流(Plant Layout and Material Handling)的雏形	1905年，第一次称物流是关于军需与移动的艺术，并用法语Logistics(兵站)表示，当时称为军事后勤。第二次世界大战中，调度军需的物流技术逐渐成熟并被广泛应用	1915年，营销专家开始研究物流，并用实物分配(Physical Distribution)表示。从20年代开始到1935年，认为物流存在于销售中，是物与服务在产销之间体现出的功能

续表

<table>
<tr><th></th><th>工业领域</th><th>军事领域</th><th>营销领域</th></tr>
<tr><td colspan="4">第二次世界大战后，运筹学、统计学、概率论、系统科学、管理科学与计算机技术逐步应用于物流</td></tr>
<tr><td>提速发展阶段(1945—1970年)</td><td>物流分析方法与系统思想不断结合，物流量化研究不断深入，并逐渐应用于物流工程与物流系统。另外，工厂设计的原则与分析方法被逐渐应用到非工业领域，如港口、机场、学校、医院等。工厂设计被设施规划(Facility Planning)所涵盖</td><td>第二次世界大战结束后，发达国家的军事与物流专家对物流在战争中的应用进行总结，并结合军备的技术革新，对军事后勤补充了新的内容。《后勤学》、《后勤管理》等专著就是理论总结的重要标志。与此同时，军事物流理论逐渐被应用于其他领域</td><td>营销实践进一步发现物流活动贯穿于商品供应、生产、销售的每一个环节，更重要的是发现商品最终价格中约50%与商品流通费用有关。降低物流成本，就可以挖掘到“第三”利润。因此，营销领域开始与商品制造业进行物流方面的资源整合</td></tr>
<tr><td colspan="4">自20世纪70年代开始，标准化、自动化和现代管理等技术逐渐应用于物流领域，现代物流的整合拉开帷幕</td></tr>
<tr><td>高速发展阶段(1970—1990年)</td><td colspan="3">现代物流的发展可以用“1234”来形容。即
1项显著效果，即企业财务成本与社会经济成本的节约。
2个层面整合，即微观层面的资源整合和宏观层面的政策整合。
3类技术应用，即标准化技术、集装化技术、管理技术的应用。
4条发展主线，即是以大型制造业为中心，对采购、生产与营销进行了深度的整合，逐步建立起“采购—生产—销售”的供应链系统；以大型运输公司为主，使运输大型化和更加便捷，并逐渐延伸出“第三方物流”；以大型仓储业为主发展起来的物流中心和集疏运系统；以大型批发与零售业为主，建立了以“配”为主的配送中心。</td></tr>
<tr><td colspan="4">自20世纪90年代开始，信息技术、通信技术、网络技术的快速发展为现代物流的全面升级提供保证</td></tr>
<tr><td>全面升级阶段 1990年后</td><td colspan="3">现代物流逐渐由从属地位转变为主导地位，物流系统在区域经济以及供应链中的重要作用凸现出来。一批率先研究与应用物流技术与管理的企业从中挖掘到了“第三利润”。由于物流产业本身具有明显的经济后效性，所以这批企业带动了一个产业群，使所在区域的整体经济受益，从而也使物流逐渐变成一个热门行业。
但是应该看到，截至目前，各国的专家学者对物流的认识还存在比较大的差异，这表明人们对物流的本质特征与内在的发展规律，还没有完全搞清楚，很显然，物流科学尚未成熟。</td></tr>
</table>

本章小结

根据本章分析，它有别于现代物流的本质是一种新的系统范式、一种新的技术组合和一种新的管理模式。传统物流只是为储运活动中的具体问题制定比较简单的解决方案，而现代物流除了对信息化、标准化、集装化等技术进行了系统化的整合，还上升到了规划、决策层面，为企业物流、国际物流、逆向物流、供应链物流、第三方物流、第四方物流甚至是第五方物流等提供解决方案。因此，正确认识现代物流的本质，准确理解现代物流的内涵，系统了解现代物流的内容，是学习与研究现代物流的基础。

本 章 习 题

1. 概念题

工厂布置　　第三利润　　第三方物流　　二律背反

2. 思考题

(1) 现代物流是在什么背景下产生的?
(2) 在不同阶段，现代物流分别具有哪些主要特征?
(3) 现代物流的基本演化过程和发展脉络是怎样的?
(4) 现代物流发展中的6个核心理念是什么？各自有怎样的内涵?

3. 分析题

(1) 试分析现代物流发展的客观规律和趋势。
(2) 试分析、比较军事物流、工业物流、商业物流三者之间的异同。
(3) 试分析PD和Logistics在概念和内容方面的异同。

4. 论述题

(1) 通过本章学习，从整体上概括现代物流。
(2) 试论述本章分析现代物流所采用的方法。

第 2 章 现代物流的主要内容

【教学目标】

通过本章学习：首先，理解现代物流的基本含义；其次，熟悉现代物流的基本功能与主要特征；第三，了解现代物流的技术整合；最终，从整体去认识现代物流所包含的主要内容。

【教学要求】

知识要点	能力要求	相关知识
定义分析	学会根据研究对象的特征进行定义	了解欧美等国家物流定义的演化
基本功能	熟悉现代物流活动的功能及其作用	了解传统物流的基本功能与作用
主要特征	学会分析归纳研究对象的主要特征	了解现代物流系统的组成与结构
整合范围	认识系统整合的重要作用及其方法	了解物流在不同层面的整合内容

章前导读

现代物流的内涵是什么？现代物流涉及哪些领域？

对于现代物流的定义、解释、归属等有多种。在很长一段时间内，对物流的认识停留在比较浅显的层面上，如：运输(包括过去的马车运输)、仓储等就是物流，只不过是把传统储运统称为物流；采购是物流；物流就是物的流动、货物流动；物流只是一种企业行为，它包含于企业管理或工商管理中；等等。

近100年来，尤其是近几十年，很多学者从技术、经济、管理和系统科学等视角对物流现象、物流活动、物流行为，以及物流所涉及的领域进行了研究、分析、诠释，尤其是在信息技术和国际互联网迅速发展并得到广泛应用后，传统物流发生了质的变化，完成了向现代物流的转变。

那么什么是现代物流？现代物流又涉及哪些技术、哪些领域？拥有哪些功能？这正是本章要论述的主要内容。

2.1 定义分析

要想了解什么是现代物流，首先要知道物流是被如何定义的，但是关于物流定义，在全世界范围内，在不同的历史阶段，有不同的含义与解释。截至目前(2010 年)，关于物流的定义至少有几十种。这说明人们对物流的认识并不统一。

尽管物流定义种类繁多，但是有些物流定义之间大同小异。因此有必要选择几个近现代比较有代表性的物流定义进行剖析。

2.1.1 欧洲物流协会的定义

1994年欧洲物流协会ELA(European Logistics Association)的定义：物流是在一个系统内对人员及商品的运输、安排及与此相关的支持活动的计划、执行与控制，以达到特定的目的。

在这个定义中，有以下3个问题值得探讨与研究。

一是对物流所处的领域给了“在一个系统内”这样的界定。由于对系统没有明确地表达，因此也就无法知道该系统的特征与外部环境。这对于物流研究而言，增加了不确定因素，并需要对所研究的系统特征给予描述。

二是将“人员”作为研究对象之一。所带来的问题是把高智能的“人流”也归于物流，由于“人”的流动特征与“物”的流动特征有明显不同，两者放在一起研究，在思路、方法和条件等方面，有着不同层面上的差异。

三是将实物对象限定在“商品”上。这种限定把物流的研究范畴缩小了，它有可能把消费领域中的消费性流动排除在研究范围之外了，例如，居民搬家或文体器材因各种比赛、演出而移动时，显然会有流径选择、中途保护以及时间限制等要求，但与商品无关。

2.1.2 中国国家标准的定义

进入21世纪以后，为适应我国物流业发展的需要，原国家内贸局组织专家编写了《物流术语》，并作为国家标准(GB/T 18354—2001)于 2001 年 4 月颁布，同年 8 月 1 日实施；并于 2006 年修订补充了《物流术语》(GB/T 18354—2006)，于 2006 年 12 月 4 日发布，2007 年 5 月 1 日实施。《物流术语》对物流概念做出如下表述：物流(Logistics)是指物品从供应地向接收地的实体流动过程。根据实际需要，将运输、储存、装卸、搬运、包装、流通加工、配送、信息处理等基本功能实施有机结合。

该定义实质上说了两层意思：第一句话是对物流的定义；第二句话是说物流的主要功能与内容。

这个定义同样有值得商榷的地方。

第一，在“物品从供应地向接收地的实体流动过程”中，物品只能是实体，所以“实体”二字就显得多余了；第二，“供应地向接收地”只是一个单向过程，且供应要与生产、销售相关联，又把物流限制在商品的范畴中了；第三，把物流等同于物品流，这比现代物流的研究范畴要小。

2.1.3 美国物流管理协会的定义

2002 年，美国物流管理协会 CLM(Council of Logistics Management)的定义：物流是供应链过程的一部分，是对货物、服务及相关信息从起源地到消费地的有效率、有效益的正向和反向流动和储存进行的计划、执行和控制，以满足顾客要求。

其原文为：Logistics is that part of the supply chain course that plans, implements, and controls the efficient, effective forward and reverse flow and storage of goods, services, and related information between the point of origin and the point of consumption in order to meet customers’ requirements.

美国物流管理学会的定义同样值得探讨，其定义从一开始就把物流限定在供应链的范畴内。这样的限定带来两方面的问题。

一是需要对供应链定义并界定范畴。

二是需要确定供应链范畴外的领域是否还有物流行为。

通过以上分析表明：从事物流研究的专家学者对物流的认识并没有统一。这样的结果，说明研究物流的专业人员，仍然是在不同的子域和不同的层面上，从不同的视角、用不同的方法去深入地揭示研究对象的特征与本质规律。

2.1.4 本书对物流的认识

通过对上述比较典型的物流定义进行综合比较分析发现，需要进行深入研究的问题主要有 4 个方面：一是物流所涉及的领域；二是物流的全部价值；三是物流的全过程；四是物流所包含的内容。

这就需要在更广的领域里、更深的层面上、更多的流体中研究物流，目的是要对物流的本质特征给予清晰的表达。

物流(Matter Flow)是人类在所涉足的区域中，使目标“物”选择更有价值的广义流动行为和对完整流程的优化，物流由客体流、载体流及相关的信息流等组成，其使命是协调多流之间的平衡，追求的是区域系统的效率与效益。

对物流有这样的认识，核心是在以下 3 个方面拓展。

1. 在更广的领域里研究物流规律

截至目前，物流研究主要集中在军事领域、生产领域与流通领域，并以研究经济品的流动为主。实质上，物流行为还贯穿于消费领域，也需要研究非经济品的流动，例如，居民搬家、文体团队的器材搬运、城市生活垃圾处理等消费型流动，显然不能归属于生产与流通领域，同时也与经济品的流动特征有差异，但这些流动同样耗费经济资源，同样有时空方面的要求，而且也有比较大的流动量，因此对这些物流进行深入研究也是十分必要的。

2. 在更深的层面上研究物流价值

近 100 多年来，对物流价值的研究主要集中在微观与宏观两个层面上的经济价值，但实质上，物流价值还应该包括非经济价值。因此用“价值”而不是“经济价值”，可以在更深的层面上研究物流问题，例如，优化流径、流程的经济价值背后还有其社会价值，它们的非经济价值对不同性质的组织、甚至是社会结构的变迁都会产生多维度的影响。

3. 在更多的流体中研究物流本质

在以往的定义中，基本上认为物流是实物(商品或物品)的物理性流动，但实物流动并不能准确地表达物流的本质，例如，实物流动包括客体流和载体流，前者是服务对象，后者是服务工具，两者在实际流动中的多项评价指标并不一致，这说明这两类流的特征存在差异。因此，将这两类“流”组合在一起用实物流来表达，对更深入地研究物流本质会形成干扰。所以，2002 年美国物流管理协会(CLM)定义物流时认为，物流由“货物、服务及相关信息”构成。这说明 CLM 对物流本质有了更深的认识，但仍有没有表达的信息：一是没有将供给方提供的载体流涵盖在定义中；二是仅仅以满足顾客要求为导向，就可能在找到可行解(能满足顾客的方案)后便给予实施，从而忽略了可能的更优解，使物流供给方潜在的节约社会资源的方案无法实现。这种情况在现实经济中还大量存在，例如，当某项物流业务可以获取比较高的利润时，企业很少关心解决方案是否是更优解。因此在定义物流时，就不能仅仅以满足顾客要求为导向，还应兼顾社会资源总耗费的节约。

以上分析，就“什么是物流”展开了讨论，而现代物流则需要把现代最新的、适合物流领域应用的技术、方法、策略、思维方式等应用于物流行业、产业或物流研究之中。最终所形成的，一定是原有任何专业或领域所不能替代的新兴专业或领域。

2.2 基本功能

根据中国《物流术语》(GB/T 18354—2006)对物流的定义，其物流流程中主要包括运输、储存、装卸、搬运、包装、流通加工、配送、信息处理等环节。这些具体环节本身并不是真正意义上的物流，对这些具体环节进行系统的归类与概括，现代物流行为大体可以归纳为：移动选择、储控选择、整合选择、配置选择这 4 类基本功能。下面将对这 4 类基本功能展开比较深入的讨论。

2.2.1 移动选择

能使“物”产生空间“移动”的方式主要有“装、运、搬、卸”4 种形式。在物流系统的节点(或称枢纽)内，这 4 种方式经常会联合使用；而在物流网络的流径上，则以“运”(运输或运载)为主。需要强调的是，“装、运、搬、卸”只是移动“物”的基本手段，自古有之，而在复杂条件或复杂环境下如何系统地使“装、运、搬、卸”的组合效率不断提高、并提供更安全可靠的整体流程方案，才属于现代物流要研究的问题。

应用实例 2-1 在移动“物”的过程中，交通运输行业考虑的如何提高运输工具技术速度(对运输工具进行技术创新)、运行速度(改善交通网络)，而现代物流则是研究如何选择最佳路线、如何减少不必要的停顿环节、如何根据外部环境测算最佳的速度组合，最终获得最优的流程，并追求流程的综合效率不断提高，如流程合理耗时与流程成本的最佳平衡。

2.2.2 储控选择

当“物”停止移动时，它应该被有序地存放在预先选择好的、便于保管的安全地方。这既包括了“物”的存储，也包括了对“物”的控制。现代物流更侧重利用现代信息技术和管理技术选择储藏和监控物品的有效方法。因此，如何“储控”是提高现代物流系统效率的重要环节。

应用实例 2-2 仓储管理系统是现代物流系统的重要子系统。它会根据储藏物的品名、种类、保质期、储藏理化特性(如温度、湿度)等，选择控制方法；根据货类分类，设计防鼠、防虫、防霉变、防尘、防晒、防污染(有害气体、液体和固体，如放射性材料)等措施。现代物流所追求的“控”，是安全前提下“储”的综合效率，这与传统仓储仅以“储”为核心有本质的不同。

2.2.3 整合选择

在 20 世纪 70 年代之前，“物”的加工过程基本在生产领域内完成，但在市场趋向全球一体化和消费需求趋向多层次演化的背景下，一个企业必须对市场(信息)的变化有敏捷的反应。因此，根据客户的需求，对“物”进行拆分、组配、包装等方面的工作，逐渐地从生产领域转移到与市场结合更紧密的流通领域。所以最初称为“流通加工”。流通加工的本质是根据不同层次的、多元化的需求，对供给“物”进行按需整合。根据不同对象选择流通加工方式是现代物流的核心。

应用实例 2-3 钢厂生产的薄板，大多以整卷的方式出售，但需要薄板的企业，如冰箱、洗衣机、汽车制造厂等，则需要规格繁多的薄板，所以把裁剪工序交给物流企业去做，可以通过“规模客户群”选择套裁，从而提高薄板的利用率。这也是生产企业将非核心(竞争力)业务外包的“双赢”模式，而且在流通领域中的物流企业，可更敏捷地嗅到市场变化的信息，规避单一客户的风险。

2.2.4 配置选择

现代物流系统具有调控客体流、载体流和信息流的功能，所以可以对涉及区域的各类资源进行合理配置，最终可使区域系统整体的有形实体流的总量趋向最小化。如何配置主要涉及宏观层面上的流径调整、物流枢纽或节点的合理布局，以及微观层面上如何选择合理的采购方式、如何选择合理的流径、如何选择多式联运的最佳组合方式、如何为交通工具合理配载(包括合理配置载重量、合理积载)等。配置不仅包括规划问题，还包括方案设计和调度优化等问题。

应用实例 2-4 如今世界级规模的港口，年吞吐量达到4～5亿吨，集装箱的年吞吐量达到2000万TEU(标准箱)以上，最大型的集装箱船可承载约14000个TEU。如此大型化的港口与船舶，使得港口的集疏过程越来越复杂，需要港口调度系统、港口集疏系统与船舶积载系统等充分配合。选择配合作业流程，为的就是实现高效率地配置。

尽管配置功能在更多时候是将前面的3个功能融合在一起，但配置选择已越来越重要。随着越来越复杂的物流系统被使用，配置功能将会上升为现代物流系统的主导功能。

2.3 主要特征

讨论现代物流的主要特征，是相对于传统物流而言的。现代物流集成了当今世界上许多先进的科技成果和管理方法，并逐步将物流系统聚集成为特征突出的、结构复杂的开放系统。从系统整体的视角去考察，现代物流具有以下特征。

2.3.1 系统结构越来越复杂

传统物流只是将物流最基本的功能进行简单叠加。系统性不完备、结构相对简单是传统物流最突出的特征。随着物流需求的不断分层与多元化，需要物流系统不断应用各种科技方法，将物流的各项基本功能进行更合理的联系，并使各功能趋向更紧密、更佳的组合。在不断完善物流功能的同时，也使物流系统的结构越来越复杂。

现代物流系统的复杂性主要表现在：一是不同功能之间并非都是刚性联系，而存在大量柔性联系和随机联系；二是根据不同的物流需求结构而形成了种类繁多的子系统，这些子系统根据千变万化的需求随机可调，这就需要现代物流系统及其结构也要具备随机可调性。

应用实例 2-5 一些地方发生自然灾害，救助比较缓慢，主要由于物流系统的信息化水平比较低和物流应急系统受系统结构性缺陷的约束，导致物流系统的响应比较慢、流量集疏比较困难，并使得物流系统恢复的时间也比较长。

2.3.2 组合技术越来越专有

现代物流所特有的组合技术，如智能化仓库(自动化与仓储技术的组合)、单元化托盘(标准化与包装技术的组合)、国际多式联运(集装化与运输技术的组合)等，都是根据社会需求而发展起来的。随着不断发展，多种技术以及与这些技术相匹配的管理方法等的专用化程度越来越高。这些都为开展现代物流提供了保证，也大大提高了各种效率。

应用实例 2-6 机械化、自动化的传输系统，在制造业中早就存在，传统的立体化仓储也早就出现，但将两者结合起来，并精确计算库容、装卸、出入库、集约化等方面的效率平衡，突出有效控制的智能立体库，则是现代物流所特有的组合技术。

2.3.3 信息作用越来越重要

信息化在实现现代物流作业一体化、系统化方面发挥着越来越重要的基础性作用。现代物流的本质甚至可理解为：基于现代信息处理技术下的实物流程的择优。信息流把现代物流的各项功能和各个环节有机地、高效率地结合起来，并随时控制着物流系统按照预定的目标运行，甚至可以说，没有现代信息技术，就不存在真正意义的现代物流。

应用实例 2-7 在信息处理技术尚不发达、没有广泛进入应用领域时，物流流程的选择主要依靠手工计算，这不仅需要消耗大量的时间、纸张，而且无法实现复杂程度比较高的优化方案。如今，通过各种处理软件，可以找到更优解，通过 GPS(全球卫星定位系统)实现全球定位；通过 EDI(数据交换)技术加密并实现无纸化单证作业；通过 Scanning(扫描)技术、Bard Code(条码)技术、RFID(电子射频)技术，快速而准确地实现优化方案。

2.3.4 标准化应用越来越广

物流标准化，尤其是国际标准化是现代物流系统中的一个核心内容。由于现代物流是将越来越多的功能组合在一起，必然需要各种衔接技术或方式。标准化技术恰好可以在衔接环节中最大限度地提高衔接效率。这也就是现代物流能将传统的运输、仓储、包装等功能或环节有机地整合在一起的重要原因，而且从本质上有别于传统功能。

应用实例 2-8 国际多式联运之所以能在近几十年得到广泛运用，是因为集装标准化、工属具标准化、托盘标准化等技术被充分运用。在 20 世纪 70 年代之前，装卸一个 20t 的货箱，需要捆扎、起吊、落位和解除缆绳等环节，最快也需要 5min 左右，而当今 20t 的标准化集装箱，1h 装卸量已经超过 70 箱，装卸 1 个标准箱(TEU)不到 1min。

2.3.5 柔性化比例越来越高

现代物流的柔性化，是以不断分层的物流市场需求为中心或导向并能做出快速反应、及时调整作业内容的一项工作。随着市场需求越来越多样化与个性化，物流需求呈现出种类越来越多、订货周期越来越短、批量越来越小、时间性越来越强、频次越来越高、不确定性越来越明显的特点。柔性化的本质，是要在满足需求的同时有效地控制物流成本。

应用实例 2-9 如今的小轿车生产越来越多地按照客户订单执行，但由于客户的需求是五花八门的，这就要求在轿车的生产线或组装线上，能够根据不同的订单要求同时组装不同颜色、不同配置，甚至是不同规格的轿车。这就需要通过物流技术把过去的刚性生产线及其流程改造为具有柔性化的流水线。

2.3.6 社会化因素越来越多

在经历了 100 多年的沧桑巨变，现代物流作为一个新兴产业得到了充分的发展。以仓储、运输和零售配送为主的企业，逐渐发展为“第三方”物流的形态，向社会化物流服务转变，并逐渐成为现代物流的主流；制造业物流、军事物流的方法与应用，也逐渐被商业、公共领域所采用，并在国民经济中发挥着重要作用，而且物流资源社会化，提高了资源的利用率。

应用实例 2-10 现代物流是社会化程度比较高的领域。当今世界，绝大多数的产成品，只有比较短的时间是处在完全封闭的生产状态，其余大多数时间都处在流通领域或消费领域，如组装一辆轿车仅需要几分钟时间，而且在高度专业化生产的今天，部分零部件的生产也只需要几秒到几分钟，所以生产一部轿车所需的时间大部分集中在流通过程。

2.4 整合趋势

在近现代社会发展进程中，技术领域越来越专业，社会分工越来越精细，不同学科、不同领域却又在相互交叉、相互融合，向综合化发展。现代物流正是在这样的背景下，将不同学科、不同领域的技术、方法、经验等有机地融合在一起，不断地组合各种技术、衍生自身功能、扩大应用范围。

2.4.1 技术的整合

在第 1 章中概要地介绍了现代物流的发展脉络。在这一发展脉络中，物流技术的整合是沿着以下两条主要路径展开的。

1. 以制造业为主体的技术整合

在 20 世纪 20 年代左右，以美国工程师泰勒所推行的科学管理，注重操作法、工厂布置和物料搬运的实验及研究，并通过所积累的实践经验，梳理工厂内部的生产组织与企业内的“物流”问题。最终将这些内容归纳到“工厂设计”之中。定性分析带有物流性质的问题，是这一阶段的主要技术特征。其突出的贡献是将种类繁多的问题进行了归类。

应用实例 2-11 20 世纪 20 年代，美国的制造业已经进入大规模生产阶段，而当时制约大规模生产的一个重要因素是物料搬运还需要使用大量人工，如何使搬运更有效率实际上是如何优化搬运流程的问题。泰勒在当时主要是通过实验的方法寻找最佳方案。

第二次世界大战结束后(1945 年以后)，运筹学、统计学、工程数学、系统工程、系统分析与管理科学的相关理论被应用到工厂设计与物流分析中，以数据和定量分析操作法、工厂布置和物料搬运来代替经验与定性分析是这一阶段的主要技术特征，“设施规划”一词也逐渐替代了“工厂设计”，但此时，物流技术还没有独立出来。

应用实例 2-12 在第二次世界大战期间，由于要大规模生产飞机、坦克、大炮等军需物资，不仅需要工程技术的支持，而且对大型设备的组装与流转需要在工厂设计或设施规划中给予解决。好的设计方案可以提高组装与流转效率，其中主要解决优化流程时各工序的协调。

到 20 世纪 70 年代以后，随着计算机技术的应用与普及，工厂物流分析大量地依靠计算机及其辅助程序来进行。从位置配置法(CRAFT)、相互关系法(CORELA)、自动设计法(ALDEP)、分析评价法(PLANET)等到仿真研究、柔性问题研究、模糊问题研究，再到柔性制造(FMS)、计算机集成制造系统(CIMS)、准时制(JIT)，工厂物流系统的研究突破了工厂本身，向上扩大到采购领域，向下扩大到销售领域，供应链基本建立起来了。

应用实例 2-13 20 世纪 70 年代以后计算机被广泛应用，设施规划主要是通过各种海量数据的定量化分析计算来实现的，如 CIMS、FMS、JIT 等都是通过计算机集成系统和网络化系统来完成产品的制造、零配件的准时供给。

2. 以流通业为主体

流通业主要是通过不断采用先进的装运搬卸、仓储与流通加工技术，并将这些先进的技术组合在一起，而最终实现整合。更重要的是这种系统性的整合，在信息技术的支持下，将过去单纯的装、运、搬、卸、储等功能，构建成为拥有配送功能的物流系统和物流网络。这样的结果，使“点”上的功能得到强化，使网络中的“流”更为合理。

应用实例 2-14 流通业在运载工具的大型化、高速化；搬运设备的自动化、专用化；仓储设备的立体化、智能化；信息处理与传输的多样化、网络化；储运装卸单元标准化、集装化等技术的支持下，并通过物流管理技术的整合，使第三方物流真正走上历史舞台。

以上两条整合路径所包含的技术，在 20 世纪 80 年代后又进一步相互借鉴、相互融合，不断把现代物流的技术水平、管理水平推向更高的层面。

2.4.2 行业的整合

从物流的基本功能来看，不难发现：一些大型的制造业、运输业、仓储业、流通加工业、批发零售业以及新兴的电子商务业等，纷纷开展物流业务或加入到现代物流行业中，但是整合的方式有所不同，大体可以分为实质性整合与虚拟性整合。

1. 实质性的整合

实质性整合后的物流企业或行业具有现代物流的某些功能或全部功能，具体表现在实实在在的企业兼并、原有功能水准的提升、应用范围的拓展等。

应用实例 2-15 某远洋运输公司，过去只承担货物的海洋运输，功能相对单一。随着业务需求变化逐渐转向国际多式联运、海陆空配合运输。这需要物流方案的支持，并衍生出大量的物流业务，如船舶积载、港口集疏、航线配载等都需要物流技术的支持。在这样的背景下，该远洋运输公司根据实际的业务需要，实行战略转型，转向以远洋运输为主的现代物流企业。

2. 虚拟性的整合

所谓虚拟性整合，是根据客户的实际需要，将具有不同物流功能的企业，按客户合同要求，进行功能组合，完成合同后，按承担的工作量，进行利润分配。

应用实例 2-16 无船承运人本身没有运输船舶，但可以承揽水路运输业务。实际上，它在进行虚拟性整合，将运输、装卸、业务处理等整合在一起，并对流程进行优化。

2.5 核心价值

在人类社会系统(或区域系统)中，人类社会的所有活动，主要由生产、流通和消费领域组成。不论在哪个活动领域，都一定存在“物”的“位置”被改变，可能存在的“物”的“性质”被改变。很显然，前一个行为的集合就是“物”的流动，它贯穿于整个人类社会的活动中，并成为使人类社会系统、国民经济系统能够正常流转的“血液”。

2.5.1 现代物流在宏观系统的地位

一个社会系统或经济系统能否健康流转，很大程度上取决于“血液”的质量与供给状况。当人类社会系统和经济运行系统演化为越来越庞大、越来越复杂的系统时，对“血液”

需求的品质、质量及供血方式，都需要随之改变。现代物流及其科学，实质上就是研究如何更好地提供更优质的“血液”。因此，正确认识现代物流与人类社会系统和经济运行系统的关系，以及该关系在其中的地位与作用，有着十分重要的理论意义与现实意义。

1. 现代物流是人类社会系统的核心组成部分

为了使人类社会系统能够正常运行，系统必须要有向系统“组织”输送血液的“脉络”和使组织正常运转的“血液”。很显然，一个区域内的“流径集”(各种交通运输线路的集合)就是输送“血液”的脉络，而不断运动的“流”实际上是脉络中流动的“血液”。两者共同构建了人类社会系统中的“输血”子系统。所以说，现代物流是人类社会系统的核心组成部分。

应用实例 2-17 2001 年 9 月 11 日，美国遭到有史以来最严重的恐怖袭击，恐怖分子劫持了 6 架客机，其中 2 架直接撞向“世贸大厦”。美国政府立刻进行空中管制，在随后的 3 天内，全国所有的飞机禁飞。这一措施随后产生了“牛鞭效应”，一批物流企业和制造业相继倒闭。这个实例可以充分说明，现代物流是人类社会系统中的“血液”，系统一旦“缺血”，将运转失常。

既然现代物流是人类社会系统的核心组成部分，它必然要承担或肩负保证社会系统正常运转的使命。为了使越来越庞大、越来越复杂的人类社会系统能够正常运转，现代物流应该以尽可能少的能源，尤其是以尽可能少的“化石”燃料(即不可再生的能源，如煤炭、石油、天然气等)的消耗，保证系统运转。其原则如下。

一是要实现按照人类社会系统的实际需要供给“血液”，即各种实体“流”，要保证人类社会系统的正常运转。众所周知，血液系统是可循环系统。所以，人类社会系统的“血液”，包括各种正向的、逆向的实体“流”。

二是要使待流动的“血液”尽可能地选择更合理的“流径”(不同类型的运输线路的统称)，以实现物流流程在已经存在的区域网络中能选择更优化的方案。这实际是对“流径择优”问题的高度概括(不包括流径网络规划不合理的问题)。

三是要尽可能除去待流动“血液”中的无效成分，使流动的“血液”更纯、更有价值，并以更优质、更节能、更有效率的状态源源不断地流向所需要的区域组织中。这实际上是在整个区域系统中，追求更有效果的流动。

2. 现代物流是经济系统正常运行的重要基础

由于现代物流(血液)是人类社会系统正常运行的核心组成部分，也就必然成为社会经济系统中不可缺少的元素。因为保证“供血”是经济系统正常运行中十分重要的基础性工作，但要保证“供血”，仅仅依靠“血液”本身是远远不够的。它还需要“供血”系统提供强有力的支持。从这个层面分析，在整个经济系统中，现代物流子系统恰好能够担负起支撑现代经济系统正常运行的责任。所以说，现代物流是经济系统正常运行的重要基础。

应用实例 2-18 以往的区域或城市规划、尤其是早期的规划多以诸如天然河道、原有道路以及各种形态的土地等静态元素为依据，导致规划实施后常会出现流径供给不足或供给无法有效地解决“流量”峰值需求问题，或者出现投资过于超前，流径效率比较低的问题。在当代，把现代物流的思想和方法融入区域或城市的规划中，会取得更好的效果。因为现代物流把诸如“流量、流速、流向、流时”等动态元素及其演化规律与静态元素进行了有机的融合，因此可以比较好地解决区域或城市中的峰值“流量”问题。

上述案例表明，区域网络系统需要与现代物流系统进行科学的整合。由于区域网络系统是一个区域的骨架，其基础性显而易见，而现代物流的理论与方法可以在优化系统的“骨架”结构方面发挥重要作用，所以，现代物流在经济系统中的基础性作用更为突出。

2.5.2 现代物流在经济领域的价值

在经济领域，无论是宏观还是微观方面，其经济循环都在追逐各自利益的最大化。无论是宏观的经济效益还是微观的财务利润，都是通过计算赢利与成本之间的差额来体现的。为实现利润或价值的最大化，降低各种消耗都是最基本的原则与方法。

应用实例 2-19 人类在工业革命的初期，主要通过削减原材料的消耗来降低成本，从而获得利润。这种通过节约原料获得利润的方法，逐渐被公认为“第一利润源泉”，但这一“挖掘利润”的过程主要在生产领域实现。当经过多年或多轮的市场竞争后，对于单纯依靠节约原料来挖掘第一利润，已经呈现出明显的“边际递减”的趋势。

应用实例 2-20 随着新技术革命的不断深入，科学技术逐渐成为影响成本的重要因素，而且以技术密集为核心的劳动成本占有越来越大的比重。在这种背景下，提高劳动投入的产出效率成为企业的必然选择。这种选择逐渐被称为“第二利润源泉”。追逐第二利润，到目前仍是方兴未艾，而且从生产领域向流通领域拓展。

应用实例 2-21 当“第五项修炼”被(美国的彼得·圣吉)提出时，决策者、管理者开始进行系统思考。当人们把生产、流通与消费领域作为一个完整的流转系统来思考时，一个新的利润源泉显现出来：这就是用物流方法对宏观的国民经济系统进行整合与改进，对微观的物流流程进行选择与优化，它成为新的利润增长源——第三利润源泉。

1. 现代物流是发展国民经济的第三利润源泉

随着计算机技术和互联网技术的应用与普及，全球经济一体化的进程明显加快。在这一进程中，传统的、按能力或按计划的生产方式受到巨大的冲击，取而代之的是按照实际需求制订生产计划，而“按需定制”则需要供应、生产、销售、配送等环节协同实现，供应链由此而产生。它使得过去每个环节各自追求利益最大化，转变为供应链系统的利益最大化。

应用实例 2-22 目前，发达国家的物流费用占 GDP 的比重小于 10%，而中国的物流费用则在 16%左右，这意味着中国每 1 万亿 GDP 的物流费用要比发达国家高 600 亿元。如果按 2008 年中国的 GDP 测算，物流成本降低 1 个百分点，在约 30 万亿的 GDP 中，可以挖掘出约 3000 亿元第三利润。这说明第三利润的空间十分巨大。

2. 现代物流是拓展现代服务功能的主要手段

现代物流作为一种服务类型的经济活动，为社会创造的是一种“时空”价值。这种“时空”价值不仅体现在时间上，还体现在空间上。这是因为现代物流通过应用各种新技术，对物流行为及其流程进行优化，其结果是：可以加快流速、缩短流时；协调供求之间的平衡，弥补供求之间的时间差；可以将规模化生产的价值配送到更大的空间领域，甚至可以将广泛分布于全球的供求进行“集疏”，这使得同品质的资源价值得到了“趋同化”，并促进了全球化的产业结构调整。

应用实例2-23 进入21世纪以来，随着经济全球化、一体化的加速，石油、铁矿石、粮食等大宗物资在全球各个地方的价格越来越接近。这主要是基于信息瞬间的全球发布和现代物流系统可以支持流量大、流速快、流动复杂的流程。

本节的相关分析表明：现代物流的价值在于，它已经成为人类社会系统的核心组成部分，并支撑着国民经济或经济系统的正常运行；与此同时，它还在自身的运行过程中，为国民经济创造“第三利润”，并成为现代服务业不可或缺的一种形式。

本章小结

本章概要分析了物流的本质与内涵，介绍了物流的基本功能、主要特征以及整合趋势，系统地剖析了现代物流的核心价值。无论在人类社会系统中还是在经济系统中，现代物流都占有十分重要的地位，尤其是在社会系统、经济系统越来越庞大、越来越复杂的今天，它既是人类社会系统的核心组成部分，又是经济系统正常运转的重要基础，更是国民经济系统获得利润的第三源泉。

现代物流业是一个地位在逐步提升，并仍然处在快速发展中的行业和产业，因此所涉及的内容，一定是一个大浪淘沙的过程，一些陈旧的观念、方法和内容将不断被淘汰，而一些新的思想、技术、方法等将不断地补充进来。所有这些变化、变革都围绕着如何使物流流程实现更优。因此，深刻认识现代物流的地位、价值，不断思索，与时俱进，是全面理解现代物流发展动态的最好方法。

本章习题

1. 概念题

牛鞭效应　　JIT　　第三利润

2. 思考题

(1) 现代物流的基本功能有哪些？
(2) 现代物流具有哪些主要特征？
(3) 现代物流主要的整合范围有哪些？

3. 分析题

(1) 从不同的物流定义分析现代物流的内涵与演化趋势。
(2) 试分析、比较物流环节与物流功能之间的异同。
(3) 为什么说现代物流是国民经济发展的第三利润源泉？

4. 论述题

(1) 试论述物流系统的主要特征以及所发挥的作用。
(2) 为什么说现代物流是经济系统的重要基础？
(3) 为什么说现代物流是人类社会系统的核心组成部分？

第2篇　现代物流技术

现代物流技术大体可以分为“物”的流动技术、“物”的节点技术和辅助技术3类。本书侧重介绍各种技术的性质和应用(不分解各种技术本身的特点)。

第3章　流动技术

【教学目标】

通过本章学习：第一，了解流动技术的基本类型、主要用途和演化过程；第二，熟悉各类流动技术的特性；第三，掌握“装、运、搬、卸”设备在使用中的技术要求。

【教学要求】

知识要点	能力要求	相关知识
流动技术的类型与用途	熟悉按技术特征进行分类的方法 学会分析比较对象间的本质差异	了解传统装卸搬运业的演化过程 了解传统装卸搬运技术的优缺点
流动技术的的主要特征	理解流动技术主要特征的关键点 学会描述所研究对象的技术特征	了解标准化对装卸搬运业的贡献 了解现代物流下的装卸搬运技术
流动技术中的使用技术	掌握流动技术使用中的技术要求 认识安全性对现代物流的重要性	了解现代物流与装卸搬运的关系 了解装卸搬运技术被整合的动因

章前导读

集装箱为什么能迅速发展？它与现代物流有什么本质的联系？

从20世纪70年代开始，集装箱逐渐成为全球贸易中的主要载体。随之产生的是集装箱汽车运载、列车运载、船舶运载和飞机运载。专用的运载工具随之诞生，尤其是集装箱船得到快速发展，并逐渐走向大型化。

到20世纪90年代左右，国际集装箱班轮一般可承载4000～5000个标准箱(TEU)，目前已出现14000个标准箱的国际集装箱班轮，而且以国际集装箱班轮为核心的国际多式联运，成为当代主流的运载方式之一。那么是什么动因使集装箱运载方式得到了迅速发展？它与现代物流又有什么本质的联系呢？

3.1 概　述

首先，对“物”的流动技术进行定义。所谓“物”的流动技术，是指以各种动力源(包括机械的、人力的、畜力的等各种方式)将目标“物”(运输对象或客体)实现移动的总称。在以下的分析中，将以该定义为基础，并简称为流动技术或“流”技术。

3.1.1 流动技术的基本类型

物流行为的核心之一是完成目标“物”的移动，所有移动的集合形成了“流”。完成“流动”有不同的技术方式或不同技术方式的组合，如多式联运。下面就对这些不同的流动技术进行归类，并侧重分析需求量大、适用性强、技术含量高的流动方式。

1. 按照流动性质分类

按照物的流动性质进行分类，物的流动可以分为连续流和非连续流(离散流)。然而，不同的流动方式需要借助不同的流动通道和不同的技术手段实现，图3.1所示给出了比较充分的说明。

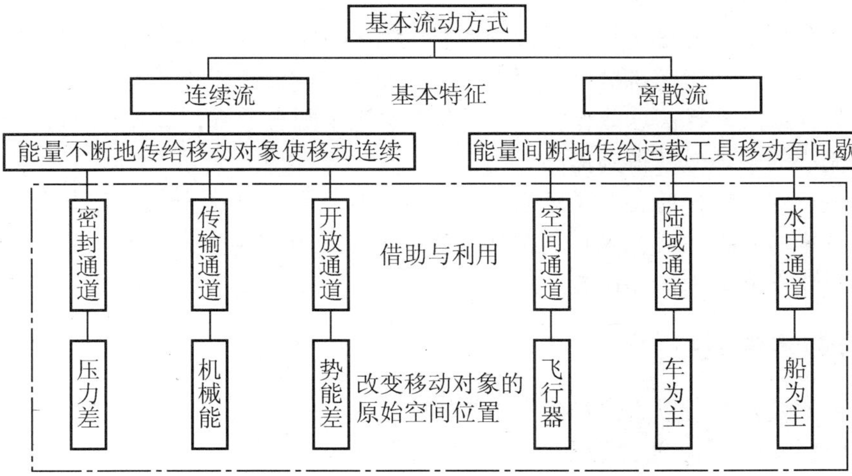

图3.1　基本流动方式

从图 3.1 中可以看出，物的流动可以分为两大类。其中，连续流动中需求量比较大的有密封通道运输，如石油、天然气、自来水等都是采用这种方式。但相对于连续流，离散流的流量更大，借助水陆空 3 类通道，利用飞机、船舶、有轨列车、汽车 4 种主要的运载工具，完成了世界上近 80%～90%的物的移动，这说明离散流动技术的适用性更强。

应用实例 3-1 在离散流动中，港口吞吐量是衡量其流量的重要指标。1990 年年底，中国全国港口的年总吞吐量为 4.8 亿吨，143 万标准箱(TEU)，而到 2008 年年底，中国全国港口的年总吞吐量为 70.2 亿吨，1.28 亿 TEU。①流量增长的速度很快，说明其广泛的适用性。

2. 按照流动动作分类

按照物的流动动作进行分类，物的流动可以分为装、运、搬、卸 4 种类型(关于这部分的分析讨论有不同的观点：有的认为装卸是一类、搬运是一类；也有从动作不同进行划分，水平运动的是一类、垂直运动的是一类；还有的认为，装卸搬运是在节点或枢纽内的短途移动、运输是在网络流径上的长途移动；等等)。本书按照“物”被移动的动作进行分类。

装——无论从何地，只要把“物”放到运载或输送设备上的动作，统称为装载(loading)，如：最常见的有装车、装船；起重机、铲车都能完成装载任务。需要强调的是，与“装”的动作经常伴随的有堆码(pile and stack)、积载(accumulate)等行为。

运——主要有运载和输送两类，统称为运输(transportation)。一般来说，只要载有“物”的设备或工具处于运动状态的动作，称为运载(carrying)。目前，主流的运载工具有汽车、有轨列车、轮船、飞机 4 种，其核心特征是工具本身可以运动，而载有“物”的设备本身处于相对静止状态。输送对象在自身系统内流动，称为输送(convey)。最常见的输送设备(conveyer 或 conveyor)有管道输送系统、带传输机、滚轴转运系统等。

搬——从严格意义上讲，“搬”的动作应该属于“运”的范畴，但“搬”的动作，绝大多数在比较短的距离内，所以对“搬”技术和要求与“运”的技术与要求有一些差异，如“搬”的动作经常伴随装卸、堆码、拣选等动作。因此，搬或搬移(handling)通常只是在比较小的范围内完成“物”的位置改变，并伴随发生装卸、堆码、拣选等行为。

卸——通常，从运载或输送设备上移出“物”的动作，统称为卸载(unloading)。需要强调的是，“卸”的动作经常会与“装”的动作伴随发生。例如，在码头上，最常见的是卸船、装车同步进行，对于船而言是“卸”的行为，对于车而言是“装”的动作。

实际上，传统的装卸搬运技术并没有包括运载技术，而且重点放在提高装卸搬运机械的装卸效率和拓展装卸搬运机械的适用性方面。而现代物流技术更关心“装、运、搬、卸”等环节之间如何组合能提高这些作业环节的衔接效率、配合效率，如何能消减多余的流程，最终使物流流程的整体效率得到提高。

应用实例 3-2 现代的大型集装箱船、杂货船的积载，是一个相对复杂系统性问题，需要把装卸效率与船舶积载、港口集疏结合在一起。装卸需要考虑“岸、船”装卸设备的配合问题，积载需要考虑船舶前后左右的平衡问题，集疏需要考虑“车船”的配合问题。

3.1.2 流动技术的结构分析

流动技术的结构，可以用“2345”来形容。

2——两类流动方式，连续流和非连续流(离散流)。

① 1990 年《交通统计年鉴》，2008 年交通运输部《统计公报》。

3——三维流动通道，空间通道、水域通道和陆域通道。

4——四种流动形式，空间运载、水域运载、陆域运载与管道传输。

5——五大运输工具，飞机、船舶、有轨列车、汽车等运载工具和密封管道。

将上述内容归纳为表 3-1。

表 3-1　流动技术的结构

<table>
<tr><th>流的方式</th><th>流动通道</th><th colspan="2">流动形式</th><th>主要工具</th></tr>
<tr><td rowspan="4">非连续型流动</td><td>空间</td><td colspan="2">空间运载</td><td>飞机及装卸搬移设备</td></tr>
<tr><td>水域</td><td colspan="2">水域运载</td><td>船舶及装卸搬移设备</td></tr>
<tr><td rowspan="2">陆域</td><td rowspan="2">陆域运载</td><td>铁路系统</td><td>列车及装卸搬移设备</td></tr>
<tr><td>公路系统</td><td>汽车及装卸搬移设备</td></tr>
<tr><td>连续型流动</td><td>水域或陆域</td><td colspan="2">传输</td><td>密封管道</td></tr>
</table>

表 3-1 说明：当不考虑“流”的载体，仅从“流”的形态分析时，流动技术的结构就十分清晰地显现出来。需要强调的是，运载工具不能等同于运载形式，例如，拖拉机运载属于陆域运载形式，但不能等同于汽车运载。很显然，某一运载形式，可能包含多种运载工具。

3.1.3　流动技术的演化过程

根据表 3-1 所示，涉及 “装、运、搬、卸”4 个环节的流动技术大体可以分为两大类应用。一类是负责相对距离比较长的运载，以飞机、船舶、有轨列车与汽车等运载工具为主(鉴于管道技术与其他流动技术比较，有其特殊性和特定的适用性，本书不再介绍相关内容)；另一类是负责相对距离比较短的装卸搬移，由相应的装卸搬移设备来完成。

1. 运载工具技术的演化过程

在工业革命前，运载技术发展速度相对缓慢，基本属于原始技术的积累阶段。这是一个漫长的阶段，运载工具和运载技术的演化，从人力运载发展到借助畜力——从人力车发展到畜力车(运载工具的诞生)，从陆域运载逐渐延伸到水域——从竹木排筏延伸到独木舟、小船。随着生产、通商、生活以及战争等方面的需要不断扩大，即全社会对改变空间位置的需求迅速扩大，运载规模也随之不断扩张。在这一历史阶段中，人类通过加工技术水平的不断提高逐渐改善了运载工具的性能，并借助风力、水流等使运载能力得到了一定程度的提高。在陆域，畜力及畜力车逐渐占据主导地位；在水域，船只由小到大，并在发明了帆船和罗盘针后，实现了远洋航行。承载能力相对比较小(与现代相比)、运送速度相对比较低、运载工具的适用性比较差(环境对其影响比较大)是这个阶段的主要特征。

应用实例 3-3　在工业革命前的 300～400 年中，帆船逐渐成为这一时期水域中的主要运载工具。1405 年，中国明朝的郑和带船队七下西洋；1492 年，欧洲的哥伦布带船队实现跨洋航行，是工业革命开始前，航海水平的重要标志，但无论从船舶的航行速度、承载能力以及适航性能等都无法与今天的现代化船舶相比，而且差距十分巨大。

工业革命(以 1765 年为起点)开始后，在最初的 100 多年，各类运载工具被相继开发出来；煤炭、石油等能源相继被用来为运载工具提供动力，一系列的发明创造使运载技术逐步实现了机械化和电气化。然而，真正刺激运载技术飞跃发展的动力是 20 世纪的两次世界大战。战时的军需要不惜一切代价，这促使各种运载技术获得了极快的发展。到 1945 年，许多运载技术已经十分成熟。随着战后运载技术逐渐从军事领域外溢到工商领域，并伴随着计算机、信息、标准化以及管理等新技术不断的发展，运载技术的机械化、电气化、智能化程度已达到很高水准。运载能力成倍增加、运载速度大幅提高、运载工具的适用范围不断扩大，是这一时期的显著特征。

应用实例 3-4 反映运载技术特征的主要指标有最高速度与最大载重量等(对于不同类型的运载工具，由于适用领域不同，技术要求也不同，因此有自己的技术特征值)。目前，大型商船的经济航速达到 25 节左右，油轮最大载重量已达到 50 万吨级、集装箱船达到 1.4 万标准箱(TEU)，载货能力接近 30 万吨；有轨列车的试验速度超过 500 千米/小时，客运列车的运营速度达到 350 千米/小时，货运列车单列最大运载量达到 2.5 万吨；大型飞机的巡航速度一般在 1000 千米/小时左右，单机承载重量已超过 300 吨，最大起飞重量达到 550 吨；汽车的技术速度可以达到“声速”，而承载能力，可以根据待运货物的重量进行特殊设计，最大的单车承载能力已经超过 1000 吨。

2. 装卸搬移技术的演化过程

最传统的装卸搬移设备从最简单的“撬棍”开始，它利用力学中最基本的杠杆原理，把最原始的人力扩大了数倍。随后的滑轮、辘轳、绞盘、滑轮组、手拉葫芦、千斤顶等都成为人类早期的装卸搬移工具。这些工具的共同特点是结构相对简单、力或力矩被有限放大、装卸搬移效率比较低。这种状况一直持续的工业革命之前。

工业革命开始后，装卸搬移设备与运载工具相生相伴。随着运载工具的不断大型化，装卸搬移设备也逐渐大型化；随着运载工具的机械化、自动化程度不断提高，装卸搬移设备的机械化、自动化程度也不断提高，装卸搬移机械的种类、规格也越来越多。按基本用途进行分类，大体可分为起重、装载、传输、搬移、卸载和堆码类等设备；按功能特征分类，大体可分为综合功能和单一功能类；按动力特征分类，大体可分为电动类、燃油类、液压类等。

应用实例 3-5 常见的起重机、叉车、巷道堆码机等是可以执行装卸搬移等综合性作业的设备；在散装码头上配备的翻车机则是功能比较单一的卸载机械；带传输机则是功能比较单一的搬移设备；铲车则是功能相对比较单一的装载机械。

由于装卸搬移都是在小范围内以改变“物”的状态和空间位置为主要内容的活动，并且在实际操作中，经常伴随在一起发生，所以，很难按照动作或功能分类，对装卸搬移环节最好不要进行单一行为的分析。因此，在物流科学中视装卸搬移为同一类活动。装卸搬移设备是装卸搬移作业的技术载体，它的功能、用途和作业效率是衡量其技术水平的重要标志。

应用实例 3-6 在一些大型的现代制造业中，存在大量的“装、运、搬、卸”作业，正是这些作业把物流活动的各个阶段连接起来。有统计表明：在制造业的全部生产过程中，只有约 5%的时间用于加工，95%的时间则用于“装、运、搬、卸”作业和储存等物流活动。而在全部的“装、运、搬、卸”作业过程约占全部作业过程时间的 50%。

随着现代物流的快速发展和适用领域的不断拓展，装卸搬移设备向着机械化、自动化、智能化和大型化等方向发展，其中制造企业的装卸搬移设备，其机械化的程度比较高；现代立体仓库、配送中心和物流枢纽的装卸搬移设备，其自动化、智能化水平比较高；港口、机场、铁路货场以及矿山等使用的装卸搬移设备，具有大型化的特征。另一方面，现代化的装卸搬移设备，都追求标准化、多功能、高效率、广适用。

应用实例 3-7 起重机械是一种通过垂直升降动作，并附加水平移动动作，来完成“装、运、搬、卸”货物的设备。起重机械被广泛应用于港口、仓库、车站、工厂、建筑工地等各个领域。最简单的起重机械只能执行垂直方向上的动作；一般通用类型的起重机械能执行升降动作和水平动作；而功能最全的起重机械可将吊起的物体送至其所能达到的、三维空间中的任何一点，像龙门吊车、天车等桥式类起重机，都有升降系统和两个维度的平移系统。这样可保证将吊起的货物在所能达到的三维空间内任意移动，以满足具体的作业要求。起重机械的种类很多，按照起重机械的结构特征分类，可分为多种类型，如图 3.2 所示。①

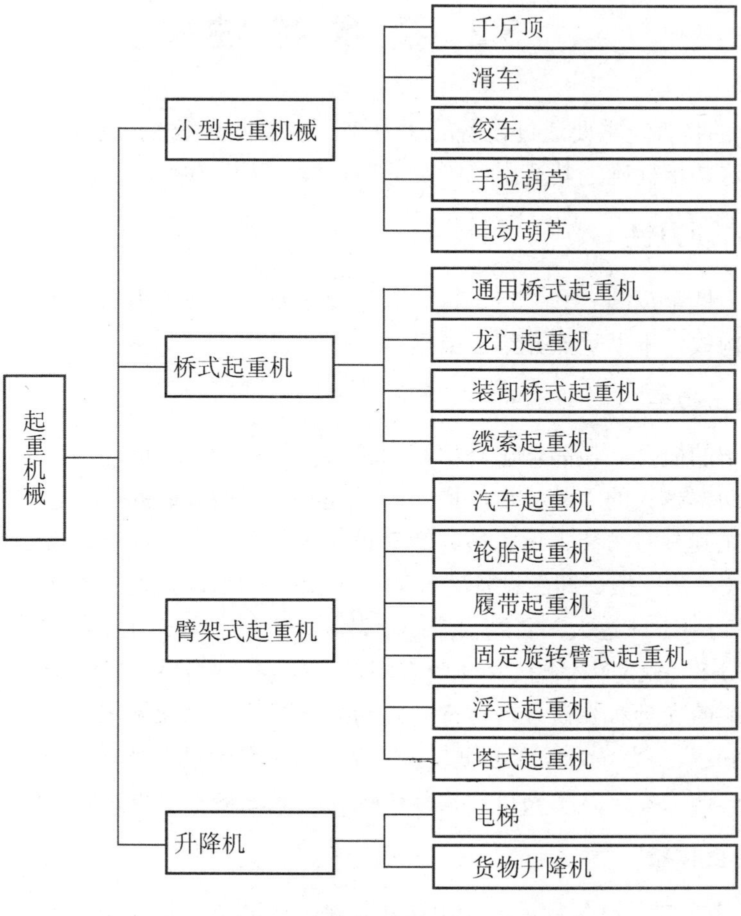

图 3.2 起重机械的类型

“装、运、搬、卸”并不是流动技术的全部，但它是流动技术的基础。真正属于现代物流技术核心的是将“装、运、搬、卸”4 个环节进行标准化整合、效率化整合、系统化整合。这既有“装、运、搬、卸”设备的承载能力与实际载重量的科学匹配；也有环节之间的有效衔接与配合；还要有为 4 个环节配置的合理空间；更要从物流流程整体去考虑总效

① 王侃. 现代物流学. 北京：中国商务出版社，2005.

率。所以，现代物流意义上的“装、运、搬、卸”已不是传统意义的装卸搬运功能。

总之，将“装、运、搬、卸”作为一个整体考虑，并以系统效率为首要目标，是现代物流中流动技术的核心要义。

对于从事物流及相关工作的人员来说，要想全面认识“流动”技术，最基本的是要了解“装、运、搬、卸”4 类工具及其运转过程中的技术特性，其主要技术特性由动力性、经济性、安全性等指标以及适用范围、适用环境等构成；最重要的是要掌握其“装、运、搬、卸”4 类工具的使用特性，主要是根据其技术特性，如何进行合理使用，并要掌握这 4 类工具在使用中的技术状况以及在复杂多变的外部环境中如何及时调整使用方案等；最关键的是要熟悉物流系统中各类环节、各类工具之间的如何配合、衔接的技术等。

3.2 技术特性

“流”技术的特性，主要通过设备的动力性、运营的经济性、运行的安全性等指标来进行描述，并由这些指标确定其适用范围及适用环境。下面重点以运载工具为例展开讨论。

3.2.1 运载的动力性

运载的动力性是反映“装、运、搬、卸”设备及其运载能力的技术指标，它主要由一组动力性指标构成。本书重点介绍 3 类指标。

1. 最高输出功率

根据物理学的概念，最高输出功率是指机械在某一瞬时，所能给出的功或力矩的最大值。很显然，功率越大的“装、运、搬、卸”设备，移动载荷的能力越大。在实践中，从事物流管理，尤其是对“装、运、搬、卸”设备进行管理，要注意设备功率与移动载荷的匹配，应使“装、运、搬、卸”设备留有适当的后备功率(即设备按设计制造所留有的剩余能力)，但后备功率不应过大，否则会影响“装、运、搬、卸”工具的工作效率。

应用实例 3-8 额定吨位为 20 吨的汽车，一般都能承载超过 20 吨载重量。这主要是由于汽车所匹配的发动机在设计时留有一定的后备功率，以确保汽车在极端环境下能保证 20t 载荷的顺利运载。当然，现在也出现不正常的“小标大吨”汽车，即汽车承载能力远远超过额定吨位。这主要是为了利用“按标记吨位收取过路费”政策的漏洞少交过路费。

2. 最大输出扭矩

“装、运、搬、卸”设备的最大输出扭矩，是反映其克服运动阻力的技术指标，主要由设备的动力系统决定，是“装、运、搬、卸”设备在设计制造时已固有的技术参数，也是技术人员、调度人员、管理人员或执行实际操作人员的重要依据。

应用实例 3-9 最大输出扭矩决定举重设备的最大举升重量、汽车的最大爬坡能力、船舶的最大推力等，反映的是“装、运、搬、卸”设备在极限状态时的动力输出。有了这样的极限数据，工作人员就可以在限制范围内，有效地控制“装、运、搬、卸”设备的运动状态。

3. 最快运行速度

速度指标是反映“装、运、搬、卸”设备在运动过程中的重要物理量。很显然，“装、运、搬、卸”设备的运行速度越快，没有任何环境约束的运行效率就越高。一般来说，大功率的“装、运、搬、卸”设备是提供高效运行的基础，但在实践中，不能片面追求“装、运、搬、卸”设备的最快速度，因为速度越快耗能越多。因此在应用中还应充分考虑经济运行速度。

应用实例 3-10 最快运行速度，不一定都体现在“装、运、搬、卸”设备自身的运动上。有时候，它可以体现在“装、运、搬、卸”设备的动作上。功率大的“装、运、搬、卸”设备，可以提供大负荷下的快速动作，这也是提高效率的前提。

3.2.2 运营的经济性

对于从事经营生产的“装、运、搬、卸”设备，运营的经济性是考核其技术性能的重要指标。应当强调的是，从“装、运、搬、卸”设备的技术层面来分析经济性，以其在设计制造时已经确定的经济性为基础。本书侧重介绍 3 个经济性指标。

1. 能源的消耗

对于“装、运、搬、卸”设备而言，能源消耗在其全部运营成本占有较大的比重，所以通常把能源消耗作为独立的经济指标。评价能源的消耗：一是测量单位工作量所消耗的能源或单位能耗所完成的工作量；二是测量单位能耗所排放的 CO_2，这是近几年新增加的评价指标，为的是减少向大气中排放的 CO_2 量，以缓减温室效应。

应用实例 3-11 近一百年，石化能源的高强度使用，使排放到大气中的 CO_2 总量不断增加而形成温室气体，导致地球的平均温度增长了 0.74℃。[①]基于这一严重问题，联合国政府间委员会在 1992 年和 1997 年分别达成《联合国气候变化框架公约》和《京都协议书》。与此同时，一些发达国家率先开展相应的研究，并由英国首先提出“低碳经济”概念[②]，即以低能耗、低 CO_2 排放为基础，实质是高效利用能源、开发清洁能源，核心是能源、减少 CO_2 排放技术的创新以及产业结构的调整和消费模式的根本性转变。

2. 纯运行成本

所谓纯运行成本，是指“装、运、搬、卸”设备在生命周期中全部的运行消耗。纯运行成本不包括设备投资和安装费用等，主要包括“装、运、搬、卸”设备的全部能耗、消耗品(如润滑油、易损零部件等)和全部养护维修费用等。不同的“装、运、搬、卸”设备，由于其技术结构、材料和使用环境的不同，纯运行成本存在比较大的差异。

应用实例 3-12 一种运载工具，其运行消耗的多少取决于多个技术因素，如配有柴油发动机的运载工具，由于发动机的能量转换效率(即燃烧热效率)一般比汽油发动机高，因此该运载工具的单位能耗就会相对比较低。这对降低纯运行成本提供了技术上的支撑。

---

① 帕乔理(联合国政府间气候变化专委会主席)，低碳经济和中国能源环境政策研讨会，2007 年 4 月。

② 英国能源白皮书——我们能源的未来：创建低碳经济. 2003。

3. 性能价格比

对于任何一种“装、运、搬、卸”设备，如果只考虑其能源消耗方面的经济性，是比较片面或者说是不全面的评价。“装、运、搬、卸”设备所拥有的性能与相对应的销售价格之间的比较，即所谓的“性价比”是反映运营经济性的另一个重要因素。

不同类型的“装、运、搬、卸”设备会有各自的“性价比”体系，但总的来说，都可以用总的投入与总的产出这种财物指标来评价某种设备的性价比，即

$$性价比=\frac{总的产出(收入)}{总的投入(价格)}$$

从性价比这个指标本身不难看出，该指标能反映某种“装、运、搬、卸”设备的价值。很显然，该指标值越大，其性价比越高。

应用实例 3-13 性价比有时可以演绎为品质之间的竞争。在同类的“装、运、搬、卸”设备中，由于功能差异，价格不同，将使用户面临选择。因为价格低的产品经常会伴有品质相对比较差的情况，这就需要用户去计算哪一款的性价比高。

3.2.3 运行的安全性

任何一种“装、运、搬、卸”设备，一旦进入运行状态，运行安全最重要。能否安全运行，取决于“装、运、搬、卸”设备的构造、使用中的状态、操作人员的操控和载荷配置的合理性等 4 个重要方面。从技术层面看，主要是分析由“装、运、搬、卸”设备构造所决定的因素。

1. 制动的有效性

任何一种“装、运、搬、卸”设备，一旦运行起来，它的速度必须能得到控制。加速依靠动力系统，减速需要制动系统，而且有效制动是尤为重要的。不同的“装、运、搬、卸”设备有不同的指标体系来评价制动的有效性。不过共同点是都可以从制动系统能提供的最大的减速度、从制动的有效时间等来评价制动的有效性和效能的持续性。

应用实例 3-14 任何高速运行的大型“装、运、搬、卸”设备，一旦制动失灵，都会在其巨大的惯性作用下，长时间地高速运行。没有制动或制动的有效性不足，“装、运、搬、卸”设备就处在失控状态，危险与发生事故的可能性将大大地增加，如 2008 年 4 月 28 日在山东境内 T195 次列车由于超速行驶、制动失控，与 5034 次客车相撞，导致 43 人死亡、247 人受伤。

2. 转向的灵活性

任何一种“装、运、搬、卸”设备，一旦运行起来，不能一遇情况就减速，这样做既不科学也不经济。所以“装、运、搬、卸”设备大多配有转向系统，并与制动系统配合使用以确保设备的运行安全。必须强调的是，要正确使用、按时保养及调整转向系统，否则仍可能引发运行事故。

应用实例 3-15 “装、运、搬、卸”设备的转向系统在设计时经过精确计算，只要正确操纵，使用者无须多虑，但不正确的操纵，仍可能导致事故的发生，如满载货物且高速行驶的汽车，突然急转弯，就可能发生甩货，甚至侧翻的情况。

3. 运行的稳定性

任何一种“装、运、搬、卸”设备都需要考虑其不同的应用环境，防止失衡的问题，其核心是保证设备在运行过程中重心位置合理，并在允许的范围内变化。从理论上讲，一种“装、运、搬、卸”设备的空载重心在制造完成后就已经确定，但在实际使用中，由于“装、运、搬、卸”设备要承载重物，因此重载运行的“装、运、搬、卸”设备，其实际重心与空载重心不一定重合，有时会出现较大偏差，这种偏差越大，“装、运、搬、卸”设备的运行稳定性就越差。

应用实例 3-16 大型船舶在积载时，很难保证重载船舶的重心与设计重心重合，所表现出来的就是船的左右舷不平衡，前后吃水有差距。这就需要加“压载水”来调整船的左右舷平衡和前后吃水差，以保证船舶行驶中的稳定性。当然，这就需要多消耗能源。

4. 动力的可靠性

对于“装、运、搬、卸”设备而言，其动力是运行的基础，动力的可靠性是安全运行的基础。因为大型运载工具除了需要动力提供制动力、转向助力外，还要克服环境阻力。对有些“装、运、搬、卸”设备而言，失去动力意味着失去对运行的控制权，也就意味着灾难。

应用实例 3-17 对有些运载工具，失去动力意味着灾难。飞机在飞行中突然失去动力，只能在短时间内，依靠惯性滑翔，一旦速度过低就会坠毁；远洋船舶一旦失去动力只能飘航，很难抵御洋流与飓风。因此，在实际使用中，保证动力系统具有高可靠性是十分重要的。

3.3 使用技术

从整体上考虑“装、运、搬、卸”行为的效率，体现的是现代物流效率。这其中，合理使用“装、运、搬、卸”设备是降低“装、运、搬、卸”成本和物流成本的重要因素。下面从 5 个方面介绍与评价“装、运、搬、卸”设备的使用技术。

3.3.1 “装、运、搬、卸”设备的合理利用

3.2 节介绍了“装、运、搬、卸”设备的动力性。它反映的是设备的工作能力。在实际使用中，“装、运、搬、卸”设备的使用效率一般难以达到 100%。它受到诸多因素的影响，因此要合理利用动力，必须要对主要因素进行深入地分析。

1. 载重利用分析

当“装、运、搬、卸”量等于设备的额定重量时，设备的重载利用达到 100%。为了说明“装、运、搬、卸”设备的重载利用程度，可用载重利用率来表示。所谓载重利用率，就是实际载重量占设备额定载重量的百分比，即

$$载重利用率=\frac{实际载重量}{额定载重量}\times 100\%$$

很显然，实际载重量越接近额定载重量时，载重利用程度越高，利用效率越好。从载重利用率的定义来分析，载重利用率是一个小于或等于 1 的效率指标。

应用实例 3-18 在近些年的汽车运载实践中，常出现超载超限的行为，即载重利用率超过 1，这属于违规行为，会对运载工具带来各种损伤与潜在危害，应当杜绝。相反，组织不力，“亏吨”运载，将会导致载重利用率较小。因此，合理配载是十分重要的。

2. 里程利用分析

里程利用分析，主要是用来考核运载工具的一种效率分析。运载工具承载货物所运行的里程，通常被称为重载行程，反之被称为空载行程。通常用里程利用率来评价运载工具的里程方面的利用效率。所谓里程利用率，是指重载行程占总行程的百分比，即

$$里程利用率=\frac{重载载行}{总行程}\times100\%=\frac{重载载行}{(重载+空载)总行程}\times100\%$$

很显然，合理科学地配载，减少空载行程是降低物流成本、提高里程利用率的有效手段，但需要强调的是重载不等于满载。因此，里程利用率无法反映运载工具的载重利用情况。

应用实例 3-19 除了运载工具，装卸搬移设备同样也存在流程的有效利用问题，只不过这些设备都是在范围比较小的场地实施装卸搬移作业，再加上特定的作业条件，空载行程一般被忽略而不进行统计。实际上，装卸搬移的流程，很多都可以优化，以减少或缩短无效流程的距离。如果把装卸搬移作业与堆码作业组合，计算整体效率，效果会更好。

3. 综合利用分析

从前面的分析中知道，载重利用率与里程利用率只能从两个不同的方面反映“装、运、搬、卸”设备的使用效率，都有各自的片面性。在实践中，更多地要考核两者的综合利用情况。

为了能进行综合评价，首先引入周转量的概念。所谓周转量，是指“装、运、搬、卸”设备实际完成的工作量，其数值等于被运重量与被运距离的乘积，即

$$周转量=\sum(T_i\times S_i)(一般以吨公里为单位，即\ \mathrm{t\cdot km})$$

式中：T_i为第 i 次的运量；S_i为第 i 次的运距。

周转量是一个十分重要的统计指标，但它是一个绝对指标，反映的是规模而不是效率。在实践中，有时会将“装、运、搬、卸”作业量换算成周转量。

其次引入实载率的概念。所谓实载率，是指在一定的考核期内，考核对象实际完成的周转量占总行程×额定载重量的百分比，即

$$实载率=\frac{总周转量}{总行程\times额定载重量}\times100\%$$

实际上，实载率是完成的工作量与“装、运、搬、卸”设备所具有的能力之比。它体现的是设备的综合利用效率。“装、运、搬、卸”工作量经常会折算成周转量。

应用实例 3-20 在使用运载工具的过程中，合理提高载重利用率、里程利用率与实载率，都可降低运输成本、提高运载效率。在单运次中，实载率=里程利用率×吨位利用率。这也能很好地说明实载率的综合性，而提高的方法，则有合理选择运载工具、合理配载、合理配送等。

3.3.2 运行时间的合理利用

对于“装、运、搬、卸”等设备而言，不可能像管道运输那样昼夜不间断地持续流动。从理论上讲，任何一种“装、运、搬、卸”设备每年都可以运行 365 天，但实际上不可能

实现全天候昼夜地运行，因为它受到诸多因素的影响。下面将给予简要分析。

1. 理论工作日与实际工作日

理论工作日是计算期内某“装、运、搬、卸”设备最多可能工作的天数，它等于计算期内的日历天数。在实践中任何一种“装、运、搬、卸”设备都会因维修、作业停歇及气候环境等方面的因素而不能运营。因此，设备的实际工作日肯定要少于理论工作日。

所谓实际工作日，是计算期内某“装、运、搬、卸”设备实际工作的天数。很显然，“装、运、搬、卸”设备的实际工作日要少于理论工作日，但越接近理论工作日使用效率越高。因此用实际工作日占理论工作日的百分比来反映“装、运、搬、卸”设备在时间利用方面的总工作效率，即

$$\text{总工作率}=\frac{\text{实际工作日}}{\text{理论工作日}}\times 100\%$$

总工作效率这个指标，只能以“日”或“天”为考核单位来反映“装、运、搬、卸”设备的利用效率，但是在一天之内，“装、运、搬、卸”设备使用了多长时间则无法体现。所以，总工作效率指标，只是从总体上反映“装、运、搬、卸”设备利用情况的“粗放”型指标。

2. 可以工作时间与实际运行时间

前面所涉及的指标，并不能准确地反映一种“装、运、搬、卸”设备的真实工作效率。因此，有必要将总工作效率的指标进行细化，将统计时间由“日”缩到“小时”。

首先定义可以工作时间。所谓可以工作时间，是指实际工作日的总小时数，即

$$\text{可以工作时间}=\text{实际工作日}\times 24(\text{h})$$

h 为时间单位：小时。

其次定义实际运行时间。所谓实际运行时间，是指“装、运、搬、卸”设备在执行运营活动过程中，实际工作所耗费的时间，即

$$\text{实际运行时间}=\text{实际工作所消耗的时间}$$

引入可以工作时间和实际运行时间，并用实际运行时间与可以工作时间相比较，可以更准确地反映“装、运、搬、卸”设备的时间利用情况。即

$$\text{运行时间利用系数}=\frac{\text{实际运行时间}}{\text{可以工作时间}}\times 100\%$$

根据定义，实际运行时间不可能超过可以工作时间，所以运行时间利用系数小于或等于 1，当该系数越接近 1，说明“装、运、搬、卸”设备的运行效率越高。需要说明的是，实际运行时间又可以被分解成正在运行时间与非运行时间，非运行时间主要包括各类等待时间。

对不同类型的“装、运、搬、卸”设备，在效率分析时，会有不同的要求。因此在实践中，有时会对实际运行时间做进一步的细分。

应用实例 3-21 图 3.3 是汽车在时间利用方面的细分情况。

- 总车日
  - 非完好车日
  - 完好车日
    - 停驶车日
    - 工作车日
      - 非出车时间
      - 出车时间
        - 非运行时间
        - 运行时间
          - 短歇时间
          - 纯行驶时间
            - 空载行程
            - 重载行程

图 3.3 汽车的时间利用分析

从图 3.3 可以看出，运行时间与总车日所换算成的时间进行比较，能比较准确地反映汽车在时间方面的利用程度或使用效率。

以上分析表明“装、运、搬、卸”设备的利用时间越多，时间效率就越高，但不能忽略另一个重要的因素——“装、运、搬、卸”设备的运动速度。因为在完成相同工作量时，速度越慢，时间消耗越长。从这个意义上讲，仅有时间利用指标，还不能全面反映“装、运、搬、卸”的效率。

3. 技术速度、运营速度与送达速度

所谓技术速度，是指“装、运、搬、卸”设备在良好环境下执行定额载荷(如满载)时可以运行(或动作)的最高速度。通常，技术速度由“装、运、搬、卸”设备自身的动力性决定。不同的“装、运、搬、卸”设备，其技术速度有很大的差异。技术速度是决定运行速度和运营速度的基础。从理论上讲，技术速度是“装、运、搬、卸”设备的设计速度，也是设备利用的技术基础。

所谓运营速度，是指“装、运、搬、卸”设备的实际行程或动作与运行时间的比值。理论分析表明“装、运、搬、卸”设备的实际运行(或动作)速度一般不会超过技术速度，这是因为“装、运、搬、卸”设备的实际动作要根据实际需要来完成，并受到外部环境的诸多制约。

所谓送达速度，是指“装、运、搬、卸”设备的实际运行(或动作)与实际工作时间的比值。很显然，在相同环境下，“装、运、搬、卸”设备的运营速度要小于送达速度。因为实际工作时间包括设备的短歇、等候、避让等非运行时间，所以实际工作时间要比同一流程中的运行时间要多。

从以上对 3 种速度的分析中可得到以下结论。

技术速度的大小由“装、运、搬、卸”设备自身的动力性和构造决定，并且是运行速度和运营速度的基础。因此，从事物流管理的人员，在采购“装、运、搬、卸”设备时，就应充分考虑“装、运、搬、卸”设备所具备的技术速度。

运营速度，除了受技术速度的限制外，还受一定的环境条件和操纵人员的技术水平的限制，外部条件好、操纵人员的技术水平高，“装、运、搬、卸”设备的运营速度就相对较高。

送达速度，除了受制于技术速度与运行速度的限制外，还受经营、组织与计划等多方面的影响。总之，在实际工作中非运行时间越长，“装、运、搬、卸”设备相对的运营速度就越低，“装、运、搬、卸”设备的工作效率就越低。

在这里需要强调的是，以上只是对单一环节的简单分析。而实际流程是“装、运、搬、卸”多个环节的配合，提高运行速度和运营速度就成为相对复杂的物流问题。

应用实例 3-22 在实际中，多种“装、运、搬、卸”设备在多段流程、多种载荷的情况下，需要用统计的方法来计算平均送达速度与运营速度，并通过分析影响速度的主要因素，找出提高效率的措施，这是一项复杂而需要经验的物流工作。

3.3.3 主要耗材的合理使用

在“装、运、搬、卸”设备投入使用后，燃料、润滑料以及其他易损材料等主要“耗材”既取决于设备的一系列技术结构，也取决于使用条件和“装、运、搬、卸”的组织方式。

1. 燃料的合理使用

在物流成本和“装、运、搬、卸”成本中，有相当一部分设备使用石化燃料。在这些设备的运行中，燃料耗费在总成本耗费中占有一定的比重，而且在实际使用中，燃料的类型、品质、气候条件以及操作方法等都对燃料的消耗也有重要影响。

应用实例 3-23 “装、运、搬、卸”设备的动力系统构造决定了所使用的燃料类型与规格范围。如果不按照动力系统的技术特征去选择燃料的类型或规格，不仅会导致燃料不能正常消耗，还可能会导致动力系统受到各种损伤，如：高压缩比的汽油发动机使用低标号汽油，就会引起发动机的“早燃”、“爆燃”问题。所以在选择燃料时，必须了解发动机的技术特征，避免因选错燃料而多耗燃料并缩短发动机的使用寿命。燃料类型、规格与发动机技术特征的匹配是十分重要的。

应用实例 3-24 气候条件对燃料的使用，有比较大的影响。由于燃料的黏度、流动性、挥发性等指标在不同温度、湿度以及不同大气压下会表现出不同的物理特性，如：配有柴油发动机的运载工具，室外温度低于零度时，需选择-10 号柴油，这样可减少不必要的燃料消耗和对发动机的损伤。所以在选择燃料时，需要根据实际的气候条件或气候条件的变化范围来选择燃料。

应用实例 3-25 正确的操作方法是降低燃料消耗的有效手段，每一种“装、运、搬、卸”设备都有最节约燃料的工况，这需要操作人员按照“装、运、搬、卸”设备的使用说明书进行操作，并在反复实践中摸索，找到最佳的操作模式。很多的企业实践表明，正确的操作是节约燃料非常重要的一个方法。

2. 润滑材料的合理使用

“装、运、搬、卸”设备能长时间高速运转，主要归功于完备的润滑系统和符合要求的润滑材料。润滑材料主要包含润滑油、润滑脂、石墨及各种添加剂(如增黏、降凝、抗磨、防锈等)。一般来说，“装、运、搬、卸”设备各部位的润滑方式，在设计时，就已经做过多次试验，并有严格的规定。在实际使用中，需要注意的是：要适时按规定补充或更换润滑材料、定期检查润滑系统的使用情况、根据特殊情况调整润滑材料的使用规格等。

应用实例 3-26 按照“装、运、搬、卸”设备在设计时规定的时限或实际使用工时(里程)对设备进行保养、维护，是正确使用设备的重要内容之一。这类保养、维护中，绝大多数都有更换或添加润滑材料的内容。按需更换和按计划更换是最常用的两种方法。

3. 易损易耗材料的合理使用

易损易耗材料大体可分为两类：第一类是液体类耗材，如制动液、液压油及防冻液等；第二类是各种易磨损的零部件，如“装、运、搬、卸”设备中的各类相对运动的配合零件等。对于这些易损易耗材料，如果正确使用，可大大延长使用寿命。

应用实例 3-27 对于汽车轮胎的正确使用，应该是在使用一定里程或一定时间后，对前后左右轮胎进行有规则的位置调换(轮胎换位)，这样可以减少轮胎的偏磨，提高轮胎的使用寿命，还可以减少轮胎的动、静平衡系统的变化量。

以上从 3 个方面分析了主要耗材的使用问题。总之，对燃料、润滑材料及易损、易耗材料的合理使用，是降低“装、运、搬、卸”成本及物流成本的重要工作，而且是与相对复杂的与“装、运、搬、卸”使用技术密切相关的工作。因此，要做好这项工作，除了要对“装、运、搬、卸”设备的使用技术有充分地了解外，还应在实际中不断积累工作经验，甚至要不断总结各种失误的教训。

3.3.4 “装、运、搬、卸”设备的安全使用

在使用“装、运、搬、卸”设备的过程中，安全永远是第一位的。如果一旦设备在安全方面出了问题，轻则使货物蒙受损失，重则使“装、运、搬、卸”设备报废，甚至危及人身安全。因此，安全使用“装、运、搬、卸”设备，是物流管理中的重中之重。仅有安全意识还远远不够，更重要的是根据实际涉及的具体内容，掌握不同类型的“装、运、搬、卸”设备的使用方法。在实际使用设备的过程中，有 4 个方面特别值得分析并重点掌握。

1. “装、运、搬、卸”设备的实际状态

“装、运、搬、卸”设备以完好的状态投入运营，是安全运行的关键因素之一。从技术层面分析，“装、运、搬、卸”设备的诸多子系统都对设备的完好状态产生影响，如制动、转向、供油、润滑、传动、冷却等系统都会影响设备的整体状态。因此，在设备投入运营前，通过调整与维护，使设备保持在良好的状态是必须要做的工作。

应用实例 3-28 “装、运、搬、卸”设备的“带病”工作，是物流领域中长期存在的一种状态，有些管理者总是抱着一种侥幸的心理，调度“带病”的“装、运、搬、卸”设备投入运营，而且也确实会在大多数情况“平安无事”，这恰恰孕育了“偶然事故”的必然性。

2. “装、运、搬、卸”设备的合理配载

对具体的某种“装、运、搬、卸”设备，合理配载涉及 5 方面的内容。一是防止重量超载、体积超限；二是货物安置要合理，使“装、运、搬、卸”设备的重心在允许的范围内变化；三是防止局部过载，导致“装、运、搬、卸”设备的局部受力过大甚至变形；四是需要考虑积载货物之间的禁忌，有些货物是不能放在一起进行“装、运、搬、卸”的；五是要考虑被“装、运、搬、卸”货物的特殊性，尤其是危险品类的货物，要有特殊的配载措施。

应用实例 3-29 对危险品的“装、运、搬、卸”要做到防火、防潮、防碰撞；防挤、防震、防倒置；防撒、防漏、防静电；防摔、防丢、防调换。因此，从包装或存放容器开始，每一个环节都必须严格把关，对设备、场地、作业时间等都必须反复检验。

3. “装、运、搬、卸”设备的规范操作

按规范操作“装、运、搬、卸”设备是安全运营的保证，“装、运、搬、卸”设备越大，规范操作就越重要。不同的设备，其规范操作的内容会有一些差异。

应用实例 3-30 防止各种“装、运、搬、卸”设备操作中发生碰撞，是操作规范的核心内容之一。尽管具体方法会有很大的不同，但有些原则相似。严格执行操作规范是保证“装、运、搬、卸”设备安全运行的关键。

4. “装、运、搬、卸”设备在特殊条件下的安全使用

首先，“装、运、搬、卸”设备在实际使用中，会遇到一些恶劣的运行条件，如高温、低温、风沙等气候。因此，在物流管理中，要预先考虑可能遇到的环境条件，提前制定出各种预案。其次，对超限(体积)、超重的物品进行“装、运、搬、卸”时，要提前制定预案、复核方案等，做到万无一失。第三，对刚投入使用或刚完成大修的“装、运、搬、卸”设备，要制定出合理的使用方案，防止其因过载而造成设备内部的零件损伤。

应用实例 3-31 刚投入使用的“装、运、搬、卸”设备，由于其相对运动的零件表面较粗糙，如果相对运动速度过快，会导致零件表面的损伤。因此，需要对其采取一定的保护措施。

安全使用“装、运、搬、卸”设备，需要掌握其应用技术的特征，它是掌握物流管理方法的技术基础，有很强的综合性与实践性。

3.4 案例分析

提高“装、运、搬、卸”效率需要什么技术与方法？

通过 3.1 节已经了解到，随着“装、运、搬、卸”设备的不断革新，每个环节都在不断地提高作业效率，但彼此之间配合作业又需要哪些技术与方法的支持呢？

在当今的物流行业中，尤其是国际物流领域，集装箱运载占有十分重要地位。那么集装箱为什么能在近 30～40 年逐渐成为“装、运、搬、卸”的重要载体？从外表看，它只是一只普普通通的矩形箱子。那么这只普通的箱子，通过什么方式展示其所具有的魔力？

很显然，集装箱不是一只普通的箱子，而是被标准化技术进行规范与设计的箱子；集装箱的“装、运、搬、卸”也不是普通箱子的“装、运、搬、卸”，它是通过标准化的工属具完成转换；集装箱的积载也不是普通箱子的积载，而是按照集装化模数(见第 6 章)进行积载的。

从上面的分析不难看出，其所涉及的内容都与标准化、集装化有关，而且已经得到广泛应用的国际标准化和从“制造、包装、积载”等都按照国际标准进行集装化。这一系列的技术措施，可以提高集装箱的容积利用率和“适箱量”(集装箱的额定载重与实际在重量相适应，通常采用拼箱的方法，见第 5 章)、集装箱的积载效率、集装箱的“装、运、搬、卸”效率等。

观察、思考与分析

(1) 尽可能多地观察各种集装箱的积载过程，分析其所用到的技术与方法，说明集装箱积载是如何提高容积利用率的。

(2) 观察集装箱的“装、运、搬、卸”过程，并与普通重物(按件计算)的“装、运、搬、卸”过程进行比较(可通过时间计量)，分析其提高效率的核心技术。

(3) 查阅标准集装箱的公称尺寸，并与集装模数进行比较，探究彼此之间存在怎样的关系。这些尺寸能调整吗？调整的技术依据是什么？能提高效率吗？

(4) 集装箱“拼箱”是现代物流业中一项普通业务。它既是集装箱的积载过程，又是载荷的合理配置过程，它既有空间的合理利用，又有重心的协调和配载的合理性问题。这一过程的目的是提高集装箱的“适箱量”。建议收集各种包装盒，如手机、U 盘、耳机等的包装盒，并制作一个按标准集装箱的尺寸等比例缩小的纸箱，看如何能装入更多的包装盒。

本章小结

流动技术是现代物流中的核心技术，而流动技术中的“装、运、搬、卸”及其各环节之间的配合与协调又是比较重要的组成部分。因此，了解“装、运、搬、卸”设备极其技术特性是全面认知现代物流的重要基础；而熟悉“装、运、搬、卸”设备的使用技术，对从事现代物流管理工作，尤其是基础性的物流技术管理工作是十分重要的环节。总之，要从事物流管理工作，需要对流动技术有比较全面的了解，能深入到流动技术中去，对提高物流管理水平是很有帮助的。

本章习题

1. 概念题

流动技术、“装、运、搬、卸”　　最高输出功率、最大输出扭矩、最快运行速度
载重利用率、里程利用率　　技术速度、送达速度、运营速度

2. 分析题

(1) 试分析流动技术的基本类型、结构。
(2) 流动技术的核心都包括哪些内容？

3. 论述题

(1) 查阅相关资料，论述流动技术的演化过程。(提示：关键是分析技术升级的原因、特征以及技术升级的基础，最终论述流动技术演化的客观必然性。)

(2) 查阅“装、运、搬、卸”技术之间相互组合的方法，分析其是如何提高效率的，总结“装、运、搬、卸”组合的基本方法并归纳提高效率的规律。

(3) 比较分析传统装卸搬运与现代物流技术下的“装、运、搬、卸”之间的异同点，并论述现代物流技术中流动技术的核心及其重要性。

(4) 分析 3.4 节中的案例。

第4章 节点技术

【教学目标】

通过本章学习：第一，了解节点技术的基本类型和主要用途；第二，熟悉各类节点技术的特征和适用范围；第三，从整体去认识现代节点技术和传统节点技术的差异。

【教学要求】

知识要点	能力要求	相关知识
节点技术的类型与用途	熟悉按特征分析物流节点的方法 学会描述研究对象的特征与功能	了解传统仓储的基本功能与业务 了解传统节点技术的主要优缺点
现代物流中的节点技术	认知现代节点技术的要求与水平 学会根据技术要求选择相关技术	了解现代物流与现代节点的关系 了解现代物流下的主流节点技术
节点技术的广泛适用性	掌握现代物流中节点技术的核心 学会分析核心技术中的关键所在	了解标准化对于节点技术的贡献 了解现代节点技术大的发展趋势

章前导读

传统港站与现代物流枢纽、传统仓储与现代“储控”之间有什么区别？

在现代物流发端之前，“港站”只是装运或接卸货物的场所，或是方便旅客上下运载工具的地方；而“港站”内所配备的“场、库、室”只是为“运”而“储”，其功能基本就是为“待运”停留的“人、物”提供“场所”。在早期，还没有人发现“港站”能为降低社会物流总成本做出贡献，更没有人认识到它的其他功能。

随着全球区域系统结构的日趋复杂化、国际互联网的全面支持、全球市场交易量的大幅度提升，无论是客流还是货流，其流速在不断提高、流量在不断加大、流程在不断拓展、流时在不断缩短。在这种背景下，传统意义下的“港站”所提供的“装、运、搬、卸” 和“上、下”的场所，已远远不能满足现代社会的需要，更不能满足现代社会中“多流”(如客体流、载体流、信息流、资金流、服务流)流动的各种需求。这就要求传统的“港站”按照现代社会的流转节奏进行变革，传统的“仓储”功能也必须为满足社会需要而拓展它的功能。那么，传统的“港站”实施了哪些变革？传统的“仓储”又进行了哪些功能方面的拓展？这正是本章所要讨论的内容。

4.1 概　　述

首先对节点或“点”进行定义。所谓物流网络中的节点或“点”，是指各类(不同或相同形式的)流径的交点处，并能够使目标“物”实现有目的的停留的地方。物流活动在本质上由多次“移动—停顿”所组成。在现实中，物流网络是由承担“物”移动的流径和承担“物”停顿的节点或“点”两种基本构件组成的。换句话说，流径与节点或“点”相互配置，形成了物流网络。物流活动主要在流径上和节点中进行。

根据第 3 章的论述，无论在流径上还是节点中，所有使目标“物”实现移动的活动都包括在流动或“流”中，而实现流动的核心技术是“装、运、搬、卸”活动。相反，在物流系统或物流网络中，除了使目标“物”实现流动的活动外，还有使目标“物”相对静止的活动，它主要集中在节点中。所以本书把围绕节点所产生的非流动技术统称为节点或“点”技术。

4.1.1 “点”的基本活动

实际上，“物”在流径上的活动是依靠在节点内的组织和联系而完成的。没有节点，“物”在流径上的流动必然陷入瘫痪。在物流节点中，除了“装、运、搬、卸”等“动”的活动外，还需要对“物”进行配置、储控与整合等。这些活动是“点”中的基本活动。

1. 配置物

配置物主要是指根据实际需要与优化原则对“物”的集合进行科学合理的搭配，最终要使物流系统中“物”的配置趋向合理化的过程。配置物主要包括设计预案、堆码积载、合理配载(包括合理配置载重量、规定放置货物的次序)等。

设计预案——是指对于即将进入节点的“物”，物流管理人员要根据“物”的类型、数量、保存期限等要求预留足够的、符合存放条件的空间；提前设计堆码、积载的具体方案(放哪、放多少、怎么放等)、准备相应的“装、卸、搬、移”设备等活动。

应用实例 4-1 对于多品种、多规格的物品，入库前要根据物品的件重、尺寸等准备装卸设备、货架，设备的承载能力要与件重相匹配，防止过载；设备连同物品尺寸的回转半径与仓库通道要匹配，保证其在有限空间中可以周转；货架的承载负荷要与存放的物品相匹配，防止物品堆码后发生货架坍塌。好的预案既需要科学方法也需要实践经验。

堆码积载——是指与搬运活动相配合的，对进入节点的“物”按预案置放、堆码等活动。在这一环节中，搬、运、堆、码等活动是执行安置预案的过程，但经常会遇到无法落实预案的情况，这就需要相关的管理人员现场修改方案，也就需要专业知识或积累的经验来支持。

应用实例 4-2 对安置预案的落实，既是对科学方案的验证，又是对实践经验的支持。如何提高置放效率、堆码效率、仓储容积利用率以及积载的稳定性、安全性等，都是堆码积载环节经常遇到的问题。在这一环节，经验占有比较大的权重。

合理配载——是指对即将进出节点的“物”，按照安置预案对其进行合理的安排。由于进出节点的物品，经常是多品种、多规格的，其理化特性、密度、体积等方面存在比较大的差异，在需要共同积载时，就要进行合理配载。合理配载包括：积载重心要合理分布或符合相关技术要求；有效空间合理利用问题；按理化特性严格分类问题；积载进出(或上下)的次序问题；等等。如何将积载的物品进行组合，才能实现最佳配载是物流的一个核心问题。

应用实例 4-3 目前，全球的商业系统，已经进入“微利”时代，发达国家日用品的平均分销利润大约只有 0.3%。因此，现在全球商业的主流模式是全球采购、订单生产、全球分销、全球配送模式下的连锁经营。这种经营模式的主要获利点，除了微薄的商业利润外，就是基于供应链系统支持下的采购利润、分销利润和配送利润。

2. 储控物

在储控物这类基本活动中，主要包括监督控制、保养维护、消隐除弊等环节。传统仓储侧重“储”，而现代物流在这个环节，核心是“储”与“控”两个关键字。

监督控制——是指对所存“物”的数量、质量、动态特征等进行监控的活动。这一环节，为的是及时了解所储“物”的状态。所采用的方法有全天候测量，定时、定点或随机抽检，以及根据测量、抽检结果自动调整或人工调整改变仓储环境，实现对存储“物”的有效控制。

应用实例 4-4 对储存有比较强的挥发性物品的仓库，要防止空气中挥发性物质含量过高而引起爆炸或污染其他物品，所以必须配有通风设备；而对存放粮食的仓库而言，需要防火、防潮和防尘等，因此需要配备除湿、除尘、通风等设备。

保养维护——是指对于在存储期间需要进行保养、维护的“物”，按照实际需要所实施的一系列有针对性的活动。养护活动，实际上是对所存储的特殊“物”采取特殊的控制措施。它与普通控制所不同的是，养护过程有可能改变仓储“物”的理化特性。

应用实例 4-5 对于“鲜活”物品，在仓储期间就需要养护，如对于动物，就需要根据存储对象的具体要求，提供饲料、水、氧气和通风、控温等养护活动。对于鲜活植物一类的存储对象，同样要根据存储对象的具体需要，进行浇水、控温和控制阳光等养护活动。

消隐除弊——是指消除可能的储存隐患和仓储系统的各种缺陷等活动。对于任何具体的储存活动而言，存储对象本身可能存在某种具体的隐患；对于仓库系统，可能在设备方面或系统结构方面存在某种缺陷。这两类问题的积累，都可能在一定条件下爆发，并可能产生严重的后果。具体存储物的隐患和仓储系统的缺陷有时还有密切的联系，甚至是因果关系。

应用实例 4-6 对于存储超过湿度标准的粮食，而且没有及时翻垛、按时晾晒、适时通风等，就留下了粮食可能发生霉变的隐患；对于仓库的制冷系统或采暖系统，如果分布不合理，就可能导致所储存的物品的有些区域出现冻伤、有些区域因温差变化大而变质。

3. 整合物

在整合物这类基本活动中，主要包括分拣归类、流通加工、按需组合等环节。其核心是按照真实需求提供“准确”、“有效”的“物”。整合物既有对多品种、多规格物品的拆分，也有承接延迟的生产工序，还有对拣选物品按照需要进行组合的功能。

分拣归类——是指对进出节点的“物”按其理化特性、客户需求以及节点和运输工具的限制性条件，进行有目的的分拨、拣选、分类、归类等，并按原定目标等待进入其他流程的活动。分拣实际上包含两类性质的问题，一是将同一类物品按照不同要求，进行不同数量的积载，即分拨作业；二是按照具体要求，从不同规格、不同品种的物品中选取所需要的物品，即拣选。对多品种物品按新的需求重新搭配，实际上是拣选、分类、重新归类的组合过程。

应用实例 4-7 现代物流系统中配有各类分拣设备。最主要的有通过红外扫描条码、无线电电子射频(RFID)技术配备分拣传输系统，尤其是 RFID 技术，极大地提高了分拣的准确性和效率，使原有的采购、生产、仓储等作业流程的时间大大缩短。

流通加工——是指物品从生产地到使用地的流通过程中，根据需要施加分割整理、组合装配、计量包装、标签贴付、商品检验等作业的总称。其目的是为了弥补生产过程中的柔性不足，更有效地满足客户的需要，更好地衔接生产与需求。流通加工已经成为提高商品附加价值、促进商品差别化的重要手段之一，是现代物流领域重要的利润源。

应用实例 4-8 流通加工在全社会流通中发挥着越来越重要的作用。它可以提升产品档次(如改善装潢)而充分实现价值。根据近些年的统计分析显示：流通加工向企业提供的利润，并不亚于从运输和存储中挖掘的利润，它可将产品利润率提高 20%～50%。

应用实例 4-9 来自分割整理中的利润。不同规格的钢板、铜板、铝板来自不同的生产企业，如果让这些企业各自面对需要尺寸的客户，除了都要配备价格昂贵裁剪设备(精度越高、自动化程度越高，价格越贵)外，每个生产企业很难直接面对众多的中小客户，也很难在规定的时限内聚集到理想的客户群，因此，按照每个客户需要的尺寸进行裁剪，很难避免板材的浪费，规格尺寸越少，浪费越大，而且板材的裁剪并不是生产板材企业的核心业务。将裁剪业务外包，甚至只生产整卷的板材而不开展裁剪业务，是目前板材企业的发展趋势。那么，流通企业为什么能获得利润？关键来自规模化和专业化。规模化可以聚集众多的中小客户，便会产生众多需求，使尺寸规格十分丰富，大大降低了废料产出率；专业化可以提高裁剪精度、速度，从而提高满足客户的服务品质。更重要的是规模化与专业化还可以提高流通加工的效率，降低流通加工的风险。

按需组合——就是根据需要为客户、运载工具、系统效率对纷繁复杂的物品进行科学的组合。在现代物流系统中，更加注重组合问题。它既有技术层面的积载配载，也有系统层面的“二律背反”平衡，甚至要实现多目标的系统组合。

应用实例4-10 为运载工具配载，既有防止体积超限或有效容积利用不足方面的组合，也有防止质量超重或“亏吨”方面的组合，还有防止货物“积载”不合理导致重心分布不合理的组合。这实际是在保证安全、符合规定的前提下追求效率。

4.1.2 “点”的主要功能

实际上，节点的主要功能是帮助“物”完成其目标流程。为了实现目标流程，现代物流系统需要拥有衔接协调、吞吐转换、储存保护和价值增值等具体功能，还需要对信息“流”进行处理、对节点技术进行标准化处理等辅助功能(在第6章阐述)。

1. 衔接协调

衔接——流径之间，尤其是不同性质的流径之间，要实现相互连接，大多通过交通枢纽进行，而“流”之间的相互连接，则通过物流节点来实现。交通枢纽将各类流径连接成一个网络，而物流枢纽将各类“流”链接成一个网络。交通网络是“硬”网络，而物流网络是“软+硬”的网络。在物流网络节点上，最基本的功能是把不同性质的“流”衔接起来。

应用实例4-11 与港口、车站、机场相耦合的物流中心都肩负有将不同性质的“流”衔接在一起的功能，如水运转陆运、陆运转空运等。

协调——物流网络节点的另一个基本功能是对物流系统或物流网络中的流量进行协调。物流系统的控制中心和管理设施都集中设置于物流节点之中。实际上，物流节点，尤其是枢纽点，大都是集决策、指挥、调度、控制、衔接、信息及物品处理为一体的综合设施。物流系统运转的有序性和效率，在很大程度上取决于物流节点的管理功能和水平。

应用实例4-12 通过存储可以调节生产和消费之间的差异。因为生产和消费有各自的特点，有些产品的生产是连续的，而消费是不连续的；还有一些产品生产是不连续的，而消费却是连续的。因此，在物流节点中进行储存，就起到了像“蓄水池”一样的调节作用。

应用实例4-13 通过存储可以调节运载工具之间运载能力的差异。由于各种运载工具的运载能力不一样，如海洋船舶的运载能力在万吨级以上、火车的运载能力最多达几千吨、汽车的运载能力则只有几十吨，如果在它们之间直接进行运输衔接，会使装卸搬运时间过长、流转效率降低。所以，这种运力之间的差异，一般通过物流节点进行调节。

2. 吞吐转换

吞吐——由于大型运载工具所承运的货物，只是在极少数情况下才直接面对客户，即所谓“门到门”的物流流程是极少发生的。所以，需要将不同批量的货物在不同等级物流配送中心重新集结、转运。进入交通枢纽或物流中心的货物，被称为“吞”；从交通枢纽或物流中心运出的货物，被称为“吐”。吞吐量的大小反映一个交通枢纽或物流中心的规模、能力和实际完成量。

应用实例4-14 反映港口规模、能力与实际工作量的指标是吞吐量。如：2008年中国港口的总吞吐量为70.2亿吨，反映的就是全国港口实际完成的工作量，也间接地反映了港口的规模与能力。集装箱吞吐量还反映港口的机械化水平，并间接反映经济腹地的经济水平。

转换——物流节点的另一个功能是完成货物在不同载体之间的转换。在交通枢纽中，不仅存在货物的转换，还存在运载工具的调度。在实际中，交通枢纽与物流中心往往耦合在一起，但严格地讲，物流中心并不具备调度车辆的职能。

应用实例 4-15 在铁路枢纽中，一般都有调度中心。它是控制列车运行的系统，它根据铁路运行图调度列车(包括机车、车皮)，将到达的列车调度到计划中的站台进行装卸或上下，而列车到达站台后，装卸作业的内容，调度中心并不负责。调度中心只负责到、发时间。

应用实例 4-16 在标准化、机械化、系统化水平比较低的情况下，“物”在不同运载工具之间转换时，除了效率比较低外，还存在转换困难，甚至无法转换的情况。例如，船舶和汽车，如果没有标准化的转换方式，两者之间实现转换需要比较长的中断时间。

3. 存储保护

存储——物流节点最原始、最基本的功能是对进入节点的物品进行存储。

应用实例 4-17 严格地讲，“存”与“储”略有不同。“储”更侧重有计划地集结后备物资，而“存”则侧重为最佳流程，而在中途等候最佳方案，如：国家根据应急或国防需要，让进入节点的物品有目的、有计划地停留，就是一种储备行为。

保护——对进入物流节点的物品进行保护，是另一个最原始、最基本的功能。保护的内容主要包括被保护物品不发生损坏、丢失、错误。

应用实例 4-18 对于进入物流节点的物品，要根据物品的理化特性，实施诸如防潮、防尘、防虫等措施，以保证物品的理化特性不发生改变；要在进、存、出等环节清点数量、核对品名和规格等，防止物品丢失和规格、型号等方面的“错置”。

4. 价值增值

价值增值——现代物流能够存在与发展的最充分的理由，是能够使所服务的对象实现价值增值。

应用实例 4-19 在物流节点内，通过流通加工可以满足多元化的需求和做到“物尽其用”；通过合理包装、拼箱与集装化等处理可以提高积载效率；通过一定的库存来调节和平衡物流网络的流量，可以提高物流网络的工作效率；通过配货与配送可以实现准时供应。以上这些综合性的物流服务都可以使服务对象获得效益与增值利润，也使物流业在创造价值同时，获得相应的利润。

4.1.3 “点”的基本类型

不同的物流节点具有不同的功能，而具有单一功能的物流节点越来越少，现代物流节点的发展趋势是多功能的组合，因而形成不同类型的物流节点。

1. 转运型节点

转运型物流节点主要承担流径之间的衔接和不同运输方式的转换。转运型物流节点一般处于交通干线的交汇点处，如铁路货场，水运港口的货运中心等都属于此类节点。转运型节点大体可分为单一型转运站、综合型转运站及特种型转运站 3 类。

应用实例4-20 单一型转运站通常指同一运载方式的相互衔接，进行中转换载的枢纽。例如，汽车货运中转站，在没有铁路线、航道与之相连的情况下，就是比较典型的单一型货物转运站，同时也是功能单一的转运型物流节点。这类节点，有的甚至连仓库都没有。汽车在这种节点中只能装卸货物，不能存储货物，因为不具备存储功能。

应用实例4-21 综合转运站是衔接两种或两种以上运输方式的，结构比较复杂、功能比较完善的转运枢纽。如海港，它是衔接船舶、火车与汽车等运输方式的综合性枢纽。为了能使转运站具有更广泛的适应性，这类转运站一般都设有简易仓库，配备大型装卸设备和堆码机械。

应用实例4-22 有些种类的货物，由于批量大或在转运过程中有特殊的要求，需要采用专用的转运站。这样既可取得规模效益，又可提高转运水平，从而实现大幅度提高效率、降低成本、加速转运的目的。特种型的转运站主要有粮食转运站、鲜活农副产品转运站、煤炭转运站、水泥转运站、集装箱转运站和危险品转运站等。

2. 存储型节点

存储型物流节点以存放货物为主要功能。货物一般会在这类节点上停留相对比较长的时间(与转运型节点比较)。在物流系统中，大多数的专用仓库，如储备仓库、营业仓库、配件仓库、贸易货栈等，都是属于此种类型的节点。

尽管在近代不少发达国家的仓库职能发生了较大的变化，大部分仓库转化成不以储备为主要职能的流通仓库甚至流通中心，但是，世界上任何一个有一定经济规模的国家，为了保证国民经济的正常运行，保证市场商品的正常流转，保证企业经营的正常开展，储备型仓库是不可缺少的。目前，在我国这种类型的仓库还占主要成分。在各类的物流节点中，仓库都是基本的设施，但在存储型物流节点中，仓库是主要的设施。

应用实例4-23 一个国家的各级政府，都要建设一些诸如粮库、应急物资储备库、战备物资储备库，以应对各种可能发生的意外事件。这类仓库的共同特点，是为了应对“万一”而备的。在没有意外情况发生时，这类仓库是按规定的储备量而长期储备。

3. 流通型节点

流通型节点以组织物流服务和优化物流系统为主要职能。在现实中，各种物流中心、流通仓库、流通中心、配送中心都属于这类节点。这类节点一般都从事流通加工、拼箱配载与信息处理等活动。可以大幅度地提高物流服务对象的原有价值。

应用实例4-24 流通型节点是我国正在大力发展的一类节点。一般是对转运型或存储型节点进行改造，使其增加新的功能。近几年，我国各级政府围绕着港口、机场、交通枢纽等规划了一些物流中心，将“物”的流通与流通载体的交通更紧密地耦合、更充分地协调。

4. 综合型节点

在物流系统中，综合型节点是指能实现两种或两种以上主要功能的有机结合，并有完善的设施、能有效衔接和充分协调工艺的集约型节点。这种节点要能适应流动技术的大量化、高速化和复杂化，并能适应流动技术更为精密准确的要求。

应用实例4-25 在一个节点中实现多种转化，并使物流流程更简化、更高效，是物流节点的重要发展方向。目前我国的上海、宁波、香港、深圳、天津、青岛、大连等大型综合型港口城市，都在推动物流节点向综合型节点的转变。

4.1.4 “点”的功能拓展

随着物流领域系统化思想的拓展，越来越强调总体的协调、总体的更优，而节点恰好处在系统的关键位置上，系统水平的高低往往通过节点给予体现。所以对物流节点的研究已经不仅仅限于诸如衔接协调、吞吐转换、存储保护、价值增值等功能，而是更加注重物流系统内不同节点的功能协调，并使整个物流系统的流转效率趋向更优。

应用实例 4-26 全球采购、全部生产外包和全球配送这样的供应链模式，需要有一个全球性的中枢来指挥、控制与协调；还需要有不同级别的配送中心分布全球的各个关键点上，并借助信息网络系统、金融网络系统和交通网络系统编织出真正意义上的现代物流系统。

4.2 设　施

节点设施主要分为两大类：动态设施与静态设施。动态设施主要包括装、运、搬、卸、堆、码、分、拣等设备和流通加工机械。静态设备主要包括存储、周转、控制、辅助等设备，下面侧重介绍每类设施中，目前被比较广泛使用的主要设备。

4.2.1 动态设施

在动态设施中，装、运、搬、卸设备的作业半径比较大，尤其是运载工具的运动能力比较强，有关它们的运动性能，在第 2 章中作了比较详细的介绍，本章不再赘述。本章侧重介绍装、运、搬、卸、堆、码、分、拣和流通加工设备的种类与用途。

1. 装运搬卸设备

在这类设备中，主要分为无机械动力和带机械动力两大类。在机械动力设备中又分为人工直接操作的搬移设备和智能化、自动化搬移设备。

无机械动力的设备——这类设备结构相对简单、价格相对便宜，被广泛应用于小件物品的搬移，如手工千斤顶、手推车等。

应用实例 4-27 无机械动力的搬移设备并不受重视，普遍认为这类设备的使用没有多少技术含量。这实际是对现代物流的一种严重误解。从操作层面看，它确实没有多少技术含量，但它是为了配合提高仓库的库容率而配置的，是提高系统效率的有机组成部分。

智能化的自动设备——这类设备结构最为复杂、价格也最为昂贵，但工作效率高、节省劳动力，被广泛应用于工作条件相对较差或需要连续、多批次搬运的情况，如自动传输系统、自动导向车(Automatic Guided Vehicle，AGV)等。

应用实例 4-28 在一些生产企业，由于工作处在温度比较高、噪声比较大、污染比较重的环境中，不适合采用人工搬移或人工操作搬移设备，所以会设计自动传输系统来完成物品的搬移。需要强调的是，不同规格的自动传输系统，对所传输物品的尺寸规格、重量、种类等有明确的要求。所以，一般来说，自动传输系统搬移效率高，但适用性比较窄。

由人来操控的设备——这类设备是通过人工具体操作的具有机械动力的搬移设备，如叉车、吊车等。这类设备的构造、价格以及工作效率介于前两种设备之间，适用性最为广泛。

应用实例 4-29 在现代物流的各类节点中，叉车(Truck)是应用最为广泛的搬移设备。这主要是因为各种类型的叉车具有广泛的适用性，能够实现“装、卸、搬、运、堆、码、拣”等环节的工作，还因为叉车能在有限的空间回转、占用场地少、操作简单易学。

2. 堆码分拣设备

这类设备的突出特征是对物品进行集中、堆积、码放、集装、分类、拣选等环节的工作，通常不会为堆码分拣功能独立设计专一化的设备，而是与装卸、搬移、传输等功能结合在一起。因此，就需要看哪些设备具备上述的这些功能，如最常用的“机械手”就兼有堆码与搬移功能。

应用实例 4-30 当代国际化机场大都配有自动化的堆码分拣系统。每个乘客的行李，在进入系统之前，会贴上含有航班、目的地和乘客信息的条码。行李进入系统后，系统会根据扫描到的信息，将行李送到与乘客相对应航班的行李舱，并根据乘客的目的地，对行李入舱的次序进行编排，先下的乘客，其行李放在外侧、上面。乘客下飞机后，到达空港的分拣系统，会将行李拣选，并送到乘客出空港的通道。这样的系统，大大提高了行李的传输效率和准确率。

3. 流通加工设备

流通加工设备大体可以分为专用加工设备和通用加工设备。专用的流通加工设备主要是根据所加工的物品或原料而专门定制的，如用于裁剪钢板、铝板的剪板机；通用的流通加工设备一般能比较广泛地适用不同物品的加工，如包装、拆箱、称重等设备。

应用实例 4-31 在流通加工中，最初的工序经常会遇到拆箱、掏箱作业。最终的工序经常需要按照具体要求进行包装，而包装则需要相应的设备，如用于瓶盖类封口的专用设备、用于捆扎的打包机、用于为包装物充氮或抽真空的专业设备等。

4.2.2 静态设施

静态设施主要分为公共设施和专业设备。公共设施主要是指在各类建筑设施中都存在的基本设施；专业设备主要是指现代物流业或传统仓储业必不可少的设备。

1. 公共设施

物流节点中的公共设施主要包括库房、消防、照明、采暖、制冷、动力和控制等系统。

库房系统——主要包括墙体、屋面、地面、梁柱等部分。

应用实例 4-32 库房设计的主要依据是项目要求，如库存容量、地质状况，如不同的地质条件所能承受的载荷情况对库房设计提出的具体要求。因此，首先在选址时，要对地质情况进行勘探，确定库房基础的形式；其次在设计内部结构时，要充分考虑可能存储的物品类型，确定具体的结构类型，如有效分隔区、仓储区、物品处理区等。

库房系统的种类繁多，分类方法也有多种。

应用实例 4-33 按保管物品分类——库房主要有以下几类。

(1) 工业库，指为保证生产和销售的连续性，专门存储原料、半成品或成品的仓库。

(2) 物资库，指为应对季节时差，保证市场供应，而存储季节性物资的综合性仓库。

(3) 农品库，指为存储“鲜活”农副产品而专门设计建造的仓库。

(4) 储备库，指为应对各种自然灾害和意外事件之需，国家修建的储备各种战略物资的仓库。

应用实例 4-34 按保管条件分类——库房主要有两种类型。

(1) 普通库，用于存放一般性物资，对仓库没有特殊要求的仓库。如一般的金属材料仓库。

(2) 特种库，用于存储有特殊要求的物品的仓库。特种仓库大体分为 3 类。

① 危险品库，主要用于存储易燃易爆、有毒有害的物品，如汽油、炸药、氰化钾等。

② 保鲜品库，主要用于存储对温、湿度有特殊要求的物品，如水果、蔬菜、肉蛋奶等。

③ 专用品库，主要用于存储专用型、有特殊需要的物品，如烟草、药品、储备粮等。

消防系统——消防系统是物流节点中非常重要的公共设施。它包括报警设备、防火设备、灭火设备、消防控制系统、逃生设施等。

应用实例 4-35 对于不同结构库房，消防设计方案会有很大的不同。如：存储密度大、管理和操作人员较少的立体库房一般需要配备消防控制室，控制室内设有火警控制器，能接受多种报警信号，甚至它的副显示器设在库房的消防站内，同时自动向消防站报警。

照明系统——为了使库房内的管理、操作和维护人员能正常地进行生产活动，必须要有一套设计合理的照明系统，在保证库房安全的前提条件下，追求作业效率与节能的平衡。

应用实例 4-36 库房中开设的窗户多，可减少照明系统在白天的使用，但会增加温度、湿度控制的成本；增加库房自动化存取的程度，可以减少照明系统的使用，但会增加运营成本。基于这些原因以及仓储活动经常处在变化中，所以在设计中对照明系统进行分区控制，就显得尤为重要。

采暖系统——主要是为了保证库房内不同位置都能在寒冷季节能达到规定的温度，但要达到这样的目标，在设计时要精确计算热量消耗与热量补充的平衡；在试验时，要反复测定不同测试点的温差，并通过调整热源点或调整库房的结构将库房各测试点的温差控制在设计规范允许的范围内。

应用实例 4-37 目前，我国物流系统所使用的一些库房，是对传统库房进行了改造，但对采暖系统的改造还比较粗放，导致采暖系统耗能比较高，库房的保温效果不好，库房内不同位置的温差比较大，并可能导致一些存储物品的损坏。

制冷系统——包括建筑结构上密封要严、选用的材料要隔热，并根据需要配备制冷设备、保鲜设备和通风设备等。对制冷系统的要求类似采暖系统，只不过耗能用来制冷。

应用实例 4-38 制冷系统除了要保证库房的温度在规定的范围内，还要保证库房各个位置的温差要控制在一定范围内，为了保鲜，还要保证物品的冷冻梯度。如俗称的“保鲜速冻”。这些都需要在设计或选择制冷系统时给予充分考虑。

动力系统——绝大多数库房一般都需要电源作为动力。在设计库房时，要根据所有设备用电量的总和确定用电容量。一般要保证有一定的余量，以应对库房的用电峰值。

应用实例 4-39 我国动力系统的电压基本为交流，380V/220V、50Hz。配电系统中的主要设备有动力配电箱(高、低压开关柜)、电力控制系统和电缆等。对于重要的库房而言，要保证其全天候供电。所以选址时，要选择双回路供电，甚至是三回路供电的区域。

控制系统——现代化的库房一般设有控制系统。控制系统会根据所存物品的具体要求，对库房的温度、湿度、烟尘、清洁程度、霉菌、病虫害等进行控制。

应用实例 4-40 现代化的库房控制系统，可以通过库房屋顶及侧面安置的风机、顶部和侧面设置的通风窗、中央空调、暖气等对库房温度进行控制；可以通过火灾自动报警器、自动灭火器对库房内超标的烟尘、火灾等自动识别，并报警和实施自动喷淋等。

除了上述的这些系统外，现代化的库房中，还会根据实际需要，设计给排水系统、避雷设施和环境保护设施等。另外，根据库房管理的具体需要，有些库房还须设有中央控制室、变电室、办公室、更衣室、工具间等辅助区域。

2. 专业设备

静态的专业设备主要有四大类：站台(Platform)、工作台(Work Table)、存储货架(Storage Rack)和单元负载设备(Unit Load Equipment)。

站台——主要是用来接收入库物品和发送出库物品。现代库房主要配有普通站台(包括高度可调节的登车桥)、倾斜式站台等。在库房设计时，要根据库房用途，预留用做站台的空间。现代库房的站台要与运载工具密切配合，目的是提高运载工具的进出效率和站台的作业效率。

应用实例 4-41 站台布局类型主要有两种。在现代制造业中，为生产流水线配置的站台多采用分散型，以减少零配件或产品在车间内的二次搬移；在现代库房中，多采用集中型，以便于进出库房的物品能集中在特定区域内进行处理。站台的形式，主要有与汽车尾端衔接式(包括平面结构和锯齿结构两种)和与运载工具侧面衔接式，前者密封性好，后者作业通道宽。

工作台——主要用来执行拆检、分拣、整理、清点、集装、打包、捆扎等作业。在现代库房中所配备的工作台主要有高度可调式、旋转式等。工作台一般要与自动传输系统、搬移设备等密切配合，要按照优化流程的原则、人体工学原理以及人机配合原理等进行设计，目的是要保证人工操作的效率、设备的流转效率、库房空间的利用效率等在系统的组合中实现最优。

应用实例 4-42 在现代存储技术中，往往忽略对工作台的设计与合理使用。实际上，工作台的高低、宽窄，可以影响操作者的作业效率。工作台过高或过低都影响操作效率，工作台过宽，则会影响操作者处理远端的物品；过窄，则会影响处理过程。

存储货架——主要用来存放物品，使用货架的核心是为了提高土地的集约利用、实现库房空间的有效利用、库房综合能耗最小化以及投资与运营的综合效益最佳化。货架的种类很多，最常见的有固定式货架(Fixed Rack)、可调式货架(Selective Rack)和可动式货架(Sliding Rack)。

应用实例 4-43 在现代存储中，固定式货架仍被广泛使用。因为它具有结构简单、存储空间固定、存储体积规则、货架的稳定性好、承载力大等优点。如：当代比较先进的自动存取系统(Automatic Storage/Retrieval System，AS/RS)多由固定式货架、巷道堆垛机(Lane Stacker)和自动传输系统(Automatic Conveyor)组成。这样的系统可以充分压缩巷道空间、提高库容率。另一方面，由于实现自动存取，提高了仓库的安全性和存储的品质。目前，这样的货架已经超过 20m 高。

应用实例 4-44 可调式货架具有比较广泛的适用性，但承载力相对比较小，不适用于高层货架。如在超市或现代配送中心内，可调式货架被广泛使用。由于配送中心接收的物品种类繁多、尺寸规格也大小不等，为了提高货架空间的有效利用，这类货架可以根据存储的物品调节层高，甚至可以调节宽度，常常会根据商品的尺寸进行调节。

应用实例 4-45 可动式货架的最大优势是可以节省库房的空间、提高库容率，但不适用于比较高的货架。因为货架过高，移动起来缺乏稳定性。另一方面，对出入库量比较大的物品，也不适合使用可动式货架，如在文物库房、图书馆以及资料室等地方，大多会采用可动式货架。

单元负载设备——主要是指被逐渐标准化的物流容器。它是实现大规模集装化的基本单元。它主要包括托盘(Pallet)、标准化物流周转箱(Standardized-logistics Circulation Box)、集装箱(Container)等。使用单元负载设备可以明显提高装卸效率和容积利用率，还可减少“损、差、错”。

应用实例 4-46 托盘是一种标准化的、辅助提高装卸效率的集装器具。托盘结构为有一定厚度、留有插口的矩形扁平垫板。国际标准化托盘主要有 0.8m×1m、0.8m×1.2m、1m×1.2m 三种规格，承载重量一般在 0.5～2t 之间，材料以木质和铝合金为主，标准积载体积为 $1m^3$。

应用实例 4-47 标准化物流周转箱是一种便于直接堆码、有助于提高装卸效率和运载效率、符合物流集装模数(详见第 6 章)尺寸、具有保护功能、可重复使用的容器，如标准化物流周转箱被普遍用于水果、蔬菜、禽蛋、海产品的运输。

应用实例 4-48 集装箱是尺寸数倍于物流集装模数的标准化物流周转箱。目前，1 个国际标准化的集装箱(TEU)的外部尺寸为 6.058m×2.438m×2.438m，内部尺寸为 6.00m×2.35m×2.35m，在国际集装箱系列尺寸(ISO)标准中，属于 1C 系列，标准装载重量为 20t。集装箱的规格比较多，但以 1A(1TEU×2)和 1C 为主，俗称 20ft 和 40ft。集装箱的种类也比较多，因此有比较广泛的适用性。

以上对现代物流节点中的主要设施、设备进行了概要性的总结，需要了解更详细的内容，可以查看《物流设施》、《物流设备》、《装卸机械》、《运输与运载》等参考书。

4.3 枢　纽

首先需要强调：物流枢纽与交通枢纽并不能完全等同。尽管物流枢纽与交通枢纽在很多方面契合在一起，但核心的功能存在着明显的差异。通常把港口、机场、车站等称为交通枢纽，是因为交通枢纽的核心功能是合理调度运载工具，控制的载体流；物流枢纽，如港口，实际上是水陆物流枢纽，其核心功能是对“客、货”进行合理调度与配载。

4.3.1 水陆枢纽

港口是连接水陆的交通枢纽和物流枢纽。交通枢纽的核心功能是对船舶、有轨列车、汽车、装卸机械等进行调度，保证各类运动载体的有效协同和正常运行，而物流枢纽的核心功能是对需要流动的“客、货”进行组织、调度，实现合理集疏、合理积载、合理配载等优化方案。

1. 作用

无论是海港还是内河港口，其作用主要有：为船舶提供能安全停靠的码头；为船舶进出港提供航道设施和引航、导航及拖轮顶推等技术服务；为船舶提供补给、修理等后勤服务和生活服务；为船舶避风、抛锚提供水域(主要是为海运船舶提供锚地)；为“客、货”的转运提供上下、等候、装卸、存储等服务。所以，港口也是“客、货”聚散之枢纽。

应用实例 4-49 衡量港口规模的重要指标是货物吞吐量。1990 年，我国港口的年吞吐量只有 4 亿吨，而到了 2008 年，我国港口的年吞吐量超过 70 亿吨，是各类交通枢纽和物流枢纽中吞吐量最大的枢纽。这就表明了港口在交通和物流领域中的重要性。

2. 分类

对于港口的分类，有多种方法。其中，按港口提供的服务功能和规模地位进行分类是主要的方法，而根据港口的地理位置进行分类，也是比较常用的方法。

按服务功能分类——主要可以分为商港、渔港、军港、工业港和邮轮母港等。绝大多数提供社会化物流服务的港口都是商港；渔港主要为渔船停泊、修补渔网和渔船生产及生活物资补给的港口，如舟山的定海港；军港是供军事舰船停泊、修整和补充军事给养的港口，如清末在山东威海建设的港口；工业港是指供大型企业输入原材料及输出制成品而设置的港口，如上海宝山钢铁总厂码头；邮轮母港是专为游客旅游、消遣和休闲的专用港口。

应用实例 4-50 上海港、宁波港、香港港、广州港、深圳港、天津港、青岛港等都是吞吐量位居我国前列的大型商港，也是世界级的大型港口，其吞吐量都位列世界前茅。其中，宁波港和上海港 2008 年位列世界的前两位，年吞吐量都超过 5 亿吨。这意味着需要有对应 5 亿吨的单证处理、货物堆码、船舶积载、航线配载等物流业务。

应用实例 4-51 邮轮母港属于客轮码头，但不是普通意义上的交通客运码头。由于邮轮出行的主要目的不是改变游客的空间位置，而是为了旅游、消遣和休闲，所以邮轮在港口停靠的时间比较长，因此把这类港口称为邮轮母港，目前我国 10 多个港口在建设邮轮母港。

按规模地位分类——大体将港口分为综合性枢纽港、专业性枢纽港和“喂料”港等。综合性枢纽港又可以分为国际枢纽港、国家枢纽港等。国际枢纽港主要用于停泊各国(A 类)船舶(无限航区)，如我国的香港港、上海港、天津港等；国家枢纽港主要用于停泊国内(B 类和 C 类)船舶(近洋与内河航区)。专业性枢纽港主要是指承担单一物资的港口，如我国的秦皇岛港主要承担煤炭的转运。“喂料”港主要是指一些区域性的支线港口，更多是为枢纽港“集疏”货物。

应用实例 4-52 综合性国际枢纽港的重要标志是国际班轮航线多、靠港船舶的密度大与吨位大、吞吐货物种类多、国际货物的吞吐量大和港口设施齐全等，如：供船舶等候进港的锚地、深水航道、大型港池、能够承受重大载荷的码头岸线以及大型装卸、存储设备等。

按地理位置分类——主要有海港、河口港、河港等。海港是位于海陆交界点的港口；河口港是位于入海河流河口段或河流下游潮区界内，如我国的天津港和上海港、美国的纽约港和德国的汉堡港均属河口港；河港是位于河流沿岸且有河流水文特征的港口，如我国的南京港、徐州港。

3. 设施

港口设施主要分为水域设施和陆域设施。

水域设施——港口水域供船舶进出港、抛锚和“驳过驳”(驳船将不能进港的船舶货物进行接驳或转运等)作业使用。一般的港口水域需要有足够的水深和面积，且水流和缓，以便船舶安全停泊并进行技术操作。港口水域包括防波堤、锚地、航道与港池等。

应用实例 4-53 港池一般指码头附近的水域。它需要有足够深度与宽广的水域供船舶停靠。对于海港或与海连通的河口港，为了阻挡海上风浪与泥沙的影响，保持港内水面的平静，须修筑防波堤，而航道是指船舶进出港使用的通道。为保证安全通航，航道必须有足够的水深与宽度，且弯曲度不能过大，如鹿特丹港最深航道深度为 21m。

应用实例 4-54 锚地是供船舶抛锚候潮(有的港口航道比较浅，船舶需要等海水涨潮时乘潮入港)、等候泊位、避风、办理进出口手续、接受船舶检查或过驳装卸等停泊的水域。锚地要有适当的水深，使船舶即使在较大风浪或潮差时仍能抛锚。

陆域设施——港口陆域用于装卸、堆存和转运货物。港口陆域必须要有适当的高程(防止海浪和海潮的侵扰)、布局合理的码头或泊位和满足集疏的纵深腹地(以便在这里布置轨道、路面、堆场、仓库、装卸设备以及各种必要的生产、生活设施)。

应用实例 4-55 通常把码头或泊位的前沿线称为港口的生产岸线，它也是港口水域和陆域的交接线。一个港口的码头岸线总长度是港口规模的重要标志。码头或泊位的布局需要考虑到相邻船舶的进出不能相互干扰，同时还要尽量提高码头的装卸效率、货物集疏效率等。

应用实例 4-56 港口的道路系统主要由车站、分区车场、装卸线以及连接各港区的区间线、联络线等组成，是集疏系统的重要组成部分和集疏货物的陆路通道，也是港口陆域上的重要设施。它需要根据车辆的技术参数设计回转半径、地面承载力等。

4.3.2 陆路枢纽

陆路枢纽主要有交通枢纽与物流枢纽两大类。交通枢纽侧重调度陆路运载工具，物流枢纽侧重调度货物，但这两类功能在大多数情况下是结合在一起的。在这里重点讨论的是物流枢纽的主要功能、布局结构和基本类型等。

1. 公铁型枢纽

公铁型物流枢纽基本都是以铁路系统为主导建设的。编组站是公铁型枢纽的主要形式，一般由调车场、货场、调车线、迁出线等组成。对列车车皮进行换挂、编组、调度等是交通枢纽的功能；对货物进行集疏、积载、配载等是物流枢纽的功能；实现旅客上下、换乘等主要在客运交通枢纽(俗称火车站)内完成。编组站一定是车站，但车站不一定是编组站。

应用实例 4-57 公铁型枢纽目前所面临的两大难题是：如何实现运载工具之间的无缝衔接和枢纽的合理布局。运载工具的无缝衔接就意味着货物的换装空间、时间趋向无穷小，乘客的换乘距离和换乘时间趋向无穷小；枢纽的合理布局就意味着系统流程趋向最优化。

2. 公路型枢纽

公路型枢纽同样可以分为交通枢纽和物流枢纽。这两类枢纽的契合程度并不是很高，其原因是管理交通枢纽的部门是交通管理部门(在我国隶属公安部)，管理客货运输和路政的部门是交通运输部。所以，通常所说的公路型枢纽多是指物流枢纽。

应用实例 4-58 公路型物流枢纽主要由客运站、货场组成，一般包括货栈、停车场(库)、保修场(站)、加油站及食宿站等，主要办理货运业务、仓储保管、车辆保养修理并为客户提供相关服务。所以很多人认为过去的货物运输改个名字就是物流，这是一种比较浅显的认识。实际上，现代物流与传统运输的本质区别就在于它是基于信息化、标准化、系统化对运输线路、积载、配载的优化。因此，在物流枢纽前台看的是传统的仓储运输，而后台完成的是物流优化。

4.3.3 陆空枢纽

陆空枢纽都设在机场或机场附近。从交通枢纽的意义上讲，陆空枢纽是陆空运载的起点、经停点和终点，完成的是航线设计、使用与监控，调度和指挥的是飞机的正常飞行、安全飞行。从物流枢纽的意义上讲，是完成客货“空—空”、“陆—空”的转换，是陆空运载的转接点。

应用实例 4-59 陆空枢纽通常简称为空港，一般由指挥中心、停机坪、跑道、物流中心等组成。空港一般分为国际空港和国内空港；枢纽港和支线港等。我国的空港以每昼夜起飞次数进行分级，如首都国际机场就是国际枢纽港。

虽然在远程运载中，航空的速度优势十分明显，但航空运载的成本高，一般适合承运相对体积小、密度小、附加值比较高的物品。因此，陆空物流枢纽和海陆物流枢纽的装备上有很大的不同，再加上物流流量存在数量级上的差别，仓储等设施也有比较大的差异。

应用实例 4-60 陆空物流枢纽的重要发展方向是物流快递。由于物流快递对时间要求比较高，而飞机对机舱的货物配重的要求比较高，再加上用飞机完成快递的，枢纽点少、航线长，因此对航线配载、空港积载、机舱配重等需要更专业的物流技术来支持。

空港的主要设施与设备包括以下内容。

(1) 航站楼。航站楼主要是指候机楼，是航站区的主体建筑物。航站楼一侧连着停机坪，另一侧与地面交通系统相联系。货运的各种手续在航站楼办理，并进行必要的检查。

(2) 目视助航设施。为了满足驾驶员的目视要求，保证飞机的安全起飞、着陆、滑行，应在跑道、滑行道、停机坪及相关区域内设置目视助航设施，包括指示标和信号设施、标志、灯光、标记牌和标志物。此外，还要设置表示障碍物及限制使用地区的目视助航设施。

(3) 地面活动引导和管制系统。地面活动引导和管制系统是指由助航设备、设施和程序组成的系统。该系统的主要作用是使空港能安全地解决运行中提出的地面活动需求，即防止飞机与飞机、飞机与车辆、飞机与障碍物、车辆与障碍物及车辆之间的碰撞等。

(4) 地面特种车辆和场务设备。进出空港的飞机都需要一系列的地面服务，这些服务往往都是由工作人员操纵各种车辆(牵引车、电源车、加油车、行李车、升降平台、客梯车等)或设备来完成。

空港的其他设施还包括供油设施、应急救援设施、动力与电信系统、环保设施、旅客服务设施、保安设施、货运区及航空公司区等。

4.4 案例分析

立体仓库的设计和物流设施的配置需要考虑哪些因素？

本案例的目的是要说明现代物流体系下仓库与传统仓库在本质上的不同。那么，现代物流体系下的仓库有哪些重要的特征呢？科学设计仓库和科学配置物流设施就是非常重要的方面。

在我国，传统仓库的主要问题(仅就仓库内部的问题而言)是统计指标上存在缺失，如只统计仓库面积，而没有仓库容积，但仓库库存能力的真正基础是库容量。所以，接下来的问题就是不去评价仓库容积的有效利用程度。这说明传统仓库只是生产、流通产业的附属品，在技术、管理和评价方面都没有进行更深入的研究。传统仓库的另一个主要问题是对仓库结构没有给予更深入的研究，如仓库的有效存储容积与通道、进出库作业空间之间如何根据“货类”形成最佳比例配置，如何平衡酷热效率和“装、运、搬、卸、堆、码、垛”以及进出作业之间的效率等问题。

根据数学的推导计算，如果没有任何约束条件时，某一预设的仓库容积应该是正方体时，表面面积最小(包括地面)。仓库容积越大，意味着仓库的长宽高都要等比例放大。受建筑结构和建筑材料的影响，仓库越高，桩的基础越深、柱的截面越大，而且还需要有更高的消防要求；同样，仓库越宽，梁的跨度越大，梁的截面也需要增加。这些建筑结构上的要求，无疑都要增加建设成本，即使采用轻质建筑材料或高强度材料，可以减少梁柱的截面尺寸，但高科技材料的价格同样比普通材料高许多。这是立体仓库设计时需要考虑的第一类因素。

在实际中，仓库的建设受到许多自然条件、经济条件、技术条件，甚至是货物类别的制约，很难建成理想化的正方体。如由于有些类型的仓库需要考虑采光、不同季节的诸多风险以及受热面积或耐寒面积等因素，仓库的形状和位置、仓库出入口的设计等都有所不同。多年来，受经济条件和技术条件的限制，我国的仓库基本上只能发挥存储方面的功能，但现代物流系统中的仓储，对内部更强调对存储对象的各种有效控制；对外部或对整个物流系统而言，更强调对整个系统的贡献，如是否保证物流流程的顺利流转、是否可以降低整个流程的成本。因此，这是现代物流仓储中需要考虑的第二类因素。

由于现代物流系统的整体效率来自标准化，所以现代物流体系下的仓库及仓库物流设施的配置，诸如立体货架、堆码设备、传输设备、单元负载设备等都需要符合物流集装模数的分割尺寸，这是有别于传统仓储的突出特征。因此，仓库设施配置的标准化是第三类因素。

现代物流系统突出的特征是追求整体效率，对于现代物流体系下的仓储要在满足物流系统整体效率的同时追求自身效率以及自身多种效率的最佳平衡，如仓库容积效率与“装、运、搬、卸、堆、码、垛”等动作效率的最佳平衡。很显然，仓库预留的作业通道或通道空间大，可为提高动作效率提供保证，但同时就减少了仓库存储容积；反之亦然。再例如，立体仓库越高，土地集约利用以及投资等静态效率都会相对提高，但堆码过程中需要克服势能多消耗能量，使动态效率下降，所以需要对静态与动态效率进行测算，找到最佳平衡。因此，追求各种效率的最佳平衡是第四类因素。

从上面的分析不难看出，立体仓库的设计与物流设施的配置，需要考虑的因素比较多。其实，除了以上 4 类因素外，不同类型的仓库还涉及诸如控制温差、防潮、防虫、防霉变等具体问题。虽然不全是共性的问题，但需要根据具体的仓储类型给予足够的重视。

观察、思考与分析

(1) 尽可能多地观察各类仓库的结构与布局，分析其所用到的技术与方法，测算库容利用率。思考一下，是否有结构性缺陷？有没有改进的空间？

(2) 观察现代立体仓库中“装、运、搬、卸、堆、码、垛”的过程，分析其流程的合理性以及流程的效率，看一看是否是最佳的流程？有没有再优化的可能？

(3) 从运营成本考虑投资效率与运行效率的平衡、动作效率与库容效率的平衡，这些效率之间是否具有“效益背反”的关系？综合优化应该如何展开？

(4) 传统仓库与现代物流体系下的仓储在功能上、特征方面有哪些本质的不同？

建议：带着这类问题去参观、考察各种类型的仓库，尤其选择比较典型的传统仓库和现代物流体系下的仓库，通过具体比较来回答上面的问题，进而可以以此为题，撰写论文。

本章小结

节点技术是现代物流中技术的重要组成部分，从整体看，主要涉及枢纽与设施两类硬件，前者涉及选址、布局、结构以及土地集约利用、投资静态效率等内容，后者涉及仓库内(包括货场、堆场等)的合理配置。最终要看这些硬件的组合是否能承担“配置、储控、整合”等现代物流所要求的基本活动，但更重要、更核心的是节点技术能否在现代物流系统中，充分发挥衔接协调、吞吐转换、存储保护、价值增值等功能，为系统效率做出应有的贡献。

本章习题

1. 概念题

物流中的节点　　配置物　　分拣归类　　流通加工　　单元负载设备

2. 分析题

(1) 试分析节点技术的基本活动。

(2) 试分析节点技术的主要功能。

3. 论述题

(1) 查阅相关资料，论述现代物流中节点技术的主要特征。(提示：关键是与传统比较分析。)

(2) 查阅各类仓库设计规范、案例，归纳现代物流体系下仓库设计与设施配置的技术要求。

(3) 查阅各类物流枢纽的设计方案，讨论符合现代物流要求的共性。

(4) 分析 4.4 节的案例。

第5章 辅助技术

【教学目标】

通过本章学习：第一，了解现代物流系统中的各种辅助技术；第二，熟悉各种辅助技术的功能、作用与特性；第三，掌握相关辅助技术在使用中的技术要求。

【教学要求】

知识要点	能力要求	相关知识
辅助技术的类型与原理	熟悉各种辅助技术的工作原理 学会分析研究对象的工作流程	了解传统辅助技术的演化过程 了解传统辅助技术的技术特征
辅助技术的功能与特征	理解现代辅助技术的技术特征 学会描述研究对象的技术特征	了解标准化技术对物流的贡献 了解信息化技术对物流的贡献
辅助技术中的使用要求	掌握使用辅助技术的技术要求 认识辅助技术对物流的重要性	了解辅助技术如何支持现代物流 了解辅助技术如何提高系统效率

章前导读

现代物流为什么能迅速发展？它得到哪些技术的支持？

自第二次世界大战以后，全球的传统储运逐渐向现代物流转型，到了20世纪80年代，这种转型进入高潮。中国则在20世纪初，进入转型的高潮，几乎是一夜之间，原先的运输公司、仓储公司、储运公司都变成了物流公司。那么，这种转变仅仅是名称上的改变还是确实有本质性的变化呢？更有意思的是，物流学科和物流产业或行业把传统的运输、仓储、包装、流通加工等产业纳入到自己的领域，而这些产业或行业似乎也乐享其成，这显然不是一厢情愿的，这又是为什么呢？

另一个很有趣的现象，制造业一直在为降低原材料消耗而努力，力求使产品变得更小、更薄、更轻，而且取得了伟大的成就，但全球的货物周转量却一直呈大幅度增加的趋势，尤其是在我国，如，1990年我国港口吞吐量为4亿多吨，而到了2008年，则达到70多亿吨，翻了4倍多。除了全球经济一体化外，运载工具大型化、高速化，可能是普通人或非专业人士最先想到的原因。如果真是这样，就不能称其为有趣的现象。那么，这其中的奥秘是什么呢？这正是本章所要讨论的内容。

5.1 标准化技术

在完整的物流流程中，每个环节上的物流技术不一定很复杂，每个环节内部的作业效率也容易得到提高，但各个环节之间，如果没有标准化技术的串联，流程效率很难提高。所以，物流标准化技术是将若干环节物流技术进行合理串联和科学组合的技术。

5.1.1 物流标准化的基本功能

标准化是指在经济、技术、科学及管理等社会实践中，对工艺、产品、管理、服务等活动制定、发布和实施统一标准的过程。标准化工作是重要的基础性工作，并有很强的技术性。它对减少物料消耗、节约时间、提高工作效率等有重要的意义。

1. 物流标准化的含义

物流标准化是指以物流系统为对象，围绕物流活动制定、发布和实施的技术、业务与管理等方面的标准。物流标准化技术是实现物流系统化的一项重要内容，它不仅要实现物流各环节衔接的一致性，而且也是进行科学化物流管理的重要手段。

应用实例5-1 秦始皇在统一六国后，实行了“书同文、车同轨”以及“统一度量衡”等国策，这些都是推动标准化工作的具体措施。其中，“车同轨”就是重要的物流标准化，它要求原先各国之间的道路与交通工具实现国家标准化，不仅使交通工具与道路之间的配合效率和运载工具的流转效率得到提高，而且最终使全国的运输效率得到很大的提高。

2. 物流标准化的功能

完成一项物流活动需要物流系统中各个环节、各项技术和各种工艺上的配合。为了能使各物流要素有效配合，就需要对物流设施、作业方法、流程工艺等制定统一的标准，并按统一的标准组织物流活动。物流标准化具有以下基本功能。

(1) 使物流环节衔接得到统一。这种标准化衔接、规范了物流流程，减少了多余的流转环节和辅助工序，加快了物流作业的速度。

(2) 使物流系统整体得到优化。随着物流流程的规范，意味着物流系统在流转过程中，大量的流转瓶颈得到消除，最终使物流系统整体的流转更加流畅。

(3) 使物流技术发展得到推动。物流标准化要求运载工具的舱位货箱、装卸搬移设备、仓储设施等按照标准化的技术要求进行改造与创新。

应用实例 5-2 在传统储运阶段，由于储运对象及包装没有被标准化，就使得装卸搬移过程比较烦琐，一般需要先将货物支垫，然后进行捆扎、穿吊装缆绳、指挥吊装、移出吊装缆绳、将货物固定在运载工具上等；卸载也需要类似的过程。在实施物流标准化以后，标准化的装卸辅助工具(工属具)将标准化的包装箱直接装卸，大大提高了装卸效率。

5.1.2 物流标准化的基本内容

标准化的物流体系主要包括基础标准、技术标准和业务标准。目前我国的港口、海运、公路基本执行的是国际标准，铁路系统、航空系统还存在行业标准。

1. 物流基础标准

物流基础标准是在国际标准或国家标准，甚至是行业标准框架下的专业标准，主要涉及专业计量和专业术语两部分。其标准体系如图 5.1 所示.

物流基础标准
- 专业计量
  - 尺寸标准(长度、面积、体积)
  - 重量标准
- 专业术语

图 5.1 物流基础标准体系

物流基础标准的一个核心与尺寸有关，这种从基础层面采用国际标准尺寸，被定义为物流基础模数尺寸标准，它是物流系统各标准尺寸的最小公约尺寸。国际标准化组织(ISO)制定的物流基础模数尺寸为 600mm×400mm，它是黄金分割(又称黄金律)的近似值，即把长为 L 的线段分割为 A、B 两段，并使 $A/L=(L-A)/A$，此比值约等于 0.618 时，称为黄金分割。

依据物流基础模数，就可以确定物流模数。物流模数一般以 1200mm×1000mm 为主，也允许模数为 1200mm×800mm 和 1200mm×1100mm。物流基础模数与物流模数的配合关系，如图 5.2 所示。

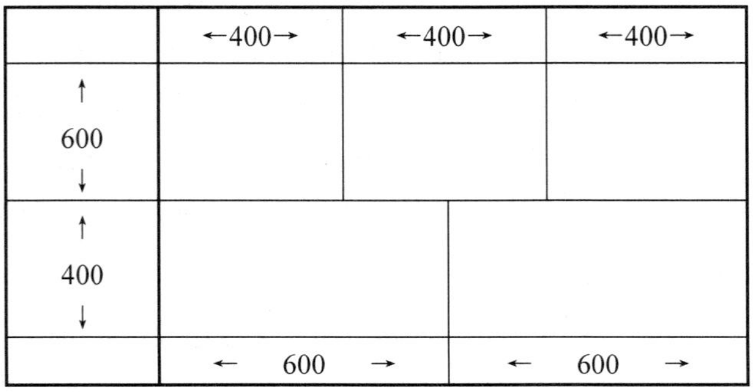

图 5.2 物流模数与物流基础模数的配合关系

应用实例 5-3 物流集装化以物流模数为基础，依据物流模数确定系列尺寸，再从中筛选，作为定型尺寸。物流模数的系列尺寸可以确定单元负载设备(如托盘)、包装容器、装运搬卸设备、仓储设备、运载工具的箱位和舱位，甚至是流径等系列尺寸。

物流基础标准不仅体现在二维平面上，还体现在三维空间上。体积和容积标准化，大力推动集装箱技术的发展。除此之外，重量标准化为大型运载工具提高积载效率提供支持。标准化物流术语(包括国际标准化缩写)，也加快了物流在全球的发展。

2. 物流技术标准

物流技术标准是指对物流系统中需要协调统一的技术事项所制定的标准。对于物流技术标准的分类，有不同的方法，比较主流的方法有：按照物流载体分类，如物流基础设施标准、物流设备标准等；按技术性质分类，如工艺性、控制性、限制性标准等。

工艺性标准主要涉及各类物流设施在运行方式、操作环节之间的衔接工艺和物流流程等方面的内容；控制性标准主要涉及对各类物流设施运行线路的控制、装卸搬运前后次序的控制以及作业实施范围等方面的控制；限制性标准主要涉及对各类物流设备与设施的额定载荷、额定容积以及工作环境等方面的控制。

应用实例 5-4 在自动化的巷道堆垛机的动作设计和软件编写过程中，堆码流程一般都是先水平运动再垂直运动，而取货动作则是先垂直运动再水平运动。在实践中，这种流程效率比较低。所以，现在的流程，只要不是针对密度比较大的物品，多是水平运动与垂直运动几乎同时开始。这其中微小时间差异是程序指令动作的先后次序。

3. 物流业务标准

物流业务标准是指对物流业务内容、方法、程序和质量要求所制定的标准。物流业务标准是对各项物流工作制定的统一要求和规范化制度，主要包括：业务流程的标准化、作业程序的标准化、作业方法的标准化、服务质量的标准化等(这部分内容在后面的物流管理中给予展开)。

我国的物流标准化工作还处于发展阶段，在一些环节还缺乏统一、规范的标准，这也是制约我国物流水平提高的重要瓶颈之一。加快物流标准化进程，是中国物流业面临的重要课题。

5.2 信息化技术

现代物流的重要特征是信息流支持实体流。物流信息化除了依托计算机、通信、网络等技术手段外，还广泛应用电子数据交换、电子订货、仓库管理、供应商管理库存、连续补货计划、销售时点、条码、无线电子射频、数字地球、激光全息技术以及第三方物流、供应链、配送、运输、快递、分销、国际货代、船代、空运、报关、港口、集装箱等管理信息系统来处理。这些技术或系统的使用可以将物流信息的主要特征给予记录、处理和显示。

由于物流信息具有包含元素多(主要有载体、客体、流量、流向、流时、流速、流程)、时效性强、来源繁杂、开放程度高等特点，所以需要有能够快速处理大量而复杂的信息的系统。本节重点介绍几种典型的、在物流活动中广泛使用的物流信息技术。

5.2.1 电子数据交换技术

电子数据交换(Electronic Data Interchange，EDI)技术是将物流信息按照结构化标准进行编排、加密等处理，并通过国际互联网传输数据的方式。概括地说，EDI 是通过电子方式，采用标准化格式，利用网络进行结构化数据传输和交换的信息技术。

实际上，EDI 制定了物流信息交换的标准，是用户之间在进行数据交换时必须共同遵循的交流标准。EDI 标准主要有 8 类，即基础类、代码类、报文类、单证类、管理类、安全类、通信类和应用类。由于 EDI 技术而大量减少了纸质单证，所以 EDI 也被称为“无纸贸易”技术。

应用实例 5-5 在 EDI 标准中，报文标准是 EDI 传送的载体。报文标准是对传统业务单证数据的结构化和标准化，而最重要的是实现单证标准化，包括单证格式的标准化、所记载信息标准化以及信息描述的标准化。单证格式的标准化是指按照国际贸易基本单证格式设计各种商务往来的单证样式。目前，我国已有进出口许可证、原产地证书、装箱单、装运声明等单证标准。

EDI 系统由 EDI 软件、通信网络和数据标准化等要素组成。在计算机相应的硬件与软件系统的支持下，EDI 软件将客户的数据信息翻译成 EDI 的标准格式，通过通信网络传输和交换标准化的数据，接收方按规定的格式与程序自动进行处理。所以，EDI 是一种按规则进行加密的电子邮包。

应用实例 5-6 EDI 的开发与使用是贸易领域的一次革命。其优势在于：数据一经录入，可以多次使用，并直接在计算机上自动完成处理，使误差率大幅度降低；可以大量节约时间和人力、物力；大大降低了信息处理的成本，提高了工作效率；可以保证信息传递的安全；可以传输发票、订单、单证和各种信用证件等，在制造业、批发业、零售业等也有广阔的发展前景。

目前我国的 EDI 应用还不普及，通信环境、企事业单位的系统配置以及相关的专业人才状况还有待改善。这些都是我国物流信息发展的瓶颈。

5.2.2 电子订货系统

电子订货系统(Electronic Ordering System，EOS)是指可以供用户利用计算机和通信网络进行在线(Online)订货或订货信息交换的系统。

EOS 最大的优势是可以最直接的使消费者与生产商之间实现供求的瞬间对接。对于生产商而言，可以及时了解动态的需求信息，也可实现物流流程的最小化；对客户而言，可以及时了解生产商的动态产品信息，如价格、品种、规格等。在我国推动 EOS 主要面临供求双方的信用问题、第三方物流的信用问题、订货后流程环节设计及标准化问题。

应用实例 5-7 EOS 只是解决供求之间的订货问题，就企业对企业(B to B)而言，由于有长期合同或联盟结构，信用问题并不突出，但就企业对消费者(B to C)而言，信用问题比较突出。不论是 B to B 还是 B to C，当采用第三方物流完成物流流程时，有些物流要素的品质尚有缺陷，如流程的准时性、对客体流的保护、交付环节的标准缺失等。

5.2.3 仓库管理系统

仓库管理系统(Warehouse Management System，WMS)是一个动态的软件管理系统，它能够按照仓储运作规则和运算法则，对存货、统计、出入库、分销配送等信息进行更完美地管理，使仓储运营效率实现最大化，并能满足有效产出和精确性的要求。

WMS的主要优点是：库存准确，并能提供准确的库存记录以及根据要求生成的历史数据分析；能根据分析数据，提出合理库存，合理降低库存，提高仓库周转率提供帮助；能对在仓库管理运营过程中生成的基础资料，如财务账目、出入库单据、相关文档，进行高效率管理。

应用实例5-8 WMS除了管理仓库作业的结果记录外，还对仓库作业过程进行指导和规范，可以将仓库每个时刻的各种信息及时反映出来，还可指导操作员按清单接收或发送货物，并自动增减库存数据。目前，不仅仓库使用WMS，一些配送中心、超市、生产商也使用它。

在我国WMS的使用基本还处于发展阶段。我国自主开发的WMS主要用于非精细产品的低端仓库，而跨国公司多使用国外开发的WMS。由于该软件要管理成千上万种物品，纯外文版的软件在使用中受到了限制，自主开发和“汉化”都需要时间、资金和专业人员。

5.2.4 供应商管理库存技术

供应商管理库存技术(Vendor Managed Inventory，VMI)是一种以客户需求为导向的库存运作模式。本质上，它是将多级供应问题变成单级库存管理问题。相对于传统补货法，VMI是以实际库存和实际消费信息作为补货依据。

VMI更是基于信息化的库存管理模式。通常是由零售商主导并提供仓库，供货商根据系统信息提供的库存变化进行补货。这个系统的最大优势是可以根据消费需求和市场变化，更快速地反应、更有效地计划并减少“牛鞭效应”带来的库存波动。

应用实例5-9 长期以来，零售商饱受“牛鞭效应”的困扰，传统的方法是为保证商品连续销售，零售商一直独自管理库存、单独承担库存成本，而产品一直由几家供应商负责供应。由于市场或需求的波动，不是出现断货，就是商品严重积压，很大的精力放在库存管理上。引入VMI后，零售商与供应商形成“供应链战略联盟”，实际上是将库存管理外包给“联盟”。这样，零售商可以把自己管理重心放在开发市场、销售管理等方面，有助于凝练自身的核心竞争力。

5.2.5 连续补货计划

连续补货计划(Continuous Replenishment Program，CRP)是指利用及时准确的销售时点信息确定已销售的商品数量，根据零售商或批发商的库存信息和预先规定的库存补充程序确定发货补充数量和配送时间的计划方法。

应用实例5-10 全球商业巨头的补货策略是，对每种商品都制定一个安全库存标准，当库存低于该标准时，CRP自动向供应商订货。CRP还可以根据销售数据，预测销售动向、制定连续补货方案，并同时兼顾物流成本的测算。

CRP与传统的补货方式没有本质上的差异，仍然是零售商管理库存模式，但它是基于销售时点信息，即事实上的需求数据，进行补货，而传统补货是基于需求预测数据进行超前补货。CRP 与 VMI 有本质的区别，VMI 是供应商根据销售需求进行补货。

5.2.6 销售时点系统

销售时点(Point of Sale，POS)系统主要是利用自动读取设备读取商品标准条形码上的信息(品名、规格、单价等)，同时存储和输出销售数量、销售时间、销售金额等信息，并通过 POS 的软件系统，按使用目的对信息进行加工处理，再把相关信息通过网络传送到财务、仓库、销售管理中心或供应商的系统中。

POS 系统使信息汇集便捷，各部门甚至是各供应商能同时掌握动态信息，并能及时分析信息和采取相应的对策。所以 POS 系统具有“一扫全知道”的特征。POS 系统最初主要用于零售业，而后扩展到其他行业，甚至整个供应链，成为信息共享，是提高供应链效率的重要信息手段。

应用实例 5-11 *利用 POS 系统对商品信息的把握，可以精细到“××厂家生产的××种类××重量的产品”，准确把握每一种商品的销售动向，及时了解商品销售的时间分布，充分了解客户的消费倾向，购买规律，这也是 POS 系统的最大优势。*

以上简要介绍了 6 种管理物流信息的软件，除了 EDI 软件外，主要都用于商业流通领域。实际上，管理物流信息的软件还有第三方物流、供应链、配送、运输、快递、分销、国际货代、船代、空运、报关、港口、集装箱等，这些软件的专业性更强一些，就不在这里逐一介绍了。

以上所介绍的这些软件除了需要计算机系统软件和硬件的支持外，还需要一系列信息识别技术的支持。所以，后续的几节就侧重介绍几种信息识别技术。

5.3 条形码技术

条形码(Bar Code)技术简称条码技术，是应用光电扫描设备，通过识读按规则编排的条码，来确认被识别对象特征的技术。条码技术最早出现在 20 世纪 30 年代末，是在计算机的应用实践和信息技术基础上产生和发展起来的自动识别技术，它的应用解决了数据录入和数据采集的瓶颈问题。条码技术真正得到迅速发展和广泛的应用却是在近 20 年随着计算机技术的普及而实现的。它可以快速、准确地自动识别一系列信息，是物流系统得以快速发展的重要辅助技术。

5.3.1 条码技术原理

条码技术主要包括条码编码原理及规则标准、条码译码技术、光电技术、印刷技术、扫描技术、通信技术、计算机技术等。条码编码采用二进制，由 1 和 0 表示编码的特定组合单元。直观上看，常用的条码是由一组字符组成，如数字 0～9、字母 A～E 或一些专用符号。条码是一种可以印刷的机器语言，它具有保密性好、差错率低、收集及处理数据省力的特点，作为一种先进的计算机数据自动输入代码，广泛应用于物流、商业和工业领域，是现代使用最普遍的一种自动识别技术。

应用实例 5-12 *在商业领域，条码已成为商品进入商店的必备条件，商品条码化是企*

业提高竞争力，实现生产流通环节自动化的前提条件，同时也是制造商适时调整产品结构的技术保障。近年来，我国许多城市已有文件规定，所有无条码商品不得进入超市。

当经济快速发展，迫使人们更加需要自动识别技术时，对条码技术的研究也越来越深入。条码的种类非常多，也有很多分类方式，最常见的是按维数分，通常分为一维条码和二维条码。

5.3.2 一维条码

一维条码由一组规则排列的“条、空”以及对应的字符组成的标记，用以表示一定的信息，如图 5.3 所示。黑色的“条”对光线反射率较低，白色的“空”对光线反射率较高。

6 901234 567892

图 5.3 一维条码图例

条码按照码制编排。一维条码的码制是指条码的“条和空”的排列规则。常用的一维条码的码制包括 EAN 码、39 码、交叉 25 码、UPC 码、128 码、93 码及库德巴码(Codabar)等。其中，EAN(European Article Number)码是国际物品编码协会制定的国际通用的符号体系，它是一种长度固定、无含义的条码，所表达的信息全部为数字，主要应用于商品标识。我国作为 EAN 组织的成员国，使用最广泛的是 EAN 码，日常购买的商品包装上所印的条码一般就是 EAN 码。EAN 码有标准版(EAN-13)和缩短版(EAN-8)两种。只有当标准码尺寸超过总印刷面积的 25%时，才允许申报使用缩短码。缩短码的 8 位数字由 7 位商品代码和 1 位校验码构成。

应用实例 5-13 通常对于每一种物品，它的编码是唯一的。对于普通一维条码来说，要通过数据库建立条码与商品信息的对应关系。标准版(EAN-13)代码结构如图 5.4 所示。

图 5.4 标准版(EAN-13)条码结构

在图 5.4 的条码结构中，左侧、右侧空白区是无任何符号及信息的白色区域；中间数据字符部分，起始符的作用是阅读器确认此字符存在后开始处理扫描脉冲；数据字符标志一个条码的值，结构与起始字符不同，可允许双向扫描；校验码对读入的字符进行运算后检验阅读是否有效，错误则不予读入；阅读器确认终止字符存在后停止处理，该次阅读工作结束。

根据 EAN 规范，EAN-13 标准码的 13 位数字有不同含义：最左边 3 位前缀码为国家码，是国际物品编码协会分配给不同国家和地区的编码；中间 7～9 位数字是厂商识别代码，由会员国(地区)的编码机构向厂商分配唯一标识代码；其后的 3～5 位数字是商品项目代码，由厂商自行编码，用以标识商品的代码；最右 1 位是校验码，用以校验条码代码的正误。在编制商品项目代码时，厂商必须遵守商品编码的基本原则：对同类商品必须编制相同的商品项目代码；对不同的商品项目必须编制不同的商品项目代码；以保证商品项目与其标识代码一一对应。

应用实例 5-14 国际物品编码协会分配给中国物品编码中心使用的前缀码为 690、691、692。其中，当前缀码为 690、691 时，其代码结构如图 5.5 所示。

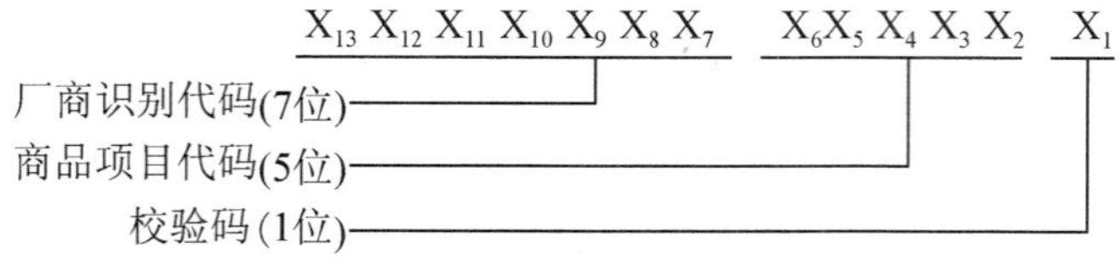

图 5.5　前缀码为 690、691 的 EAN-13 码的结构图

当前缀码为 692 时，其代码结构如图 5.6 所示。

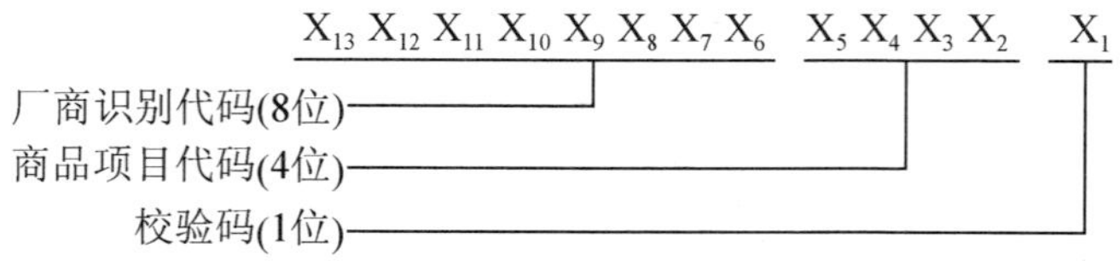

图 5.6　前缀码为 692 的 EAN-13 码的结构图

目前，条码技术广泛应用于商业、交通、仓储、邮政、海关、工业生产过程控制、银行、医疗卫生、图书管理、政务、办公自动化等领域，在自动识别技术中占有重要的地位。

应用实例 5-15 超市条码系统提高管理效率与准确率，如图 5.7 所示。

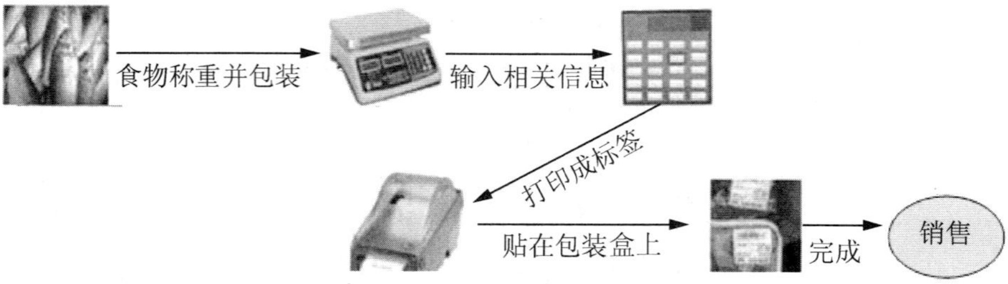

图 5.7　超市条码系统

为确保生鲜食品的鲜度，各大超市的生鲜食品物流中心进行统一质检后，秤重、分装，透过条码打印机加装时钟卡，预先将欲打印的格式储存在时钟卡上内置的 Flash 中，输入品名、重量、金额以及保质期间(如 24 小时、3 日等)，打印机会自动抓取时钟卡上的日期

作为生产日期，并将打印有标示内容、生产时间、保质日期的标签贴在外包装明显的地方。

尽管一维条码得到广泛的应用，但一维条码在使用中只能用来识别一维数字编码信息，因此它的使用受到了限制。在这样的背景下，二维条码应运而生。

5.3.3 二维条码

简单地说，二维条码就是将一维条码存储信息的方式在二维空间上扩充，使它能够在横、纵两个方位上同时表达信息，从而在很小的面积内存储更多的信息，并能够表达汉字和存储图像。

由于一维条码的信息容量很小，它仅仅是对物品的标识，而不是描述。故一维条码的使用，不得不依赖数据库的存在。在没有数据库和不便联网的地方，一维条码的使用受到了较大的限制，有时甚至变得毫无意义。二维条码利用两个维度构成的面积来提高条码的信息密度，其密度是一维条码的几十到几百倍，可以把产品信息全部存储在一个二维条码中。要查看产品信息，只要用识读设备扫描二维条码即可，不需要事先建立数据库。

二维条码与一维条码比较，其特点是：存储信息容量更大，一维条码一般只能容纳20个字符的信息，而二维条码可容纳2000个字符的信息；识别准确性更高，一维条码的译码错误率约为百万分之一，而二维 PDF 417 条码的误码率不超过千万分之一；编码范围广且可以表示图像数据，如可对照片、指纹、掌纹、签字、声音、文字等可数字化的信息进行编码；保密防伪性好，如采用密码、指纹、软件加密等进行防伪；可在 360° 范围内全方位读取数据；可用多种阅读设备阅读，不需要数据库支持；纠错能力强，因穿孔、污损等使二维条码损毁面积达 50%仍可正确识读。

应用实例 5-16 堆叠式二维条码是在一维条码编码原理基础上，将多个一维条码在纵向堆叠而产生的，如图 5.8 所示。典型的码制有 Code 16K、Code 49、PDF 417 等。

图 5.8 二维条码(PDF 417 码)示意图

其中 PDF 417 条码是由美国 Symbol 公司研制，也是我国第一个通过国家标准认证的二维条码。它是一种高密度、高信息含量的便携式数据文件，是实现证件及卡片等大容量、高可靠性信息自动存储、携带并可用机器自动识读的理想介质。

应用实例 5-17 矩阵式二维条码是在一个矩形空间，通过黑、白像素在矩阵中的不同分布进行编码，如图 5.9 所示。典型的码制有 Maxi Code、Data Metricx、QR Code、汉信码等。

(a) Maxi Code (b) Data Metricx (c) QR Code (d) 汉信码

图 5.9 几种常见的矩阵式二维条码

Maxi Code 是由美国联合包裹服务公司(UPS)研制的，主要用于包裹的分拣和跟踪。Data Metricx 主要应用于电子行业小零件的标识，如 Intel 的奔腾处理器的背面就印制了这种码。日本研制的 QR Code，适宜应用于工业自动化生产线管理等领域。

以上 3 种二维条码都是国外的技术。多年来，二维条码的核心技术一直被发达国家垄断，识读设备的价格因此而居高不下。鉴于此，我国在“十五”期间加大研发力度，相继开发出了“汉信码”、“矽感码”、“紫光码”、“龙贝码”等一批二维条码系统。其中，“汉信码”全部由我国自主开发(国家标准号为 GB/T 21049—2007)，拥有完全自主的知识产权，相关标准已于 2008 年 2 月 1 日起实施。这将大大降低我国应用二维条码技术的系统成本，加快二维条码技术在我国的推广进程，促进我国自动识别技术产业的发展。

应用实例 5-18 二维条码在运输行业中广泛应用。由于在运输业务流程中，涉及供应商—货运代理—货运公司—客户等环节，而且每个环节都牵涉相同信息单据处理。二维条码可以将发货人、收货人、货物清单、运输方式等信息编成一个二维条码，打印在发货单据上，如图 5.10 所示。

图 5.10 在发货单上应用二维条码

这样，在运输业务的各个环节使用二维条码阅读器扫描条码，条码上的信息便可快速准确地录入到计算机管理系统中。

由于二维条码具有储存量大、保密性高、追踪性高、抗损性强、成本便宜等的优点，因此广泛适用于各类单证、各种证照、仓储盘点、物品追踪、资料保密等。

应用实例 5-19 PDF 417 在身份证管理中的应用。美国国防部已经在军人身份证上印制 PDF 417 码(持卡人姓名、军衔、照片和其他个人信息)，卡片损坏(比如枪击)也能阅读，具有高防伪性。我国香港特别行政区的居民身份证也采用了 PDF 417 码。

应用实例 5-20 日本研制的 QR Code 码是一种快速响应矩阵码，可高效地表示汉字，其密度与 PDF 417 条码相仿。目前市场上的大部分条码打印机都支持 QR code 条码，其专有的汉字模式也适合我国应用。因此，QR code 在我国具有良好的应用前景，也是在我国第二个通过国家标准的二维条码。

应用实例 5-21 中国民航总局在全国 127 个机场的民航驾驶证中采用了龙贝二维条码。在 $6cm^2$ 的面积中，装有 24 位全天然彩色面部照片生物装置和安全防伪系统，信息密度比美国军人身份证高 25 倍，比美国最先进的肯塔基州驾驶证要高 66 倍。

5.3.4 物流条码

条码除了按维数划分外，还可以按照条码的应用对象分为商品条码和物流条码。商品条码是最终消费品上的单元标识，也是单个商品的唯一标识。物流条码是储运单元(或称贸易单元)的唯一标识，通常标识多个或多种商品的集合，它标贴于商品的外包装(又称大包装或运输包装)或负载设备上，以供物流过程中的收发货、运输、装卸、仓储、分拣、配送等环节识别。它适用于物流的现代化管理，服务于物流流程中的各个环节。

应用实例 5-22 物流条码的信息容量和维护标准与商品条码不同。如：一维商品条码多采用 EAN/UPC 码制，由一个 13 位或 8 位数字以及条码符号组成，其长度固定，信息容量少，标准统一；物流条码主要采用 UCC/EAN-128 码制，是可变长度，主要表示货物的体积、重量、生产日期、批号等多种含义和信息，是货运包装的唯一标识，是贸易伙伴根据贸易活动中共同的需求，经过协商统一制定的，条码的内容可适时增减，维护条码标准的难度增大。

应用实例 5-23 交叉 25 条码。这种码制主要用于储运单元的编码，是物流技术中比较常用的一种码制。对于定量储运单元，一般采用 14 位交叉 25 条码编码；对于变量储运单元编码，一般增加 6 位交叉 25 条码作为附加代码。这种码制是一种连续的、有自校验功能的、“条、空”都表示信息的双向条码，且码长不固定。

应用实例 5-24 128 码制，又称贸易单元 128 条码(GB 15425)，是我国的一种条码标准。它与国际物品编码协会(EAN)和美国统一代码委员会(UCC)共同编制的 EAN/UCC-128 码是相同的。128 码是一种连续、变长、有含义的高密度码。它可以包含更多的信息，如产地、品名、数量、规格、批号、理化特性、发货地点等，特别适合在国际多式联运、流动技术和国际贸易等领域中使用。

5.4 射频识别技术

射频识别技术(Radio Frequency Identification，RFID)是一种非接触式的自动识别技术。

它利用无线射频信号和空间耦合(电感或电磁耦合)传输特性，对运动的或静止的、含有各种信息的电子标签进行自动识别。

5.4.1 基本组成

最基本的射频识别系统由 3 部分组成：标签(Tag)，由电子芯片构成，每个标签具有唯一的电子编码；识读器(Reader)，读取(有时还可写入)标签信息的设备，可设计为手持式或固定式；天线(Antenna)，在标签和读取器之间传递射频信号的设备。除此之外，还需要一套完整的系统(计算机与相关软件)进行数据传输和处理。

5.4.2 工作原理

RFID 的基本工作原理如图 5.11 所示。识读器发射电磁波，当附着电子标签的物品(表面或内部)通过其可识别范围时，电子标签将天线所发射的微小电磁波能量存储，进而转换成电子芯片所需的电能，并将存储信息以电磁波的方式传送给识读器。经识读器确认，并给出后续指令，从而实现自动识别物品或自动收集物品标志信息的功能。

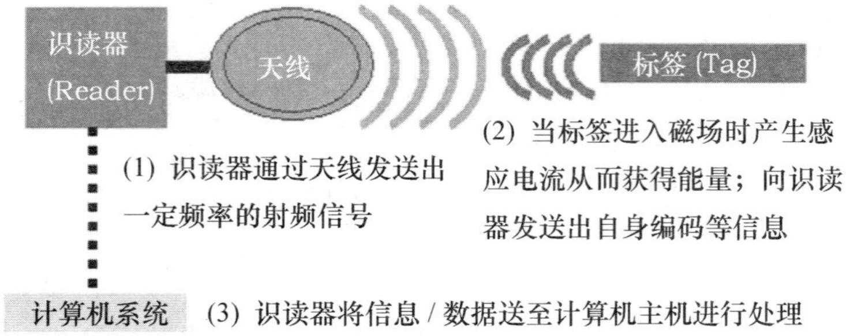

图 5.11 RFID 基本工作原理图

应用实例 5-25 IBM 曾播出一个让人印象深刻的广告：一个顾客在超市购物后，并没刷卡或付现金就通过了收银台，到门口后，一个服务生拿来一张清单说：“先生，这是您的账单”。在未来，收银台处的读写器将识别顾客购买物品上的电子标签，配合顾客的电子钱包，轻松地完成了整个消费过程。随着 RFID 技术的开发和应用，上述情景一定会在不久的将来成为现实。

5.4.3 电子标签

电子标签是指由 IC 芯片和无线通信天线组成的超微型小标签(模块)，又称射频卡。标签中一般保存有约定格式的电子数据。在实际应用中，无线标签附着在待识别物体的表面。接近阅读器时，电子芯片中存储的数据以非接触形式读取，通过处理器解读信息并进行响应管理。

1. 电子标签的优点

电子标签的识读速度快、可反复读写与修改、识读条件宽松、节省人力成本，还可以批量识别。

应用实例 5-26 电子标签只要被置于读取设备形成的电磁场内就可以准确读到，而且每秒钟可进行上千次的读取，高效且高度准确，更加适合与各种自动化的处理设备配合使用，同时降低人力成本，甚至可排除因人工采集数据而导致的纠错成本。

应用实例 5-27 电子标签可以同时处理许多标签，对一批物品同时识别，可以反复读写修改数据，可以循环重复使用，而且识别不依赖于可见光，因而可以在条码技术无法适应的恶劣环境(如高粉尘污染、野外等环境)下使用。

2. 电子标签的分类

电子标签分为主动式和被动式，只读式和可读写式。主动式又称有源标签，动力来自内部电池，是典型的可读写设备，但使用电池意味着标签的寿命是有限的。被动式又称无源标签，没有内部电池，从识读器发射的无线电波中获取动力。主动式标签信息传送距离长，抗噪声能力强，使用相同频率时，数据传输速率更高，但体积较大、价格较高；被动式标签轻便、便宜、寿命长，但它的传送距离短且需要更高功率的识读器，它的灵敏度和定位性能受限于识读器，存储数据的容量和抗噪声性能都有限。只读标签只能是信息一次被写入，多次读出；而可读写标签的信息可以多次重复写入，多次读出。

应用实例 5-28 电子标签还可以与条码技术混合使用，再配以移动计算技术、无线局域网、广域网等，让整个企业的所有现场作业流程与各种企业管理信息系统之间实现无缝连接，让作业现场的每一步操作都处在计算机管理信息系统的管理、监督和控制之下。从而使企业能够提高作业效率，大幅度提高管理精细度，让整个作业过程实时、透明，还可将企业有线网络系统向外延伸扩展。

5.5 数字地球技术

数字地球技术是由遥感系统(Remote Sensing System，RS 系统或 RSS)、全球卫星定位系统(Global Positioning System，GPS)、地理信息系统(Geographic Information System，GIS) 3 个系统组成的。简称 3S，是用三维系统提供地球及其空间信息的技术。

5.5.1 遥感系统

RS 系统一般是通过电磁波或远红外线辐射感知被测物体的。由于不同物体对电磁波或红外辐射的吸收不一样，以至于 RS 接收系统测到的反射也就不一样，再经过计算机比对处理，便可分析出被测物体的性质。由于 RS 技术可以远距离采集信息，且有相当高的分辨率，因此，当今大多通过人造卫星对大气、海洋、资源等 30 多个行业进行遥测。所以，RS 系统主要用来测量、搜集信息。

应用实例 5-29 目前，在海洋或未知水域开辟新的航线，多通过 RS 系统对相关水域进行测量，绘制出航线后，交给水运部门，并由其组织人员和船舶进行试航，并对 RS 测量的可供航行的航线进行选择和修正。这比当年哥伦布的方法更先进、更科学。

5.5.2 卫星定位系统

GPS 是美国在 20 世纪 70 年代研制的，由围绕地球分布的 24 颗同步人造地球卫星组成，可以与地面进行无线电通信，以及对地球上任何一点定位的定位系统。GPS 是一种全天候工作的系统。通过该系统，地球表面上任意两点之间可以随时进行通信联系。该系统主要用于三维导航、动态跟踪与监控、收发和传递信息、对移动或固定目标进行精确定位。

应用实例 5-30 船舶、飞机和车辆等交通工具上安装 GPS 的接收装置后，交通工具的准确地理位置就可以随时被测到。因此，GPS 现在已经被广泛应用于交通工具上，用来进行导航，甚至根据提前测量的电子地图，寻找最佳流径、测算最佳流程。

目前，俄罗斯、欧盟与中国都有自己的全球卫星定位系统。应该看到，谁拥有这样的系统，谁拥有主动权。相反，只依靠租用他国的卫星频道，将受制于人，尤其是进入战争状态时。

5.5.3 地理信息系统

GIS 是 20 世纪 60 年代开始迅速发展起来的地理学研究新成果，是多种学科交叉的产物，它以地理空间数据为基础，采用地理模型分析方法，适时地提供多种空间的和动态的地理信息，是一种为地理研究和决策服务的计算机软件系统。

GIS 的基本功能是将表格型数据转换为计算机上显示的地理图形。其显示范围可以从洲际地图到非常详细的街区地图、运输线路，甚至是地下系统等。GIS 的用途十分广泛，一是用于在不同系统、不同地点、不同客户之间传递数字化的空间位置信息；二是用于获取、分析和处理动态的、空间的地理信息。因此，在国民经济的许多领域，如国防安全、地理测绘、交通运输、能源勘探、环境保护等方面得到广泛的应用。

应用实例 5-31 仓库管理人员使用 GIS 地图，只要选择划定一个范围，就可以得到该范围内仓库物资的库存数量、规格、所处的状态等准确信息。这些信息为仓库管理人员提供翔实的分析数据，也为仓库管理工作提供重要依据。

5.5.4 数字地球技术

以上 3 种技术或系统各有优势，但各自也有局限性，所以将这 3 个系统的资源与优势整合在一起，就能使处理与使用信息的功能得到拓展。GPS 对要分析的对象进行精确定位，RS 进行测量与搜集信息，GIS 侧重存储信息数据、并对数据进行转换和分析，最后再由 GPS 在全球的三维空间内进行精确传递。利用 3S 系统处理信息，快速、准确、范围大。

应用实例 5-32 在现代物流的服务中，正越来越广泛地使用数字地球技术。如：GIS 物流分析软件集成了车辆路线模型、最短路径模型、网络物流模型和设施定位模型等，尽管这些模型能帮助物流企业选择最佳流程，但由于这些模型是静态模型，而实际“流径”上的动态状况，会影响最佳选择的有效实施，这时，GPS 就可以发挥其对掌握动态信息的能力。

3S 系统对现代物流系统还有许多帮助，如：可解决在一个起点、多个终点的货物运输中，如何降低物流费用的问题，如确定车辆数和每辆车的行驶路线等；可寻求最有效的分配货物路径，最佳的物流网点布局等；可用于确定一个或多个物流设施的位置等。

应用实例 5-33 在现代物流系统中，配送中心与物流的“流径”构成了物流网络，而配送中心的布局与“流径”又相互关联。因此，在既定区域内设立多少个配送中心，其位置、规模及相互之间的关系等都可以运用设施定位模型予以解决。

除了以上所举的例子，3S 系统与其他高新技术的结合也在军事物流等领域得到运用。

如：在远程识别技术中，利用激光全息技术，可将识别信息(条码、文字和图片等)浓缩在“笔尖”大小的面积上，在恶劣环境中流转的军事物资，只要它的激光全息照片的任何一点被激光器扫到，全部信息都可以获得。这样，就可以利用3S系统远程获得信息。

5.6 RFID典型应用

因为RFID拥有了卓越的性能和独特的优势，可以说是引发了一次重要的“信息革命”，尤其是在识别效率、识别的准确性方面更是十分突出。这使得RFID的应用领域非常广阔，如物流服务、生产制造、食品安全、交通运输、商业零售、科技国防等。

5.6.1 RFID系统在国际航空通关中的应用

RFID在一些发达国家民航空运的各种业务领域有很多应用，如用于机场行李通关系统、快速查验系统、航空包裹识别系统、行李跟踪系统以及机务维修等。

应用实例5-34 行李通关系统。旅客行李出现差错或丢失一直是令航空公司和机场感到棘手的问题。号称“超级航空枢纽”的香港国际机场，每年客流量超过4000万人次，机场每年处理的旅客行李数量极为可观。为提高其行李处理能力，香港国际机场于2005年安装了RFID行李分拣系统，不管行李摆放方向如何或者是否叠放，该系统都能够自动扫描贴有电子标签的行李，使行李差错率大为降低，也使香港机场成为全球首个实施“端对端”RFID行李标签/分拣系统的机场。随后，英航、日航和新航也都将RFID电子标签应用到了对航空行李和包裹的追踪及管理上，确保旅客托运的行李安全准时地送达目的地。北京首都国际机场三号航站楼也在2008年投入运行了使用RFID技术的行李处理系统。该行李处理系统每小时可分拣和运输行李物品19200件。

应用实例5-35 快速查验系统。近几年，中国台湾推广使用RFID电子护照，即在旅客的护照上加装计算机芯片。芯片中存有护照持有人的基本数据，包括姓名、性别、出生日期、出生地、护照发行日期、有效日期、护照号码以及持有人的照片等。除基本数据外，芯片上还记录有护照持有人的指纹、掌纹、脸部或眼球虹膜等个人特有的生物特征。在此基础上，机场海关也安装了RFID电子护照的识别系统，实现了旅客的自动通关，同时也提高了海关查验的准确性。

5.6.2 RFID系统在高速公路收费中的应用

高速公路自动收费系统(如图5.12所示)是射频识别技术最成功的应用之一，它充分体现了非接触识别的优势。车辆在高速通过收费站的同时不用停车即可完成缴费，解决了交通的瓶颈问题，避免了拥堵，提高了收费结算效率，同时减少了人力成本。

应用实例5-36 1996年佛山市政府安装了RFID系统，用于自动收取路桥费，以提高路桥使用率，缓解交通压力。该系统可以在0.5ms内识别时速为250km的车辆，正确率达99.95%。随后，上海、广州和佛山也安装了基于RFID的自动收费系统。

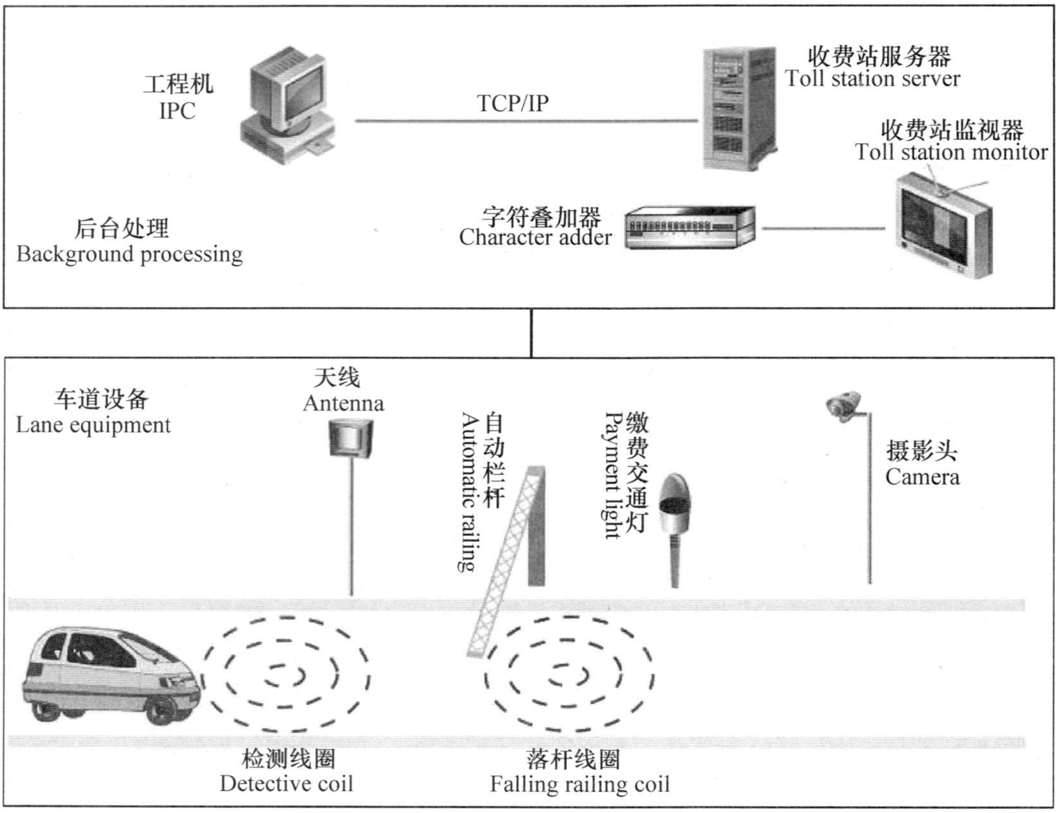

图 5.12　应用 RFID 技术的高速公路收费系统

5.6.3　RFID 系统在图书馆管理中的应用

RFID 在图书馆的应用，大大提升了原有条形码识别系统的功能，给图书馆的流通服务、书库典藏管理和防盗监测等方面带来了过去无法想象的便利。

应用实例 5-37　新杭州图书馆全面启用了 RFID 系统，并作为杭州地区公共图书馆大流通(RFID 图书与非 RFID 图书混合大流通)的中心馆，为整个大流通系统服务。杭州图书馆项目包含各类电子标签 190 万张，RFID 专用设备 72 套，是一次性建成的最大的 RFID 图书馆，包括指纹识别、多种标签混合使用、创造性的标签数据格式等诸多技术创新、业务创新。由于 RFID 系统的采用，图书馆全面支持第二代身份证、杭州市民卡作为读者证，通过市民卡的信用体系保障，读者能够真正全免费办证(免年费、免押金)。据统计，在新馆开馆最初的 5.5 天里，办证 1.3 万张，借还图书 8 万册；开馆 30 天内就为读者办证 3 万张(在新馆之前，杭图 50 年共为读者办证 5 万张)。如果没有 RFID 系统，杭图将无法应对如此之多的读者浪潮。

5.6.4　RFID 系统在门禁安保中的应用

应用 RFID 这种“射频卡”的门禁安保系统，可以实现一卡多用。比如：工作证、出入证、停车卡、饭店的住宿卡，甚至旅游护照等。其目的是识别人员身份、收费、简化出入手续、提高工作效率、安全保护等。只要进出人员佩戴了只有身份证大小的射频卡，经过出入口的识读器时，人员身份自动识别，非法闯入会有报警。安全级别要求高的地方还可以结合诸如指纹、掌纹或颜面等特征的识别。

应用实例 5-38 1996 年，夏季奥林匹克运动会的安全机构采用“射频卡”结合生物测定学技术作为保安系统中的一种，运动员和官员随身携带含有自己手掌信息的“射频卡”，当他们在要进入某一安全区，必须将其右手搁在扫描器上，只有该人手掌同系统数据库所掌握的其手掌信息的三维图像一样，并且同其本人所携带的“射频卡”上信息一致方可进入该区域。

5.6.5 RFID 系统在各种收费方式中的应用

目前我国的收费卡多用磁卡、IC 卡，而“射频卡”也开始抢占市场。因为在一些恶劣环境中，磁卡和 IC 卡容易损坏，而“射频卡”不易磨损、不怕静电、不会消磁，使用起来也很方便、快捷，甚至不用打开包，只要在识读器前一晃就可以完成交费，还可以同时识别几张卡，并行收费。

应用实例 5-39 我国许多大城市的公共汽车异常拥挤，用磁卡、IC 卡需要排队刷卡。如果使用嵌有“射频卡”的电子月票，就无须排队。只要从车门处经过，就完成了自动交费。类似地，会员卡、就餐卡、购物卡、电话卡、储蓄卡等，均可使用“射频卡”，而且“射频卡”上有内存分区，不同区域有不同的安全级别，可以在不同的环境中使用，互不干扰。未来的发展，会将现在人们所持的各种卡置于一张“射频卡”上，这样手持一张卡就可以在各处使用。

5.6.6 RFID 系统在自动化生产线中的应用

使用 RFID 技术，可以实现对生产流水线的自动监视与控制。带有电子标签的零部件，在何时完成何道工序都被输入到管理系统中，甚至可以将测试结果发到生产控制中心。这样的系统，可以提高生产率、改进生产方式，最终节约了生产成本。

应用实例 5-40 德国宝马汽车公司在装配流水线上应用了 RFID 系统，生产基于用户(从上万种内部和外部选项中选择诸如汽车颜色、引擎型号、轮胎式样等)定制的汽车。这样一来，流水线就有可能要同时装配上百种汽车。这就需要每个工序的识读器去识别带有“射频卡”的零部件，解读“卡”中的详细信息，以确保整个装配过程按客户的定制来完成。

应用实例 5-41 集成电路制造商在芯片制造中采用射频识别技术的自动识别工序来控制系统。由于芯片生产对超净的特殊需要，RFID 就成为非常理想的自动识别系统，而其他识别技术，如条码，在如此苛刻的条件和超净要求下就不适用。在超净车间里，芯片在工序之间移动时，会因各种原因进入废料堆而造成损失。RFID 系统就可以核查废料堆、设备、工序和操作人员。如果其中任何一项的数据不对，设备将停止工作，同时向操作人员显示指令。

5.6.7 RFID 系统在仓储管理中的应用

将 RFID 系统用于智能仓库的货物管理，可以高效、准确地管理与仓储、货物流动有关的信息。通常，将识读器和天线置放在仓库的货物进出通道处，当每件贴有电子标签的货物经过时，所有动态信息存储到仓库的中心计算机里，还大大提高了出入库效率。

应用实例 5-42 2005 年深圳某物流企业在国内率先引入 RFID 仓储管理系统。引入 RFID 后，所有入库货物，经安装在库房入口的 RFID 扫描后，识读系统将自动读取电子标签中的信息，并将这些信息自动录入管理系统中，系统也自动生成相关的入库信息，剩余工作也完全由 RFID 仓储管理系统自动完成。仓库利用率提高了 50%。

5.6.8 RFID 系统在列车车厢识别中的应用

长期以来，对列车车厢的条码识别，主要采用超音波和雷达测距系统。现在被 RFID 系统取代，“射频卡”一般安在车厢顶部，识读器安在铁路沿线，这样就可得到车辆的实时信息。通过读到的数据，能够辨别车辆的身份，防止列车车厢遗漏在某个编组站内。

应用实例 5-43 铁道部使用的铁路车号自动识别系统(ATIS)是我国最早应用的 RFID 系统，也是应用 RFID 范围最广的系统。早在 20 世纪 90 年代中期，铁道部在中国铁路车号自动识别系统建设中，就采用 RFID 技术来解决“货车自动抄车号”的最佳方案。采用 RFID 技术以后，铁路车辆管理系统实现了统计的动态化、自动化，降低了管理成本。据相关报道，使用 RFID 系统后，货运物流每年的直接经济效益达到 3 亿多元。

5.6.9 RFID 系统在食品安全领域中的应用

近年来，由于食品安全事故频繁发生，严重影响了人们的身体健康，引起了全世界的广泛关注，欧盟、美国等发达国家和地区要求出口到当地的食品均必须进行跟踪和追溯。在我国，保障食品安全的任务也迫在眉睫。以 RFID 技术为核心的食品安全追溯系统可广泛应用于农、林、牧、副、渔等各类食品的安全追溯管理中，通过采集相关的动态信息并传输到终端管理系统，来实现各相关部门对各类食品企业的监督和管理。

应用实例 5-44 在 2008 年北京奥运会上，就应用了基于 RFID 技术的食品安全管理系统。将其用于奥运会食品的安全保障，则是奥运史上的突破。这套系统可以实现食品从源头到最终消费者的监控，如图 5.13 所示。该系统以 RFID 电子标签为基本流动数据载体和基本信息单元，采用先进的信息传输技术、计算机网络技术、数据库技术，使奥运食品的管理成为一个完整的动态实时的人机系统，严格保障了奥运食品的安全。

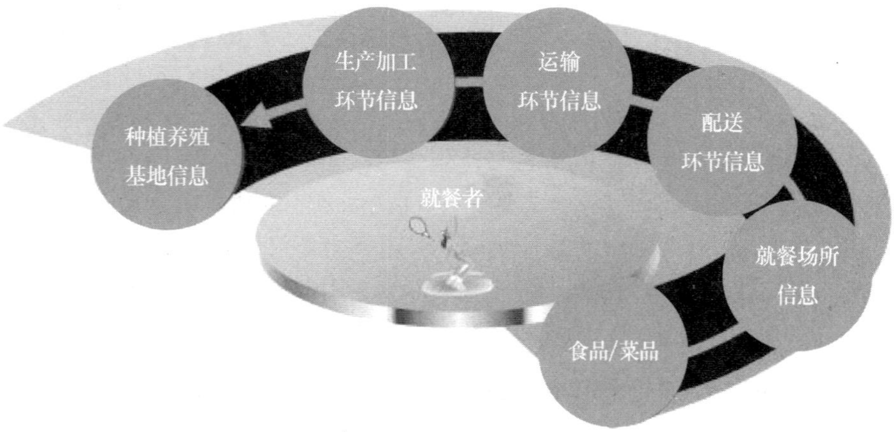

图 5.13 奥运食品安全追踪系统流程图①

① 资料来源：粤港 RFID 产业联盟。

可以从下面这段拟人化的文字中可以体会出 RFID 在奥运食品安全追踪系统的运作情况。

小资料

一罐啤酒的自述

作为奥运会的指定啤酒，我的“一举一动”似乎格外引人注目。自诞生之日，我们每个兄弟姐妹的身上都被打上了一个条形码，还被贴上一个带芯片的电子标签。于是，我就拥有了自己的电子身份证。据说将条形码和电子标签的信息进行相关处理后，我们的行踪就都在食品监管部门的掌控之中了。根据每个奥运餐厅啤酒消费量的需求，我们会被物流公司运到需要我们的地方去。在装有 GPS、GPRS(全球卫星定位与遥感)、GIS 系统和带有 RFID 识读器的车厢内，温度、湿度传感器会把我们在车厢内的“身体”状况实时传递给食品监管人员，同时，在电脑前就能查看到我们所经过的线路以及装运的全过程。被消费时，我的信息也在第一时间传到信息库里，屏幕上将会清晰地显示：××消费了代号为××号的啤酒。

以上只是 RFID 技术在部分领域中的应用。RFID 还可以用在邮件的处理、动物身份的标识、汽车的防盗系统、运动计时系统以及防伪系统等很多领域。随着关键技术的不断突破、电子标签价格的进一步降低、RFID 产品种类的不断丰富，应用会越来越多，衍生的增值服务也必将越来越广泛。这将是一个广阔的市场。有专家预言，它有可能成为继移动通信技术、互联网技术之后又一项影响全球经济与人们生活的新技术。

本章小结

本章主要介绍了标准化技术和信息化技术在物流领域的应用。之所以将这些技术称为辅助技术，是因为没有这些技术，物流活动也可以开展，只是效率很低。现代物流恰恰是获得这些辅助技术的支持，才真正拥有了新的品质、拓展了功能、提高了效率。

本章还概要介绍了几种基于信息技术或信息系统的、适合物流系统的应用软件；对数字地球技术在物流领域的应用，做了简要的介绍；侧重介绍了条形码识别技术、无线射频识别技术以及无线射频识别技术在实际领域的应用。

学习与熟悉这些辅助技术，能帮助求知者更好地理解现代物流的本质。

本章习题

1. 概念题

物流基础模数、物流模数　EDI、EOS、CRP、POS　WMS 和 VMI
一维条码、二维条码　RFID 和电子标签　RS 或 RSS、GIS、GPS 和 GPRS

2. 分析题

(1) 试分析信息化技术在现代物流系统中所起的重要作用，举例说明。

(2) 一维条码的码制有哪些？一维条码应用在哪些领域？举例说明。
(3) 二维条码的特点是什么？如何分类？有哪些码制？应用在哪些领域？举例说明。
(4) 物流条码与商品条码的区别是什么？
(5) RFID 系统组成和工作原理是什么？
(6) 电子标签的优点有哪些？如何分类？
(7) RFID 可以应用在哪些方面？举例说明。

第3篇　现代物流经济

现代物流经济主要研究物流的供求特征、市场结构、产业组织以及政府的物流产业政策等。由于现代物流产业的特殊性，其经济规律也有自身的特性。

第6章　经济分析

【教学目标】

通过本章学习：第一，了解现代物流经济的基本内容；第二，熟悉现代物流的产业组织与主要业务；第三，掌握现代物流的市场结构与供求特征。

【教学要求】

知识要点	能力要求	相关知识
供求分析的方法与原理	熟悉经济分析方法与基本原理 学会用经济方法分析物流问题	了解微观经济学中的供求分析 了解产业经济学中的分类方法
产业组织的特征与业务	熟悉现代物流产业组织及演化 学会归纳研究系统的经济特征	了解交通运输产业组织的演化 了解仓储配送产业组织的演化
现代物流的市场与特征	掌握分析市场模型的基本方法 充分认识研究物流特征的重要	了解几种比较典型的市场模型 了解分析市场模型的主要工具

章前导读

现代物流具有怎样的供求特征？怎样的业务与组织？怎样的市场结构？

对于现货交易、股票交易市场人们已经耳熟能详，而码头、货栈和运输等尽管没有脱离传统储运的范畴，但当大规模、远距离、复杂化的货物流转时，就需要一些现代物流功能给予支持。恰恰有了这类需求，国际航运中心和国际物流中心应运而生。

那么，现货市场、货运市场(包括航运中心)与物流市场存在哪些本质的区别与联系呢？要分析这些本质区别，就需要从分析最基本的供求关系入手，并分析物流的需求特征、需求层次以及对应于供给方面的主要业务、产业组织等。供求之间的联系方式、形成过程、规模水准等就勾勒出现代物流的市场结构。以上所涉及的内容就是本章要讨论的。

6.1 供求分析

尽管现代物流是一个新兴产业，而且也符合经济流转的基本规律，即需求规律、供给规律、供求平衡规律等，但由于服务内容、技术支持和运行模式上的特殊性，现代物流的经济属性也有其特殊的规律性和比较显著的特征。

6.1.1 物流需求层次

所谓物流需求，是指物流业的客户或消费者准备、愿意和能够购买的物流服务。物流需求虽然符合一般的需求定理，即对物流的需求是随物流服务价格的下降而增加、随价格的上升而减少，但物流需求还受其他直接性消费需求的影响，表现为一种特有的“引致需求”。

物流需求的具体体现是消费对象如何通过自身的位置变化而达到消费目的并获得满足。随着社会的发展与进步，物流消费需求的层次越来越被细分，这种需求的细分可以归纳为如下几点。

1. 如何实现普通的空间流转

普通的空间流转是运输需求中最基本的需求，只要能完成从起始点到目的地的移动，就能满足最基本的运输需求。但是，尽管是普通的空间移动，如何移动却面临流径选择、衔接点的选择等具体问题。因此，如何选择就成为最基本的物流需求问题。

由于现代物流的本质是通过优化流程来满足最基本的物流需求，所以流径选择就成为核心问题之一。从理论上讲，如果假设流径是无差别的，最短流径是必然选择。然而在实际中，流径是存在差异的，这就需要选择最佳流程。它不仅涉及流径的选择，还涉及不同流径以及相应运输方式的匹配、流径之间衔接点的选择等问题。

应用实例 6-1 某种直接性消费需求，如购物、旅游、出差等，引发需要改变空间位置的需求，并引发如何改变空间位置的基本物流需求。由于基本物流需求涉及流径选择、运载工具的匹配、衔接点的选择等，所以在运载实施之前，需要完成流程选择。在工业革命之前，由于大多只涉及单一流径的选择，并不需要复杂的物流技术，所以它基本镶嵌在传统运输功能中。

2. 如何实现快速的空间流转

这一层次的物流需求对流转的时间量提出了具体要求。它是在流径选择时，还要考虑时间要求的复合型需求。如何实现快速空间流转这样的复合型需求，往往需要在流径选择和运输方式选择之间进行权衡，甚至需要多种运载工具相互衔接、相互配合，并且并行着技术上的协调、时间上的协调、流程上的协调等。这使需求问题变得复杂起来。

应用实例 6-2 当复合型物流需求变得越来越复杂时，原来镶嵌在运输中的物流功能开始出现分离，甚至从附属地位上升为主导地位，以满足这类需求。运输业主导运输服务完成服务对象的移动，逐渐转变为物流业主导流程服务完成服务对象的流转。通过仿真模拟来测算每个流程方案的耗时，成为满足这类需求的主要技术手段。

3. 如何实现低成本空间流转

如何实现低成本空间流转这一层次的物流需求，对流转费用提出了限制性要求。这实际上是在流转费用限制内的流程择优问题。对各种流转方案测算其流转成本，就成为核心工作。现实中，考虑流转成本的物流需求占大多数，但更多的是与流转时间进行权衡。这种权衡，就是基于低成本空间流转约束下的物流需求。

应用实例 6-3 目前，世界上低附加值的物资，都把限制流转费用作为流转的主要约束条件。随着流转对象自身价值的提高，或与流转费用的比值不断提高，对流转成本的要求越来越弱，而高附加值的流转对象，往往不太考虑流转费用的约束。

4. 如何实现安全的空间流转

这一层次的物流需求，把安全放在了第一位。如何实现这种安全流转，对于货物流动而言，是如何消除建设流转中的“损、差、错”，对于需要流转的“人”来说是保证人身在完整流程中不受伤害。由于不同流程的安全系数存在差异，这就需要对不同外部条件下的流程进行判断。

应用实例 6-4 在不同的外部动态条件下选择流径和选择运载方式，是实现安全流转时常常遇到的问题。尽管在选择时，会尽可能地将所有变量考虑进去，但在执行方案时，仍不可避免地受到意外因素的干扰。所以，以安全为核心的流程选择，精确预测所有可变参数就成为关键。

5. 如何实现准时的空间流转

这是现代社会流转体系下产生的物流需求。它不是一味追求流转速度快，而是追求流程终结的时刻的准确。这实际是对流程控制提出更高的要求。单从流程成本考虑，实现准时的空间流转，相对会增加流转成本，但恰恰是准时的空间流转，可以大量消除全部流程中不必要的停留，从而使库存费用、装卸费用大大降低，并使整个社会的流转成本下降。

应用实例 6-5 准时制(JIT)是日本丰田株式会社用于汽车制造，来满足降低汽车装配成本的一种方法，它源于“军事后勤”的保障技术。准时制技术的推广，大量消减了汽车零配件的库存；减少了因出入库、装卸搬运而产生的多余流程。

6. 如何减少空间流转的波动

这一层次的物流需求，对于流程而言，主要是减少流转过程中的速度变化，防止流转对象受到剧烈的冲击、颠簸、震荡等。从物理学的基本知识可以知道，平稳的流转是节省能耗的最佳方法，也是减少流转对象在三维空间、六个自由度上运动波动的有效措施。

应用实例 6-6 对于消费者自身来说，这类需求表现为如何实现舒适性的空间流转。由于4种主要的运载工具基本都能够在三维空间内实现六个自由度上(三个维度上的位移和绕三个维度的旋转)的运动。所以把每个自由度上的运动加速度控制在规定的范围内就成为关键。

7. 如何实现综合的空间流转

前面涉及的 6 种需求，其中任意两种或多种需求的组合，就是综合物流需求的体现。综合物流需求对物流服务提出了更高的要求，本质是多维需求的复杂平衡。

以上对物流需求的分析，如同马斯洛的需求层次分析。只不过物流需求层次是伴随需要有空间流转的需求而“引致”出的需求。物流的需求层次可以用图 6.1 来表示。

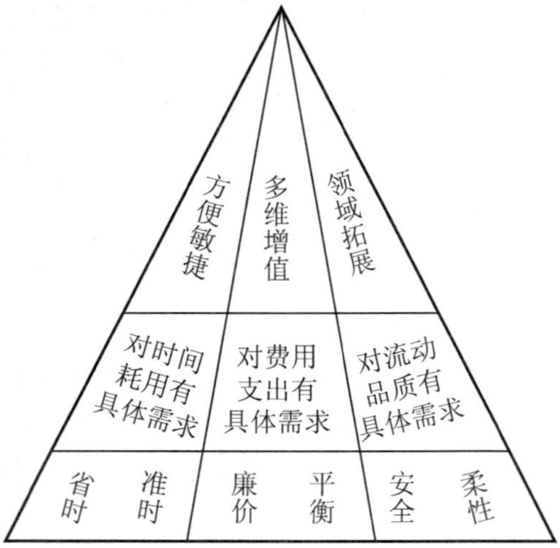

图 6.1 物流的需求层次

从图 6.1 可以看出：三角形的下半部分是物流的基本需求，大体可以分为 3 类 6 种；而三角形的上半部分则是物流的综合需求，也就是现代社会的流转，需要方便敏捷的流程、多维度的价值增值和服务领域的不断拓展，恰恰是这些物流需求促进了现代物流的发展。

6.1.2 物流需求要素

物流需求是产生物流活动的第一要素，它包含需要改变空间位置的客体(服务对象)流的子要素或基本要素。这些基本要素主要有如下几种。

(1) 流动数量——需要改变空间位置的客体的重量或体积，是一个可以累加的数量指标。它与运输中的运量属于同一计量单位，但与流量有本质的区别。流量通常是指单位时间内流过的数量，在没有物流载体时，无法产生流量或产生的是没有评价意义的流量。

(2) 流动时刻——客体需要开始流动的时刻，即任何物流需求都必须提出有明确的起始时间。但是，它与通常所说的“流时”有本质的区别。流时通常是指一个具体的流程所需要消耗的时间(也有观点认为：流时包括耗时与起始时刻两个含义。所以本书用流动时刻，避免歧义)。

(3) 流动起止——需要流动客体的起始点和终止点。流动起止点与距离、流程有本质的区别，距离是起止点之间某一流径的长度，只有在流径选择完成后，距离才能计算出来，而流程只有在客体按某一流径完成流动后才真正产生。距离只表明长短，没有方向性，而流程既有长度还有方向。

(4) 流动属性——需要流动客体(或物质)的理化特性。不同物质的理化特性对物流供给提出不同的、客观性的流转要求。如：有毒、有害、易燃、易爆物质的流动，由于其活跃的理化特性和可能带来的危害，就必须在流程的安全性进行更严格的要求。

(5) 流动要求——需要流动的客体在流动安全、成本、时间、品质以及价值增值等方面提出的主观需求。这些具体的流动需求，基本就是前面在物流需求层次分析中所涉及的需求，它主要包括3类6种基本物流需求和综合性的物流需求。

以上5个物流需求元素，包含了需要流动的数量、时刻、起止、属性(客观的技术要求)、需求层次(主观上的具体流转需求)。这些元素包含了明确而具体的信息，并刺激物流供给的分层演化。这些元素共同集合成物流需求要素。

6.1.3 物流供给类型

所谓物流供给，是指物流服务商愿意并能提供的物流服务。尽管物流供给提供的仅仅是一种非实物性的服务，但它的使用价值通过方案选择、流程优化等在“物”的空间流转中得到体现。它的价值则通过脑力劳动或劳务，使流转“物”获得增值。物流供给同样符合供给定理，即物流供给服务随价格上升而增加，随价格下降而减少。

关于物流服务的类型或分类，有多种认识。当前主流的观点认为：物流供给分为第一方、第二方、第三方，甚至第四方、第五方物流。

第一方物流：被认为是生产企业为自身的生产提供物流服务或物流解决方案，但这种物流供给附属于生产流程，物流服务占有的资源多，效率不高，所以在逐渐没落。

第二方物流：被认为是传统零售商、分销商，甚至是消费者为自身提供物流服务或解决方案。对于零售商和分销商而言，商业贸易、市场营销、经营模式选择等是运营的核心，物流服务同样是企业运营中附属工作，同样存在资源占用多、效率不高的问题。

第三方物流：被认为是传统的、社会化的储运业把仓储、流通加工、运输配送等功能整合起来而形成的，或是生产企业、流通企业将物流功能分离出来，并进行社会化的结果。由于这两类转型都使资源实现社会化而提高了利用效率，也由于突出了专业性而提高了流程效率，所以第三方物流逐渐被社会接受，但相对一批企业并没有掌握物流的核心要义，仍然从事的是传统储运。

第四方物流：被认为是具有物流价值的、专门从事优化流程的社会化企业。由于第三方物流企业大多数是以传统储运附加物流功能而生存，仍无法摆脱社会对它们的传统认识，也无法摆脱传统储运的资源占用多、劳动密集型、物流服务的附加值比较低的状况。所以，一些为了占据物流服务高端市场的经营者开始从事诸如开发优化物流流程软件、设计物流实施方案的纯脑力劳动。这类物流公司并没有任何储运设施，而是在高级写字楼利用模拟软件、仿真软件、优化软件等为客户开发物流服务项目。降低客户的运行成本和流程成本，提高运营效率是这些公司的服务项目。

第五方物流：被认为是有政府部门参与的、为物流网络提供优化的社会化企事业单位。从第一方到第四方物流服务，都只能在特定的区域结构中寻找最佳的流程，但物流网络本身不合理，他们就无能为力。因此，当政府有关部门授权或参与其中，就可以在物流网络规划、流径和枢纽的调整等方面行使公共权力。提供这类专业化的优化服务已经突破静态设施不能调整的限制，把物流网络作为优化的对象而不仅仅是优化流程的限制性条件。

以上分析了 5 种类型的物流服务，物流供给的基本功能就是围绕优化流程而展开的。在此基础上，使物流服务资源不断社会化、不断提高资源的利用效率；日益发挥基于现代信息技术的整合功能；将高端物流服务逐渐从附属在传统储运业的形态中分离出来；由政府有关部门授权或参与其中的物流网络优化。以上都是物流供给的重要发展趋势。

6.1.4 物流供给要素

物流供给是实施物流服务的主体与核心要素，它把物流策划方案、物流设施与执行者或操作者结合起来。它主要包含以下物流供给子要素或基本要素。

(1) 流动载体——能承载客体(需要流动的数量)并实现流转的工具。这些工具包括“装、运、搬、卸”等载运工具。物流载体与物流客体共同形成物流的流体。(本书认为：流动载体是物流供给要素，它包括于物流流体之中。所以，物流流体已经不是物流系统的基本要素，而是由供求要素合成的子系统或复合元素体。)

应用实例 6-7 在最普通的汽车运载中，被运的货物(数量)是客体，汽车是流动载体。当汽车开始运载后，货物(客体)与汽车(载体)成为流体，它拥有速度、流动数量(重量或体积)、流量、流径、流向、流程等特征值。这些特征值描述了该汽车的动态。

(2) 静态设施——能支持流体实现流转的网络。这些静态设施主要包括各种类型的流径和能调节网络流量的枢纽。这些流径包括水域、陆域、空域 3 类通道和航道、航线、公路、铁路、管道等 5 种主要的运输线路。枢纽主要包括调度运载工具的交通枢纽、控制管道流量的管道枢纽和调节客体流量的物流枢纽。

应用实例 6-8 静态设施的水准是支持一个区域物流服务品质的重要基础。流径和枢纽的合理分布或调整源于区域政府部门的规划水平。对静态设施的合理使用与控制，体现的是政府部门对专业型社会资源、公共资源的管理水平。

(3) 策划方案——根据客体的具体需求，选择流径、运输工具、衔接地点、积载形式、联运方式，测算流程耗时、费用、安全系数等，并最终从中择优的过程。

应用实例 6-9 国际多式联运本身是各种运输方式相互配合完成跨国、跨洋的货物流转，甚至是全球性的货物流转。在承接国际贸易货物后，先要查询各类国际航运线路上的船期、国际空运航线航班、铁路公路运营商；然后设计国际多式联运方案(包括选择运营商、船期、航班、衔接点等)；并根据可能执行的几个方案，测算流转费用(包括运费、仓储费、装卸费、代理费、保险费等)、流程耗时等；最后，从中择优，确定最终方案。

(4) 组织实施——组织实施是根据策划方案的具体要求，落实到执行操作层面的过程。组织实施是物流供给的必要环节，也是所设计的流程能否顺利流转的关键。

应用实例 6-10 在具体组织实施的过程中，根据具体的策划方案安排与提供载体、对所选择的流径复核、测算实际运营速度、对操作方案的执行情况进行全程跟踪与了解、遇到问题及时修正等都是组织实施的内容。

(5) 资金投入——使流体完成空间流转所需要的全部费用。物流供给能否正常运转，完全取决于资金投入水平。不同类型的物流供给，其投入大相径庭，所以要根据物流供给类型，规划好资金投入。优化资金投入，本身也需要优化流程的物流思想来实现。

应用实例 6-11 现代物流的核心竞争力之一往往可以通过分析资金投入结构而获得。因为物流流体的能耗、材料消耗有一定比例是用于载体而不是客体，所以载体耗费过高就会使企业相对缺乏竞争力，尤其是传统储运转型的物流公司，资金占用量大、投入也大，因而需要进行结构优化。

6.1.5 物流供求分析

在物流供求之间同样存在供求平衡的问题，同样符合市场经济的基本规律。由于物流提高的是一种优化流程的服务，所以它有自身的供求特性。其中，最突出的特性是物流供求要素的结合，形成“流”或“流体”，如图 6.2 所示，

- 物流要素
  - 物流需求
    - 流动数量
    - 流动时刻
    - 流动起止
    - 流动属性
    - 流动要求
  - 物流供给
    - 流动载体
    - 静态设施
    - 策划方案
    - 组织实施
    - 资金投入

图 6.2 物流要素分析图

根据前面对物流需求和物流供给要素的分析，在物流供求要素结合的过程中，形成“流”，但所形成的“流”未必是优质“流”。判断“流”的品质需要有一套科学的评价方法。最终的评价结果应以物流的效果(又称“流效”)为准则。这种评价结果一定是综合性的。以下就简要地分析“流”或“流体”所包含的、可以用于评价的指标。

(1) 流径——流体选择的路径。在通常流径可以泛指为各类运输线路的总和。在评价时，流径与道路、管道、航线还是有本质上的差别，例如，道路是客观存在，有等级上的差异和状况上的差异，而流径是从客观存在的线路中进行选择。选择就有优劣之分。判断流径选择正确与否，需要动态评价，即对每次不同流径的耗时、费用以及安全系数进行综合评价。

(2) 流量——某流径上单位时间内流过的数量。流量需要按不同流向进行统计，通常会以某观测断面统计不同流向的流量。流量一般分为客体流量和载体流量。客体流量是物流服务对象实际发生的流量，但准确统计比较困难，因为在不同的观测断面，流量都在变化；载体流量近似交通流量，是对运载工具的统计。流量多用来评价流径的利用程度。

(3) 流程——流体实际流动的距离。在实际中，任意两点之间的流径一般都不止一条，

而不同的流径，则存在流程上的差异。所以在设计物流方案时，都要根据预选的流径计算相应的流程，并选择最佳流程。需要强调的是，最短流程并不一定最佳流程，因为在现实中，最短流程并不一定耗时最省、运营成本最低。所以评价流程的优劣要综合各种因素。

(4) 流向——流体的流动方向。流体的流向一般指向流径(在某截面)的两个径向方向。在实际中，同一流径、不同流向上的流量往往不平衡；同一流向、不同时间段的流量往往也不平衡，所以要发挥流径效率甚至是物流网络的效率。在物流网络上、在不同时间段合理配置不同流向、流量的客体流、载体流，就成为具有科学性、复杂性的问题。

(5) 流速——流体的运动速度。在流动安全的前提下，流速越快、流量越大，流动效率也越高。但流动越快，流动的安全系数就会降低。对于离散流来说，流速越快，流体与流体之间的安全间隔距离就必须越大。所以在物流方案设计时，要科学地选择流速。

6.1.6 物流弹性分析

物流的弹性分析，主要涉及物流需求价格弹性、物流需求交叉价格弹性和物流供给价格弹性，主要是这 3 个弹性系数按物流服务类型有比较大的变化范围。

1. 物流需求的价格弹性

根据经济学中对需求价格弹性的定义，同样适用于物流需求的价格弹性。物流需求的价格弹性系数为

$$E_{\mathrm{d}}=-\frac{\Delta Q/Q}{\Delta P/P}$$

应用实例 6-12 根据前面对物流需求层次的分析，对应于低层次的物流需求，由于需求单一，且为生产、生活所必需，因此，需求价格弹性比较小；而对应于需要柔性流转的需求层次，价格弹性较大；其余层次的需求价格弹性居中。从总体上来说，基本物流需求缺乏价格弹性。

2. 物流需求的交叉价格弹性

所谓物流需求的交叉价格弹性，表示的是 A 类物流需求对 B 类物流供给价格变化的敏感程度，用公式表示其弹性系数为

$$E_{\mathrm{d}}=\frac{\Delta Q_{\mathrm{A}}/Q_{\mathrm{A}}}{\Delta P_{\mathrm{B}}/P_{\mathrm{B}}}$$

由于物流服务的方式有多种，在时间耗用、设施选择、流径选择等方面，可以实现不同的组合。因此，在物流成本上、服务内容和功能上存在差异。在服务内容和功能相同的条件下，价格是物流客户选择物流企业的重要因素，因此，虽然基本物流需求的价格弹性较小，但基本物流需求的交叉价格弹性却比较大。

应用实例 6-13 在物流服务的体系中，服务方式之间可分为互补性服务和替代性服务。对于互补性服务，提高 A 类物流服务价格，会减少 B 类物流需求，如：装卸与运输就属于互补性服务，提高任一环节的服务价格，都会减少物流需求量。对于替代性服务，提高 A 类物流服务价格，会增加 B 类物流需求，如：汽运与空运，当空运价格提高时，会使汽车运量增加。

由于物流需求的交叉价格弹性比较大，因此会对物流行业发展在正反两个方面发挥作用。一方面，在相同价格下，物流服务的功能少、质量差就会轻易流失客户。因此，物流

企业必须在服务上做文章；另一方面，由于物流需求的交叉价格弹性比较大，在物流服务功能、服务质量相同的情况下，也会引起物流业内的价格战。这是行业主管部门需要重点管理的内容之一。

3. 物流供给的价格弹性

所谓物流供给的价格弹性，表示的是物流服务的供给对该服务价格的反应程度。一般用物流供给的价格弹性系数来表示，即

$$E_S = \frac{\Delta Q_S / Q_S}{\Delta P / P}$$

应用实例6-14 由于物流供给分为基础设施与运行设备两部分，当基础设施的利用已经饱和时，物流供给是缺乏弹性的(E_S<1)；当基础设施利用率不高时，物流供给的价格弹性比较大(E_S >1)。这种关系可以从物流供给曲线上得到反映，如图6.3所示。

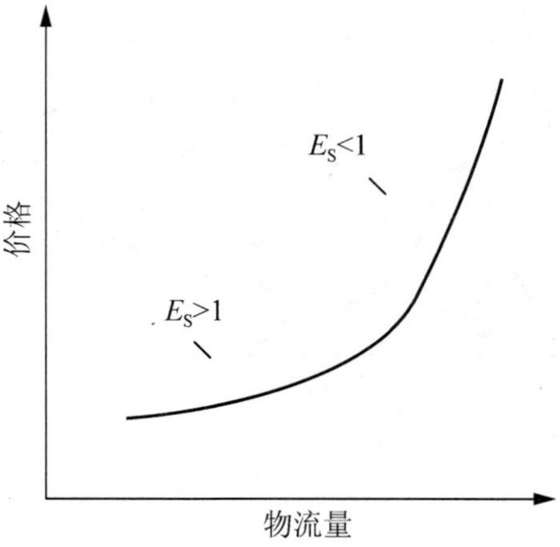

图6.3 物流供给曲线与供给价格弹性的关系

6.1.7 物流的投入与产出

所谓物流投入，是指物流供给者在物流服务过程中所使用的生产要素。它分为固定投入和可变投入。所谓物流产出，是把物流投入转变为物流服务的过程。物流服务与一般生产最大的不同就是基本不改变被服务对象的性质和形态。它主要提供的是优化流程服务。

1. 物流的固定投入

所谓固定投入，是指在所考察的一段时间内不随物流服务量的变化而变化的投入。物流的固定投入分为静态基础设施和可以流动的载体。物流业的静态基础设施投入比较大，而且建设的周期比较长。由于我国的物流基础设施一直是政府投资建设，如何分摊到不同类型使用者的成本中，是值得深入研究的问题。因此，在政策、管理方面仍有很多工作要做，如物流基础设施的建设模式、使用效率、折旧方式等都值得深入地研究。

2. 物流的可变投入

所谓可变投入，是指在所考察的时期内随物流服务量的变化而变化的投入，如燃料和劳动等。对于一个完全社会化的物流供给商(如第三方物流)，最大的优势在于可变投入较少。它不用像制造业、批发零售业，需要去购买原料或产品。因此经营风险比较小。

3. 物流的技术系数

按照经济学范畴进行定义：当提供一定量的符合客户需求的物流服务时，其各种投入之间科学的配合比例称为物流的技术系数。技术系数影响着物流业的生产效率和成本。很显然，不同类型的物流企业有不同的技术系数。

应用实例 6-15 仅从物流固定投入与劳动的配合比例来分析，现代物流业的发展趋势十分明显地偏向高资本投入和低的劳动投入，即现代物流在逐步完成从粗放经营向集约经营的转变。当然，这种技术系数的改变，不会持续大幅度地延续，一定会有最佳的比例范围，即物流产出的经济区，它是两条脊线与一组等产量线构成的区域，如图 6.4 所示。

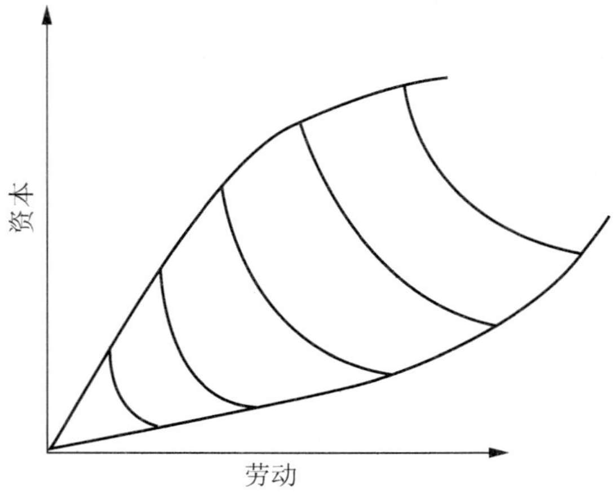

图 6.4 物流产出的经济区

4. 物流的规模收益

所谓物流的规模收益，是指规模变动所引起的物流供给量的变动。当物流需求远大于物流供给且技术系数尚未达到合理的比例时，扩大物流的供给能力可以使规模收益递增。

应用实例 6-16 建造 20m × 20m × 20m 的立体仓库，容积是 $8000m^3$，需要各种材料的面积为 $6 \times 20m \times 20m=2400m^2$；而建造 40m × 40m × 40m 的立体仓库，容积为 $64000m^3$，是前者的 8 倍，可需要的材料为 $6 \times 40m \times 40m=9600m^2$，仅是前者的 4 倍。这就是规模收益递增的原因。

但是，由于受技术、材料、管理等方面的约束，规模收益不可能无限制地递增下去。当物流的供给规模扩大到一定程度后，物流运营与管理成本大幅增加，同时也会使物流物流系统的响应与效率下降，最终使规模收益进入递减状态。

应用实例 6-17 港口吞吐能力过大，就可能导致港池、装修设备、后方堆场闲置，而使固定投入的使用效率明显下降，财务成本大幅上升。

6.2 主要业务

6.2.1 业务分类

对于现代物流业务的分类，有多种方法。本书按照现代物流服务的常规性和特殊性分类，大体上可以将现代物流服务分为基本服务型与延伸服务型，具体分类见表6-1。

表6-1 现代物流业务分类

现代物流业务	基本服务	传统储运	主要包括装卸搬运、堆码存储、集装运输等内容
		流通加工	主要包括拣选拆分、加工装配、整理包装等内容
		信息处理	主要包括制证填单、报关报检、保险理赔等内容
		代理业务	主要包括拼箱配载、订舱理货、监装跟踪等内容
	延伸服务	集成业务	主要从事信息咨询、诊断策划、培训认证等业务
		拓展业务	主要进行开发市场、项目规划、制定战略等业务

6.2.2 业务内容

1. 基本服务

现代物流服务中的基本服务包括传统储运、流通加工、信息处理和代理业务4类。每类服务都有各自的核心技术和比较突出的特征。

传统储运——是对“动与静”最基本的概括。在现代物流中，对这类操作，强调操作技术及流程的合理性，侧重评价人机配合的合理性、安全性和配合效率以及库容利用率、流程效率、各种载体的流动效率等。最终还要评价整体的综合效率。

应用实例6-18 在将货物从某点(仓库、运载工具等)向另一点转移时，重物的转移方式、转移速度、码放方式等都是要提前计划好，甚至是设计好的，如重物的转移方式有多种，要根据货物的特性选择。必须要强调的是，在转移过程中安全永远是第一位的，效率是第二位的。在安全的前提下，转移的原则应使移动过程的能耗尽可能低，转移效率尽可能高。

应用实例6-19 装卸速度一般以装卸方式、货物特性为基础。如：散粮与袋装粮就必须选择不同的装卸方式，同样能耗的装卸设备，其装载速度是不一样的；散粮的装卸效率一般要比袋装粮的装卸效率高，另外，袋装粮还需要码放，不仅耽误装卸时间，还会使舱(仓)容率下降。

流通加工——现代物流中的“加工”服务，一般是根据客户的具体需要，对物品或商品进行特殊保护、改变形状和尺寸、调整规格等一系列处理过程。随着现代物流的不断发展，在物流领域被加工的物品越来越多，加工的难度在不断加大，加工的科技含量也在不断提升。

应用实例6-20 物流加工服务的本质是改变规模化生产企业的“一对多”(供给对需求)和众多产销企业的“多对多”模式，来实现配送流程的优化、产品利用率的提高，并通过产品的延迟加工而减少经营风险。

信息处理——在现代物流的业务中，信息处理主要涉及费用测算、制证填单、报关报检、保险理赔等业务。由于当代国际物流业务越来越复杂，使得相关的物流信息处理也随之复杂，并增加了处理量，所以需要有更多的专业知识和更专业的处理方法，才能提高效率。

应用实例6-21 在现代的国际物流业务中，除了使用了大量标准化的专业术语(基本是英文的缩写形式表示)，大量的单证也都采用了国际通用的格式，各种处理物流信息的软件也大多需要用国际标准化的符号、格式进行输入，并输出国际通用的信息处理结果。

代理业务——在现代物流中，比较典型的代理业务是为货主和承运人代理相关业务。代理业务主要有信息服务、承运服务、拼箱配载、货物监装、调度跟踪等内容。由于现代物流业务的类别越来越多、专业性越来越强，不接触这类业务的客户，很难在短时间内理清其业务流程，更难掌握如何维护自身的合法权益，所以需要有相关的代理人来代理业务。

应用实例 6-22 代理业务对于客户而言，主要有查询车次、船期、航班、运价等信息服务；制证填单、代拟合同、代办关税、商检、保险、结算支付及文件审核等手续；代理接货、安排运输方案、订舱(含租船、包机等)、理货、监装、监卸以及理赔等配合流程的辅助服务。

2. 延伸服务

现代物流的延伸服务可以概括为集成业务和拓展业务的两大类。目前，有部分专家学者把集成业务归于第四方物流的核心业务，但是拓展业务以物流创新业务为核心，并且有政府有关的专业管理部门参与其中，使相关业务有了新的内容。

集成业务——主要包括信息咨询、诊断策划、培训认证等业务。由于一些客户并不十分了解现代物流的技术与业务流程，帮助客户了解相关信息、查找客户的流程缺陷、策划经营方案等，可以更好地为消费者、企业，甚至是物流企业解决衔接、优化等问题。

应用实例 6-23 在企业或物流企业的经营过程中，都会遇到各种问题，有些问题企业可以自己解决，但有些问题，仅仅依靠企业自身的力量无法解决，因此需要借助外部的力量加以解决，如流程再造、流程风险评估、流程费用控制等都属于诊断服务。

应用实例 6-24 全球经济一体化与市场化，迫使每一个参与其中的物流企业必须按照国际标准进行规范经营。因此，企业在参与国际竞争之前需要进行认证工作。现在，涉及认证的标准比较多，主要有涉及质量体系的 ISO 9000 系列、涉及绿色环保的 ISO 14000 系列、涉及职业健康安全体系的 OHSAS 18000 系列、涉及社会责任认证的 SA 8000 系列。

拓展业务——主要包括开发市场、项目规划、制定战略等业务。由于这类服务没有可复制的模板，每项工作都需要根据外部条件、区域演化规律、市场变化的速率等进行创新型的展开。所以，这类拓展业务，具有很强的专业挑战性。

6.3 产 业 组 织

物流的产业组织是伴随着人们对物流认识的深化而不断演变和发展的。物流产业组织要解决的核心问题就是如何在一个组织中安排负责物流活动的人员，如何改善组织结构，如何更好地相互协调、相互合作并提高组织的绩效。

6.3.1 现代物流产业的类型

不同类型的物流组织，有不同的研究对象、目的和范畴，并形成了与之相适应的分类。从考察领域和角度的不同进行分类，物流可分为宏观物流和微观物流。

宏观物流是指从社会再生产总体认识和研究物流的总体活动。属于宏观物流的有区域物流、产业或行业的物流、社会物流、国际物流等。宏观物流的主要特征是综合性和全局性。宏观物流研究内容主要包括：物流总体构成；物流与社会的关系、在社会中的地位；物流与经济发展的关系；区域物流系统和国际物流系统的建立和运作等。

微观物流主要是指具体的物流活动。属于微观物流的有企业物流、生产物流、供应物流、回收物流、销售物流、废弃物物流等。微观物流的主要特征是具体性和局部性。微观物流研究的内容包括分拨系统管理、库存控制、物料搬运、订单处理、工厂和仓库选址、区位分析、采购、包装、退货处理、废弃物处理、运输管理等，其研究领域十分广泛。

6.3.2 现代物流产业的主要特征

分析物流产业，要从研究物流产业的特征入手，而不同行业所衍生出的物流，其业务类型、流程和内容存在比较大的差异。以下简要介绍3种有代表性的物流产业。

1. 制造业物流的特征

制造业区别于其他产业物流的一个重要特征是：工厂是物流被整合与集疏的地点。这个特征决定了制造业物流既主导物流要素进行不同层面的组合，又受到工厂区位的影响。影响制造业物流的3个主要因素：一是工厂的位置；二是工厂的布局；三是工厂的调控能力。

应用实例 6-25 工厂位置不合理，物流流程就比较长。直到现在，经常会发生工厂难以按照客户的要求，及时、准确地送交货物的现象。因此，在近20年，许多大型跨国制造企业，一直在调整其工厂在全球的布局。靠近原料地、靠近主要消费市场或国际化交通枢纽越来越普遍。

围绕制造业的这种调整，制造业物流凸显两种形式：集散型和输送型。集散型主要是上游企业供给大量的原料及零部件，它主要通过采购管理、库存管理和绩效管理来降低物流成本；输送型主要将制造业的商品直接运给消费者。

应用实例 6-26 输送型的交送方式主要有两种：一是直接将商品送交消费者；二是先把商品从工厂运到物流中心暂时保存，然后再从物流中心运送交消费者。对于制造业而言，这种方法是降低物流成本最有效的方法，可以减少一些无效流程。

2. 批发业物流的主要特征

批发业物流的主要特征是将低频率、大批量的商品进行拆分，并通过高频率、小批量的流转，来不断满足多客户的需求。批发业物流主要是制造商与零售商的中介，在物流信息系统的有力支持下，聚集了越来越多的流通加工。

应用实例 6-27 零售商一般都希望尽可能多地配备商品种类，以满足不同消费者的需求。由于大多数商店的店铺面积都比较有限，所以零售商一般都希望批发商能适时向其提供小批量、多品种的商品。对于制造商来说，由于生产批量一般都比较大，一般都希望客户尽可能订购大量的商品，也就是说，制造商希望的是大批量的物流。批发商恰恰可以协调制造商与零售商之间矛盾。他们从制造商那里大量订购商品，通过多次分“流”，使大批量物流转化为小批量物流，发挥着中介调节的作用。

应用实例 6-28 批发业的主要工作是对集中流入的大量商品进行拆分。因而流通加工作业必然要伴随着商品拆分而开展，如拆箱、分类、组配、整理、包装、贴标签及条形码等。这些工作除了花费大量的时间外，还需要一些加工设备。这也成为现代物流业的重要特征。

由于零售商的订货周期都比较短，对批发商来说，在很短的时间内完成商品分类、整理、包装、贴标签等大量烦琐的流通加工工作，的确是一件非常困难的事情。为完成这个任务，具备高效率处理商品功能的物流中心便成为批发业物流的发展方向。

应用实例 6-29 由于批发业物流要面对多客户与成千上万的各类出入库商品，要想用更低的成本向客户提供更优的物流服务，需要物流信息系统的强有力支持。如果只依靠管理者的经验对成千上万的商品进行一件一件的挑选，那将是一件非常困难、效率很低的事情。

3. 零售业物流的主要特征

大型超市和便利店的连锁经营，使零售企业建立起自己的零售业物流。零售业物流的主要特征是零售商，尤其是大型零售商，主导与控制着商品的流通。集中配送是零售物流系统的核心功能。零售业通过建立物流配送中心，进一步重组与拆分了批发业物流，并与制造商和批发商共同构建起多层次的物流网络系统。

应用实例 6-30 由于零售商直接面对消费市场，对市场变化反应最敏感，更了解每一种商品的特性，所以对商品的储运要求更熟悉。建立零售业物流系统是现代物流的一个发展趋势，也正在成为当今零售业物流的一个重要课题。

应用实例 6-31 由于市场需求的波动，零售商必须及时地调整进货计划和方案，同时要求准确地将订购的商品运到商店。为了防止订货风险，保证及时、准确地把货物供应市场，零售商建立起隶属于自己的物流系统(如 VMI)。在系统运行的过程中，防止商品断档常用“交货率”衡量商业物流系统运行的好坏。所谓交货率，是指实际交货金额(或个数)占所有订货金额(或个数)的比例，它也成为零售商对商品供应管理和控制的重要指标。

应用实例 6-32 一方面，如果每个零售商店各自向不同的供货商订货，供货商需要派出大量的货车，分别向各零售商供货；另一方面，各零售商同时需要花费大量的时间来确认、接收这些商品。如果将各零售商的订货集中起来，通过配车、配载等工作，并分发到各零售商店，既减少了供货次数，又减轻了零售商店的工作量，这就是物流配送中心产生的基础。

6.3.3 现代物流产业组织

现代物流组织是伴随着人们对现代物流认识的深化而不断演变和发展的。现代物流组织要解决的主要问题是如何提高物流系统的综合效率。

1. 现代物流组织的内涵

现代物流组织是指从企业发展的全局和物流效率的角度来考虑企业的生产与经营活动，在制造商、供应商、零售商之间，建立一个有效的、系统化的、具有储运、流通加工以及信息处理等功能的组织体制。规划和构造，或再构造与创新一个物流组织的结构，是为了实现物流组织的目标而实施的组织设计。

2. 现代物流组织的重要性

任何类型的企、事业单位或机构都或多或少地存在着物流活动，这就意味着要从一些物流组织(无论是正式的还是非正式的)那里获得服务，而服务品质的好坏，从根本上说，要取决于物流组织的水平。

应用实例 6-33 现代物流组织能调和传统组织存在的矛盾。传统物流组织围绕着生产、运务、销售和财务这 4 个基本职能部门来组织物流活动。生产部门要求累积订单，以有更多的时间来计划原材料的经济批量采购，从而降低生产成本；运务部门的职责是追求送货单位成本最小化，销售部门的首要职责是追求利润最大化，希望迅速送货以支持销售；财务部门的职责是利用最少的资金，获取最多的利润回报。这些目标存在冲突，会降低物流系统的效率，所以这种组织结构使物流活动不连续。由此看来，如果不采取措施来协调各部门，就不可能实现物流“成本—服务”的最佳均衡，而现代物流组织则是采用系统的方法来协调不同物流活动之间的矛盾。

应用实例 6-34 现代物流组织有助于企业实现效益的更优。现代物流组织不是追求单一物流作业的最佳效率，而是追求物流系统的最佳效率。由于物流系统中单一物流功能之间存在着“二律背反”现象，不可能同时实现每一个物流作业的最佳。所以，现代物流组织采用系统的方法，牺牲局部的最佳效率，来追求最佳的系统效率，从而帮助企业实现效益的更优。

应用实例 6-35 现代物流组织可以促进供应链之间的竞争。现代物流组织不追求单一企业的最佳效益，而是追求供应链或结盟企业的最佳效益。在没有供应链的条件下，单一企业总是在追求企业自身的利润最大化，但是由于受外部环境的制约，单一企业不仅无法实现自身的利润最大化，甚至无法实施最优或次优方案。现代物流组织的出现，追求的是供应链或结盟企业的最佳效益，因此，市场竞争不再是单一企业之间的竞争了，而是供应链或企业联盟之间的竞争。

以上 3 个例子从 3 个方面论述了现代物流组织的重要性。还需要说明的是，行业不同，现代物流组织的重要程度不同。物流组织取决于企业内物流活动的特点，并非每个企业的物流活动都是一样的。另外，物流成本如何产生以及哪里最需要物流服务也会决定物流机构的组织形式。总之，不同行业会表现出不同的特点。

应用实例 6-36 一些大型的制造业不仅要涉及采购方案、物料管理、生产绩效，还要考虑产品存储、实物分拨、运输配送等多项物流活动，因此对物流组织有相当高的重视，而那些物流费用只占总运营成本比重很小的企业或认为物流服务水平对客户来说并不重要的企业一般不可能对物流组织给予充分重视。

3. 现代物流组织的发展

现代物流的理念随时间的推移在不断改变，数十年来物流活动的组织机构也在不断演变。从物流组织的发展来看，大体上经历了 4 个阶段。

(1) 物流职能分离阶段。20 世纪 70 年代以前，企业的各种物流活动、功能基本分散和附属在其他职能中，只局限于便利和支持生产经营活动。没有形成主体性，也没有专门的部门统一指挥各环节物流业务的运行，与物流有关的信息常常被扭曲和延迟，权利界限和责任常常模糊不清，从而导致重复流和时间的浪费，这种极度分离的物流组织形式，其效率非常低。

应用实例 6-37 传统的物流组。传统的物流组织是基于传统职能进行专业化分工。由于传统的物流活动实际分散在各项相关的专业活动中，物流职能直接由营销、财务、生产等部门负责监督管理，主管部门进行协调。各部门从各自的利益出发，很难使物流活动的运行协调一致，企业的整个物流活动缺乏系统性，容易出现约束“流”、扰“流”，甚至断“流”的现象。传统的物流组织如图 6.5 所示。

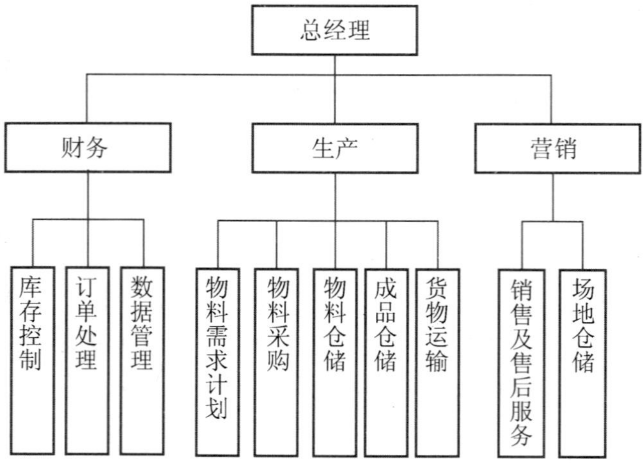

图 6.5　传统的物流组织

(2) 物流功能集合阶段。到 20 世纪 70 年代初期，随着人们对物流认识的不断深化，依据物流功能之间的效益“二律背反”规律，一些企业将运输活动、库存作业与订单处理过程进行协调。然而，当时的物流组织机构并不完善，许多公司都是通过非正式的手段来平衡各项活动之间的利益。为了更直接地协调各项物流活动，企业开始向更正式的组织形式发展，如设一名高级经理专管物流活动，这样可以更直接地协调各项物流活动，并不断集合各种专业化的物流职能。通过物流组织结构的演进。企业对物流管理所带来的收益也有了更好的了解和认识。

(3) 物流活动全面一体化阶段。到了 20 世纪 70 年代末，一些大型的制造业将物流计划和运作职能归于一个专门部门，其内涵包括实物供应与分拨。越来越普遍的做法是物流活动完全一体化，并建立起协调各项物流活动的有一定职权范围的组织机构。适时管理、快速反应和压缩时间的管理理念要求对整个公司内部的所有活动准确协调，这些都驱动着物流活动的完全一体化。与此同时，更充分地利用共享的资源(如车队、仓库、信息等)，产生了更大的物流效益。正是物流一体化为企业带来了利益，促使企业在组织结构设置中又促进了物流一体化组织的形成。

(4) 供应链管理阶段。到了 20 世纪 80 年代中期，此时的物流组织不仅包括物流活动的全面一体化，还包括生产过程中的物流活动，即原材料采购、生产以及销售的所有物流活动。与前面 3 个阶段最大的不同就是生产过程中的活动(如生产计划的安排、半成品的库存管理)以及企业内外运输的适时管理计划的协调，都已经包含在一体化物流管理范围内。

应用实例 6-38　目前我国企业的物流组织多数还处于功能集合发展期，物流专业化技术水平还比较低，组织间交易成本还比较高。因此，物流组织结构的创建应从实际出发，根据自身行业的特点、物流规模大小、物流技术环境、市场需求等条件，按照科学的企业组织原理，构建适合自身物流发展的组织结构形式。

4. 现代物流组织的结构

现代物流组织的主要目标是对各项物流活动的规划、控制和协调。企业内部氛围的不同，可通过不同的物流组织形式进行这种协调活动。物流组织形式常常取决于企业的发展战略、企业组织的传统以及物流活动在企业中的重要性。

某一企业所选择的物流组织形式，通常是根据企业内部的经营管理而演化发展的结果。在物流组织发展的不同阶段，企业根据自身的规模、战略、技术和生产方式选择符合自身实际的物流组织结构形式，以下介绍几种物流组织结构。

应用实例 6-39 物流功能集合型的结构模式。在传统物流组织结构模式的基础上，通过职能授权和项目授权的方式，将各部门内物流功能进行整合，使物流活动在组织中凸显出来，以便于各部门进行计划、控制、协调。但是，对于一个企业的整个物流系统来说，这种功能集合并没有改变物流流程的分散性，物流业务的分割状态仍然没有实质性的变化。物流功能集合型结构模式如图 6.6 所示。

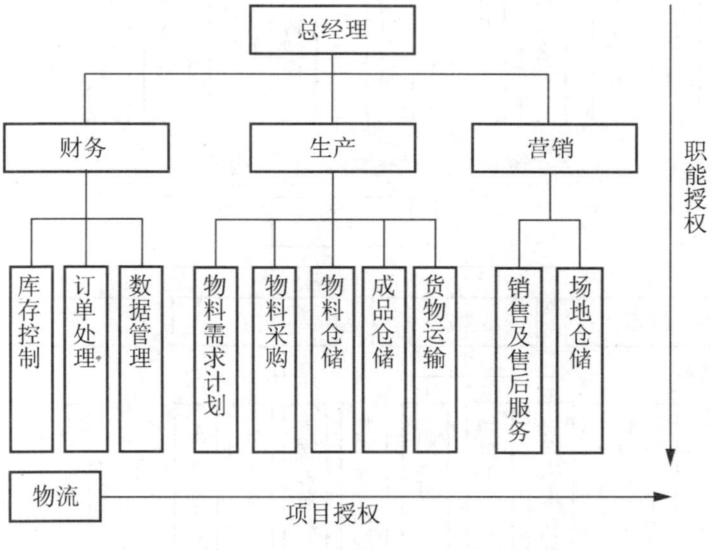

图 6.6 物流功能集合型结构模式

应用实例 6-40 一体化物流组织结构模式。在一体化的物流组织结构模式中，物流部门被提升到更高的级别，其权限与其他主要职能部门相同，这有助于保证物流管理与营销、生产和财务受到同等的重视，使得物流经理在解决利益冲突时有平等的发言权，也有利于权利的平衡和企业整体的经济利益。由于物流功能的整合和结构的控制，一体化物流组织的绩效，获得了前所未有的提高。一体化的物流组织是企业组织不断演进的结果，也是现代物流组织结构不断完善的结果。一体化进程不仅受物流技术与环境的制约，还会受到组织内部的权利抵制，因此，仍面临许多工作要做。一体化物流组织结构模式如图 6.7 所示。

应用实例 6-41 物流功能独立型组织结构模式。在物流功能独立型组织结构模式中，设一名经理主管物流活动，将核心的实物分拨或实物供应功能独立出来，形成与财务、生产、营销平等的专业部门。这使物流的经营职能更加明确，因此能有效地适应企业扩大物流业务量的需要。现代物流组织结构的雏形基本建立起来，但这种结构仍旧沿用传统职能的组织设计思想，职能管理和物流现场作业还不能完全的统一，许多具体的物流作业仍分散在生产和营销活动中。物流功能独立型组织结构模式如图 6.8 所示。

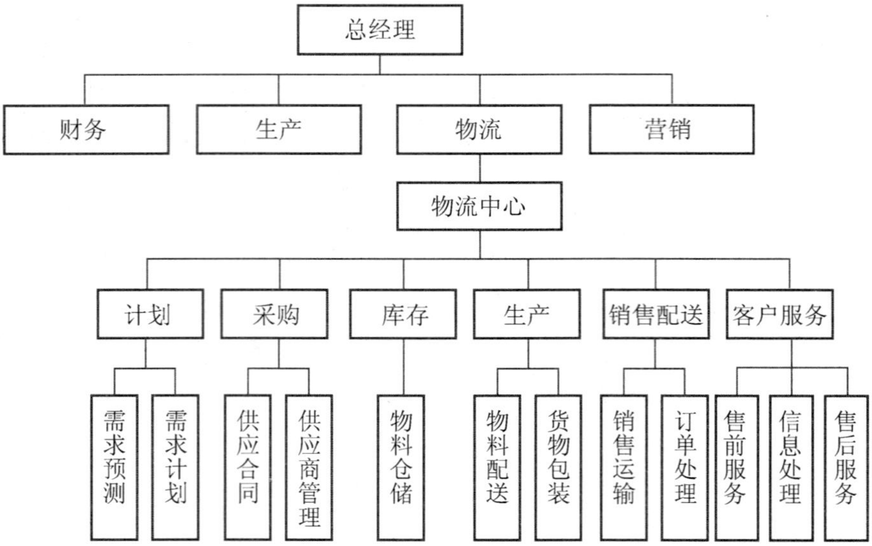

图 6.7　一体化物流组织结构模式

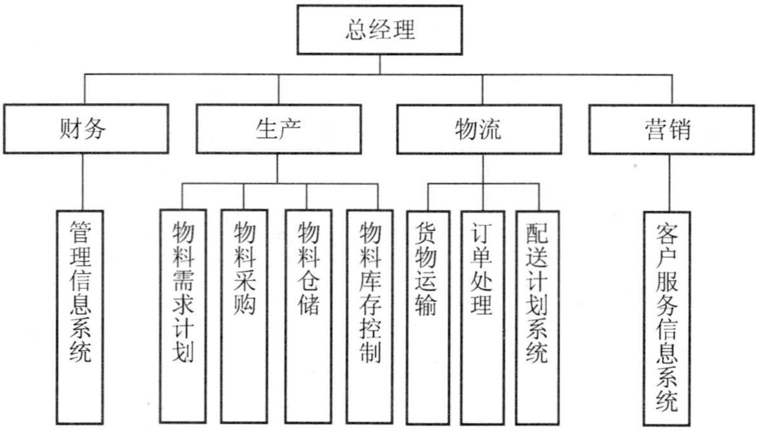

图 6.8　物流功能独立型组织结构模式

5. 影响物流组织的因素

影响物流组织的因素主要有物流技术、物流规模及企业战略等。

(1) 物流技术。物流企业一般都要涉及技术与组织两类问题。物流技术包括与物流活动全过程相联系的工具、设施、工艺流程等“硬技术”；物流组织包括为实现物流活动所需要的管理、控制与评价等“软技术”。这两方面技术的发展都对物流活动的组织提出了更高的要求。

(2) 物流规模。物流规模从 3 个方面影响物流组织结构。一是企业的规模越大，组织结构越复杂，组织结构的差异性也越大；二是标准化对组织结构的规范，实行标准化对组织设计提出了规范的要求；三是组织结构的合理性，企业必须依据自己的规模和业务特点等，在集权与分权的组织结构与设计之间做出最合理的选择。

(3) 企业战略。物流组织设计必须服从企业战略的需要。企业战略一般分为：基础性战略，它包括组织系统、信息系统与基础设施管理等，它们为物流系统的运作提供基础性保证；功能性战略，它包括运输调度、采购供应、仓储控制的策略和方法，这是物流组织设计的基础和依据；结构性战略，它包括渠道设计和网络分析。结构性战略对组织系统的设计提出了具体的要求。

应用实例 6-42 基于结构性战略，可通过渠道设计来提高物流系统的敏捷性和响应时间，并降低物流成本；通过物流库存状况分析、客户服务的调查分析、运输状况和交货状况的分析、物流信息系统分析等，可不断减少物流环节，提高物流系统的效率等。

6.4 市场结构

按照经济学的划分标准，市场结构主要有完全竞争、垄断竞争、寡头垄断和完全垄断4种类型的竞争。根据这种划分标准，下面对现代物流市场的结构进行粗略的分析。

6.4.1 现代物流市场的结构

在不同的区域、不同的领域和不同的行业内，去研究分析物流市场的结构，可以发现4类市场结构同时存在于物流领域中。以下进行简要分析。

1. 完全垄断型的物流市场

完全垄断型的物流市场，其相关的物流业务被垄断型组织完全掌控，并且对这类业务的定价拥有完全的控制权，更表现为其价格变化不影响物流业务量。

应用实例 6-43 我国的铁路系统的物流市场基本属于完全垄断型。由于我国的铁路运载基本属于垄断运营，不仅在技术上处于垄断，在价格上也处于垄断，所以相应的物流业务也被垄断。因为行业外部对垄断的铁路运载技术缺乏了解，所以很难承揽铁路系统的物流业务。

2. 寡头垄断型的物流市场

寡头垄断型的物流市场，其相关的物流业务基本被少数寡头企业瓜分，并且对这类业务拥有定价权，或是引领价格的“旗舰”。在这类市场，物流服务价格与物流业务量符合基本的需求规律。由于进入这类市场的技术门槛、资金门槛都比较高，所以容易形成寡头垄断。

应用实例 6-44 远洋系统的物流业务、大型枢纽港的物流业务，由于专业性强、规模比较大，所以大多都掌握少数寡头企业。如：为国际集装箱班轮积载业务、远洋船舶租赁业务，大多被大型的船代公司、集装箱公司掌握，所以这类业务具有明显的寡头垄断型的市场特征。

3. 垄断竞争型的物流市场

垄断竞争型的物流市场，其相关物流业务的主要部分被多家大型物流企业分享，这些公司有时采取联合定价或采用联盟协议定价的方法。这类市场的物流业务，技术含量相对比较低、业务标的额比较低、利润比较低，所以必须将业务做到一定规模才有效益。

应用实例 6-45 以大型运输公司、大型仓储公司、大型批发公司、大型超市、大型物流配送中心等基本都在垄断竞争型的物流市场中开展业务、挖掘客户，由于各自都掌握着不同的渠道资源，依附于这些资源而形成的物流业务具有相对的稳定性。

4. 完全竞争型的物流市场

完全竞争型的物流市场，其相关的物流业务被众多中小型物流企业竞争，物流业务的价格完全按照市场的基本规律变化或变动。这类市场，物流业务处于散、小、杂的状况，业务的连续性、稳定性都比较差，按需求层次划分，基本都属于基本需求的层面。

应用实例 6-46 大量的第三方物流公司，如各类中小型货代、快递、物流软件开发、物流信息处理公司等，基本都在具有完全竞争型的物流市场中开展业务。这个市场的业务以底端物流业务为主，服务价值和价格都比较小。

6.4.2 现代物流市场的特征

从上面的分析可以看出，在当代各类物流市场并存，物流业务空间巨大，价格要素异常活跃，但垄断的力量也十分强大。在这样的背景下，现代物流市场具有如下特征。

1. 物流市场结构比较复杂

由于 4 类物流市场结构并存，各类市场的资源要素必然会产生相互碰撞、相互替代、相互兼并、相互融合的现象，这使物流市场整体仍处在一种不稳定的状态下。这还使得物流市场结构的复杂性表现为一种动态的复杂性，而且有向更复杂结构演化的趋势。

应用实例 6-47 物流企业对资源的控制、竞争呈现多元化。由于物流市场的主要要素，如服务对象(客体)、服务手段(流动载体和静态设施)与服务者等，并非被每一个物流企业完全的控制。例如，铁路系统可以对它的服务手段，无论是流动载体还是静态设施都能进行比较好地控制，而汽车运输企业就不能对服务手段进行完全控制，因为它无法控制公路设施的使用状况。由于不同类型的物流企业对资源的控制并非单一模式，对可控的资源类型也各不相同，这也就导致了物流市场结构的复杂性。

2. 物流市场价格体系繁杂

由于现代物流市场并存 4 种市场结构，每类市场都有自己的定价体系，而且物流市场的需求价格交叉弹性比较大，所以不同价格之间的相互影响比较大。

应用实例 6-48 从表面上看，物流市场中的垄断价格相对稳定，但实际上要取决于垄断供给与需求是否能够基本平衡。当需求大于供给时，垄断价格将会主导物流市场的价格，并成为均衡价格；相反，当供给大于需求时，市场竞争价格将影响物流市场。因此，物流市场的价格波动有比较复杂的原因与背景，值得深入研究。

应用实例 6-49 在我国，由于提供物流服务的资源有相当一部分是国家或政府的公共投入，所以，在物流市场竞争的企业并不能站在同一条起跑线上。如国家投资建设的铁路与企业投资建设的铁路，其经营成本不一样，所以竞争力不同。另一方面，在对公共投入的占用上，又可分为隐型与显型两类。因此，对公共资源占用的形式、多寡以及在营利性组织中所发挥的作用，都值得深入的研究。

3. 物流市场服务的多元性

由于物流需求的多层次性，必然需要多元性的物流服务与之相适应。从前面的分析已经知道，物流供给的使用价值体现在“物”的空间流转过程中。这是每一个物流企业需要提供的基本服务，是一种可替代性的服务。

由此，也再一次证明了物流需求的交叉价格弹性比较敏感。反之，也证明仅仅依靠价格策略，无法满足物流需求的多层次性。通过拓展物流服务的功能，使物流服务向多元化发展，并不断提高服务质量，才是十分重要的。

应用实例 6-50 物流企业能否准确地把握不同客户的需求层次，是满足客户需求的关键。例如，对不同服务对象“损、差、错”值的控制，不同的客户会有不同的具体要求。所以，根据客户的具体需求，制定个性化的服务就显得尤为重要。

6.5 案例分析

第三方物流

20世纪90年代以来，第三方物流(Third Party Logistics，TPL或3PL)，或称为合约物流，越来越普遍地成为一种新的物流服务方式。

国家标准 GB/T 18354—2006《物流术语》中，将第三方物流定义为：“独立于供需双方，为客户提供专项或全面的物流系统设计或系统运营的物流服务模式”。这一定义明确了“第三方”的内涵，即物流服务提供者作为发货人(甲方)和收货人(乙方)之间的第三方，代表甲方或乙方来执行物流功能。

美国对第三方物流的定义是：“非货主企业通过合同的方式确定回报，承担货主企业全部或部分物流活动”。所提供的服务包括与运营有关的服务、与管理相关的服务以及两者兼而有之的服务。

概括而言，第三方物流是由供方和需方以外的物流企业根据合作契约，部分或全面代理货主企业物流系统的设计运作管理，并取得回报的一种专业物流服务模式。其特征主要表现为以下几个方面。

1. 第三方物流以现代电子信息技术为基础

现代电子信息技术的发展是第三方物流发展的重要条件。信息技术实现了自动控制与快速、准确地传递数据，从而提高了订单处理、采购、订货、仓库管理、装卸运输、配送的自动化水平，使订货、保管、运输、流通加工等实现一体化。企业可以更方便地使用信息技术与物流企业在短时间内迅速进行交流与协作。各种应用软件的飞速发展，使繁杂的物流活动的成本能被精确地计算出来，这就使得企业有可能把原来在内部完成的作业交由物流公司运作。

2. 第三方物流以合同为导向提供系列服务

第三方物流企业与货主企业一般有长期的合作契约而非短期服务，通过契约形式来规范和明确各自的职责权利和合作关系。第三方物流则根据合同条款规定的要求，提供多功能甚至全方位的、系统的物流服务。一般来说，第三方物流公司可能提供订单处理、仓库管理、运输管理、装卸搬运、产品回收、物流信息系统、产品安装调配、运送、报送、运输谈判等近30种物流服务。第三方物流有别于传统的只限于一项或几项独立功能的物流服务，如运输服务、仓储服务等。

3. 第三方物流企业与客户发展为联盟关系

现代电子信息技术使第三方物流企业与客户可以充分共享信息。这就要求双方相互信任，只有这样才能取得比单独从事物流活动更好的效果。结盟的原则已经发展为长期合作、共担风险、共享收益。因此在合作中，各自并不完全采取自身利益最大化的行为，而是尽力寻求双方利益的最佳结合点，结成优势互补、风险共担、要素双向或多向流动的组织。

第三方物流服务可以划分为拥有资产基础和不拥有资产基础两种类型。其中，拥有资产基础的第三方物流服务的提供者，有自己的代理人、自己的运输设备和仓储设施，在现实中他们实际控制物流作业的操作。不拥有资产基础的第三方物流服务提供者是一种物流管理公司，不拥有资产或不租赁资产，他们提供人力资源和专业管理等方面的物流功能。

本章小结

本章侧重分析了物流需求层次、供给类型、供求要素以及评价流体的 5 个指标；简要介绍了物流供求的 3 种弹性和 4 类市场结构；系统地介绍了物流业务和物流产业组织及其变迁，并通过大量的案例给予辅助。熟悉和掌握物流经济的相关知识，能更深刻地认识现代物流。

本章习题

1．概念题

物流需求层次　　第一方、第二方、第三方物流　　第五方物流　　物流需求要素
物流供给要素　　流体评价指标

2．分析题

(1) 试分析现代物流的需求层次，并说明彼此之间的差异。
(2) 简要分析第三方、第四方、第五方物流，并说明彼此之间的差异。
(3) 何为物流需求价格弹性？举例说明它的价值。
(4) 何为物流需求交叉价格弹性？举例说明它的价值。
(5) 结合实例，简要分析 4 种物流市场结构。
(6) 何为物流延伸业务？它是如何创造价值的？
(7) 物流产业组织是如何变迁的？举例说明。

第7章 产业政策

【教学目标】

通过本章学习：首先，了解现代物流服务的特性和政府管理部门的职能；其次，熟悉并掌握制定物流政策的原则、方法和基本规律。

【教学要求】

知识要点	能力要求	相关知识
现代物流的服务特性	熟悉经济学的分析原理与方法 学会分析物流服务的基本属性	了解公共产品的基本特性 了解公共产品的演化过程
政府部门的主要职能	理解政府在经济流转中的角色 认识政府职能部门的重要作用	了解宏观经济的基本规律 了解国民经济的流转过程
现代物流的产业政策	掌握制定物流政策的基本原则 认识物流政策对产业的重要性	了解服务行业的产业政策 了解制定产业政策的规则

章前导读

在现代物流行业培养及物流市场发展中，政府扮演什么角色？

众所周知，在没有政府监管下的市场经济，不能有效率地消除经济波动。政府通常会采用货币、财政等普适性政策进行宏观调控；也可以针对某个行业制定税收方面的“集约”政策、政府的转移支付、银行的信贷政策来进行间接性的调控；还可以利用行政手段，直接监管或扶植。由于不同行业、不同产业有其自身的特殊性，就需要对上述的这些政策进行研究，根据不同的外部环境和产业或行业特性，制定组合政策，以达到最佳效果。

现代物流业是新兴的第三产业，是第三产业中特性突出的一簇。如何围绕其特性制定产业政策及政策组合？如何在不同的外部环境下，对其政策或组合进行量化？如何进行结构比例上的配置？这些都是需要政府部门进行深入研究的。

2009 年，我国政府将列出 10 大振兴产业，9 个制造业，1 个服务业——物流产业，这显然是经过深入研究后而出台的产业政策。那么，产业政策的重要作用是什么呢？又如何振兴？依靠哪些具体的政策给予扶植呢？这正是本章所要讨论的内容。

7.1 产业特性

随着经济全球化的迅速发展，现代物流业正在成为 21 世纪最具前景的产业。在欧、美、日等发达国家和地区，现代物流业已经成为不可或缺的支柱产业之一，其产值在国民生产总值中的比重正在不断提高。另外，与之相关的建筑(包括材料)、机械、集装箱、包装、自动化、软件及光电子产业也因现代物流业的快速发展而繁荣。物流服务有以下几个产业特性。

1. 部分物流基础设施是公共品

公共品的第一个特征就是非排他性。物流业中某些基础设施具有明显的非排他性，向社会开放，而且这些基础设施大多由政府投资修建。因此，提供物流的某些基础设施是政府的责任。

应用实例 7-1 物流交易中心、物流网络平台等既可以由营利性组织(企业)构建，也可由非营利组织构建。非营利组织投资建设的物流交易中心、物流网络平台就属于公共品，一般都是由政府投资，或政府授权某些管理职能。

2. 物流服务兼有排他性和非排他性

从为消费者提供的使用价值来考察，物流服务提供的是实现流转的解决方案。这类服务可以满足两类需要：一是排他性的个别需要；二是非排他性的公共需要。在现代市场经济条件下，营利性组织满足个别需要，非营利性组织满足公共需要。

应用实例 7-2 物流服务可以只为单一客户设计流程，如为某客户包租运载工具，也可以为多客户设计非排他性的实现共同流转方案，如航线班轮。

3. 非排他性物流服务仍有竞争性

根据公共产品理论，所提供的公共产品无论多少人消费都不影响产品成本和产品消耗的，即边际成本等于零，就是完全的公共产品。例如，气象服务或路灯照明不会因消费者的数量而改变服务成本。随着消费者的增加，公共产品消耗也增加，就是准公共产品。物流服务就具有准公共产品的性质，因为它很难以零边际成本为消费者提供利益或服务。

应用实例 7-3 物流服务的准公共性，主要表现在非排他性中的竞争性。如公共搭载，多一个人或一件物品，都需要增加能量消耗而使服务成本增加。

4. 物流是关系民生的基础性服务

俗话说，衣食住行是关乎每一个人的事情，在现代经济社会中，满足前三者的需要基本上都离不开物流服务，而“行”更是物流服务的核心，所以物流服务是基础性服务。因此，政府需要下大力量抓好基础性工作，制定适合现代物流业发展的法规。

应用实例 7-4 近些年，一些发达国家意识到物流是关系民生的基础性服务。所以，政府主导规划，建设物流园区、搭建物流信息平台、优化物流网络等。

7.2 政府职能

任何一个产业或行业仅仅依靠市场的力量，都会滋生一些问题，如行业垄断、不规范发展以及低水平竞争与重复建设等。因此，需要政府通过经济的、行政的、法律的力量进行干预与管理。如用准入条件、政策导向、行业法规等来约束与规范市场。

7.2.1 体制机制建设

从现代物流服务产品的特性出发，建设相应的体制和机制是基本原则。从认识现代物流服务的发展规律出发，是建设相应体制和机制的基础。解决资源消耗较多、服务效率低、诱发低水平重复竞争、容易形成自然垄断、降低市场效率等问题，是物流服务体制机制建设的关键。

1. 研究提供最佳的物流服务模式

由于物流服务还带有准公共性，显然不能完全依靠市场“孕育与催生”，同时，由于物流服务兼有公共品与私人品的性质，也不能完全依靠政府提供。所以，政府与营利性组织共同投入，形成兼而有之的混合方式，是比较理想的方式，但两者之间比例关系需要通过科学研究和不断改进，才能使物流服务逐渐接近最佳的提供模式。

应用实例 7-5 铁路系统提价听证会众说纷纭、民航系统限“扣”令、公路系统超载超限屡禁不止等问题，表面上看，都与收费标准有最直接的关系，但实际上涉及“流程成本”是否能准确测算的问题。这里都涉及公共投资及其所占的比例、公共服务等敏感因素，因此，行政定价也应该建立在科学研究的基础上，不能仅依靠政府官员或隶属机构的调查报告做决定。

2. 建立和完善物流服务的管理体系

一个行业或产业能否有完善的管理体制，除了看相关的体制机制是否顺畅外，还要看配套的管理体系是否到位。这些管理体系，需要随着体制或机制的改革、创新、调整进行相应的变革。由于现代物流行业或产业在我国还是一个新兴的领域，加强管理体系建设刻不容缓。

应用实例 7-6 政出多门，是我国物流领域所面对的管理环境。这就导致既有利益冲突区域的政策重叠、交叉管理问题，也有公共服务区域的空白点。因此，协调多个政府机构的政策，营造好的外部环境，建立统一协调的管理体系是重中之重的工作。

7.2.2 保护幼稚产业

在开放经济条件下，政府对新兴的民族产业或行业需要建立相应的保护机制，使其能安全渡过幼稚期，在激烈的市场竞争中能生存下来，这是国际游戏规则的基本内容。如果没有适当的保护措施，就会被国际上的大型跨国公司挤垮或兼并。

应用实例 7-7 对于我国来说，现代物流业是一个集多个行业而成的新兴产业，尤其在中国加入 WTO，关税壁垒逐渐消除以后，如何保护新兴的民族产业，是政府有关部门需要研究的问题。由于现代物流是基础性的、流通类的服务行业，如果没有民族产业的支撑，会使国家的整体经济受制于人。如：从 2000 年开始，国际快递巨头纷纷抢滩中国，对民族快递的发展带来了巨大的压力。

7.2.3 干预物流市场

由于市场经济本身固有的缺陷，“市场失灵”在所难免。因此，政府的一项重要职能是干预市场。对于不同类型的市场如何干预，需要进行科学研究。对于现代物流市场，由于其基础性与服务性等方面的特性，政府干预也应有其相应的特殊性。

1. 对于垄断性的物流服务，政府应该建立公共管制

公共管制的内容主要是根据市场供求状况、规模收益及物流成本等因素规定价格、控制产量，使物流服务的质量、效率及社会福利达到预期的目的。

应用实例 7-8 我国铁路系统是垄断性极强的行业，除了传统的铁路运输业务有极强的技术性外，铁路物流服务的技术门槛并不高。因此，政府相关部门应尽可能反对垄断力量在铁路物流服务领域的形成。

2. 对于竞争性的物流市场，政府重在规范市场秩序

对于现代物流业，规范市场的内容相当广泛：建立公开、公正、完善的物流信息平台；用法规手段规范物流供求各方的行为；用财税政策调控市场的运行；对于公共性质的物流服务，政府应组织公共生产等。通过这些措施，才能促进现代物流业的健康发展。

应用实例 7-9 建立公开、公正、完善的物流信息平台，使相关的物流信息及时、准确、充分地显示出来，是政府的责任。由于有些企业物流信息平台，夹杂着营利性组织“逐利”的本性，政府有必要进行适当的处理，去伪存真，引导供求双方共同建立规范化的现代物流市场。

应用实例 7-10 物流业的经营存在外部效应，如：运载工具使用过程中的污染排放，需要支付比较大的外差成本，而在竞争市场上物流企业总希望尽可能地少支付外差成本。这就需要政府制定可操作性强的法规手段规范物流供给行为。

应用实例 7-11 现代物流的基础设施，有相当一部分属于公共品，如：道路、机场、

车站、码头等。对于公共品的生产，应由政府预算拨款或由政府组织并通过公共支出补贴等形式来完成。由于这些基础设施又并不是完全的公共品，政府应如何扶植，需要认真研究。如公共投入不足，会导致现代物流的发展缺乏后劲；而公共支出过多，会降低市场效率，甚至会产生“挤出效应”，影响或挫伤了营利性组织的积极性。总之，政府职能不能越位来代替市场职能。

7.2.4 宏观物流调控

在经济理论中，宏观调控主要是从调节社会总需求与总供给的平衡出发，达到优化资源配置、协调公平与效率、控制收入分配的差距、稳定经济运行和促进社会发展等目标。现代物流业的宏观调控，首先是置于国家宏观大调控的框架之下，实现国家宏观调控的整体目标；其次是调控物流供求总量的平衡，促使现代物流业自身达到优化资源配置、公平与效率得到协调、实现行业运行的平稳和促进行业健康发展等目标。

应用实例 7-12 国家宏观调控的重要手段是货币政策与财政政策，所控制的是资金流的流量，必要时，可采取行政手段，除了明确的政令外，也多从资金控制上采取最严厉的措施。物流调控则多采用价格政策调节物流供求的总体平衡；财税政策在不同区域的使用，来调节区域之间物流供求的不平衡，如选择性转移支付、重点扶植物流网络中的重要枢纽等。

7.3 产业政策的类型

政府及政府的职能部门，根据政府的相应职能，制定相应的产业政策，是政府工作中最重要的任务。对于现代物流的产业政策大体可分为以下 3 类。

7.3.1 宏观调控政策

由于市场的运行存在波动和失灵等问题，完全依靠市场自身调节供求平衡，一是要有一个相对比较长的时间周期；二是波动的幅度有时会过大，甚至会失控。所以，需要政府通过制定宏观调控政策使供求的波动被控制在一定的范围内。对于物流市场，政府的宏观调控主要是调节物流供给的总量或抑制物流需求的不合理增长。具体调节方法如下所述。

1. 调节税收

调节税收，一般可通过增加或减少税种和调整税率的高低来实现。在实际操作中，要尽量避免税种、税率在政策上重复或交叉的情况。这主要是消除各种税收政策可能产生的不一致性，以及防止纳税人借政策漏洞逃税。

应用实例 7-13 在不同的行政区划内，相应的政府部门会根据自身的实际情况制定税收政策，但由于与邻近行政区域缺少沟通与协调，便会产生税收政策上的不一致性，结果导致一些物流企业经常变更注册地点来获利，从表面看，是充分利用不同区域的政策，实际上推动了不公平竞争。

2. 财政政策

在宏观调控中，财政政策往往与税收政策联合使用，除了政府的财政补贴与转移支付具有明显的选择性外，更多的是对一些税种的“先征后返”。返还的比例、返还周期的长短是调控物流业规模、类型、总量的主要方法。

应用实例 7-14 在实际操作中，一些地方政府都有税收的奖励政策。往往根据纳税人的纳税累积额度，制定不同等级的奖励标准。这实际上形成了税率的级差，而这样的级差，将对不同经营规模的物流企业产生不同的影响，从而达到调整结构和效率的目的。

3. 金融政策

现代物流业的发展离不开金融服务业的支持。国家在调控宏观经济中，主要通过调整银行利率、准备金率和公开市场业务等手段控制货币供给量，使货币供求趋于平衡。在国家总的金融政策的指导下，并根据具体的宏观环境，使用这些金融工具(手段)进行不同的组合，才能达到预期的效果。具体到现代物流业，在融资方面，政府可制定相应的政策调控物流行业的融资量，如贷款额度、门槛、担保条件等，都可以改变现代物流业的总融资规模。

应用实例 7-15 现代物流业的融资难题是一些传统的储运业并没有达到现代物流业的基本标准，但具备了一些物流功能。所以这些企业想借国家振兴物流业的契机而获得融资。这种打“擦边球”的做法，增加了金融服务业的工作量，并可能使一些符合条件的物流企业融资困难。

7.3.2 产业促进政策

宏观调控政策是一把双刃剑，在促进现代物流产业发展的过程中，除了利用宏观政策中的积极因素外，还可以从以下几个方面进行推动。

1. 科学规划

由于现代物流业属于基础性的服务行业，它的发展必然是物流网络。因此，政府在促进物流业发展的过程中，首先要做好发展规划。在进行物流规划时，要注意以下原则：一是实用性；二是经济性与技术性的结合；三是发展的次序；四是可操作性。

应用实例 7-16 近几年，由于物流热，一些地方政府为了政绩，贪大求洋，标新立异，搞了一些华而不实的物流规划。一些政府官员不经过有价值的论证“就规划”和一些过于“理想化”的规划设计是两种不良倾向。这是在实际规划中要尽量避免的。

2. 改善环境

任何一个产业能够得以生存和发展，必然要有合适的环境，发展现代物流业也不例外。除了国家的宏观政策外，对现代物流发展影响比较大的有工商管理政策、通关环境、法律体系、政府机构的服务水平及其他优惠政策等。

应用实例 7-17 设在我国沿海大型港口保税区内的现代物流业发展得比较快，除了“一关三检” 有明显的区位优势外，主要归功于特有的政策、健全的法律体系和高效的服务机构等。因此，现代物流业在这些地区有比较强劲的发展势头。

3. 调整结构

由于现代物流有许多新的特征与新的要求。传统结构必然会在某些方面存在不足，或不能满足现代物流的需要。在这种背景下，需要政府主导调整物流网络的结构、主导传统物流向现代物流转变、主导自营物流向社会物流转变。

应用实例 7-18 在物流网络结构中，枢纽与流径是两个核心要素，如何优化物流网络布局、削减无效物流量、提高物流网络的流效是调整的核心内容。物流网络的调整影响十分重大，因此，一要慎重，对全局做出理性的判断；二要有科学依据；三要考虑对整个物流系统的影响。

应用实例 7-19 由于自营物流很难使各种资源实现有效配置。在全球经济一体化的背景下，自营物流向社会物流转变是物流发展的客观规律。因此，政府适时地推动这种转变，可加快现代物流以及第三方、第四方甚至是第五方物流的步伐。

4. 激励措施

为了能引导现代物流业向更高水平发展，政府需要在激励措施方面多做些文章。如建设现代物流的示范项目、评选优秀物流企业并给予奖励、推出扶植民族物流企业的具体措施和鼓励引进高水平国际物流项目。对好的物流项目，政府有责任给予推广。

应用实例 7-20 在全球经济一体化的时代，“酒香也怕巷子深”。因此，做好宣传推广工作，同样是促进现代物流发展的一种手段，而且由政府组织宣传，宣传渠道畅通，还可以大大降低宣传成本，更重要的是，可以获得更好的宣传效果。

7.3.3 规范行业管理

一个行业或一个产业要想健康地发展，必须要对该行业进行规范的管理，而对于现代物流业规范化的管理主要涉及：全面推动物流的标准化、大力推广国际认证工作和不断完善市场管理体系。标准化的重要性在于它是提高物流效率与降低物流成本最有效的手段。这就要求现代物流业要大力推动、贯彻与实施标准化工作。国际认证是跨出国门，参与国际竞争的基本条件，也是提高现代物流企业自身实力的方法之一，但为了避免低水平重复建设和防止自然垄断，政府有责任研究与制定现代物流市场的准入条件和市场的“游戏”规则，而且这些条件与规则应与时俱进、适时调整。

应用实例 7-21 为使现代物流市场能健康、规范地发展，必须建立与之相适应的市场监管机制，以便及时、准确地反映现代物流市场的动态。针对现代物流业的特性，其市场的有效监管，需要工商、税务、海关、卫生防疫、交通、信息及技术监督等多个职能部门进行有效协调。

7.4 案例分析

欧盟的铁路系统及其新运输政策①

1. 问题的提出

(1) 据欧盟委员会统计，截至2000年，欧盟货运市场中各运输方式所占份额分别为：公路运输为44%、海上短途航运为41%、铁路运输为8%、内河航运为4%。而且，从1990—2000年公路运输工作量增长了约20%，铁路运输工作量却下降了45%。

① 资料来源：李幼萌. 单位：中交第一航务工程勘察设计院(有删改)。

(2) 欧盟内地铁路运输的瓶颈问题是在公路隧道连续发生了几次重大事故之后凸显出来的。如2000年3月，位于“法国——意大利”勃朗峰隧道，发生卡车相撞并引发大火，死亡39人。

(3) 近年来欧洲内陆货运量的快速增长，泛欧运输网络的进一步完善和发展势在必行。

2. 具体的措施

为保证欧洲社会、经济和环境的可持续发展，并增强多式联运网络的营运能力，欧盟各成员国政府决心改变当时的货运状况。一是要将更多货物由公路转向铁路，以矫正运输方式之间的严重不平衡状态；二是欲将更多的货物由陆路转向水陆，进一步降低物流的社会成本；三是更安全地完成运输任务。因此，欧盟委员会新制定的“面向2010年的欧洲运输政策”，将积极推行一系列全面振兴铁路运输战略和发展内河航运确定为现有运输方式中的两个关键性发展因素。

1) 开辟新的流径

欧盟建议将一些海上航线营造成海上高速公路，以克服某些内陆运输瓶颈。为此，在2000年开通了意大利热那亚至西班牙巴塞罗那的12小时快速渡轮业务，专门运送货车，使众多货运公司成功地避开某些最繁忙的高速公路路段。另一方面，法国、意大利、瑞士政府积极推行跨阿尔卑斯山脉的铁路运输计划，并重点建设一批铁路联运站点和多式联运码头，以应对这条线路上货运量的增长，许多正在建设的铁路新线也相应加快了建设速度。

2) 将铁路企业推向市场

欧盟各成员国政府在进一步改善铁路基础设施的同时，削减了政府对铁路的补贴，但铁路的运输工作量与服务质量都在不断提高。例如，2000年，荷兰开始削减对铁路的补贴，并促成了荷兰与德国两家铁路公司的正式合并，并使年货运量的增长率5%～8%，现已成为一个完全不靠任何政府补贴的自立铁路企业。

3) 进一步开放市场，允许非铁路企业介入

截至2008年，泛欧铁路网络开放15万km以上，任何取得许可证的公司，均可参与开放线路的营运。将铁路所有者与基础设施使用者分开，不仅可激发铁路网络和铁路运输的活力，并且受到其他运输公司的普遍欢迎。如瑞典家具集团属于制造业，堪称生产企业抢抓机遇、介入铁路市场的先驱，该集团目前已获得铁路经营许可证，可按需求安排区间班列。在过去，集团货物运输在很大程度上依赖公路。该集团重新审视其经营战略，将今后的运输重点从公路转移到铁路。到2006年，集团拟将铁路运量由目前的18%增加到40%，到下一个10年，运量将提高4倍，达到每年8000万m^3。

4) 推进标准化，提高铁路系统的通用性

欧盟各国的铁路网络缺乏通用性是阻碍市场开放进程的一个要害。就目前欧洲铁路网络而言，各国技术、规格、标准可谓千差万别。为此，欧盟在积极采取措施开放铁路市场的同时，大力推进标准化工作。例如，2000年年底，在法国里昂和意大利都灵之间，通用机车投入试验运行，新机车在边境的等候时间由原来的1.5h缩短到15min。但其应用潜力还受到多方面的制约：一是两国运输法规各异，如法国允许承载1000t，而意大利为1150t；二是由于跨国经营，需配备两国人员，如法国1名司机，意大利2名司机。诸多因素导致目前欧盟范围内通用机车的数量相当有限。

5) 加快港铁一体化，使铁路系统成为港口集疏运的核心

铁路系统的优势之一是可提供较大运能，因此是港口集疏运业务的主力。为此，完善港口的铁路系统是各国政府十分重视的一项工作。如：铁路已是德国汉堡港必不可少的组成部分，其进出港70%以上的长距离货运业务通过铁路完成，铁路运输不但巩固了汉堡港作为欧洲最大铁路集装箱装卸中心的地位，而且以铁路为基础的多式联运成为汉堡港的核心业务，并使欧洲中东部贸易更加顺畅，汉堡港还成立了3家独立的列车区间班列公司，分别经营至波兰、捷克和匈牙利的铁路运输业务。

6) 加大投资力度

按照欧盟的新运输政策，欧盟各国都加大了对铁路系统的投资。例如，为确保未来10年国家铁路系统的改善与顺利发展，2002年1月，英国铁路战略管理局宣布了一批投资计划，准备利用335亿英镑的公共基金建设铁路系统，拟将所筹集私有资金中的160亿英镑用于铁路基础设施条件的改善、70亿英镑用于增加新型列车。该管理局明确指出，私有资金的支持将是这一投资计划的重要保障，并且今后还将从商业再寻求340亿英镑的资金支持。

英国铁路网络的营运目标是，到 2010 年铁路货运量增长率达到 80%。为此，英国政府还将投资 50 亿英镑来安装欧洲铁路交通管理系统。该系统是目前高速线路上最新的自动化铁路保护系统，按照欧盟委员会的规定，各成员国必须安装这一系统。

本章小结

本章简要介绍了现代物流业的产业特性，并就制定产业政策的主体——政府所拥有的职能进行了归纳性的介绍，最后侧重分析了物流产业政策的核心内容。本章内容对于将来想从事物流行业或产业管理(包括报考公务员和其他企事业单位)的学生或读者能提供指导性的帮助。

本章习题

1. 概念题

公共品　　准公共品　　幼稚产业

2. 分析题

(1) 试分析现代物流服务的产业特性。
(2) 简要分析政府在主导物流产业中的主要职能。
(3) 调控物流产业的宏观政策有哪些？举例说明具体使用条件。
(4) 物流产业的促进政策有哪些？举例说明它的价值。
(5) 试说明规范物流行业的重要性，并对具体案例进行分析。

第4篇　现代物流系统

本篇主要介绍有关系统的基础知识和现代物流系统的基本结构、主要功能和特征，并侧重分析工业工程对制造业物流系统的作用以及精益物流系统的核心内容。

第8章　物流系统分析

【教学目标】

通过本章学习：首先，了解一般系统的基础知识；其次，熟悉系统分析的主要方法；第三，理解和掌握现代物流系统的基本规律、核心功能和重要特征。

【教学要求】

知识要点	能力要求	相关知识
一般系统的基础知识	要熟悉一般系统的要素与构成 要学会系统分析现代物流系统	了解一般系统的基本特性 了解物流系统的演化过程
系统分析的主要方法	理解系统分析方法的核心价值 充分认识系统分析的重要作用	了解系统分析的基本内容 了解系统分析的常用方法
物流系统的系统分析	掌握现代物流系统的重要特征 认识现代物流系统的基本规律	了解传统物流的基本特征 了解传统物流的主要功能

章前导读

从美苏的核谈判，看系统分析的重要性

20 世纪 60 年代初，美苏(前苏联)间曾发生一次严重的核危机。为争霸世界，各自都大规模发展核武器，同时都把携有核弹头的远程导弹瞄准对方，但在全世界的反对，且双方都不具备绝对核优势的状况下，只好坐下来就削减核弹头进行谈判。在谈判桌上，就核弹头的削减数量分歧严重，谈判一直处于僵局，突然有一天美国同意了前苏联的方案。前苏联自认获得胜利，但又百思不得其解，直到后来通过间谍获取了美国在谈判幕后的系统分析资料，才真正了解到美国的系统策略，即美国削减后的核弹头足以让前苏联经济瘫痪。那么系统分析发挥了怎样的作用？这正是本章讨论的内容。

8.1 基础知识

什么是系统(System)？长期以来没有统一规范的定论。钱学森认为：“系统是由相互作用和相互依赖的若干组成部分结合成的、具有待定功能的有机整体。”这个定义反映出，系统由要素构成，并具有目的性、整体性、相关性、结构性与适应性等基本特征。

8.1.1 构成要素

分析上述的系统含义可以发现，一个系统的构成需要 3 种类型的基本要素：一是构成系统组织的基础——元素；二是对系统产生影响的环境；三是系统中的“流”。

1. 元素

元素是构成系统的基本单位。若干不同类型的元素构建出具有一定功能和目的组织，而这种组织被称为系统部件。系统部件主要有 3 类，见表 8-1。

表 8-1 系统部件的分类

系统部件	结构部件	系统中相对固定的部分	如：物流系统中的流径
	操作部件	系统中执行动作的部分	如：物流系统中的载体
	流动部件	系统内外所交换的部分	如：物流系统中的客体

应用实例 8-1 一辆汽车有成千上万的零部件，经过有组织地装配后，组装成一个具有运行功能和承载旅客及货物的系统。汽车中相对固定的部分，如车身、底盘等属于结构部件；转向盘、车轮等属于操作部件；而发动机中的燃料属于流动部件。

不同的元素将构建出不同属性、不同结构的系统部件，但不同属性、不同结构的系统部件却可能拥有相同的功能、相同的目的。也就是说，功能、目的相同的系统部件，其属性、结构不一定相同。这就是为什么为了同一个目的，可能会产生多个系统设计方案。

2. 环境

环境是系统存在的条件，也是系统的约束。一个系统所处的环境：可以是天然的，也可以是人为构建的；可以是有形的，也可以是无形的；界限可以是清晰的，也可以是模糊的；可以是多重的，也可以是单一的。任何系统都要在一定的环境约束下运行，所以，研究系统必须对系统环境进行深入分析。

应用实例 8-2 在物流系统中：飞机航线是天然的或客观存在的，但是人为设定的；水运航道，既有天然形成的，也有人工挖掘的；对于储运之间的关系而言，系统界限是清晰的，而对于“装、运、搬、卸”动作而言，彼此之间的界限则是模糊的；对于物流市场而言，需求方面的约束是无形的，而政策方面的约束是有形的。

3. 流

如果一个系统始终不与外界进行诸如能量流、信息流、物质流的交换，则这样的系统是无生命系统，而现实中，大量存在的是有生命的系统。有生命系统的重要标志是系统内存在“流”并与外部进行能量、物质、信息的交换，即存在输入与输出。这样的系统被称为开放系统。当系统中各种形式的流只暂时在系统内部交换、传递时，则系统处于封闭状态。

应用实例 8-3 现代物流系统是一个充分开放的系统，不仅其内部存在大量的信息交换，还通过输入和输出，完成系统内外的能量、物质和信息交换。随着社会经济系统的日趋复杂化，现代物流系统也成为信息流、载体流、客体流等高速流转的复杂系统。

8.1.2 基本特征

根据前面对系统的定义可知，任何一个系统都具有目的性、整体性、相关性、结构性、动态性与适应性这 6 个基本特征，每一基本特征又包含着具体的内容。目的性强调一个系统要有明确的目标；整体性强调追求整个系统的更优；相关性强调系统内各子系统或部件、元素之间能否实现更好的联系；结构性强调各子系统或部件所构建出的逻辑关系；动态性强调系统在运动或运行中状态、表现及其演化规律；适应性强调系统对环境变化的适应能力和应激响应能力。

应用实例 8-4 现代物流系统通常是通过“牺牲”子系统的局部效益，而追求整个系统的更优。由于现代物流的子系统之间存在着“效益背反”的客观规律，所以系统内部的局部利益经常会产生矛盾。例如，在追求现代物流系统中储运的整体效率时，要掌握储运系统中的“效益背反”规律，衡量利弊，探索储存元素与运输元素的最佳组合。

8.2 物流系统

本节将概要地介绍现代物流系统的概念、要素和特征等方面的知识。

8.2.1 概念分析

现代物流系统是在一定时空内，以信息化、标准化与集装化技术等为基础，将装运搬卸、仓储配送、流通加工及信息处理等功能及其系统进行创新性的组织，用新的规则协调各个子系统，追求系统流程在时空效益上的最大化，并孕育出新功能的整体。现代物流系统的目的是通过各种物流环节的合理衔接，实现流程的时空效益，进而取得最佳的经济效益。

对现代物流的描述，除了拥有“系统”的基本特征外，更重要的是突出其特殊性。这种特殊性体现在：一是与抽象的理论系统进行比较；二是与传统物流系统的比较。

现代物流系统的核心是以诸技术为基础，通过整合传统功能而拓展服务功能，并追求系统的整体效益。

将传统物流的基本功能进行有机整合，而不是简单叠加；将物流要素进行有序耦合，而不是简单串联，是构建现代物流系统的核心。将若干个简单的功能或局部简单的规则组合在一起，会呈现出整体的复杂性。现代物流系统恰恰是一个实体的、开放的和动态的复杂系统。

8.2.2 结构分析

由于现代物流系统以信息化、标准化和集装化技术为基础，以离散流系统为核心，并不断地整合与拓展。因此，现代物流系统是一个多模式的网络结构。具体的系统结构如图 8.1 所示。

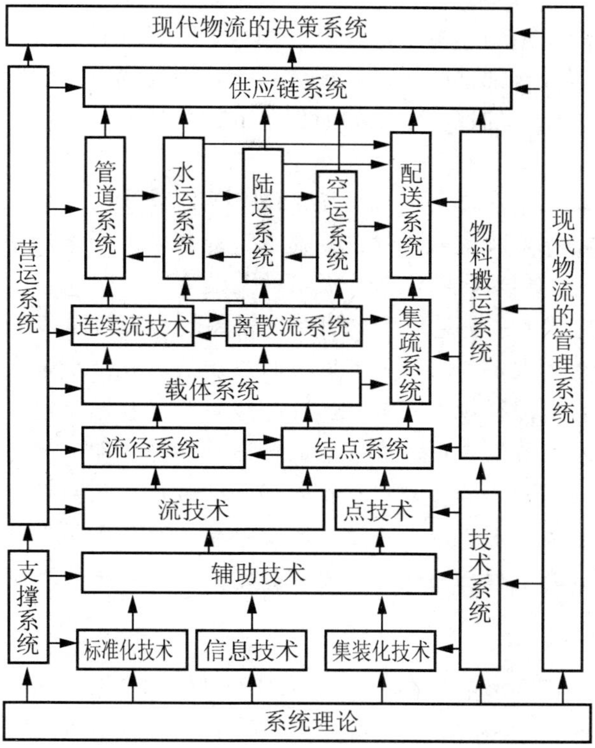

图 8.1 现代物流系统结构

图 8.1 比较清晰地揭示了现代物流系统的内部结构。由于含有多个相互影响、相互作用、相互依存的子系统，所以现代物流系统是一个内部关系复杂的系统。在现代物流系统中，离散流子系统是核心子系统，它包含与支撑着水、陆、空 3 个子系统，还与集疏子系统、配送子系统、物料搬运子系统有多层次的深度耦合，更是供应链系统的核心。

8.2.3 要素分析

依据系统分析的一般方法，在对现代物流系统进行分析时，则主要从系统部件、环境以及“流”这 3 个方面展开。

1. 现代物流系统中的系统部件

图 8.1 描述了现代物流系统的基本结构和所拥有的子系统以及各个子系统之间的相互关系。下面就侧重分析现代物流系统中诸如载体系统、离散流系统及配送系统等具有核心作用的子系统。

(1) 离散流系统。离散流系统主要包括水运、陆运与空运 3 个子系统，它以流径系统、结点系统与载体系统为基础。它在总的物流系统中，具有操作部件的属性。离散流系统是现代物流系统的核心子系统。因此，要提高现代物流系统的整体效率和效益，重点优化离散系统是成败的关键，也是系统工程思想的具体体现。

应用实例 8-5 离散流意味着对流径、载体的选择具有随机性，对流量、流时、流速等元素的控制既受到外部环境的影响，又取决于技术方案的选择。如：由水陆空各类载体相互配置、协调而组成的国际多式联运，就属于离散流系统的核心业务。

(2) 载体系统。载体系统由 4 类运输系统组成。它是流径系统与节点系统之间“流”的实现系统，同样具有操作部件的属性。载体系统是现代物流系统中“流”的承担者与完成者。在“物”实现“流”的过程中，如何使单位重物耗能最合理，就成为影响现代物流系统整体的关键因素。

应用实例 8-6 载体子系统是现代物流系统中耗能最多的子系统。载体子系统主要受流动技术的约束。流动技术决定载体的最高流速、能耗效率和流动方式等。因此，降低载体子系统的流动成本是控制现代物流系统成本的关键要素。

(3) 配送系统。配送子系统是现代物流系统发展到较高级阶段的产物。这除了需要整合若干个子系统外，更重要的是系统的专业化程度更高、功能更强大、能适应更复杂的环境。配送的实质是多目标流径规划问题、载体配载问题、容器积载问题等。

应用实例 8-7 在经典运筹中，有著名的邮递员问题，即邮递员如何送信走的路径最短。现代物流中的配送问题，除了研究类似邮递员的最短路径问题外，还要研究所配送的货物在运载工具内的积载位置，以解决运载工具的重心得到平衡；货物进出运载工具的次序，以解决后进先出、先进后出问题；还要测算完整流程的能量消耗，以提高流程效率。

2. 现代物流环境

现代物流系统受外部环境的影响非常大，但也对外部环境产生比较大影响。这是因为现代物流系统是开放的、动态的系统，并且系统边界并不总是清晰的。

(1) 技术环境。现代物流产业之所以能在 20 世纪 70～80 年代迅速崛起，主要是由于技术环境的影响，而且这种影响呈现出强的正相关性。在技术环境中，除了信息化、标准化、集装化技术外，系统理论的发展与应用，是孕育与催生现代物流系统的关键因素。

应用实例 8-8 我国在现代物流系统整合方面的发展并不平衡，现代物流系统水平仍停留在较低的层面上。系统整合受到一些基础性技术瓶颈的约束，如信息化技术平台的落后。

(2) 经济环境。经济环境对现代物流系统的影响主要来自需求方面，它表现为一种全面的拉动力。随着物流需求层次的不断分化，现代物流系统则不断升级，并派生出新的功能，以满足不同的物流需求。因此可以说，需求水平的高低是刺激现代物流系统演进的外在动力。

应用实例 8-9 当代社会需求集中表现为“准时提供高性价比的优质产品和服务”，而要满足这一核心需求需要现代物流系统的全面支持。这不仅是促进现代物流系统全面发展的动力，而且给现代物流系统一种选择性的约束力。

(3) 制度环境。制度环境从正反两方面影响现代物流系统。好的制度环境可以引导现代物流系统规范地、健康地、快速地发展，相反，则会限制甚至阻碍现代物流系统的发展。所以，制度环境既是一种外在的动力，又是一种外在的约束力。

应用实例 8-10 在制度环境中，体制与机制、宏观调控系统、行业法规和产业政策等是影响现代物流系统的核心内容。在我国，针对现代物流系统的制度建设相对落后，并处在一个相对比较低的层面上，它是制约我国现代物流系统演进的一个瓶颈。

3. 现代物流系统中的“流”

由于现代物流系统是一个实体的、动态的和开放的系统，因此必然有系统内外的交换和系统内部各种“流”的流转。实际上，现代物流系统中存在多种性质的“流”。

(1) 载体流。现代物流系统中的载体，由具有承载重物并可运动的装、运、搬、卸等工具组成。载体流实际上就是正在运动载体的集合。载体流是现代物流系统中最重要的一种流，载体流的质量，是整个物流系统质量的重要基础。

应用实例 8-11 现代物流系统中的载体是使系统能够流动起来的关键。使物流载体能够运动的，除操控者外，还需要能量作为动力。所以载体流中包括运输工具、能量与操控者 3 种要素。因此载体流的品质由技术、管理与操控等因素决定。

(2) 客体流。客体流是现代物流系统的服务对象，客体流依附于载体流实现共同流动，并与载体流共同构成了现代物流系统中的有形实体流。现代物流系统的重要特征是以客体流为导向，以敏捷响应系统为支持，实现载体流与客体流的高效耦合、高效流转和平稳流动。

应用实例 8-12 现代物流系统主要通过研究分析客体流的生成、波动以及增减规律等，系统性地配置载体流，并全程服务于客体流。这恰恰又是现代物流系统的核心难题，难就难在必须全面掌握客体流的动态信息，并及时设计出系统化的敏捷流程。

(3) 信息流。现代物流系统中的信息流是一种在信息系统中传输的、无形的、复杂的非实体流。信息流既有在现代物流系统内的流动，又有借用公共信息系统的流动。流入现代物流系统的信息，并不都能被直接采用，还需要根据具体要求与目的，对信息进行处理。

应用实例 8-13 在现代物流系统中，信息流的复杂性在于：一是由于采用不同的传递方式，信息流的速度和稳定性都不一致；二是由于不同属性的信息交织在一起，给信息的辨识与处理带来困难；三是由于现代物流系统是一个完全开放的系统，时刻要面对内容和本质基本相同，但结构化程度不同的信息，这就要求物流信息系统拥有处理复杂信息的能力。

由于信息可分为历史信息、当前信息和预测信息，而且信息的准确程度也不一致。因此，协调好系统描述层次与信息量解析水准之间的关系，处理好信息流的速度与稳定性的关系，在既能迅速、准确处理海量信息、满足系统需要的同时，又尽可能地减少信息处理量，成为以有形实体流为核心的现代物流系统所追求的支持系统。

8.2.4 功能分析

现代物流系统的基本功能可以分为两类：一类是与其他服务类营利性系统相类似的功能，如市场营销、客户服务、售后服务等内容；另一类是现代物流系统所特有的基本功能，在第 2 章中，将其归纳为移动、储控、整合、配置的选择。所以现代物流系统所特有的核心功能，是基于系统整体效益的择优行为。

应用实例 8-14 移动择优是现代物流系统在三维空间内选择更有系统效率的流程方案。由于移动“物”的方式主要有“装、运、搬、卸”等形式，减少系统流程中无效流、提高了时间利用率和控制整个系统的总移动成本，就需要发挥移动选择的功能。

应用实例 8-15 储控选择是现代物流系统的基本功能之一，如何对需要存储的物品进行合理分类、安全堆码和有效利用存储空间，如何控制并实现安全存储、合理库存量和保证存储物的品质，这些都需要利用各种功能软件、硬件来制定储控方案。

8.2.5 特征分析

现代物流系统与一般系统一样都具有目的性、整体性、相关性、结构性、动态性和适应性等 6 个特性。只是每个特性在现代物流系统中有自己的内涵与特征。

1. 现代物流系统的基本特征

一般系统的 6 个基本特性在现代物流系统中所表现出的特定内涵，是认识和熟悉现代物流系统的关键。下面给予简要介绍。

(1) 目的性。在客户规定的时间范围内，按客户要求的数量，以客户允许的费用，把满足客户需求的内容与物流服务送到客户指定的地点，是现代物流系统的目的。

应用实例 8-16 现代物流系统的目的性与运输的目的性容易被混淆，运输的基本功能与目的是实现服务对象(客体)在空间位置的改变，而在改变过程中同时满足客户的各种需求是物流功能与目的。前者是一个执行过程，后者是一个选择过程，在实现过程中耦合在一起。

(2) 整体性。现代物流系统的整体性表现为：要 “牺牲”子系统的效益最优，来换取整个系统的更优。由于现代物流的子系统之间存在着“二律背反”(又称“效益背反”)的客观规律，因此，系统内部的局部利益有时会相互排斥。

应用实例 8-17 在现代物流系统中，“效益背反”现象比较多，如：高架库提高了空间利用率，却需要多消耗搬运能量；提高库容利用率与仓库通道面积减少呈“背反”关系；零售商希望按销售流量多批次少量配送，而运输商希望按额定载重量进行大批量少批次送货。因此，在追求现代物流系统的整体效率时，要掌握系统中的“效益背反”规律，衡量利弊，探索物流要素的最佳组合。

(3) 相关性。现代物流系统的相关性体现在各个物流子系统的相互联系方式、相互的作用程度以及相互协调的能力上。通过不同方式的联系、作用与协调，使整个系统呈现出新的功能或使子系统的原有功能得到完善是系统相关性的具体体现。

应用实例 8-18 现代物流系统将信息处理、采购、运输、仓储、流通加工、配送等环节整合在一起，最重要的因素就是利用现代物流系统的协调机制，解决各环节之间的各种冲突，如利益上的冲突、时间上的冲突、作业方式的冲突等。

(4) 结构性。结构性是系统内各个子系统或部件之间的逻辑关系和有机联系的反映。图 8.1 是现代物流系统的结构形式，其中，各个子系统之间的逻辑关系与本质联系，决定了现代物流系统的结构特征，也决定了现代物流系统所具有的特定功能。

应用实例 8-19 对现代物流系统结构的认识，还有待更进一步的研究，尤其是不同子系统之间的逻辑关系，既不可能一成不变，也不可能只有唯一固定的模式。它将随着社会系统的演化而不断优化与拓展，并产生不同的功能与效果。

(5) 动态性。现代物流系统的动态性表现在波动性大、稳定性差。因此，需要系统有灵敏的响应来弥补。这就需要有灵活且处理能力强的信息系统支持。

应用实例 8-20 现代物流系统的波动性表现在：系统要与多客户连接，由于需求层次、供给能力的影响，供求都存在波动；现代物流系统是社会系统中的子系统，受上位系统的影响而产生波动；现代物流系统内部各个子系统的交互影响，如交叉价格弹性的影响。

(6) 适应性。现代物流系统能承受巨大的物质流、能量流与信息流的流入，并经过内部整合、处理后，按不同层次的需求及时、准确、安全、可靠地输出增值的“物”与信息等。正是由于现代物流系统对环境有极强的适应性，它才得以在复杂多变的全球经济中崛起并迅速壮大。

应用实例 8-21 传统运载方式具有明显的供给刚性。如：航空运载是点对点模式；轨道列车是沿线多点模式；水运只能在水陆交界并适合停靠船舶的点上装卸货物；汽车运载虽然辐射面广，但运能较低、能耗效率较差。当现代物流系统将不同运载方式整合后，就显现出广泛的适应性。

2. 现代物流系统的目标特征

根据现代物流系统目的所包涵的内容，现代物流系统是一个具有多目标的系统，所以需要建立起现代物流系统的目标体系，还必须对多目标进行科学合理地协调。因此，了解现代物流系统的目标特征就显得尤为重要。

(1) 面向客户的目标特征。现代物流系统首先要保证服务对象在系统内整个流程中的安全，不能出现品质上的“损”、量上的“差”和规格型号等方面的“错”；其次要在客户规定的时间范围内，按客户要求的数量，以客户允许的费用，把满足客户需求的内容与物流服务送到客户指定的地点。因此，现代物流系统的目标特征可以概括为：流程安全、品质可靠、数量准确、送达适时。

应用实例 8-22 送达适时包括两层含义：一是在规定时间内(包括提前)送达，这也是传统运输的目标之一“及时性”目标，它追求的是尽可能地快；二是在规定的时刻送达，这是现代物流的目标，它追求的是“准”。所以现代物流系统有更高的目标。

应用实例 8-23 一些珍稀物品，如濒危动植物、名贵花卉、古董等，除了要尽量保证全程安全外，还应使服务对象在理想的环境下，完成全流程。因此要控制容器的环境，防止振荡或摆动过度并进行全程监控和必要的养护等。只有这样，才能确保品质可靠。

(2) 面向系统内部的目标。不断规范系统的物流流程、不断改善系统的功能水准、不断优化系统的运行效率、不断拓展系统的服务领域是现代物流系统面向其内部的子目标。以上 4 个子目标实际上反映了现代物流系统的 4 个内在特征，不断规范才能提高安全性，不断改善才能提高服务水平，不断优化才能提高运行效率，不断拓展才能扩大现代物流的服务领域。

应用实例 8-24 现代物流系统拥有大量重型装、运、搬、卸设备，在动态下，稍有不慎就会危及社会、员工，并使客户蒙受损失。另一方面，这些设备在使用中，还会对环境造成污染，给社会带来另一种不安全，所以要不断地对流程中的各个环节进行规范。

应用实例 8-25 现代物流系统的功能水准体现的是提供现代物流服务的基准。如果系统功能存在缺陷，不可能提供一流的物流服务。在改善系统功能的过程中，并不是要对每一个基本环节都进行改善，而是注重改善影响系统整体功能的环节，这也是系统思想的重要体现。

3. 现代物流系统的动态特征

现代物流系统是一个实体的、开放的、动态的复杂系统，而且尚未演化成为一个稳定的系统。所以，现代物流系统的动态特征表现为以下几点。

(1) 系统内部结构向更复杂的方向演化。图 8.1 所示是现代物流系统的结构，但这样的结构尚未演化为系统的稳定结构。其主要原因是市场(经济方面的动力)对现代物流的需求还在不断地分层，为了适应这种多层次的需求，现代物流系统也一直在调整自己内部的结构，而这种调整是经过整合更多的资源要素，在要素之间建立起更多维度的关联，在关联程度上趋向更强的耦合，在关联方式上，由简单地线性相关演化为非线性相关等一系列的转化，向更复杂的结构演变。

(2) 系统运动仍然表现为多样化的状态。虽然现代物流系统与其他系统建有相对稳定的关联，使系统的主体处在稳定的、有序的状态，但不可否认的是现代物流系统还存在着大量的随机态或随机事件，甚至是混沌态。因此，目前的物流系统仍是一个多态共存的系统。

(3) 系统功能仍在不断地完善过程之中。从对现代物流系统结构的分析中知道，系统的层次结构由于需求动力变得越来越复杂。系统理论表明，层次结构越复杂，系统的开放程度就越高。系统的开放程度越高，系统与外界的交流，无论是在数量上，还是在性质上，都会大大增加。这些都迫使系统要不断地调整自身的功能，以适应外界的要求。

应用实例 8-26 几千年前，“移动选择”基本只有路径选择；随后的不断演化，发展为不仅要选路径，而且还要选择运载工具；到了近代，由于工业革命带来的变革，增加了航线、航班、车次的选择；枢纽的选择；物流服务商的选择；信息处理方式的选择；代理商的选择等。物流系统所处理的问题越来越复杂。

8.3 案例分析

现代物流系统的结构模式分析

现代物流系统具有一般系统的结构、要素和特点，但由于现代物流系统是一种具体的应用性系统，又具有其自身的特殊结构和特点。

1. 基本结构分析

一个具体的物流系统因各自所具有的功能不同，可分为各种性质的物流系统。不管是哪种类型的物流系统，都有基本的结构模式。从大的方面看，现代物流系统都处在相似的环境中。所以，物流系统的环境决定了物流系统结构模式中不可缺少的组成部分。现代物流系统结构模式包括系统处理、输入/输出、信息反馈等。现代物流系统的结构模式如图 8.2 所示。

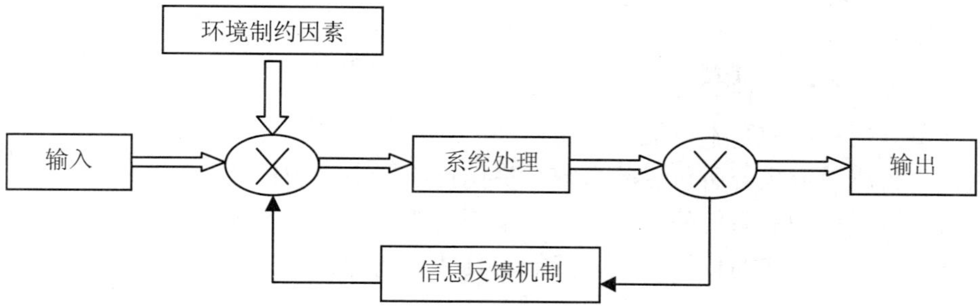

图 8.2　物流系统的结构模式

1) 输入/输出

一是通过受理获得客体流的输入；二是通过资金流的输出获得生产要素的输入；三是输出物流服务；四是输出诸如污染、噪声、交通事故等具有负效用的附属品。

2) 系统处理

系统处理是指物流系统内把输入转化成输出的过程。其基本功能是通过移动、储控、整合、配置以及信息处理等活动对输入赋予时空效用、形质效用，使之变成输出品或物流服务。

3) 环境约束

环境约束是指现代物流系统外更大的系统。具体包括客体条件、能源限制、资金限制、价格影响、需求变化、政策变化等。

4) 反馈系统

一个系统需要将执行计划进行反馈，如把执行信息返回，以便对工作做出评价。这被称为信息反馈。信息反馈的内容包括各种物流活动的分析报告、各种统计数据等。

2. 真实环境分析

在急剧变化的环境中提高系统的响应能力成为继生产、销售之后，企业发展的第三大支柱和第三利润源。具体来说，环境要素的变化体现在：消费行为的分化，如个性消费多样化，不断产生新的多样化物流需求；技术革命与创新，如现代信息技术、标准化技术、集装化技术、生产控制技术等，影响着现代物流系统优化的基础；市场环境的变化，如物流需求层次的增加，多品种、少批量的生产模式以及越来越开放的市场，迫使现代物流的经营不断转型。

本 章 小 结

本章简要介绍了系统分析的基础知识；详细论述了现代物流系统的结构、要素、功能、特征等；并重点分析了现代物流系统的核心子系统和现代物流系统目标特征及其内容；最后通过案例分析，揭示了现代物流系统结构模式的共性。本章内容对于想系统研究现代物流的学生或读者能提供指导性的帮助。

本 章 习 题

1. 概念题

系统要素　　系统部件　　物流系统

2. 分析题

(1) 举例说明系统部件的分类。

(2) 简要分析系统的基本特征。

(3) 试分析离散流系统所包涵的内容，举例说明所应用的领域。

(4) 试分析现代物流系统的基本特征？举例说明它的某个特征。

(5) 试现代物流系统的目标特征，并能对具体案例进行分析。

第9章 物流应用系统

【教学目标】

通过本章学习：第一，了解各种系统及其技术在现代物流系统中的应用；第二，熟悉工业领域、营利性组织如何应用系统方法；第三，理解系统仿真技术的用途和重要意义。

【教学要求】

知识要点	能力要求	相关知识
工业工程的核心内容	理解工业工程的定义和内容 熟悉工业工程的应用和方法	了解工业工程的演化过程 了解泰勒及科学管理内容
精益生产的基本内容	熟悉精益生产的要素与方法 掌握精益生产的本质与特征	了解精益生产的演化过程 了解精益生产的应用领域
物流系统的仿真应用	理解系统仿真的原理与作用 熟悉现代物流系统的仿真过程	了解物流系统的仿真软件 了解离散事件的系统仿真

章前导读

工业工程之父——费雷德里克·泰勒(Frederick W Taylor)

泰勒(1856—1915)曾考取哈佛大学法学院，后因听力、视力下降而辍学进工厂当学徒。1878年到米德维尔钢铁公司工作。从普通工人到技工、工长、总技师，并于1884年提升为总工程师。这期间泰勒还在夜校学习，并于1883年获得史蒂芬学院机械工程专业的学士学位。

泰勒不断思考生产管理中的问题，他认为工人缺乏训练、操作方法不正确及没有建立科学的管理程序都影响生产率。于是系统地研究了工场作业和衡量方法。他创立了“时间研究”、改进操作方法、制定劳动定额、采用标准化等，从而提高了工作效率，降低了生产成本。

泰勒一生获得100多项专利，可以说是一位发明家，但更是一位“科学管理”的创始人。1895年他在全美机械工程师协会上发表了第一篇论文《计件工资制》；1903年出版了《工场管理》；1906年发表了一篇有巨大贡献的论文《论金属切削术》；此后陆续发表《论传送带》、《大学和工厂中纪律和方法的比较》、《制造业者为什么不喜欢大学生》、《效率的福音》、《科学管理的原理和方法》(1911年)、《科学管理》(1912年)等。其中《科学管理的原理和方法》和《工场管理》是其代表作。

那么，泰勒的研究都涉及那些具体内容？与物流有哪些关系？这正是本章要讨论的内容。

9.1 工业工程简介

人类在生产活动中，运用数理化等基础科学，结合实践经验改造自然为人类服务所形成的各种专门知识，被称为工程学，如土木工程、机械工程、化学工程等。最初阶段都是从解决某些具体问题开始，随着人们对客观规律认识也逐步深入，然后加以归纳、提炼、升华，逐步形成理论，形成专门学科。工业工程也不例外，也是从实践中总结经验开始的。

9.1.1 工业工程的产生

工业工程(Industry Engineering，IE)是工业化生产的产物。一般认为起源于20世纪初的美国。实际上可以追溯到工业革命之初，它实际上也是制造业物流系统的产物。

应用实例 9-1 18世纪中叶，蒸汽机的发明是制造业发展的历史性转折点，并产生了第一次工业革命。但当时的工业生产和今天的方式不同，那时很少有生产计划，生产第一线的管理人员对工人的作业只是口头指导，工作方法缺乏科学性和系统性，主要凭经验作业。在此时期，改进作业方法一般都源于工人自己为完成所承担的任务找到更容易和更简便的方法，完全是一种分散的个人行动，几乎没有人注意一个工厂或一个工艺过程的改进和总体的协调，因而效率低且浪费大。

随着发电机和电动机的发明、电气化时代的来临和19世纪末内燃机的发明，制造业得到迅速发展。20世纪初汽车制造业进入批量生产时代，引发了制造业的一次革命。在该进程中：①泰勒(Taylor)在1895—1903年首先提出了以劳动分工和计件工资为基础的科学管理理论；②福特(Ford)在1921年率先推行零件可互换的标准化技术；③甘特(Henry L. Gantt)提出一种预先计划和安排作业活动、检查进度以及更新计划的系统图表方法——甘特图

(Gantt Chart)，为工作计划、进度控制的检查提供十分实用的方法和工具；④吉尔布雷斯(Frank B.Gilbreth)夫妇创造了与时间研究密切相关的“动作研究”(Motion Study)；⑤休哈特(W.A.Shewhart)在1924年研究出了统计质量管理的基本原理。

在上述的进程中，以泰勒为代表的一大批科学管理先驱者，进行了卓有成效的工作，降低了生产成本，提高了工作效率，开创了科学管理，为工业工程的产生奠定了基础。实际上，还有许多科学家和工程师对科学管理和早期工业工程的发展作出了贡献。

应用实例 9-2 1776 年亚当·斯密(Adam Smith)在其《原富》一书中就提出劳动分工概念，1817 年李嘉图(Richardo)的《政治经济学及田税原理》和 1848 年穆勒(Stuart Mill)的《政治经济学原理》等都对劳动分工进行论述，并对上述 IE 先驱者产生过影响。

应用实例 9-3 美国人福特(Ford)是美国福特汽车公司的创始人，在制造汽车中，率先推行零件可互换的标准化技术，并于 1931 年建立了具有划时代意义的汽车装配生产线，实现了以刚性自动化为特征的大批量生产方式。

总之，社会需求、科技成果促使生产力发展，并使生产规模越来越大，管理系统越来越多样化。从客观上要求必需存在着分析、设计、改善这些系统和管理的技术体系，由此产生了工业工程。

9.1.2 工业工程的定义

随着工业技术的发展及生产水平的提高，工业工程的内容也在不断发生变化，因此在不同时期，不同国家及学术组织对工业工程的理解不尽相同，其定义也略有差异。

1. 美国工业工程协会的定义

1955 年，AIIE 定义：“IE 涉及把人员、物质和设备组成综合系统的设计、改善及实际运用，它使用数学、物理和社会科学的专门知识和技能，并运用工程分析、设计的原理和方法对系统可获得的成果予以确定、预测和评价。”这是一个最为普及的定义。

2. 日本工业工程协会的定义

1959年日本工业工程协会(JIIE)成立时对IE的定义是在美国工业工程师协会1955年定义的基础上略加修改而制定的。由于在日本，工业工程称为经营工学或经营管理，被认为是一门以工程学专业(如机械工程、电子工程、化学工程、建筑工程等)为基础的管理技术。随着 IE 长期在日本的广泛应用和取得的成果，其理论和方法都取得了很大发展。

日本工业工程师协会深感美国的定义已不适合于现代生产的要求，故对 IE 重新定义：“IE 是这样一种活动，它以科学的方法，有效地利用人、财、物、信息、时间等经营资源，优质、廉价并及时地提供市场所需要的商品和服务，同时探求各种方法给从事这些工作的人们带来满足和幸福。”该定义简明、通俗、易懂，不仅清楚地说明了 IE 的性质、目的和方法，并且还特别把对人的关怀写入定义之中，体现了以人为本的思想。

3. 英国工业工程师协会的定义

英国工业工程师协会的定义：“IE 研究由人力、物资、信息、设备和能源组成的集成系统的设计、改善和实施。它利用数学、物理学和社会科学的专门知识和技能，并运用工程分析和设计的原理及方法，来说明、预测和评价从上述系统中所获得的结果。”

4. 中国学者对工业工程的定义

中国学者的定义："IE 是以系统科学和运筹学为理论基础，从技术角度对各种系统(主要是生产系统)进行分析、规划、设计、优化、评价和实践，以达到不断提高生产率和整体效益的目的。"

以上是美国、日本、英国、中国 4 个国家的主流定义。尽管表述不完全相同，但基本都表达以下几层意思：一是工业工程与其他工程学科不同，尽管身处工业领域，却是管理问题；二是随着现代科学技术的发展，能源和信息作为物质的一种形态，也可作为综合系统的要素；三是强调系统性，是以系统科学为基础，以工业系统整体为对象进行系统研究的。

应用实例 9-4 近年来一些学者为 IE 下了一些新定义，用以反映现代 IE 的内容和职能。如：IE 是综合运用工业专业知识和系统工程的概念与方法，为把人力、物资、装备、技术和信息组成更有效和更富于生产力的综合系统所从事的规划、设计、评价和创新的活动，它也为管理提供科学依据；IE 是质量和生产率的技术和人文状态；IE 是用软科学的方法获得最高的效率和效益等。

目前关于 IE 的定义还有很多，这里不一一列举。各种 IE 的定义都旨在说明 IE 的目标任务、学科性质、研究对象、研究方法、主要功能等。

9.1.3 工业工程的内涵

IE 的内涵主要包括上面提及的目标任务等 5 个方面。

1. IE 的目标任务

通过预测、规划、评价整体系统的效果，合理设计和改善系统，以使其能以较少的输入得到相对较多的输出，并适当地配置各要素以使其相互关系合理化，从而使系统处于最佳状态。

应用实例 9-5 对于生产系统而言，IE 把生产体系看做是人、机、料、能源、信息等既互相独立又相互关联和相互制约的 5 个要素组成的统一的有机整体。这是基于系统工程的思想原则和分析方法来研究解决问题，追求的是生产率的提高和效益的增长。

2. IE 的学科性质

IE 是一门技术与管理相结合的交叉学科，但在一些国家和大学里，将 IE 看做是一门工程技术，所以 IE 专业设置在工学院。这又是为什么呢？

应用实例 9-6 因为 IE 的首要任务是对人、机、料、能源、信息 5 要素组成的生产体系进行设计，也包括生产线及物流系统等工程活动的设计。为达此目的，就必须对生产系统各组成要素及其相互关系进行详尽观察和实验分析。等生产系统运行后，IE 要对系统本身及控制方法进行模拟、试验和分析研究，提出最佳改进方案等。正因为没有脱离生产背景，才会误认为是工程技术。

3. IE 的研究对象

IE 研究的是生产系统或生产经营系统中人、机、料、能源、信息 5 要素进行设计、改善和运用的问题，它把 5 要素作为一个有机统一的整体来系统地考虑。

4. IE的研究方法

IE的研究是以数学、物理及社会科学和工程学中的分析、规划、设计等理论为基础，与系统工程理论、方法和计算机系统技术关系特别密切。

5. IE的主要功能

IE的主要功能是对生产系统进行规划、设计、评价和创新。由于IE源于科学管理，这一历史渊源使IE与科学管理有一种相互交叉和相互依存的关系，然而两者的主要功能却不可混同。

其一，IE与科学管理的职能不同。IE的功能包括：①管理作业研究，直接为管理部门提供决策依据，如作业测定、绩效评价等；②工艺流程研究，直接与生产相关，如研究加工工艺过程、物料搬运等；③设施规划研究，直接与工程项目相关，如研究工厂布置、运输系统等。上述3项职能都包含有规划、设计、评价和创新等内容，而科学管理的职能是运用行政、组织、人事、财政、金融、贸易、法律等手段来保证生产、技术开发和各项生产活动的顺利进行，从而达到提高工效和经济效益的目的。所以，科学管理的职能包括决策、组织、领导、协调、控制等。

其二，IE的效果通过本身的作业来实现，管理的效果则通过别人的作业来实现。管理是实现生产资料所有者的利益和意志，根据客观经济活动所进行的计划、组织、指挥、协调、控制、教育、鼓励、挖潜、创新等行为的总称，其目的是保证生产经营活动的正常进行，以取得最大经济效益，实现工业企业的既定目标。所以管理的效果是通过组织、指挥、协调其他人的工作来实现的。

9.1.4 工业工程的体系

IE在美国工程学科中是一个大学科。据美国工程教育协会(ASEE)的报告，美国工程中的十大学科是：机械工程、电机工程、土木工程、化学工程、工业工程、计算机科学与工程、材料科学与工程、航空工程、环境工程、生物医学工程。IE属于第五大工程学科。

对于IE学科所涉及的范畴，有多种不同的表述方法。迄今为止，比较有影响的和有代表性的是美国国家标准ANSI-Z94(1982年修订)对IE体系的分类方法，它从学科角度将IE知识领域分为十几个分支，见表9-1。

表9-1 美国国家标准对IE的分类

组织规划	工资管理	销售与市场	设施规划(含工厂设计、维修保养、物料搬运等)
系统设计	成本管理	实用心理学	生产计划与控制(含库存管理、运输调度、发货等)
工程经济	安全管理	人因工程学	应用数学(含运筹、统计、统计和数学应用等)
生物力学	人体测量	职业卫生与医学	材料加工(含工具设计、工艺研究、自动化等)

除了美国国家标准分类外，还有其他一些分类方法，例如，日本从应用角度将IE技术分为20类113种，包括方法研究与作业测定、质量管理、标准化、工厂设计、能力开发等。

应用实例9-7 美国普渡大学教授G·萨文迪，根据哈里斯(Neville Harris)对英国667家公司应用IE的实际情况调查统计，将IE常用的方法和技术归纳为32种。在其主编的《工业工程手册》中按照应用普及程度大小次序排列是：①方法研究；②作业测定(直接劳动)；

③奖励；④工厂布置；⑤表格设计；⑥物料搬运；⑦信息系统开发；⑧成本与利润分析；⑨作业测定(间接劳动)；⑩物料搬运与设备选用；⑪组织研究；⑫服务评估；⑬办公设备选择；⑭管理的发展；⑮系统分析；⑯库存控制与分析；⑰计算机编程；⑱项目网络技术；⑲计划网络技术；⑳办公室工作测定；㉑动作研究的经济发展；㉒目标管理；㉓价值分析；㉔资源分配网络技术；㉕工效学；㉖成组技术(GT)；㉗事故与可操作性分析；㉘模拟技术；㉙影片摄制；㉚线性规划；㉛排队论；㉜投资风险分析。

事实上，凡是符合 IE 定义的学科和技术，都可以说属于 IE 范畴，因为 IE 始终是不断发展并且其领域在不断地拓展。

9.1.5 工业工程的应用

IE 首先从制造业中产生，以改进生产方法、建立良好的作业程序和标准、提高效率等应用为核心。第二次世界大战结束以后，随着 IE 逐渐发展成为一门学科，所追求的目标从追求效率开始发展至今，一个多世纪已经过去了，其应用领域逐步扩大到制造业以外的其他领域，如建筑施工、交通运输、市场销售、金融服务、医院学校、公共卫生、军事后勤、政府部门(主要是行业管理与规划)以及其他各种服务行业，范围极其广泛。可以这么说，大凡有运营活动的地方，就存在“人—机—活动”这样的系统，IE 就有发挥才能的机会。

尽管 IE 的应用领域如此广泛，但制造业仍是最主要和最有代表性的应用领域，因为制造业具有生产活动的全部内容——包括技术和管理两个方面：围绕制造(或材料加工)技术研究工艺与设备，这是制造的硬件部分；关于制造系统，即对人、机、材等集成的系统进行控制和管理，这是制造的软件部分。IE 正是将两者有机结合起来的原理和技术。我国目前对 IE 技术的应用如下。

1. 工作研究

工作研究是 IE 体系中最重要的基础技术，以提高生产率和整体效益为目的，利用方法研究和作业测定(工作衡量)两大技术，分析影响工作效率的各种因素，帮助企业挖潜、革新，消除人力、物力、财力和时间方面的浪费，减轻劳动强度，合理安排作业，用新的工作方法来代替现行的方法、并制定该工作所需的标准时间，从而提高劳动生产率和经济效益的科学管理技术。

应用实例 9-8 动作研究之父——吉尔布雷斯夫妇。吉尔布雷斯(Frank B.Gilbreth)是一名工程师，是和泰勒差不多同一时期的另一位 IE 的奠基人，他进一步扩展了泰勒的工作。其夫人莲莉·吉尔布雷斯(Lillian Gilbreth，1878—1972)博士，是心理学家。他们的主要贡献是创造了与时间研究密切相关的“动作研究”(Motion Study)，就是对人在从事生产作业中的动作进行分解，确定基本动作要素(称为“动素”)，然后作科学分析，建立起省工省时、效率最高和最满意的操作顺序。当时按照他们的方法培训的砌砖工人平均作业效率由每小时 120 块提高到 350 块。1912 年吉尔布雷斯夫妇进一步改进动作研究的方法，把工人操作时的动作拍成影片，创造了影片分析法，对动作证行更细微的研究。1921 年他们又创造了工序图，为分析和建立良好的作业顺序提供了工具。他们在技能研究、疲劳研究和时间研究等方面也有卓越的成就，尤其重视研究生产中人的价值、作用及其对工作环境的反应等。在吉尔布雷斯博士漫长的一生中，她见证了 IE 专业的诞生、发展和成熟，并为此作出了杰出的贡献，从而被誉为“IE第一夫人”和“管理学第一大使”。她获得了来自世界各国政府、大学及专门机构的许多荣誉和奖章，她也是入选美国工程院的第一位女性。

2. 设施规划

它是对系统(如工厂、学校、医院、商店等)进行具体的规划和设计，包括厂址选择、工厂平面布置与设备选择等，使各生产要素和各系统(设计、生产、制造、供应、后勤服务、销售等部门)按照IE要求进行合理的配置，组成更富有生产力的集成系统。它是IE实现系统整体优化、提高整体效益的关键环节。因此，它涉及系统工程、运筹学、工业研究、成组技术、人因工程、工程经济学、计算机模拟等许多专业知识的综合应用，以解决系统优化设计的问题。

应用实例 9-9 工业工程师扮演怎样的角色？在工厂中，每位专业工程师专司其职。那么谁来与不同的专业工程师沟通呢？谁来考虑整个工厂的最佳运行(Optimization)？显然，解决这些问题的最适当人选就是工业工程师。更详细地说，工业工程师在这里要做的事包括设施规划和改善、产能计划与分析、物料管理、品质分析与管制、工厂布置、工业安全作业、工作评价与奖惩制度的设立、事务流程的改善、系统或制度的设计等。

3. 物流分析

物流分析主要涉及生产工艺流程分析和物料搬运方法。具体涉及物料的最佳流程设定、搬运动作的设计、堆码积载的计算与分析、生产流程安全分析与管制等。

应用实例 9-10 IE在快递行业中的应用。经过30年的发展，IE技术可以说已经渗透到物流运作的方方面面，从宏观的物流模型设计到微观的人员动作规范，如前面提到的吉尔布雷斯夫妇，曾将动作研究应用到物料搬运和配送中。可见现代物流中的许多领域都体现出IE思想的深刻影响。这其中最为典型的就是以美国联邦快递(FedEx)和UPS(United Parcel Service，起源于1907年美国西雅图成立的一家信差公司)为代表的快递行业。快递为物流行业的高端客户群服务，时效要求极高，因此，利用IE技术合理规划线路、运载工具、人员、时间、信息等各种资源，以达到快速、准确地递送货件的目的，就成了快件业者最基本也是最重要的工作之一。

美国联邦快递采用的是“集中—分发”形式，即各地取到的快件集中到一个转运中心，并根据目的地统一分拣，然后再分发到各地进行派送。这其中需要进行工程规划的作业包括：客服员工数的规划和排班；取、派件区域的划分；动态车辆路线设定；派送站的分拣系统设计和人员安排；车辆装卸作业规划；货件信息录入与传递；清关作业的流程设定和时间安排(适用于国际快递)；航班装卸作业规划，航班计划；转运中心分拣系统设计和人员安排；等等。为了完成这些工程规划，需要应用到的IE技术包括时间研究、动作研究、流程分析、线性规划、动态规划、排队论、系统分析与设定、信息系统、控制理论等，涵盖了工业工程从经典到最新的所有理论、技术和实践。从这个意义上来说，快递业是IE技术应用之集大成者。

4. 计划与控制

计划与控制主要研究生产过程和资源的组织、计划、调度和控制，是保证整个生产系统有效运行的核心，包括生产过程的时间和空间组织、生产和作业计划、生产线平衡、库存控制等，通过分析研究生产作业和库存控制的理想方案，并对人、财、物、信息进行合理的组织调度，加快物流、信息流和资金周转率，从而达到高效率和高效益的统一。

应用实例 9-11 甘特(Henry L. Gantt)也是 IE 先驱者之一，他的重大贡献是发明了著名的甘特图(Gantt Chart)。这是一种预先计划和安排作业活动、检查进度以及更新计划的系统图表方法，为工作计划、进度控制的检查提供十分实用的方法和工具。直到今天甘特图仍然被广泛地运用于生产计划与控制这一 IE 的主要领域中。

5. 工程经济

工程经济是 IE 必须应用的经济知识，即投资效益分析与评价的原理和方法。其任务是通过对整个系统的经济性研究、多种技术方案的成本与利润计算、投资风险分析、评价与比较等，为选择技术先进、效益最高或费用最低的方案提供依据。

工程经济涉及的内容主要包括工程经济原理、资金的时间价值分析、工程项目的可行性研究、技术改造与设备更新的经济分析以及常用的年费用法、现值法、投资收益法(ROI)、内部收益率(IRR) 和回收期法等分析方法。

6. 质量管理

质量管理是指管理和控制组织的与质量有关的相互协调的活动，通常包括：确定质量方针、目标和职责，并在质量管理体系中通过诸如质量策划、质量控制(QC)、质量保证和质量改进等，使其得以实施的全部管理职能的所有活动。

应用实例 9-12 现代质量管理强调和推行一种基于组织全员参与和全面质量管理(Total Quality Management，TQM)，是一种由顾客的需要和期望驱动的管理哲学。TQM 以质量为中心，建立在全员参与基础上的一种管理方法，其目的在于长期获得顾客满意、组织成员和社会的利益。

7. 可靠性技术

可靠性(Reliability)技术或设计是为维持系统有效运行的原理和方法，包括可靠性概念，故障诊断及分析、系统可靠性设计与管理等。

应用实例 9-13 可靠性问题的研究是在第二次世界大战期间发展起来的。因为处理电子产品不可靠问题而引起人们的重视。可靠性设计用在机械方面的研究始于 20 世纪 60 年代，首先应用于军事和航天等工业部门，随后逐渐扩展到民用工业。

8. 人因工程

人因工程又称工效学或人机工程学，是综合运用生理学、心理学、卫生学、人体测量学、社会学和工程技术等知识研究生产系统中人、机器和环境之间的相互作用的一门边缘科学，是 IE 重要的专业基础知识。它通过对作业中人体机能能量消耗、疲劳测定、环境与效率的关系等研究，在系统设计中，科学地进行工作岗位设计、设施与工具设计、工作场地布置、确定合理的操作方法等，为作业人员创造安全、健康、舒适、可靠的作业环境，从而提高工作效率和效果。

应用实例 9-14 人因工程在日常生活中的应用。以前楼道里照明灯的开关采用灯绳，其缺点是白炽灯坏掉需要更换时不知道电源是否切断，容易造成危险。后来采用按钮开关，可一目了然地看到开关的通断情况，避免上述危险的发生。更先进的还有声控开关，这类开关仅在有声音的情况下自动接通电源，声音消失则自动切断电源，这样不仅省去了人的操作，而且更加节约能源。

以上从 8 个方面概要介绍了 IE 的应用。它不仅包括各种 IE 技术的广泛应用，还包括 IE 技术所应用的领域。尽管 IE 的应用范围已经非常广泛，但借助计算机技术、现代信息管理技术和基于计算机辅助的现代制造技术等，IE 技术也插上了“现代”的翅膀。

9.1.6 工业工程的未来

IE 的历史表明，它的形成和发展是大规模工业发展的必然结果，是人类控制和优化大规模工业生产活动所作的成功探索，广泛研究和应用 IE 是工业化的成功之路。随着科技的新发展，工业生产的规模不断扩大、水平日益提高，社会需求不断变化，市场竞争越演越烈，客观环境要求 IE 学科应不断地发展，内容日趋革新和丰富。从目前看，IE 的发展趋势可概括为以下几点。

1. 研究对象扩大到系统整体

在泰勒时代，IE 主要研究单个作业、生产运作和改进现场管理，所以传统 IE 仍属于微观范畴。现代 IE 则发展到包括研究开发、设计、供应和销售服务在内的广义生产系统，并进而延伸到整个经营管理系统，已成为研究微观和宏观系统，追求系统整体优化和综合效益的工具。

2. 应用范围遍及生产及其他领域

近年来，IE 的应用更扩大到制造业以外，如服务行业和政府的工作流程的分析与评价、投资决策研究等。IE 作为一种科学的思维与方法，扩大到工业生产以外的领域，有着广阔的前景。

应用实例 9-15 现代企业为缩短生产周期、降低生产成本、提高产品质量、提高市场上的竞争能力，经常要根据市场情况调整产业结构和产品结构，以至于对工厂面积的使用需要重新安排，对工艺设计、平面布置、物料搬运、仓储、信息系统以及各种设备、建筑设施也要进行分析、规划与设计，这些活动都要应用 IE 理论与方法。

3. 采用计算机和信息系统(IS)为工具

IE 在现代生产环境和市场条件下，需要信息传递迅速、反馈及时。这就需要在生产系统设计中建立完善的信息网络，这是提高生产率必不可少的条件和手段。

应用实例 9-16 只有计算机系统能够高速处理数据，它是一个企业的经营、管理和决策的支持的系统，它包括应用计算机硬件和软件、操作程序、分析模型和数据库等。它是现代 IE 应用的重要基础和手段，工业工程师应该学习和掌握这门知识。

4. 重点转向集成制造(Integrated Manufacturing，IM)

随着计算科学和自动化技术(含机器人)等高新技术的迅速发展，传统的生产结构正经历着根本性的变革，出现了单元制造、计算机辅助设计与制造、柔性制造单元和系统以及整个生产过程的计算机集成制造等。在这种新环境中如何处理、协调、控制 5 个资源要素是新的发展方向。

应用实例 9-17 近年来，一些发达国家竞相推行 IE 新技术，如数控技术(NC、CNC)、成组技术(GT)、计算机辅助设计与制造(CAD/CAM)、计算机辅助工艺设计(CAPP)、柔性制造单元和系统(FMC、FMS)以及计算机集成制造(CIM)等，并获得了很大成功，从而把 IE 这门提高生产率的技术推进到一个新的水平和深度。

5. 更加强调和重视人的因素

现代 IE 对生产要素优化组合新规律的探索不断深化，其中心问题是对工人和其他生产要素之间的关系的研究。在生产系统中人始终是主角，提高生产率的问题归根到底要以人为中心来展开研究。

应用实例 9-18 研究在复杂的计算机控制的多机器环境中人的心理和生理因素，需要测定各种数据，寻求相应的“人—机”关系原理，为设计高度自动化的系统提供依据。所以，工效学的研究正在深入发展。IE 下一个主要发展领域将是生物学和生命科学的应用。

6. 支持生产经营战略决策

现代企业为了生存和发展，都很重视企业的长远发展战略，因而企业生产经营战略研究成为引人注目的课题。企业在决策中要对外部环境和市场变化的动态情况进行预测分析，同时又要对内部的实际状况和已有成绩进行实事求是的评价，在此基础上才能做出正确决策、把握战略时机。因此，IE 中关于生产经营战略的理论与方法也在不断发展。

7. 吸收相关学科最新成果以保证现代化水平

IE 要密切结合实际，不断地解决现代生产中复杂问题，就必须融入各种现代科学技术理论和方法，如机电一体化技术、人工智能技术等，从而使 IE 不断充实、完善，日趋现代化。

应用实例 9-19 在生产上，除集成制造外，现代 IE 研究的另一个重点是同步工程(Simultaneous Engineering)或并行工程(Concurrent Engineering)。它是一种新管理模式，以用户需求为目标，使研发、制造、销售等阶段协调配合，缩短研制时间、提高效率、降低成本。

应用实例 9-20 有人形象地说，工业工程师如同工业界的一位全科医生，他可帮助工厂界定问题，然后协调各部门的专家去解决问题，使整个工厂正常运转。还有人认为，工业工程师是操作者的安全保姆，使工人免受工伤及工作量过载。由于工业工程师要接受管理、工程、统计、概率和可靠度等知识的训练，因此他是工厂的计划者和协调者，他可成为品质管制人员和较佳途径的寻求者。因为工业工程师常常在想“这是最好的方法吗？”。

IE 的未来以现代技术支持为主要特征。因此，掌握和应用先进技术是工业工程师在现代生产条件下获得市场竞争优势的重要途径。从以上的分析，还可以认为 IE 是现代制造业的物流系统。

9.2 系统仿真技术

仿真又称模拟，是指按照客观实际，把要研究的问题或对象构造成模型，然后在模型上进行实验或试验，以观察一项设计或计划方案在接近于实际条件下，其工作或运行情况是否合乎主观要求，或是同时分析比较几个设计或计划方案，以确定其中哪一个方案具有更好的技术性能或经济效果，从而选择其中一个较好的设计或计划方案。

9.2.1 仿真技术简介

仿真技术是 20 世纪 80 年代末伴随计算机技术而发展起来的，最初主要应用于航空航天、原子反应堆等价格昂贵、周期长、危险性大、实际系统试验难以实现的少数领域，后来逐步发展到电力、石油、化工、冶金、机械等一些主要工业部门，再扩大到连接工商的物流系统以及今天的社会系统、经济系统、交通运输系统等一些非工程系统领域，特别是在高技术产业中，成为不可缺少的分析、研究、设计、评价、决策和训练的重要手段，其应用范围还在不断扩大。

以前人们采用计算机高级语言，如 Fortran、C 语言等对系统进行仿真。用这种方式编写仿真程序，不仅要详尽描述各类基本时间的处理情况，还要规定各类事件的处理次序；同时，为了统计必要的数据，在程序适当位置上要安插各种统计所需语句；最后还需要规定各种统计数据的打印格式。这样，即便是一个简单的系统，程序也很长，难以调试。一般来说，用这种方式编写出来的系统仿真程序只适用于一个具体问题，只要仿真对象稍有改变，仿真程序就要重新编制。

随着计算机仿真技术的发展，人们开始将仿真程序中常用的程序段落编成子程序或过程，用于系统仿真的各种不同问题中。也有人将某一大类仿真问题，编写为一个通用的主程序，用户只需要将必要的参数填进去，经执行就能够得到所需要的结果。除了通用语言的基础和提供模型的基本结构外，还有辅助运算、事件调度、数据收集、误差校验以及统计输出等功能。

计算机仿真语言与常用的面向过程的计算机程序语言(如 Fortran、Basic 等)不同，仿真语言是一种具有适应系统仿真需要特点的、以问题为基础的计算机程序语言。正确选择和使用仿真语言，有助于分析真实的系统、构建系统仿真模型、简化编制、方便调试与执行仿真程序，从而提高系统仿真的质量和效率。

从 20 世纪 60 年代开始，人们为了不同的目的，已研制出几十种计算机仿真语言。尽管各种语言在结构、逻辑关系、理解及使用的难易程度以及灵活性等方面有所不同，一般来说，仿真语言应具有下述系统仿真需要的功能。

1. 数据结构及内存管理

仿真语言应能提供一定的数据结构和程序以描述仿真模型，描述系统模型的静态结构和动态结构。

2. 仿真时间管理

仿真时间一般是仿真模型的主要自变量，因此，仿真程序语言应具有仿真时钟子程序，它自动储存、排列以及按时间顺序选取仿真事件，从而将仿真时间向前推进。

3. 随机分布抽样

由于在系统仿真中，通常要涉及随机因素，因而要求仿真语言具有随机数生成函数和随机变量生成函数，以产生仿真所需要的随机数和各种分布的随机变量。

4. 计算能力

仿真程序语言必须具有代数的运算能力，对某些可以进行连续系统仿真的仿真语言，还需要具备积分运算的能力。

5. 数据收集分析和显示

一个仿真系统是通过观察与分析统计数据来研究系统、评价系统仿真的综合成果的。这就要求仿真程序语言具有数据收集、数据分析和数据显示的能力。

6. 调整程序和监测系统动态

为适应调整计算机仿真程序的需要，仿真程序语言应有检错、报错和诊断能力。

应用实例 9-21 约束理论(Theory of Constraints, TOC)是以色列物理学家、企业管理顾问戈德拉特博士(Dr.Eliyahu M.Goldratt)在他开创的优化生产技术(Optimized Production Technology，OPT)的基础上发展起来的管理哲理。TOC 的基本理念是：限制系统实现企业目标的因素并不是系统的全部资源，而仅仅是其中某些被称之为“瓶颈”的个别资源。TOC 认为，系统中的每一件事都不是孤立存在的，一个组织的行为由于自身或外界的作用而发生变化，尽管有许多相互关联的原因，但总存在一个最关键的因素。找出制约系统的关键因素加以解决，将起到事半功倍的作用。TOC 的目的是想找出各种条件下，生产的内在规律和消除制约因素的一些规范化方法，或寻求一种分析经营生产问题的科学逻辑思维方式和解决问题的有效方法，以支持连续改进(Continuous Improvement)。

约束理论是一种帮助找出瓶颈，即找出妨碍实现系统目标的约束条件，并转化或消除这些瓶颈，使系统发挥最大效能的管理哲理，是事半功倍的管理艺术。它给系统仿真很好的启示。

仿真技术不仅可以提供用于决策的定量信息，还可以帮助决策者提高对系统工作原理的理解水平。仿真技术为设计复杂系统的设计者提供技术性和经济性的最佳结合点，并提供最直观有效的分析方法。目前，仿真技术已经成为管理科学与运筹学领域应用最广泛的技术手段之一，并且使得综合性仿真系统成为复杂系统。

9.2.2 物流系统仿真

在物流系统或物流领域中，系统仿真技术为解决复杂的物流系统问题提供了有效的手段；是决策者用于物流系统设计和系统操作最有力的工具之一，并已广泛地应用于各类复杂物流系统的规划设计、系统优化、方案比较、流程运作控制等领域。下面简要介绍生产物流系统仿真和一些物流仿真软件。

1. 生产物流系统仿真简介

生产物流系统是一个复杂的综合性系统，生产物流系统仿真就是运用计算机仿真方法研究和解决生产及其物流过程中存在的各种决策问题，例如，生产物流系统重构、车间物流改造、确定瓶颈资源、库存管理仿真等。

生产物流系统仿真的目标是要解决生产物流系统中所需设备和工作人员的数量、操作流程评估和生产物流系统的绩效评估这 3 类问题。具体子目标见表 9-2。

表 9-2 生产物流系统仿真的目标

总系统	设备和员工数量	操作流程评估	绩效评估
子系统	设备种类、数量及布局	生产调度策略评估	生产效率分析
	搬运设备及附件需求量	流程耗时策略评估	系统耗时分析
	缓存区的位置及其规模	库存水平决策评估	瓶颈问题分析
	生产规模以及结构布局	操作控制策略评估	投入替代分析
	新设备在生产线的分布	流程的可靠性分析	劳动效率评估
	劳动力需求规划与配置	质量控制策略评估	资本投资评估

应用实例 9-22 在生产物流系统中，对系统耗时的绩效评价可以进一步细化，其中包括：系统逗留时间；零部件排队时间；零部件等待运输时间；零部件运送时间；准时送达率，如延期订单比例；设备利用率，如繁忙时间所占比例；机器故障时间、等待时间(即等待上游工作时间)、阻塞时间所占比例。其中，阻塞时间包括等待运送加工完零件的时间及维修维护时间等。

生产物流系统仿真的作用是使管理人员或工程师可以清楚地了解一个参量的改变对系统的影响。在实际中，若某一特定工作点的某一参量发生变化，它对该工作点绩效的影响是可以预测的，但它对整个系统的影响很难甚至不可能预测，所以要通过系统仿真来预测。

应用实例 9-23 假设一个只有一台机器的工作点，它的加工时间大于下一个零件的到达时间，则增加一台机器可以缓解其生产率不足的状况。但是，这样会同时提高这个工作点的出产率，也就是缩短向下一个工作点送达零件的时间，则可能带来新的生产率不足问题。所以要利用系统仿真，对流水线反复协调，使整个系统中各环节空耗时间最小。

此外，生产物流系统仿真还有其他潜在作用，其中包括以下几点。

(1) 提高加工效率(单位时间内生产的零部件数量)。

(2) 缩短生产周期。

(3) 降低在制品库存。

(4) 提高机器利用率和劳动效率。

(5) 提高准时送达率(产品到顾客的及时配送)。

(6) 降低资本需求量(土地、建筑物、设备等)或操作费用。

(7) 能够保证所设计的系统在实际运用中达到预期效果。

(8) 建立仿真模型时采集的信息可加强对系统的认识。

(9) 促使系统设计者提前考虑某些重要的问题(如系统控制逻辑等)。

2. 生产物流系统仿真类型

生产物流系统仿真能够解决的问题，主要有生产物流系统重构、车间物流改造、确定瓶颈资源、库存管理仿真等。下面简要介绍这几种类型的仿真。

(1) 生产物流系统重构。要实现生产物流系统的重构，主要是寻求对物流资源进行科学控制和调度方法。可以考虑将物流控制系统独立起来并将计划调度作用于控制系统，即在计划调度层就给予保证，并利用仿真技术验证调度方案。基于这一指导思想，有关学者提出了一种基于时间的任务队列方法，建立面向可重构生产系统的物流仿真平台，在物流资源重构和调度策略重构的基础上，实时分析各种物流方案的性能，为生产物流重构提供有效的解决途径。

应用实例 9-24 长期积累的统计资料表明，大多数产品的生产过程，95%的时间都用于储运、装卸等流转过程中。当市场需求越来越呈不确定性时，引发了制造业的一个新课题——“如何适应？”，解决途径已经找到，即重构生产物流系统，“海尔流程再造”就是生产物流系统的重构，它是企业生产系统重构的关键。

(2) 车间物流改造仿真。除了流体产品制造型企业外，一般的制造企业，其车间物流的仿真都可归类于离散事件的仿真。目前流行的做法是采用面向对象的方法对车间物流进行系统建模，并利用仿真软件完成从系统模型到仿真模型的构建，通过运行仿真模型观察仿真后得到的数据图表、仿真画面及效果，直观地发现车间物流系统中存在的问题，然后分析问题的原因，进而对车间物流系统进行改造。

应用实例 9-25 Em-plant 是用 C++语言实现的关于生产、物流和工程的仿真软件。它采用进程交互法，是面向对象的、图形化的、三维可视化的集成建模系统和仿真工具。借助 Petri 网，其仿真软件还可远程应用。它能模拟生产线并进行优化，并使其适应各种批量和混合产品的生产。

(3) 确定生产系统瓶颈。目前确定系统瓶颈的具体方法主要有：利用线性规划理论(依据定额数据计算，只适用于简单的生产物流系统，不适合按订单生产的方式)；依据产品生产类型(缺点是事后控制，在实际中常发生在制品大量堆积或物流延迟的情况)；根据 TOC(基于统计数据或定额标准，虽然能在按订单生产的模式下，准确且尽早地发现系统瓶颈，能大大地缩短生产周期，并在时间上更好地满足订单的要求，但不能很好地考虑随机变量的影响)建立模型来确定。很显然，以上 3 种方法都有各自的缺陷。使用仿真技术能很好地克服以上 3 种方法的缺陷。通过建模、仿真能充分考虑和体现生产系统的复杂性和随机性，可以在生产之前较为准确地确定瓶颈工序，从而指导生产。

应用实例 9-26 有关学者提出了一种利用 Q-GERT(带有排队功能的图示评审技术)仿真技术来确定单一产品模式和多产品模式下系统瓶颈的方法。这种方法既能真实体现实际情况，也能准确确定系统瓶颈，使企业生产在满足“订单”的同时，大大节省了人力和物力。

(4) 库存管理系统仿真。传统的库存管理往往是依靠预测来安排生产。由于预测与实际存在差距，往往造成不同程度的损失，如库存不足或过剩、仓库空间紧缺、设备超负荷工作等。使用仿真技术可以确定企业何时需要再订货，订货量；仓库的选址、布局和容量大小；各种运输、装卸设备的数量及分配规则；货物配送方案等。具体应用时，可以先建立企业库存系统的模型，在此基础上对各种库存管理策略进行仿真，再对仿真结果进行分析评价，从而确定最优策略。实践证明，计算机仿真技术的应用有助于将企业的库存管理水平提升到一个新的高度。

应用实例 9-27 使用仿真技术不仅可以动态地模拟入库、出库、库存以及各种设施、资源的使用情况，避免资金、人力和时间的浪费，最重要的是，它可以为库存管理提供有效的科学依据，使企业根据需要正确地掌握入库、出库的时机和数量，合理规划和安排仓库及各类设施、资源，实现库存成本的最小化，同时也是对 MRP Ⅱ 和 JIT 在观念和方法上的发展。

3. 物流系统仿真软件简介

目前，在实际中应用的物流系统仿真软件主要有 Vensim、AutoMod、Arena、Witness、Flexsim、AnyLogic、eM-Plant 等。下面简要介绍其中的一些软件。

应用实例 9-28 Vensim 软件由美国 Ventana Systems Inc 开发，是一种可概念化、文件化、仿真、分析与最佳化动态系统模型的图形接口软件。Vensim 可提供一种简易而具有弹性的方式，以建立包括因果循环(Casual Loop)、存货(Stock)与流程图等相关模型。使用 Vensim 建立动态模型，只要用图形化的各式箭头记号连接各式变量记号，并将各变量之间的关系以适当方式写入模型，各变量之间的因果关系便随之记录完成，而各变量、参数之间数量关系以方程式形式写入模型。通过建立模型的过程，可以了解变量间的因果关系与回路，并可通过程序中的特殊功能了解各变量的输入与输出间的关系，便于使用者了解模型架构，也便于模型建立者修改模型的内容。

应用实例 9-29 AutoMod 仿真软件是 Auto Simulation 公司开发的三维物流仿真软件。该软件能够对生产过程物流系统、自动化物流系统、配送物流系统等进行仿真运行，提供系统运行的基本数据；还能提供三维图形化界面，并对仿真结果进行自动分析。AutoMod 作为商用软件包被广泛应用于物流制造和物流分拨中。如美国邮政服务系统(USPS)就使用该系统。

应用实例 9-30 Arena 是美国 System Modeling 公司于 1993 年研发的可视化交互集成仿真环境，很好地解决了计算机仿真与可视化技术的有机集成，具有建模、调试分析功能强大、支持二次开发、界面友好、对系统要求低等几个突出的特点，已在供应链仿真方面有许多成功案例。

应用实例 9-31 Witness 软件是英国在 20 世纪 80 年代末开发的一个关于生产、运输、规划等的仿真软件。该软件将计算机图形学和系统仿真环境集成在一起，推出面向对象的仿真和基于知识的仿真，它可以显示生产系统仿真的全过程，让使用者清楚地了解生产过程中的问题，并通过及时调整仿真模型的参数，实现系统的优化。Witness 每套 4 万～5 万美元，是当前欧美最流行的仿真系统之一。

本节概要介绍了系统仿真的相关知识。系统仿真提供的是一种可动态化的、分析系统的工具。它以计算机及其相关的计算机语言为基础，以系统分析提供的逻辑关系对一个真实的、动态的、复杂的系统进行模拟，并从中获得更优的流程或更优的结果。

9.3 生产控制系统

随着全球化市场的形成，企业的竞争焦点集中在如何才能更好地满足多样化的客户需求上。于是各种面向未来的、信息含量更高、知识与技术密集程度更高的生产控制系统不断涌现。其中具有代表意义的生产控制系统有物料需求计划(MRP)、制造资源计划(MRP Ⅱ)、企业资源计划(ERP)、计算机集成制造系统(CIMS)等。

9.3.1 物料需求计划

20 世纪 20 年代以来，在生产计划和库存管理方面一直流行的是订货点法(在规定的时间，按计划订货)。订货点法在早期的大量型生产中行之有效，但不能按照各种物料真正需要的时间来确定订货日期，更无法预测未来需求的变化，所以不得不依靠比较大的安全库存来适应市场的变化。

当企业为了适应越来越多元化的市场需求，由大量生产型转入多品种小批量的生产时，订货点法以及许多传统的生产管理方法已经无法适应。于是，生产管理者开始探索怎样才能在多品种小批量的生产中，按照规定的时刻、规定的地点，获得规定的数量。

1975 年美国的约瑟夫·奥里奇提出了物料需求计划(Material Requirements Planning,

MRP)的思想，其核心是围绕物料转化组织制造资源，实现按需要准时生产。MRP 的内涵可概括为：一种适用于多品种、多级制造装配系统的，可根据订单实现准时生产，并减少库存的管理技术。

MRP 通过对企业的制造资源进行科学、周密的计划和严格的控制，保证其得到最充分、有效的利用，达到企业生产经营的最佳效益。MRP 不直接反映市场的供求关系，表现为伴随产品生产的相关需求关系。下面简要介绍 MRP 的基本原理和工作流程。

1. MRP 的基本原理

MRP 的基本原理和运作机制可以概括为：由客户订单(反映最终产品的需求)导出主生产计划、零部件、原材料等相关的需求量、需求时间以及订货时间；并以此为基础导出，对各种制造资源的需要数量和需要时间。MRP 反映了按需定产的思想理念，体现了为客户服务的宗旨。

传统的管理强调以设备为中心来组织生产运作，反映了以产定销的思想理念。MRP 以物料为中心来组织生产运作，要求企业所有的活动必须以客户的需求为标准，要以客户需求(产品)的物料转化来组织一切制造资源。因此，MRP 与客户需求紧密联系，可以有效地避免计划和生产运作的盲目性，实现准时生产。

2. MRP 的工作流程

MRP 的工作流程是：在企业经营计划和生产运作计划的基础上，首先根据客户订单或需求预测生成主生产计划，明确特定时间内的产品生产数量；其次根据物料清单和库存状况文件，应用 MRP 软件自动处理，显示有关零部件、原材料等的需求量、需求时间、采购日程和生产流程等；最后确认和打印有关报告，并据此下达计划任务。具体工作流程如图 9.1 所示。

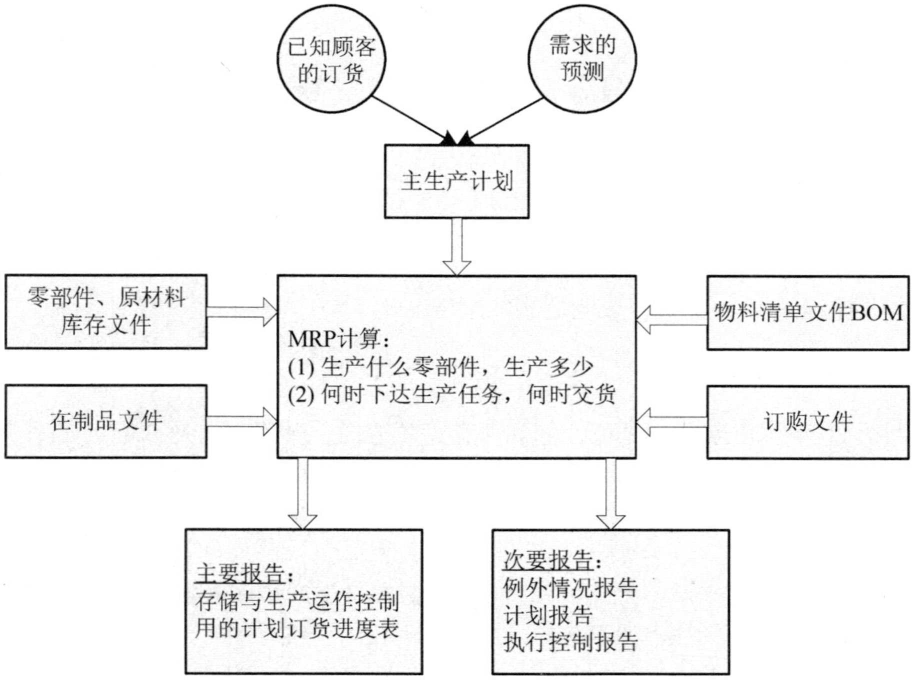

图 9.1 MRP 的工作流程图

应用实例 9-32 MRP 的思想是通过计算机软件系统实现的，作为一种计算工具，可以计算出何时订购生产物料、订购多少、何时交货的答案，可以从最终产品的需求计划计算出整个生产流程的相关需求，并且广泛适用于多品种、中小批量的加工装配式生产运作企业。

需要说明的是：MRP 对生产复杂、昂贵、多变的产品和生产运作提前期难以确定的企业，往往不能获得满意的结果。另外，MRP 实质上是一种计算过程，只是编制生产运作作业计划的手段，并不是计划本身，也不涉及答案能否实现方面的问题。

9.3.2 制造资源计划

制造资源计划(Manufacturing Resource Planning，MRPⅡ)是从物料需求计划(MRP)并经闭环 MRP 阶段的扩展而发展起来的。换句话说，MRPⅡ是经历了 MRP 阶段和闭环 MRP 阶段后发展起来的。因为制造所需要的资源，远不止“物料”资源这一类。

1. 闭环 MRP

闭环 MRP 的本质仍然属于物料需求计划。在现实中，仅仅给出相关需求的计算结果还远远不够，还必须分析计算出计划的可行性，把计划编制与实施的科学性问题考虑进去。所以，需要对原有的 MRP 进行改造。引入系统协调、控制和反馈并形成封闭循环，是“闭环”的核心。

具体的分析：闭环 MRP 在 MRP 的基础上，引入了资源保证计划，建立了平衡物料需求与生产运作的协调机制，增加了信息反馈与系统控制的功能。此时，MRP 升级为一种科学的生产作业计划管理系统。闭环 MRP 工作流程如图 9.2 所示。

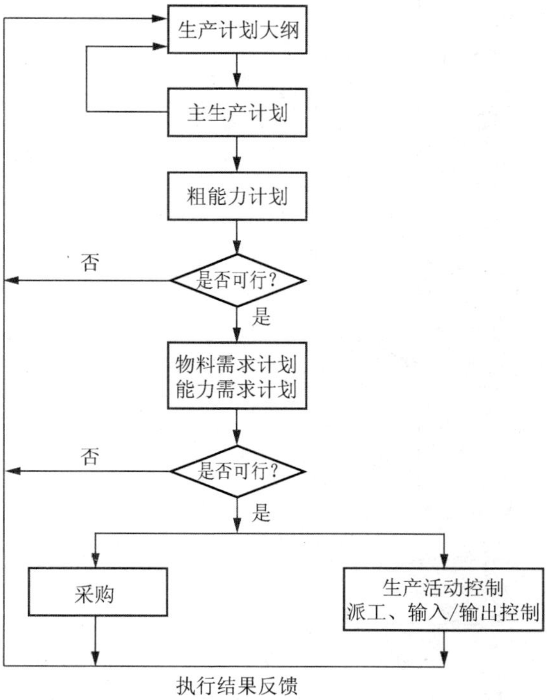

图 9.2 闭环 MRP 的工作流程图

应用实例 9-33 闭环 MRP 相对于 MRP 取得两个方面的升级：一是不再单纯地考虑物料需求计划，还将与之有关的生产能力需求、车间作业计划和采购影响因素等考虑进来，使整个问题形成闭环；二是从制订、实施计划，到反馈信息、修改计划与实行控制，又形成闭环。

由于闭环 MRP 具有“计划—执行—反馈”结构，已经具备了对生产作业计划以及实施过程的控制与协调。这种功能的产生，是处于闭环 MRP 向 MRPⅡ过渡的状态。

2. 制造资源计划(MRPⅡ)

在成功地实施了闭环 MRP 后，人们开始思考：既然库存记录足够精确，为什么不可以根据它来计算费用？既然 MRP 得到的是真正需要制造和采购的零部件及原材料，为什么不根据它来作采购方面的预算呢？既然生产计划已被分解为确定要实现的零部件的投入产出计划，为什么不可以把它转化为货币单位，使经营计划与生产计划保持一致呢？

为了保证计划的成功，提高计划对企业战略与目标的支持程度，需要跳出生产作业计划和生产运作系统的范围，用企业整体的观点指导和处理生产作业计划的编制、实施和控制问题。这就要求对 MRP 进一步扩展，把物料需求与企业其他资源(如人力、资金)的平衡、生产运作计划与企业战略和经营计划的协调、生产运作过程与财务分析及控制的结合等有关内容包括进来，而且企业其他部门要根据 MRP 提供的信息编制和协调各自的计划。这种新的 MRP 促成了企业内部制造资源的整合，统一了企业的生产经营活动。因此被称为制造资源计划，简称 MRPⅡ。

应用实例 9-34 把生产活动与财务活动联系在一起，是从闭环 MRP 向 MRPⅡ迈出的关键一步。在闭环 MRP 的基础上，围绕物料需求计划的分析思想，企业对财务管理、采购管理、库存管理、设备管理等方面提出了全面规划、整体安排的要求，将它们与原来的物料需求计划、能力需求计划相连接，构成了 MRPⅡ的总体结构，具体工作流程如图 9.3 所示。

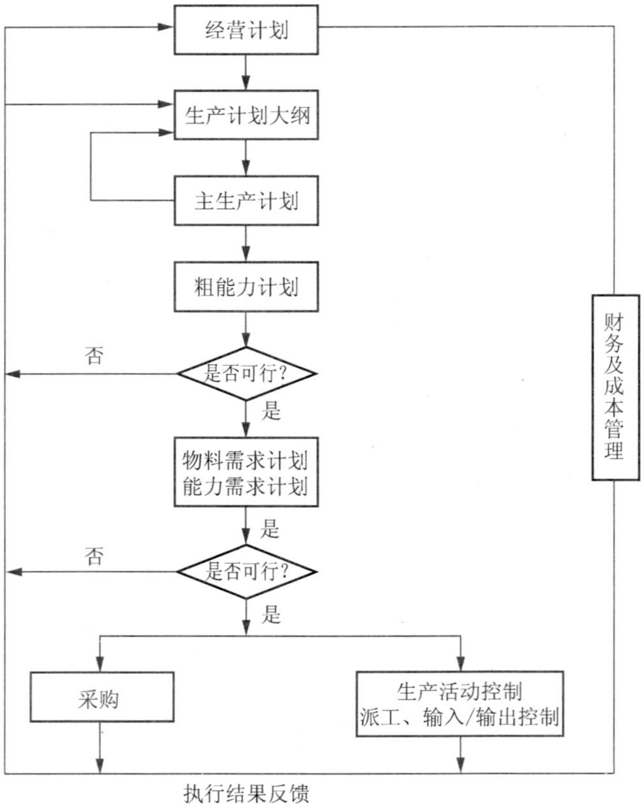

图 9.3 MRPⅡ的工作流程图

应用实例 9-35 MRPⅡ系统能够提出一个完整而详尽的计划，使企业内部各部分的活动协调一致，形成一个整体，各部门共享数据，消除了重复工作和不一致性，密切了各部门之间的关系，提高了企业生产经营的管理水平和效率，由原来对产品的管理进入到以零件为对象的管理，实现了对企业制造资源的准确计算，避免了库存的盲目性，做到了准时生产，取得显著的经济效果。

MRPⅡ是企业管理史上的一个里程碑，是管理思想与信息技术相结合的产物，也预示着信息技术将在管理中发挥越来越大的作用。

9.3.3 企业资源计划

到20世纪80年代末，随着国际化经营的不断发展，一些跨国企业感到MRPⅡ软件所包罗的功能已经不能满足企业在全球范围内经营管理的需要。因此需要MRPⅡ不断吸收最新的管理成果，不断扩展所适用的范围。企业资源计划(Enterprise Resources Planning，ERP)就是在这个背景下产生的，它整合了企业外部的各种资源。

20世纪90年代以来，管理技术的发展有两个相当活跃的方向：一是敏捷制造(Agile Manufacture，AM)、柔性制造(Flexible Manufacturing，FM)和精益生产(Lean Production，LP)；二是供应链管理(Supply Chain Management, SCM)。ERP就是按照全球市场化(多、快、变、准)的导向，迅速响应敏捷制造和精益生产的目标，对MRPⅡ改造的产物。

应用实例 9-36 如果说MRPⅡ解决的是企业内部的物流问题，ERP则针对的是供应链管理的所有主导功能。它突破了企业内部范围的限制，集成的是不同企业的MRPⅡ。与此同时，ERP对企业内部的各项业务与关系按照能与各种外部资源高效衔接的原则实施流程再造，并采用更灵活的组织与管理方式，这对柔性制造(FM)提供了更强有力的支持。

应用实例 9-37 ERP极大地扩展了管理信息集成的范围。除原有的MRPⅡ外，还集成了企业的其他管理系统，包括市场信息、电子通信、金融投资、项目、仓库、运输、质量、法规、标准、实验室、设备维修等管理以及过程控制接口、数据采集接口等管理，成为一种覆盖整个企业生产经营活动的管理信息系统。

ERP系统使企业能够全面掌握企业内外部环境的信息，当企业在竞争激烈的市场环境下，有效地支持其面对复杂多变的情况及时应变，提高了企业的经营成功率，因而受到大企业和“敏感”企业的重视，也成为当前管理信息系统开发的热点。

9.3.4 计算机集成制造系统

世界市场的形成和发展使得国际竞争越来越激烈，使企业的生存环境越来越严酷。企业利用各种先进的科技手段，追求在中、小批量的柔性生产中取得大规模生产的效率和效益。

应用实例 9-38 在上述目标的驱动之下，各种柔性加工设备出现了，如工业机器人；各种计算机辅助工具出现了，如计算机辅助设计(Computer Auxiliary Design，CAD)、计算机辅助制造(Computer Auxiliary Manufacturing，CAM)等；各种排产、规划、管理软件出现了，如MRP、闭环MRP、MRPⅡ等。

当一个企业的各部门应用了上述系统后，虽然改善了各自的工作条件，但形成了数个自动化孤岛，从全局看很难利用形成的信息达到整体更优。于是美国的约瑟夫·哈倾(Josepr Harrington)博士，在1974年针对企业面临的问题，提出了组织企业生产的一种哲理：计算机集成制造系统(Computer Integrated Manufacturing System，CIMS)。它包括以下两个基本观点。①企业生产的各个环节，即从市场分析、产品设计、加工制造、经营管理到售后服务的全部生产活动是一个不可分割的整体，要紧密连接，统一考虑；②整个生产过程实质上是一个数据的采集、传递和加工处理的过程，最终形成的产品可以看做是数据的物质表现。

所谓 CIMS，是通过计算机硬软件，并综合运用现代管理、制造、信息、自动化、系统工程等技术，将企业生产全部过程中有关的人、技术、经营 3 要素与物流、信息流等有机集成并优化运行的复杂大系统。下面就简要分析 CIMS 的 3 要素、功能结构和集成过程。

1. CIMS 的 3 个要素

一般来说，企业的集成度越高，共享信息越充分，越能做出高质量的经营决策，并增加在竞争中获胜的概率。只有集成，才能使“正确的信息在正确的时刻以正确的方法传到正确的地方”。CIMS 就强调人(或机构)、经营和技术三者的集成，如图 9.4 所示。

人(或机构)、经营和技术这 3 个要素互相作用、互相支持，使制造企业达到优化。根据这 3 个要素相互间的关系，可以解决 4 类集成问题。

(1) 用技术支持经营活动，即利用计算机、自动化、制造及信息等技术，支持企业达到预期的经营目标，如缩短产品设计与开发周期、提高产品质量、减少库存量等。显然，经营目标是企业建立 CIMS 的目的，而技术则仅仅是一种手段，如图 9.4 所示的“1”。

(2) 用技术支持员工工作，即建立一定的技术基础或平台，为企业各岗位上的员工更好地开展工作创造条件，以实现互相配合、协调一致、互动提高，如图 9.4 所示的“2”。如通过共享的数据库信息，使产品设计人员能及时了解产品制造的可行性。

(3) 靠管理改善企业基础，即通过改进企业的组织机构、培训企业的员工，并使每个员工有了解企业经营状况的意识，并通过共享信息平台，有了解企业经营状况的可能，以支持企业开展经营活动，达到经营目标，如图 9.4 所示的“3”。

(4) 靠配置优化系统资源，即企业通过对人或机构、经营及技术三者的高效集成，使得企业的全部资源实现科学、合理、有效地配置，并演化为基于 CIMS 的统一管理，如图 9.4 所示的“4”。这也是计算机集成制造(CIM)的哲学思想。

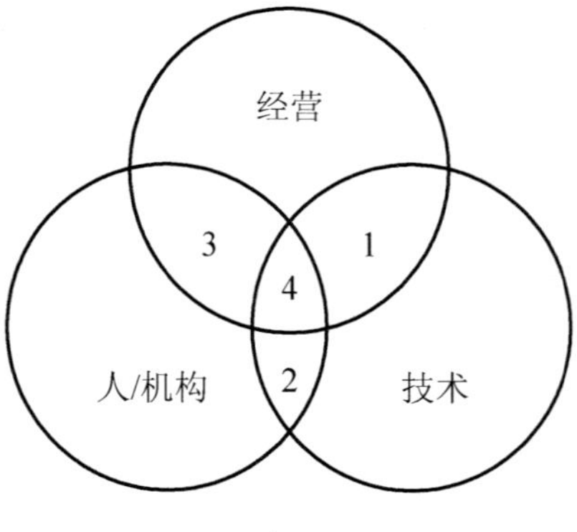

图 9.4　CIMS 的三要素

2. CIMS 的功能结构

一般来说，CIMS 由 4 个应用分系统和两个支撑分系统组成。其中，4 个应用分系统包括经营管理信息分系统、工程设计自动化分系统、制造自动化分系统和质量保证分系统，两个支撑分系统是指计算机网络分系统和数据库分系统。其功能结构模型如图 9.5 所示。

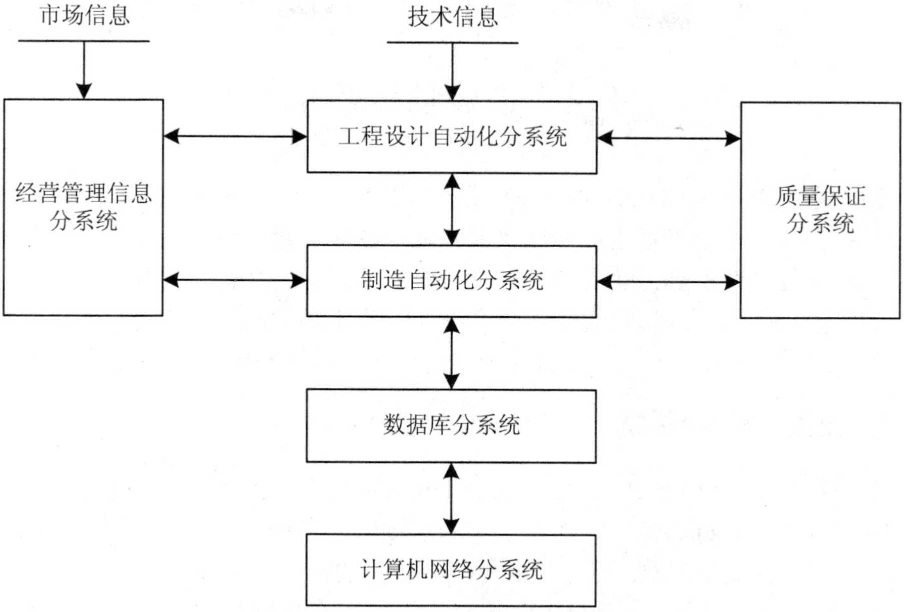

图 9.5　CIMS 的功能结构图

3. CIMS 的 3 个阶段

CIMS 的核心是“集成”，包括对企业内各方面信息、各种生产经营活动、各个生产运作环节、各种生产运作技术、企业各部门组织和人员之间的集成等。一般可按照集成过程将 CIMS 分成 3 个阶段。

(1) 物理系统集成阶段。主要是建立系统内部的网络连通、配置和管理，将各个自动化“孤岛”联系起来，并制定相应的数据交换协议，以实现数据和信息的交换。如将 CAD 与 CAM 连接，零件设计结果可直接提供给工艺设计，并编出加工程序直接下达到柔性制造单元去进行加工。

(2) 应用系统集成阶段。该阶段是指整个系统内各部分的应用软件集成以及客户信息、人和机器之间的控制信息等方面的集成。为此，必须建立一个技术上无冲突的基础结构和软件集成平台；相应地，还需要建立在全系统范围内存取所有生产经营信息所需要的公共数据库平台，并能通过系统内或系统间的通信，共享和处理各种信息资源。

(3) 人机系统集成阶段。这是 CIMS 集成的最高阶段。从技术实现上包含 3 个方面：其一，生产运作和过程仿真，为决策提供依据，如对生产运作过程进行物理过程动态调度的仿真与优化；对生产计划的安排与调整进行仿真统计分析；其二，自动化经营过程监控，如利用全企业范围内的综合数据采集和统计分析系统，使高层管理者能随时掌握采购、生产运作、销售等各个经营过程的情况；其三，基于知识的决策支持，帮助高层决策者进行科学地决策，如借助 CIMS 已建立的全企业范围内的分布式数据库系统，以及专门的模型库、知识库和方法库等。

应用实例 9-39　在 CIMS 的集成中，最重要的是人机的集成。据美国先进制造研究公司(AMRC)的统计研究都表明，在实施 CIMS 的障碍因素中，70%左右来自于人，11%左右来自成本评估准确度，只有 9%是技术原因。因此，只有人机的集成到位，才能真正掌握 CIMS 的哲理，才能建立一个开放的、自发展和自完善的 CIMS。

9.4 企业物流系统

企业物流系统(Internal Logistics System)大体可以分为生产领域和流通领域两大类。需要强调的是：在现实中很难把生产领域物流和流通领域物流截然分开，完全是相互渗透的结构。这也引出另一个话题：企业物流与物流企业的区分。从行为学的角度看，它同样是无法分清的“模糊”问题。所以更多的学者更倾向将上述的两类“集合”通归于供应链或供销链中。下面将侧重从生产领域和流通领域的位置剖析这两类企业物流系统的基本模式。

9.4.1 生产领域的物流系统

生产领域物流主要涉及供应物流(Supply Logistics)、生产物流(Production Logistics)、销售物流(Distribution Logistics)、回收物流(Returned Logistics)和弃物物流(Waste Material Logistics)等。供应物流是起点，生产物流是创造价值的核心，销售物流是传统物流的终点。但随着可持续发展理念融入物流领域后，回收物流和弃物物流就成为终点，甚至与供应物流相衔接，形成一个完整的循环体系(如图 9.6 所示)。这恰恰成为现代物流的核心组成部分。

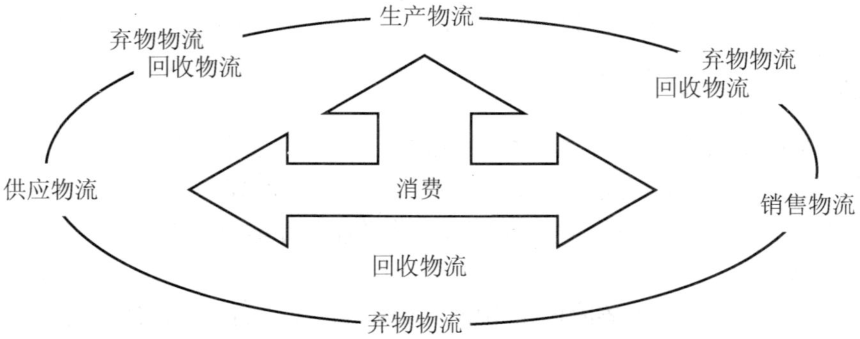

图 9.6　可循环的物流结构图

1. 供应物流系统

供应物流系统是涉及供货企业的典型物流系统，它除了有一般物流系统的基本特点外，还涉及选择供货单位、供货条件、供货信息、采购方式、协商价格、收货单位、验货标准、仓库、仓储方式、仓储经营者、运输通道、运输经营者、物资运输、装卸方式等内容。

应用实例 9-40　供应物流系统设计需要考虑供应商与生产商之间的关系。其客户购买是为了生产需要，有极强的赢利性动机。因此，侧重考虑的因素有：①供货对象、品种、数量、渠道、成本以及供货系统运行机制、供应物流经营费用等；②供货仓库规划与布局、供货信息发布方式等；③供应物流服务项目设计与实现、物流信息网及支持技术、供应链设计等。

2. 生产物流系统

生产物流系统除了具有一般物流系统的基本特征外，还具有生产企业的特征。生产物流系统主要包括厂地、设备、资金、信息、产品等要素，涉及原材料、外购件采购、生产加工、装配、成品检验、入库到销售的一个综合的物流过程，如图 9.7 所示。

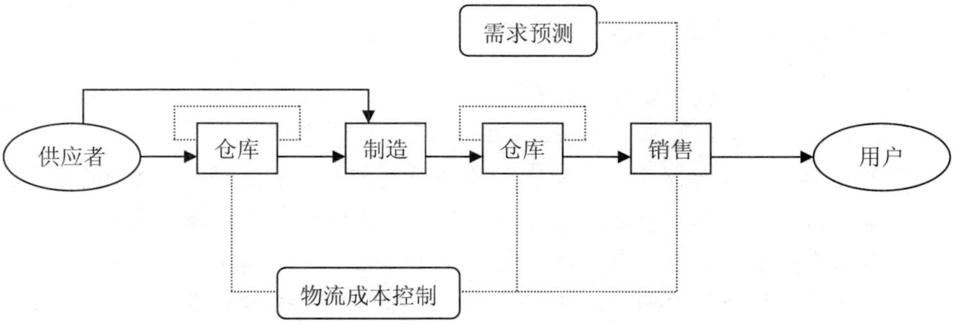

图 9.7 生产物流系统

应用实例 9-41 生产物流系统运作的主要内容有：采购流、储运流、生产流(向车间搬运物料、半成品的流转、成品的组装、分类、拣选、检验、包装等)和销售流(从成品入库一直到消费者手中)。这一完整的(物流)作业过程贯穿于生产全过程。

3. 销售物流系统

销售物流系统是一种典型的开放模式，它所面对的大部分客户是各级销售商和最终客户，即消费市场。它除了具有一般物流系统模式的基本特点外，还具有销售企业的特点。销售物流系统一般包括物流节点，如仓库、物流中心、配送中心等。

应用实例 9-42 商品的采购、装运搬卸、流通加工、储存、分拣、备货、验收和配送服务，一直到消费者手中，是销售物流的全部过程。销售物流主要依靠销售网络的结构和销售模式。如：工厂直销模式，生产与销售结合在一起，因此销售物流系统与生产物流系统结合在一起。

应用实例 9-43 销售物流系统的设计主要考虑的因素有以下几点。

(1) 商品仓库的选址、仓库规模的设计、仓库的结构与布局、固定设施的设置。

(2) 装、运、搬、卸工具的配置，分拣与传输(机械化与自动化)系统的设计。

(3) 销售物流功能的定位与开发，如货类的选择、配送方式的选择。

(4) 库存控制与配送系统、仓库服务系统、仓库管理系统与仓库保安系统的设计。

(5) 销售信息网络的构建、销售渠道的设计、客户关系的维系。

(6) 经营成本的测算、经营费用的控制、资金流的流程设计等。

(7) 各类现代化技术的应用。如商流、信息流与物流计算机化集成管理技术等。

销售物流系统的形成，还要考虑到这些因素之间的配套与协调运作等问题。销售物流系统要根据服务对象的不同，形成专门化的物流系统。

9.4.2 流通领域的物流系统

在市场的主导权由处于上游的制造商或供应商向处于市场下游的零售商或消费者不断

转移的态势下，物流服务需要更加接近市场，贴近消费者。流通领域物流作为直接面向最终客户提供的物流服务，在满足多元化的物流需求方面发挥着极其重要的作用。

在流通领域的物流系统中，最为核心的物流服务是：移动选择、储控选择、整合选择和配置选择。能够承载这些功能的主要载体是综合物流配送中心(Distribution Center)。下面就简要介绍综合物流配送中心主要的功能、类型、作用和运作环节。

1. 综合物流配送中心的主要功能

综合物流配送中心的核心功能主要有检验、分类、积载、存储、保管、控制、拣选、加工、组货、分装、配货、包装、配送、订单处理、信息处理等。

应用实例 9-44 由于配送中心所处理的商品种类繁多，而且要面对众多的客户，所以，要在短时间内，高效率、准确地完成上百种甚至更多品种的商品的拣选就变成一项复杂的工作。拣选作业又是难以完全采用机械完成的工作，还需要人工作业。为了达到高效、准确的要求，必须有一套科学的拣选方法。同时，要在信息系统的支援下，提高拣选作业效率和拣选的正确性。

应用实例 9-45 把客户需要的物品在指定的时刻，安全准确地送到正确的地点，是配送中心的核心功能。它需要以下活动的支持：①配送计划的设定，包括配送服务标准的设定和配送车辆的选定；②分拣、组配货物，即装、运、搬、卸货物；③配送费用、效率和绩效的评价。

2. 综合物流配送中心的主要类型

综合物流配送中心是物流网络中从事综合物流配送活动的节点或枢纽，在接受生产商、批发商、甚至是零售商的各种各类货物后，再按照多家需求者的具体订货要求，迅速、准确、高效率地将货物重新组合配置，并配送到需求目的地的物流组织和场所。配送中心按照经营主体、服务对象和功能作用的不同可划分为多种类型。

应用实例 9-46 生产商主导型的配送中心。对于实力雄厚的大型生产商来说，设立配送中心，可实现“供—产—销”的一体化经营，并以此增强市场竞争能力。这种配送中心以“供—产—销”一体化为核心与特色，有利于减少中间环节，产品的流程时间比较短，加快了资金周转并获得较高收益。通常，家电、汽车、化妆品、食品等生产商多采取这种形式。

应用实例 9-47 批发商主导型的配送中心。这类配送中心以商贸批发企业为主体建立的配送中心，强调充分利用公共资源和社会资源。大规模配送是这类配送中心的主要特色。通过规模化的货物配置、系统化的载体整合，使得大量多余的、无效的流程被删减掉。批量频、品种多、数量少的小商品大多通过这类配送中心完成流转。

应用实例 9-48 零售商主导型的配送中心。这类配送中心主要由连锁零售商和大型零售业主导。为了减少流通环节，降低物流成本，零售商把不同供货商的货物送到配送中心集中检验、分拣、加工、包装等，然后向所属的连锁店进行计划配送。这种模式的核心是，流程的最关键环节是“完全可控”的，它大大提高了流程的安全系数。

应用实例 9-49 第三方主导型的配送中心。这种配送中心由“第三方”物流企业建设的面向客户提供配送服务，核心是“第三方”物流企业不参与或不直接参与商品的经营，只与客户签订长期物流服务合同，提供储运设施，代理企业开展配送业务，提供物流信息系统、帮助客户设计配送方案等是这类配送中心的主要工作内容。还有一种情况是配送中心的硬件设施属于客户或物流设施提供商的，而配送中心的运营由物流企业负责，信息系统等软件由物流企业提供。

应用实例 9-50 共同主导型的配送中心。共同主导型的配送是指由两个或两个以上的企业相互协作共同开展配送活动的一种形式。其特色是各自的资源优势互补，核心是提高物流活动的效率。共同主导型的配送中心一般由规模比较小的批发商或专业物流企业共同设立。

以上 5 个实例是从经营主体的角度介绍各种类型的配送中心，它便于学习者看清配送中心的经营者以及各种配送中心的特色和优势。

如果从服务对象的角度划分，则主要有以下 3 种。

应用实例 9-51 面向消费者的配送中心。在“商物”分离的交易模式下，消费者往往在商店看样品，挑选型号并付款后，并不从商店取货，而是由配送中心将商品直接送达到消费者手中。目前，家具、大型电器等商品多采用这种配送方式。

应用实例 9-52 面向制造商的配送中心。根据制造商的生产需要，按照生产调度计划的安排，将原料或零部件直接送到生产现场或企业的仓库。这种类型的配送中心承担了生产商大部分原料或零部件的供应工作，减少了企业物流作业活动，也为企业实现零库存创造了条件。

应用实例 9-53 面向零售商的配送中心。配送中心按照零售商的订货要求，将各种商品备齐后送到商铺。它包括为连锁店服务的配送中心和为百货店服务的配送中心等。

一般来说，一个配送中心需要具备检验、分类、积载、存储、拣选、加工、包装、配送等功能，但不同的配送中心，会根据实际需要，在功能选择上略有侧重。所以，如果从配送中心功能划分，配送中心大体上也可以划分为 3 种类型。

应用实例 9-54 通过型(分拣型)配送中心。这种配送中心的特点是商品在这里停留的时间非常短(如几个小时)。商品进入配送中心就是为了将大批量的商品分解为小批量的商品，将不同种类的商品进行组合，以满足客户对多品种、小批量订货的需求；通过拆分与组配，减少运输次数，提高运输效率以及理货作业效率等。这种配送中心大多具备高效率的商品检验、拣选、理货以及订单和信息处理能力。作业的自动化程度高、信息系统发达但库容小是主要特色。

应用实例 9-55 集中型(库存型)配送中心。集中型配送中心具有商品存储功能，大量采购的商品存储在这里，制造商与零售商不再保留仓库，而是根据生产规律和销售需要由配送中心组织集货和配送。相对于分散库存，集中库存有利于降低库存水平，提高库存周转率。

应用实例 9-56 加工型(流通型)配送中心。这种配送中心主要从事诸如拣选、分装、贴标签、食品清洗、服装熨烫等作业，然后再根据客户的需要配送到各个店铺或客户手中。加工型配送中心通过集中加工，有助于开展机械化作业，提高加工效率；通过散货储运，有助于提高运输效率与容积效率。

3. 综合物流配送中心的作业环节

综合物流配送中心的作业及业务流程主要包括入库、检验、保管、拣选、出库、捆绑、配送等环节，如图 9.8 所示。

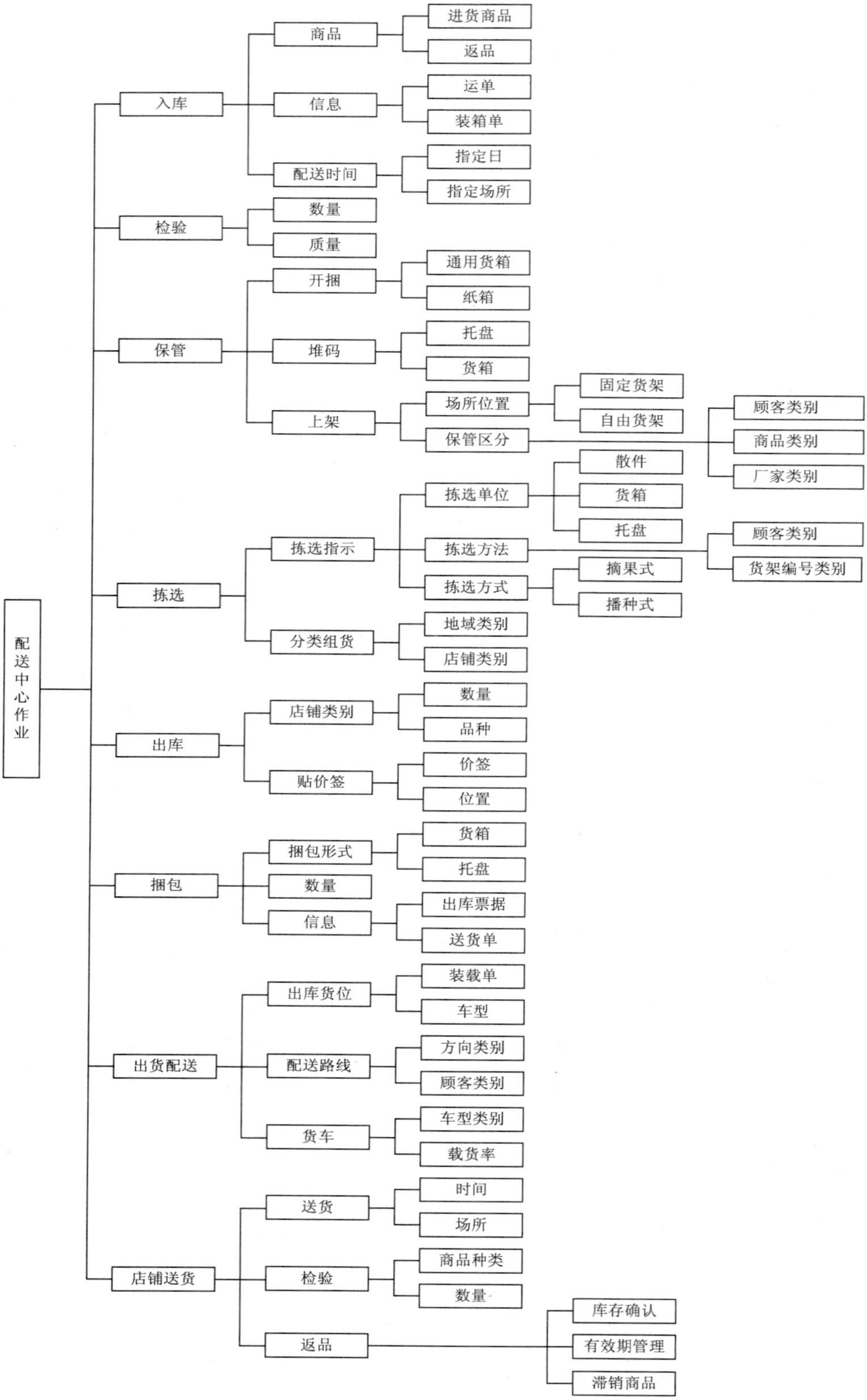

图 9.8　配送中心作业环节

4. 综合物流配送中心的主要作用

(1) 控制物流成本。通过在供应商与客户之间设置配送中心，可以减少交易费用，将干线部分的大批量、高效率运输与支线部分的小批量、快速配送结合起来，从而在保证物流服务水平的前提下有效地控制物流的整体成本。

应用实例 9-57 一对多的交易成本要小于多对多的交易成本。例如，S 个厂商同 T 个店铺分别交易的情况下，交易次数为 $S\times T$ 次，如果通过配送中心的中介，则交易次数仅为 $S+T$ 次。显然，厂商和店铺数目越多，节约的效果就越明显。

(2) 集约利用仓库。将分散在企业的仓库或营业仓库的商品集中存放到配送中心，有利于提高库容效率、提高库存控制水平和降低缺货概率。也有利于削减零售商的库存。

(3) 缩短供货周期。综合物流配送中心设置在合理的地方，可大大削减无效流径、压缩配送流程，使供货周期明显缩短，可及时向订货的客户供货。

应用实例 9-58 配送中心的选址极其重要，配送中心的位置关系到配送效率、物流成本以及客户服务水平，也对企业的销售战略会产生重要影响。配送中心的选址，首先，要能够保证在一定的物流服务水平下满足客户的订货要求，必须在充分考虑配送距离、配送时间和配送成本的基础上，确定配送圈或配送中心的服务区域；其次，根据经销范围，设置合理数量的配送中心。一般来说，配送圈越大，配送中心的配置数量就越少，平均配送距离就越长，配送成本相对越高；反之，配送中心的数量增加，平均配送距离缩短，配送成本降低，但配送中心的投资加大。所以彼此之间存在"效益背反"的关系。因此，需要充分考虑各种因素对物流总成本的影响，并在此基础上确定一个合理的配送圈和配送中心的最佳数量。

(4) 有利于把握动态销售信息。配送中心作为商品的分销中心、库存中心，连着供需双方，起着中介者的作用，成为供需双方信息交流的纽带，有利于促进供需双方的信息沟通。如通过直接掌握库存的变化状况而掌握各个零售商的销售信息，并向制造商和有关部门及时反馈相关信息。

(5) 有利于实现"商物"分离。利用配送中心的各项功能，可以完成商品实体从厂商到最终消费者的直接转移。它符合物流合理化的原则，减少了中间环节，节约了物流费用。

应用实例 9-59 为了降低物流成本，生产商通过大批量的运输把货物送到配送中心，这一过程充分降低了运输成本；再从配送中心采用多品种、多频次、小批量的直接配送，把已经完成"商流"交易的货物以最优流径送达客户。在这一进程中，"商流"的流径不一定经过配送中心，而"物流"流径也不一定经过零售商。

(6) 有利于减少零售商的费用。综合物流配送中心利用各种集约化的软硬件系统，大批量采购，高效率检验、验收商品，大大简化了各零售商的工作程序和费用支出。

应用实例 9-60 为生活消费品零售商提供服务的配送中心，主要从事的加工活动有贴标签、包装、组装、服装检验和整烫、蔬菜加工、半成品加工等；为生产企业从事配送服务的配送中心的加工活动有卷板剪裁、木材加工等。这些加工都大量减少了零售商的分散化的工作。

本节概要介绍了企业物流的有关内容。实际上企业物流的内容相对繁杂，是现代物流中最核心、最主要的部分，它最突出的特征是与赢利有关。

9.5 生产物流案例

精益生产模式

精益生产(Lean Production，LP)是由美国麻省理工学院组织世界上 14 个国家数位国际汽车计划组织(IMVP)的专家、学者，花费 5 年时间，耗资 500 万美元，以日本丰田汽车工业的“准时”(Just In Time)生产方式——这一大批量生产的典型工业为例进行研究，经理论化后总结出来的。它是当前工业界最佳的一种生产组织体系和方式。

精——少而准，即只在适当的时间，投入必须的生产要素，生产市场所需的必要数量产品。

益——优而值，即所有的经营活动，都要有益、有效、有价值，强调生产全程的合理性经济性。

第二次世界大战后的日本汽车工业受资源稀缺和多品种、少批量的市场制约，被迫以最大限度地减少企业生产所占用的资源和降低企业管理和运营成本为主要目标，LP 就是这种生产方式的产物。LP 追求 7 个零的终极目标，成为一种理念和文化。

1. LP 的基本原则

精益思想的关键是价值。LP 围绕价值进行构建，并以“价值实现”为主线构建生产流程。

1) 精确核定产品价值

精确确定产品的价值是 LP 的重要前提和根本保证。传统思想认为产品的价值由生产者创造，多是热衷于提高产品的性能和生产工艺水平(产品价值所在)，然后向客户去介绍和推销产品；另一种情况是为了满足国内社会对于长期雇佣和稳定零部件协作商关系的需要，更注意创造价值的地点，大多数的高级管理人员都是先考虑怎样在国内设计和制造产品。价值被传统的组织、技术、未折旧的资产力量以及传统的经济思想扭曲了。

实际上，仅知道如何生产产品和降低成本远远不够。真正需要考虑的是站在客户的立场上、从根本上重新思考价值。因此，精益思想从一种自觉的尝试开始，通过与客户的对话，为具有特定功能、以特定价格提供的产品精确定义价值。确定每个产品的价值是 LP 的第一步。

2) 准确识别价值流程

在商务活动中，有 3 项关键性的管理任务：一是从概念设想，通过细节设计与工程，到投产的全过程中，解决具体问题；二是从接受订单、制定详细进度到送货的全过程中，进行信息管理；三是从原材料制成最终产品，再送到客户手中，完成物质转化。

所谓价值流，是通过商务活动的 3 项关键性管理任务，对完成一个特定产品所必需的一组特定的活动。确定每个产品的价值流是 LP 的第二步。

通过价值流的分析，可显示出 3 种活动方式的流程：一是有明确的创造价值的步骤；二是明确在现有技术和生产条件下不可避免的步骤；三是确定不创造价值而且可立即去掉的步骤。LP 用上述方法检验生产过程，发现原来习以为常的生产方式竟然存在很多浪费。例如，现实中，企业外购项目逐渐增加而自制项目逐渐减少。真正需要做的是有共同利益的各方面自愿组成联合，一起去分析被分裂开的价值流。这种联合检验每一个创造价值的步骤，要持续到产品的最后，但许多传统企业对此并不了解。

3) 价值流动连续精确

使保留下来的、创造价值的各个步骤流动起来是 LP 中最精彩的阶段。传统的管理认为，各种活动应该按照类型分组，以便能够有效运作也易于管理。最先认识到流动潜力的人是亨利·福特和他的助手们。例如，1913 年，美国福特汽车公司轿车总装生产转变为连续流动生产，使福特 T 型车的总装工作量减少了 90%，由此大大提高了整个生产过程的生产率。但是，福特发现的只是特例，而真正的挑战在于：在小批量、多品种的生产时期创造连续流动。

因此，LP 要重新定义职能、部门和企业的作用，使他们能对创造价值做出积极的贡献——要说明价值流上每一点的真正需要，真正体现员工的价值。这不仅要求为每种产品建立精益的流程，还应该重新思考传统的职能，重新考虑企业的战略。例如，从“部门生产”和“批量销售”转化到“团队式生产”和“精确连续流动”，最主要的效果是：从原材料采购、投产、销售、送货以及到客户所需的时间大大地减少了。原本需要几年才能设计出来的产品，在引进了精确连续流动以后，几个月内就可以完成；需要若干天办完的订货手续，几小时就可以办完。LP 能降低库存量和加快投资回收速度并节省下大量资金。

4) 客户需求拉动生产

LP 可以使生产环节进行快速的任意组合，以应对需求上的差异，及时地使客户获得满足。因为，一旦有了在客户需要的时候就能设计、排产和制造出客户真正需要的产品的能力，就意味着你可以抛开销售预测，直接按客户的实际要求生产。这就是说，你可以让客户从你那里按照需求拉动产品的生产，而不是把客户不想要的产品“硬”销售给客户。

5) 不断追求尽善尽美

当各种组织开始精确核定产品价值、准确识别出整个价值流、使得特定产品创造价值的各个步骤连续流动起来，并且依靠客户的需求拉动产品生产时，奇迹开始出现。它表现为，在提供一个比以往都更加接近客户真正需要的产品时，人们也在不断减少付出的时间、场地、成本和错误。不断追求尽善尽美，最重要的驱动力是透明度，也是 LP 的第 5 个原则。

在 LP 中，从供应商、组装厂、员工、批发商到客户都可以看到全部流程，因而易于发现创造价值的较好方法。而且，员工做出的改进几乎立刻就可以得到积极的反馈。这正是 LP 的关键特征，也是对不断努力寻求改进的强有力促动。当员工开始从产品开发、接单和生产流动中能够得到及时的反馈，能够看到客户满意时，传统管理中的“胡萝卜加大棒”也就不必要了。

6) 精益理念转向行动

精益理念向 LP 转型是最具难度的一步，也是最重要的目标。需要从克服现存于组织中的惰性开始起步。为了迅速产生使企业不能小视的效果，需要有创新意识和掌握精益精髓的人，以某种类型的危机作为变革的杠杆，开展创造价值的活动，构建价值流程图等，一步一步地去实现变革。表 9-3 很好地诠释了进行精益转型的步骤。

表 9-3　精益改进框架

阶　段	具体步骤	时间框架
精益起步	通过抓住危机寻找一个“杠杆”绘制价值流程图，尽快开始，重要的是看见行动，并扩展变革范围	第 1 年的前 6 个月
创建新的组织机构	按产品族或价值流程重组一个精益促进机构，针对多余人员反复改善，不断追求尽善尽美	第 1 年的后 6 个月至第 2 年全年
建立精益业务系统	创建精益会计系统，增加工资与业绩相联系的透明度，向每个人传授精益思想和技能	第 3 年和第 4 年
完成精益转型	按上述步骤，使供应商和客户发生转化，发展全球精益战略，将“被动领导”变为“主动创造”	第 5 年

2. LP 的目标体系

“彻底排除浪费，防止过量生产，最大限度地获取利润”是 LP 的基本目标。在瞬息万变的市场中，LP 采用灵活的生产组织形式，根据市场需求的变化，及时、快速地调整生产，依靠严密细致的管理来实现企业的利润目标。为实现这一基本目的，LP 必须能很好地实现以下 3 个子目标。

1) 零库存

LP 认为库存是“万恶之源”，是生产系统设计不合理、生产过程不协调、生产操作不良的证明，并提出“向零库存进军”的目标。所以，“零库存”成为 LP 追求的主要目标之一。

例如，一个充满库存的生产系统，表明系统中存在各种问题，如设备故障停机、工作质量低而造成废品或返修、横向扯皮造成工期延误、计划不周造成生产脱节等，都表现为各种库存。表面上看，生产仍在进行，实际上整个生产系统可能已千疮百孔，更可怕的是，如果对生产系统存在的各种问题熟视无睹，长此以往，紧迫感和进取心也将丧失殆尽。

2) 高柔性

高柔性是指企业的生产组织形式灵活多变，能适应市场需求多样化的要求，及时组织多品种生产，以提高企业的竞争能力。面临市场多变这一新问题，LP 必须以高柔性为目标，实现高柔性与高生产率的统一。为实现柔性和生产率的统一，LP 必须在组织、劳动力、设备方面表现出较高的柔性。

在 LP 中，组织柔性表现为决策权力的分散下放，而不是集中在指挥链上，它不采用以职能部门为基础的静态结构，而是采用以项目小组为基础的动态组织结构；劳动力柔性表现为市场需求波动时，要求劳动力也作相应调整。LP 的劳动力是具有多面手技能的多能工，在需求发生变化时，可通过适当调整操作人员的操作来适应短期的变化；设备柔性表现为与刚性自动化的工序分散、固定节拍和流水生产的特征相反，采用适度的柔性自动化技术(数控机床与多功能的普通机床并存)，以工序相对集中，没有固定节拍以及物料的非顺序输送的生产组织方式，使 LP 在中小批量生产的条件下，接近大量生产方式所达到的高效率和低成本，但比刚性生产多了灵活性。

3) 零缺陷

传统生产管理很少提出“零缺陷”的目标，只提出可允许的不合格百分比和可接受的质量水平，其观念是：不合格品达到一定数量是不可避免的。而 LP 的目标是消除各种产生不合格品的原因，在加工过程中每一工序都要求达到最好水平，追求零缺陷。

追求产品质量要有预防缺陷的观念，凡事第一次就要做好，建立“零缺陷”质量控制体系。过去的一般企业总是对花在预防缺陷上的费用能省则省，结果却造成很多浪费，如材料、工时、检验费用、返修费用等。应该认识到，事后的检验是消极的、被动的，而且往往太迟。各种错误造成需要重做零件的成本常常是预防费用的几十倍。因此，应多在缺陷预防上下工夫，也许开始时多花些费用，但很快便能收回成本。

将以上 3 个子目标进一步分解，表现在 P、I、C、Q、M、D、S 这 7 个方面(如图 9.9 所示)，也可以将其视为 LP 的终极目标。

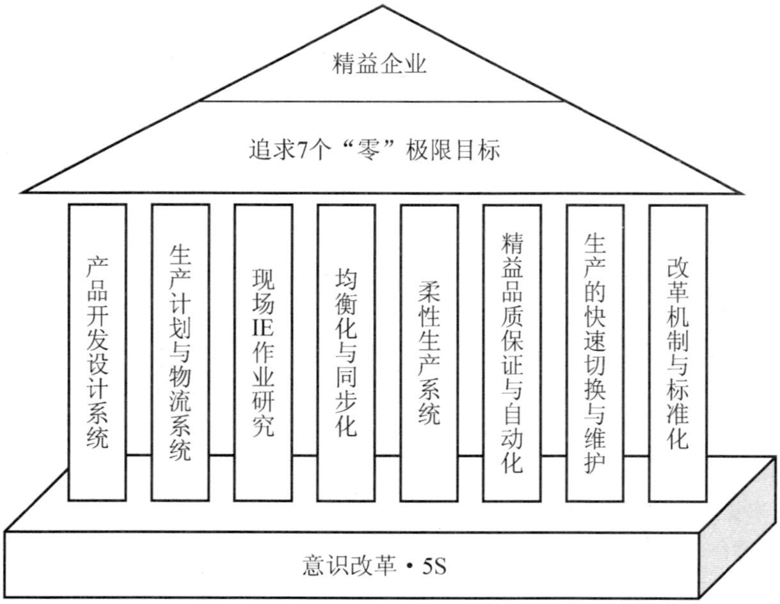

图 9.9　精益生产体系的终极目标

“零浪费”为精益生产终极目标，具体目标细述为以下几点。

(1) “零”转时(Production)。工序切换与装配线转产时间浪费降为零。

(2) “零”库存(Inventory)。变市场预估生产为接单同步生产，将产品或中间库存降为零。

(3) “零”浪费(Cost)。全面成本控制，消除多余制造、搬运、等待的浪费，实现零浪费。

(4) “零”不良(Quality)。在产生源头检出和消除不良，追求零不良。

(5) “零”故障(Maintenance)。消除机械设备的故障停机，实现零故障。

(6) “零”停滞(Delivery)。最大限度地压缩前置时间(Lead Time)，消除中间停滞，实现零停滞。

(7) “零”灾害(Safety)。人、工厂、产品要进行全面的安全预防检查，实现零灾害。

3. LP 的管理过程

(1) 优化人事组织管理，大力精简中间管理层。如：组织扁平化，减少非直接生产人员，撤除一切不增值的岗位，安排每个工人及其岗位的原则是必须增值。

(2) 推行生产均衡化、同步化与柔性化生产，精简产品在开发设计、生产、管理中一切不产生附加值的工作。以最优品质、最低成本和最高效率对市场需求做出最迅速的响应。

(3) 推行安全生产过程，甚至是整个供应链的质量保证体系。

(4) 减少和降低任何环节(人力、物力、时间、空间)上的浪费。

LP 与传统生产方式的区别主要表现为：改变了品质控制手段，消灭(减少)了各种缓冲区，仅在需要的地方采用自动化；组织结构精益化，协作厂商与资产的固有能力，构建综合科学体系；培训职工并与职工交流，增加职工的参与感和责任感，最大限度地激励公司员工；产品品种能尽量满足客户的要求，满足客户对价格的要求。

4. LP 的管理特点

1) 拉动式(Pull)和准时化(JIT)生产

(1) 以客户需求为生产起点组织生产运作，依靠看板(传递工序之间的需求信息的形式)进行。

(2) 强调物流平衡，追求零库存，要求上一道工序加工完的零件立即可以进入下一道工序。

(3) 生产中的节拍可由人工干预和控制，保证前工序对后工序供应的准时化。

(4) 由于采用拉动式生产，生产中的计划与调度实质上是由各个生产单元自己完成的，在形式上不采用集中计划，但操作过程中生产单元之间的协调则极为必要。

2) 全面质量管理(Total Quality Control)

(1) 强调质量是生产出来，不是检验出来的，由过程质量管理来保证最终质量。

(2) 对每道工序进行质量控制的同时，重在培养每位员工的质量意识，保证及时发现质量问题。

(3) 在生产中发现质量问题，可根据情况立即停产直至解决问题，削减不合格品的无效加工。

(4) 对出现的质量问题，由相关技术与生产人员组成协作组织，尽快解决问题。

3) 团队工作法(Teamwork)

(1) 组织团队的原则并不完全按行政组织来划分，而主要根据业务的关系来划分。

(2) 成员在工作中不仅仅是执行上级命令，更重要的是参与，起到辅助决策作用。

(3) 强调团队成员一专多能，要熟悉团队内其他成员的工作，保证作业顺利进行。

(4) 注重考核团队成员的工作业绩对团队整体的影响以及对生产系统的影响。

(5) 信任是团队的基本氛围，以监控为主，避免核查每一步工作，提高工作效率。

(6) 针对不同的事物建立不同目标的团队，同一个人可以属于不同任务的团队。

4) 并行工程(Concurrent Engineering)

(1) 在产品的设计开发期间，将概念、结构、工艺设计与最终需求等结合起来，保质而快速。

(2) 各项工作由相关的项目小组成员各自安排并完成。按需反馈信息，并协调解决出现的问题。

(3) 依靠信息系统反馈与协调项目，在产品研发期间，利用现代技术辅助项目进程的并行化。

5. LP 的基本特征

(1) 品质：及时查找问题、快速制定纠正方案和准确解决问题。

(2) 柔性：根据需求批量的具体要求，快速调整流程。

(3) 时间：开发产品的时间减至更短，尽快将产品投放市场。

(4) 产品：生命周期越来越短、品种越来越多且规模效益越来越小。

(5) 效率：减少无效动作、流径与流程，从而减少浪费，提高生产效率。

(6) 适应：对新的、特殊的需求能快速理解，并及时做出调整。

(7) 学习：不断思考、分析、积累与改善。

除了以上7个特征外，LP的外部环境值得给予更多的关注：

(1) LP是人和人互相承担义务的物质利益关系。它包括工人和雇主、协作厂和总装厂、销售商和生产厂之间的同甘共苦，体制中的每个成员都会积极参与和拥有不断改善的愿望。

(2) 科技发展与进步有可能使LP得到不断完善，发挥更大的作用。

(3) LP的客户关系是LP的重要组成部分，客户被LP厂商看成是生产过程的组成部分，甚至是生产过程的启动者。客户关系受到重视，是现代市场发展成熟、竞争异常激烈的结果。

在成熟的市场竞争环境下，各企业产品在性能、质量、成本等方面相差无几，竞争则体现在交货时间、售后服务等工作上。互联网的发展，进一步促使技术、价格、市场等基本因素透明化，客户策略成为企业有特色竞争的重要基础，也是实现精益销售的前提。

6. LP的主要成果

与大批量生产方式相比，LP的成果主要体现在以下几个方面。

(1) 人力资源减至大批量生产方式下的1/2。

(2) 新产品开发周期减至大批量生产方式下的1/2或2/3。

(3) 生产过程中的在制品库存减至大批量生产方式下的1/10。

(4) 工厂占用空间减至大批量生产方式下的1/2。

(5) 成品库存减至大批量生产方式下的1/4。

(6) 产品产量可提高3倍。

以上从6个方面简要介绍了LP模式。作为一种在实践中取得成功、从环境到管理目标都是全新的管理思想，并非简单地应用了新的管理手段，而是一套与企业环境、文化以及管理方法高度融合的管理体系。与大批量生产方式相比较，LP的优化范围更广阔、库存管理更系统、业务流程更精简、质量控制更全面、人文理念更深邃。

总之，LP是不断追求生产的合理性、高效性，以及能够灵活地适应各种需求，而生产出高质量产品的工作方案、管理技术和系统模式。LP的基本原则、目标体系、管理过程和具体方法，不仅对制造业的功能提升有创新性的价值，而且“7个零”的终极目标和柔性化生产的基本思想，对丰富和发展现代生产管理理论具有重要意义。

9.6 系统分析案例

从啤酒游戏看系统思考

彼得·圣吉(P.M.Senge)在其所著的《第五项修炼》一书中，以“从啤酒游戏看系统思考”为例，深入地思考了复杂系统变化背后的基本机制，并以此分析了系统整本性和动态运作的结果，以及强调了进行组织学习和组织重构是适应发展需要和防患于未然的关键。

“啤酒游戏”(Beer Game)以产销单一品牌的啤酒为例，模拟的是一个在所有工业国家都有的产销系统。系统中的3个主要角色：零售商、批发商和制造商的销售主管。参加游戏的3个人或3个团队扮演不同的角色，且完全可以自由地做出任何决定。各自的目标是尽量扮演好自己的角色，并使利润最大。下面就分别从3个不同角色看模拟实验的发展。

1. 零售商

零售商在每周一次的订货中，要写明需要多少箱(某个品牌的)啤酒。零售商的订单很快交由啤酒批发商处理。假如零售商的订单平均需要4周，则零售商订购的啤酒大约4周之后送到商店。假如(游戏)初始阶段，每周平均销售 4 箱啤酒并随时保持 12 箱的啤酒库存量，则每周都要订购 4 箱啤酒，这是理所当然的。

【第 1 周】 订购 4 箱啤酒，并拥有 12 箱库存。

【第 2 周】 当啤酒销量突然增加一倍，增至 8 箱时，店里还剩 8 箱库存。为补充额外卖出的 4 箱，本周订单上的数量从 4 箱提高为 8 箱，为的是恢复 12 箱的库存。

【第 3 周】 这一周又卖出 8 箱啤酒，而送来的是 4 周前订的 4 箱啤酒。这意味着目前只有 4 箱库存了，下周将卖光所有啤酒。为了赶上销售速度，本周至少需要订购 8 箱。但为了安全起见，订购 12 箱可以重建原有的标准安全库存量。

【第 4 周】 尽管本周与批发商协调，多补充了 1 箱啤酒，也只剩余 1 箱库存，马上将面临无啤酒可卖的境地。虽然零售商知道从第 2 周开始已经多订购了几箱，但想想需求可能进一步上升，最好再订购 16 箱。前 4 周零售商的库存如图 9.10 所示。

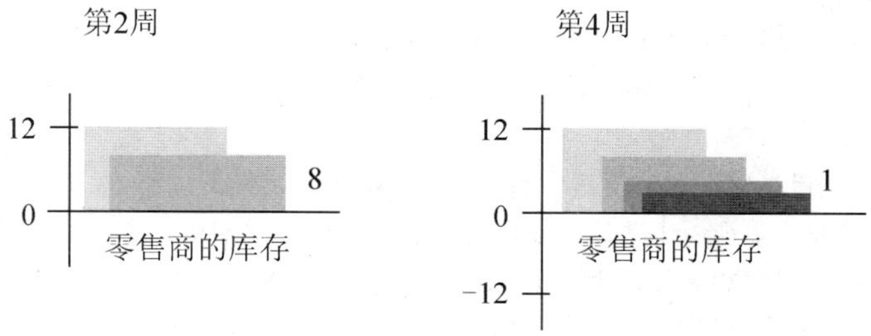

图 9.10 零售商第 2～4 周的库存变化

【第 5 周】 本周一就卖光了仅存的 1 箱，幸运的是批发商已经开始回应零售商调高的定量，发给零售商 7 箱啤酒，但本周结束时所有啤酒销售一空，库存为零。空空的货架促使零售商再订 16 箱。谁都不想没货可卖，放弃获取利润的大好时机。

【第 6 周】 果然，本周开始的时候，已没有啤酒，但有客户愿意等着购买："提前购买 2 箱，来货通知我们。"当第 2 周订购的 8 箱啤酒只送来了 6 箱时(批发商无法在短时间内同时满足所有零售商增加的需求)，扣除预先订购的 2 箱，周末之前又卖光了。此时，零售商面临困境：一边是周末空空的货架；一边是不知道什么时间大订单才能交货。零售商内心挣扎着，觉得如果不另外订购 16 箱是不对的，尽管缺货至少 2 箱，但还是克制了自己。

【第 7 周】 这周只送来 5 箱。由于有 5 位客户预订，没等啤酒上架就卖光了。本周缺货至少 5 箱。零售商只能另外订购了 16 箱，并暗自祷告前几周的大订单将会开始到货。

【第 8 周】 本周应该送来 16 箱啤酒，但仍只送来 5 箱，而且得到的信息是几周以后才能按照订单的数量供货。几周？那时零售商都无法应付预订货的客户，而整个星期货架上连 1 瓶啤酒也没有。获取利润的机会正在流失，真想不通为什么批发商如此无能？难道他不知道这里的市场胃口有多大吗？订购 24 箱也许是最好的选择，比原订购计划多一倍。

在经历了第 6～8 周后，零售商缺货至少 8 箱，如图 9.11 所示。

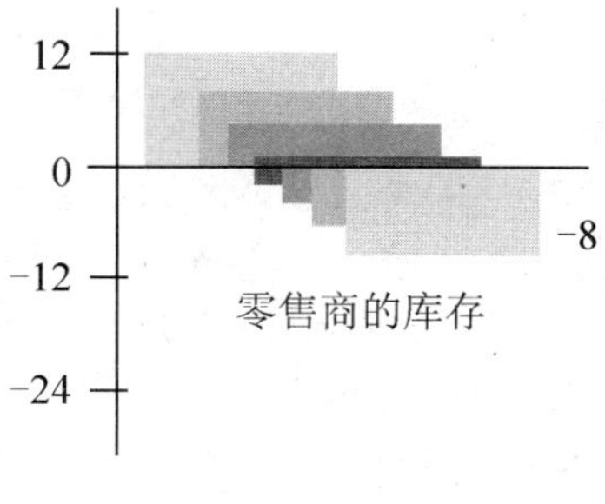

图 9.11 零售商第 1～8 周的库存变化

注：负号表示欠货。

以上重点分析了零售商在前8周的库存变化。库存在不断减少，零售商从追求利润最大化的角度，不断追加订货数量，在几乎所有的零售商眼中都是一种理性的行为。那么批发商如何应对来自零售商的需求变化呢？下面看一看批发商的情况。

2. 批发商

作为一家啤酒批发公司，所服务的地区包括市区、郊区和偏远的乡村，但啤酒批发不是垄断行业，即本公司不是本地唯一的啤酒批发商。

批发商的定货方式与零售商一样，每周填写订货数量，并发给制造商。只是批发商订购的数量按卡车计算。现在同样假设：平均在4周以后，所订啤酒就会送到；并像零售商每周都向批发商订购4箱的啤酒一样，批发商每周都向制造商订购4卡车的啤酒；批发商所拥有的标准库存量是12卡车。有了这些基本假设后，来看一看批发商的库存如何变化。

从前面对零售商的分析，可以知道，啤酒销量从第2周增加一倍，订购批量也增加一倍。起初，批发商的库存，轻而易举地满足了额外订单的需要。而且批发商很快意识到啤酒销量有增加的趋势，批发商马上向制造商提高订购啤酒的数量。

【第6周】 与零售商类似，批发商的库存为零。只有进一步提高订购量，大幅增加到每周20卡车。这是平常订购数量的5倍。之所以需要这么多，是从零售商的订货判断，啤酒需求呈2倍、3倍、甚至4倍增加。因为零售商第2周订购8箱、第3周订购12箱、从第4周开始订购16箱。

【第8周】 批发商从制造商那里获悉，制造商在两周前才增加生产量。而大部分零售商所订购的啤酒数量已经是平常的3或4倍，而且仍在继续增加。批发商只好把订购数量增加到30卡车。这已经是平常订货数量的7.5倍了。

【第9周】 上周结束之前，欠零售商的货又多了29卡车。而且每周从零售商接到的啤酒订单总和约20卡车。批发商现在期待着从制造商那儿收到一个月以前订购的20卡车啤酒。然而，制造商只送来6卡车，显然较大量的生产运转现在才开始出货。截止到本周，欠零售商43卡车啤酒。

图9.12反映的是零售商和批发商从第1周到第9周各自库存的变化情况。

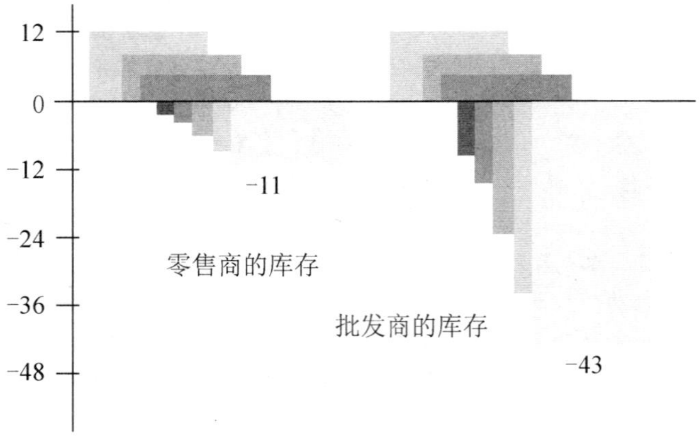

图9.12　零售商和批发商第1～9周的库存变化

【第10周】批发商预期的至少20卡车的啤酒(额外量)不见踪影。制造商只送来了8卡车。在此同时，批发商本周所接到的订单是空前的26卡车。或许是零售商无法订购到足够的啤酒，所以加大了订购量；或许各零售商正疯狂地在销售啤酒。批发商现在能做的是必须跟上订单，才能保证你的零售商客户不会转向你的竞争者。所以本周批发商向制造商订购了40卡车。

【第12周】 制造商在本周只送来12卡车啤酒。已订购而未交货的是77卡车，再加上本周从零售商那里接到的28卡车订单，也就是说，批发商有超过100卡车的订单等待补货。批发商完全是出于理智上的判断，本周向制造商再订购了60卡车。

【第 14 周】 本周终于开始从制造商收到较大量的出货。同时，零售商的订购量下降了一点点，这也许是因为上周他们多订购了一点。在这个节骨眼上，任何有助于降低欠货数量的事情都是受欢迎的。因为一想到假如有足够的存货，就可以赚到更多钱，批发商所希望改变的就是千万不要再陷入这种长期缺货的状况。图 9.13 显示了第 14 周零售商和批发商的库存情况。

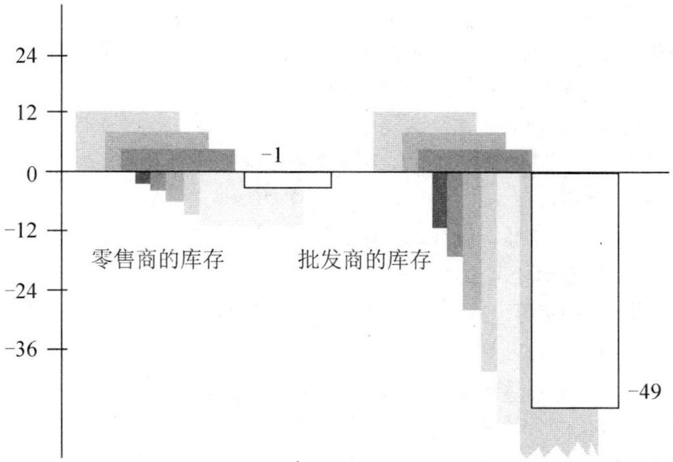

图 9.13 第 14 周零售商和批发商的库存情况

接下来的两周，让批发商真正体验了“过山车”的感觉。显然，啤酒需求变化的程度远高于批发商的预期。第 16 周，当批发商几乎拿到前几周订购的所有啤酒——55 卡车时，眼前浮现的应该是零售商的疯狂提货。但一周下来，零售商让卡车司机带回来的是一张接一张的空白订单。这些人出了什么毛病？四周前还大声吼着要啤酒，现在甚至 1 箱也不要了。突然间一股寒意自心底冒上来，批发商把刚要送给制造商的订单追回，上面清楚写着订购 24 车。

【第 17 周】 这周又送到 60 卡车啤酒，但零售商的订购数量仍然是零。109 卡车的啤酒堆在批发商的仓库里。批发商暗自思量，感觉这周零售商应该会增加订购。可恶的是，零售商订购啤酒的数量又一次为零，自然批发商向制造商订购的数量也是零。更可恨的是制造商还会继续把 60 卡车啤酒送来。批发商心里在诅咒，到底是把零售商还是制造商打入第十八层地狱？

实际上，到第 17 周时，无论批发商还是零售商，其库存都大大增加了，如图 9.14 所示。

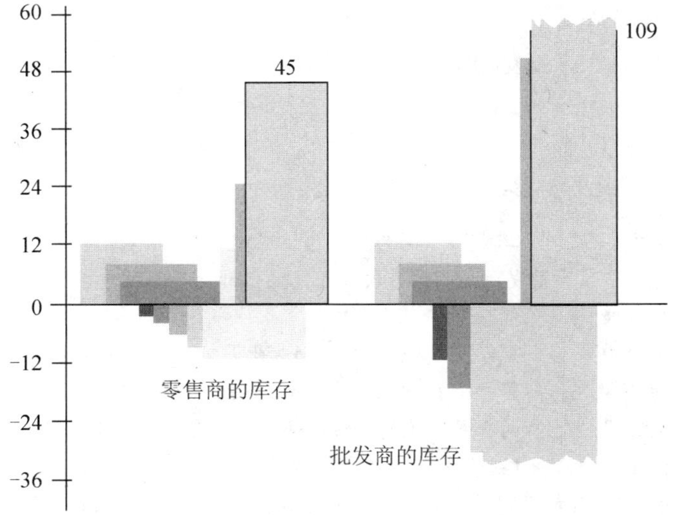

图 9.14 第 17 周零售商和批发商的库存情况

以上分析了批发商从第 1 周到第 17 周的库存变化。前 14 周库存在不断减少，到第 14 周时，批发商的库存达到-49 车；然而仅仅过了 3 周，第 17 周时，批发商的库存就达到 109 车，某一零售商的库存也达到 45 箱。从追求利润最大化，同样是批发商的理性行为，所以追加订货数量也就无可厚非。那么被批发商诅咒的制造商又面对怎样的需求变化呢？下面看一看制造商的情况。

3. 制造商

前面分析所提供的信息是，到第 6 周，制造商收到的新订单和总需求量开始急剧上升。每周订购的啤酒达 40 批。而第 1 周时，每周只有 4 批。由于和零售商、批发商的基本假设相似，在此不再重复，只是从酿制一瓶啤酒开始到完成出货，至少需要两周的时间。

因此，大体上可以看到制造商的库存变化：到第 7 周，制造商库存为零；第 8 周有 9 批已订购而未交付的订单，还有 24 批新的订单，但制造商只能生产出 22 批。啤酒厂里呈现的是厂长给每一位员工奖励，把工作时间延长一倍，并兴奋地招募新的员工；到了第 14 周，工厂仍然赶不上已订购而未交付的订购量；第 16 周是个转折点，制造商终于赶上已订购而未交付的数量；第 17 周，批发商只订了 19 批啤酒；第 18 周，批发商不再订购啤酒；第 19 周，制造商的仓库里大约有 100 批啤酒存货，而啤酒的销售业绩等于零，麻烦已经来临。

相同的模式从第 20 周到 23 周又延续了 4 周之久。订货再现高峰的希望日渐渺茫。制造商甚至认为批发商和零售商在胡闹，理由是上个月疯狂地要货，这个月突然什么都不订。实际上，零售商、批发商和制造商各自的库存都已十分惊人。图 9.15 显示了第 21 周各自的库存，分别是 98 箱、220 卡车和 125 批。对于制造商而言，这还不是最糟糕的时候。

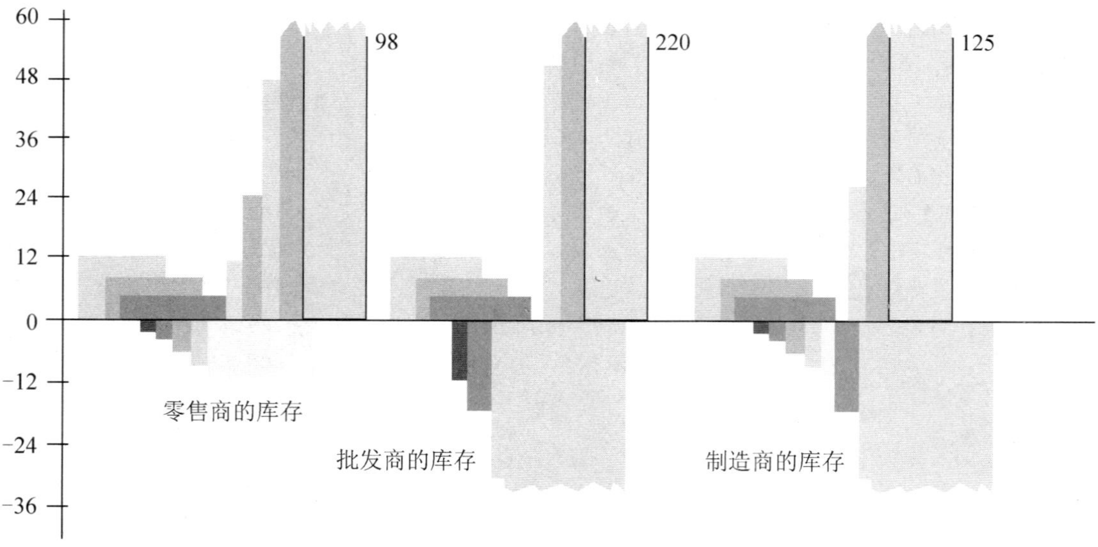

图 9.15　第 21 周零售商、批发商和制造商的库存状况

【第 24 周】 制造商再不能坐以待毙了，因为库存已经达到 135 批。在周初，制造商就去拜访客户——啤酒批发商。这也许是制造商和批发商之间第一次真正意义上的会面，因为在这个危机发生之前，彼此之间实在没有什么好说的事情。

会面在彼此面色凝重中寒暄一下后，便直奔主题。制造商最想知道的是批发商连续几周都没有订购啤酒的原因，而批发商也不做任何解释，直接把制造商带到后面的仓库，这时批发商说：“你看，我还有 220 卡车的啤酒堆在这里！我也已有两个月没收到零售商任何一张啤酒的订单了，我也感到完全茫然不解。”

此时，制造商和批发商一起断定必然发生了需求暴起暴跌的现象，“大众的消费需求可能是反复无常的。”有了如此共同的结论，迁怒于零售商就成为十分自然的事了。如果零售商留意并把情况反馈给我们，就决不会发生现在的情形。

制造商在回程的路上，脑子里一直在构思行销策略报告中的措辞。在途经一家零售店时，忽然有了进去看个究竟的冲动。

制造商自我介绍后，零售商的脸上勉强挤出笑容。零售商随手拿起店里库存记录簿放在桌子上。“你不知道几周之前我多想勒死你。”

“为什么？”

“你看，我后面还有 90 多箱啤酒，几乎占满了库房。依照现在售货的速度，我们再订购是 10 周以后的事了。”

图 9.16 反映的就是第 24 周零售商、批发商和制造商的库存情况，分别为 94 箱、220 卡车和 135 批。

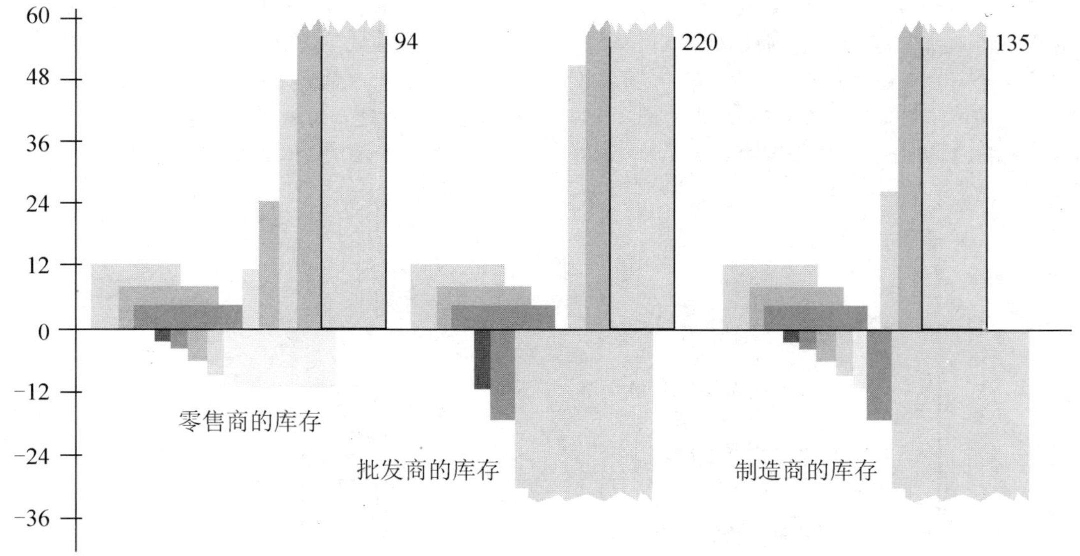

图 9.16　第 24 周零售商、批发商和制造商的库存状况

然而，制造商仍然认为这个悲剧是零售商一手造成的。而零售商说：“那不是我们的错，我们一直都是卖 4 箱啤酒，是你们播出广告后的第二周卖掉了 8 箱。”

制造商接着说：“然后销售量迅速增加。但为什么现在销售量会减到连 1 箱都没有呢？”

零售商说：“你不了解，需求从来就没有迅速增加过，客户也从未完全停止购买。我们每周仍然卖出 8 箱啤酒。”

制造商接着问道：“你说什么？需求从来就没迅速增加过？客户也从来没有完全停止购买？这怎么可能？到底是怎么回事？”

零售商说：“你们不送给我们需要的啤酒数量。我们只好不断地订货，以确保有足够的数量来跟上客户的需要。”

制造商说：“但是我们都按照必要的速度把啤酒送出去。”

零售商说：“那也许是批发商搞砸了吧，我在想是否该换批发商了。无论如何，我希望你举办一次赠券促销或其他办法，让我能够赚回一些本钱。我只想把那 94 箱啤酒卖掉。”

到此为止，基本情况已经清楚，但问题还没有解决，3 个角色都不认为自己是元凶，不需要为这次危机负责，而且自己是受害者。然而，更严重的是，截至 24 周所积压的啤酒，按照现在的销售速度，大约需要费时一年，甚至一年以上，这才是一个悲剧。

在上述的啤酒游戏中，实际上每个角色都暂时置身在一种很少受到注意、但普遍存在的组织或系统中，而且每个角色所做出的决策或行为过程对 3 个角色所构成的组织或系统产生影响。这表明每个角色的决策或行为都不是孤立的。

4. 啤酒游戏的发现

“局限思考”使人们无法看到自己的行动如何影响其他角色；“归罪于外”是人们当重大问题突发时所作出最直接的判断；“一厢情愿”地解决问题有时反而把原本并不大的事情弄糟；“冷水煮蛙”人们并没有意识到一般的问题的严重性；“互相咎责”通常是在一个多人系统中每个角色都会想到的；“未能学习”是很少有人从发生的系统问题中汲取经验教训。

啤酒游戏给人们一个深刻启示：在复杂情况下，人们所习惯的思考方式和学习上的“智障”把人们限制在被动的应激响应上。

例如，大多数人在玩完啤酒游戏的时候都感到单调而不满，因为只能做些被动的反应而已。然而大多数人后来也体会到，这种被动的反应源于自己只专注在一个又一个星期的事件上。参加啤酒游戏的人，大多数被库存及新送到啤酒数量的不足以及订单的突然增加所震慑。当被问及为什么会这么做决定的时候，他们大多会针对事件做解释：“我在第 11 周订购了 40 箱啤酒，因为我的零售商订购了 36 箱，清光了我的库存，……”实际上，把市场的真实需求以及零售商、批发商、制造商的库存按照时间顺序绘制在一张图上(如图 9.17 所示)，一切问题都一目了然。只是如果人们持续“专注在具体事件上”，就注定只能采取被动的反应。

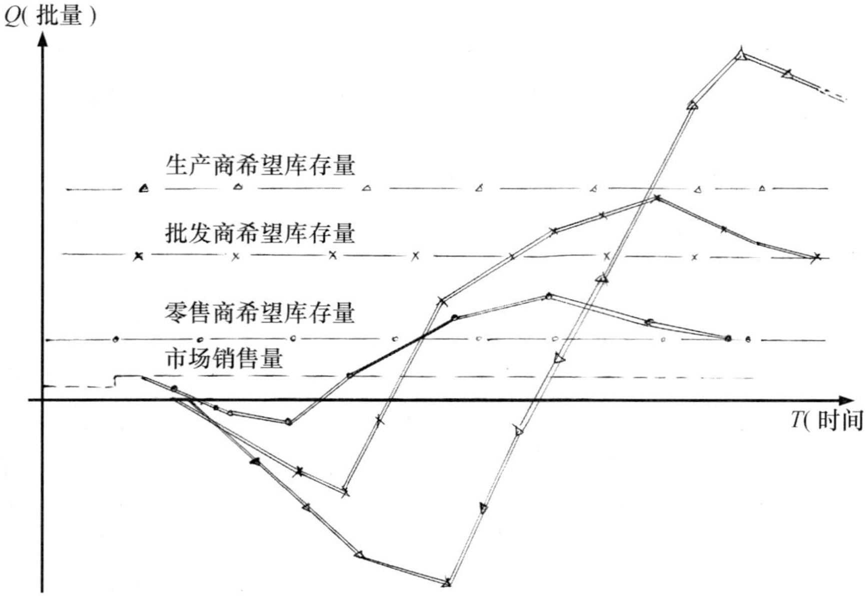

图 9.17　零售商、批发商、生产商库存变化的整体情况

5. 啤酒游戏的反思

通过啤酒游戏，人们最初认识到自身看问题的“局限性”，更深入地“抽丝剥茧”，会发现竟然是习惯性的思考方式和学习上的“智障”在作祟，这就不得不通过啤酒游戏进行反思。

1) 系统结构会影响人的行为

不同的人处于相同的结构之中，倾向于产生性质类似的结果。当问题发生或绩效无法如愿达成的时候，通常会怪罪于某些人或某事情。然而自身的问题或危机，却常常是由自己所处系统的结构所造成，而不是由于外部的力量或个人的错误所造成的。因此，要使自身的行为不受系统结构的影响，必须具有辨别系统结构的洞察力。

2) 人类系统结构微妙而复杂

人们倾向于只把系统结构看做是外在的限制，但在人类系统中，系统结构还包括主观决策时所根据的许多运作原则，人们依据这些原则诠释认知、目标、规范并将之化为行动。

例如，以系统观点解释复杂的状况，会有多个层次。在某种意义上讲，解决每个层次上的问题都同样有意义；但其效益则十分不同。如果以“谁对谁做了什么”的事件层次来解释事情，注定会采取反应式的立场。如前面所分析的啤酒游戏中事件的解释，在当代的文化中最为常见，而这正是为什么反应式管理盛行的原因。根据行为变化形态层次提出的解释，则专注于较长期的趋势，在啤酒游戏中，其中一种行为变化形态的解释可能是：“产销系统本来就是循环而不稳定的，你离零售商越远，情形将变得越严重。所以，制造商迟早会有发生严重危机的可能。”

3) 有效创意解常来自新思考

在人类系统中，也许常隐藏着更有效的创意解，而且不止一个，但人们却不曾发觉。这是因为每个人都过分专注于自己的决定以及这个决定对自己的影响，而忽略了自己的决定对他人的影响。从系统的不同维度上去思考一个问题，也许就会找到有效创意解。

例如，在啤酒游戏中，零售商、批发商和制造商 3 个角色在他们各自的能力范围内，都有消除“供给”大幅振荡的巧妙做法，但是他们谁也没有做到，因为他们根本不知道自己是如何开始制造出“振荡”的。

6. 游戏最后的小结

关于啤酒游戏的案例，介绍到这似乎可以告一段落了。对大多数参加啤酒游戏的人来说，最大的收获是深入体会到，自己存在的问题以及改善的可能，全都无可避免地受到自己思考方式的影响。在一个“以事件思考为主”的组织或系统里，真正具有创造性的学习是无法持续的。要真正消除学习上的“智障”，需要一个结构性和系统性的思考架构，也就是要拥有找出行为背后所有结构性原因的能力。

当参加啤酒游戏的人了解行为背后的结构后，他们更清楚地看见自己改变这些行为的力量，也因此采取能在大系统中有效运作的订购决策。他们也印证了柯利(Walt Kelly)在他的漫画《扑高》(Pogo)中的一句名言：“我们碰到敌人了，敌人就是我们自己。”

本章小结

本章简要介绍了工业工程、系统仿真的基本知识；系统地分析了“啤酒游戏”中的角色、过程、结果、问题等，并重点总结了“啤酒游戏”所揭示的问题和发现；最后通过对“啤酒游戏”的反思，揭示了“系统结构影响行为”的规律，并将改善习惯的思考方式和消除学习上的“智障”作为认识系统的精髓提炼出来。

本章习题

1. 概念题

甘特图　　设施规划　　人因工程　　MRP　　MRPⅡ　　ERP　　精益生产

2. 分析题

(1) 举例分析甘特图的应用。
(2) 简要分析工业工程的含义。
(3) 试分析生产物流系统仿真的目标，举例说明所解决的问题。
(4) 试比较 MRP 与 MRPⅡ之间的差异。
(5) 试比较分析 LP 与大规模生产方式之间的差异。
(6) 试给出消除“啤酒游戏”中的问题的方法，并进行具体分析。

第 5 篇　现代物流管理

本篇主要应用管理学理论讨论对物流产业、行业、经营行为等进行管理的问题。本篇主要涉及与物流运营有关的采购管理、仓储管理、配送管理、运营管理、供应链管理等；本篇还涉及物流行业或产业的战略管理、财务管理、质量管理和绩效评价等。

第 10 章　现代采购管理

【教学目标】

通过本章学习：首先，理解现代采购的定义、意义的和采购的目标；其次，掌握现代采购的基本行为、内容及采购过程管理；第三，了解电子采购、招标采购、JIT 采购和集中采购等科学采购模式。总之，要充分认识采购管理在现代物流中的重要性。

【教学要求】

知识要点	能力要求	相关知识
现代采购概述	理解现代采购的定义、主要意义及采购目标	现代采购的价值、地位及现代采购的目标
采购基本活动	掌握采购的基本活动、主要内容及管理方法	采购市场研究和采购战略、选择和评估供应商、采购谈判策略、采购成本管理、供应商管理等
科学采购模式	了解科学采购模式	电子采购、招标采购、JIT 采购、集中采购

章前导读

采购的奥秘在哪里？

在全球网络化条件下，集中采购，共同发展购销业务，以规模优势降低采购成本，同时精简供应商队伍是大的趋势。例如，中国某电器生产商，在全球的供应商数量，最高时达到2000多家，经采购管理与整合，下降到800多家。如何才能实现这样的目标？

另一个问题，在采购控制方面，如何协调采购成本与库存成本之间的关系？如何实现准时化(JIT)采购？如何将供需双方简单的买卖关系转型为战略合作伙伴关系，共同发展"双赢"模式？如何寻找更佳的采购模式？本章将针对上面所涉及的问题，进行系统而深入地分析。

10.1 现代采购概述

在现代经济环境中，为了应对全球竞争和技术进步所带来的挑战，采购的作用也开始发生改变。采购职能的总体重要性正在提升，采购必须继续加强与客户需求、运营、物流、人力资源、财务、会计、营销及信息系统的整合，使整个供应链获取最大收益，而且，采购费用一直都是商业中花费最大的一项成本，这也要求必须要有提高采购效率的可靠措施。

10.1.1 采购的意义

21世纪企业面临着前所未有的新的竞争环境，如全球范围内的竞争、降低价格的压力、消费者的多样化和个性化的需求、交货期的不断缩短，信息爆炸等，这些变化促使企业意识到靠企业自身的力量很难取得竞争优势，必须与其他优秀的合作伙伴携手合作以取得整个供应链的竞争优势。因此，把非核心业务外包给专业供应商会同时对降低成本、提高质量、缩短交货时间和革新作出贡献。这就解释了在许多企业中，采购占销售额越来越高的比例的原因。

1. 采购的地位

进入21世纪以来，许多企业为了在未来的发展中取得战略优势，将整合全球供应商、产品设计师、广告公司、分销渠道、金融机构或其他外部资源视为核心元素，尤其把整合供应商作为首要因素，而且与供应商的关系也从原来的博弈关系变成合作关系。这使得采购行为发生了很大变化。只有实现这种战略性转变，才能满足新环境下的更高要求。

应用实例10-1 ××是世界知名的运动品牌，其公司已逐渐将所有的产品生产和原料采购等进行业务外包，而将自己的主要精力集中于研发、设计、营销、分销等方面。业务外包的核心主要是进行供应商和生产商的选择，并共同签订"采购—生产"协议，然后不断将开发出的新产品投入生产。这种模式被越来越多的企业学习，并取得了突破性的成功。

上面的分析表明采购已在企业中占据了非常重要的地位，上述案例的核心又说明了"战略性采购"。所谓战略性采购，考虑的不仅是当前的价格，还有能为买卖双方提供创新的、可持续的降低成本的能力，它把传统的只注重采购价格的行为上升到把采购作为一项企业战略考虑。

2. 采购的价值

虽然采购行为已不仅仅是战术层面的问题，但企业更关注的是采购为企业创造的价值。为此，一个关键性的采购指标——“所有权总成本”就凸显出来。所有权总成本所关注的是：供应商的经济情况和其他供应链的成本，如运输成本；买方获取和管理产品以及服务的成本；质量、存货、可靠性以及产品和服务寿命周期内的其他因素；产品或服务对外部和内部客户的价值；等等。这表明越来越多的企业已经意识到采购给企业带来的价值增殖。

应用实例 10-2 根据多个行业对购进的原材料、零部件及辅助材料的统计，一般要占到最终产品销售价值的 40%～60%，见表 10-1。

表 10-1 采购金额在各行业销售额中占的比例

行 业	采购金额占销售额比例/%	行 业	采购金额占销售额比例/%
工业企业	54	家具和室内设备	48
石油和煤炭	83	化学及相关产品	48
食品类	63	机械(除电器外)	48
木材类	60	石头、黏土和玻璃	46
运输设备	60	电气和电子设备	45
纸张类	54	印刷和出版	35
服装和纺织类	49	烟草	27

表 10-1 的数据表明，采购资费对利润会产生比较大的影响，而且当今的趋势是采购对利润的影响要大于企业其他领域对利润的影响。

应用实例 10-3 采购如何影响企业的利润呢？表 10-2 是某企业各种费用增减变化对企业利润影响的统计表。从表中可以看出，为使利润从 500 万元增加到 1000 万元，如果只改变一个因素(其他因素不变的情况下)，销售额需要提高 17%，售价提高 5%，劳务费和工资减少 50%，一般管理费用降低 20%，才可以做到利润翻倍，而采购成本只需降低 8%就可以做到。

表 10-2 企业各种费用的增减对利润的影响

单位：百万元

项 目	当前值	销售额	销售价格	劳务费和工资	一般管理费用	采 购
		+17%	+5%	−50%	−20%	−8%
销售额	100	117	105	100	100	100
购入商品和服务	60	70.2	60	60	60	55
劳务费和工资	10	11.7	10	5	10	10
一般管理费用	25	25	25	25	20	25
利润	5	10	10	10	10	10

在现实中，由于销售额、销售价格大多受市场的影响(除了垄断行业)，企业很难单方面改变；而规范的企业，由于工资、劳务费的刚性以及一般管理费用可变化的幅度比较小，能压缩的空间也比较有限；但采购环节的贡献则不同，采购方式、采购季节的选择等，可

以大幅度降低采购行为本身的费用和采购原料的费用，可以使企业利润翻倍。这就是采购利润杠杆原理。

资产回报率同样也能说明采购的重要性。除了提高利润外，采购价格的降低还会降低企业资产的基数，同样会使得资产回报率增长的幅度大于价格下降的幅度。

应用实例 10-4 假设某公司的年销售额为 1000 万元，总开支为 950 万元。公司拥有 500 万元的资产，其中 200 万元为库存。购入物料的成本占销售额的 50%。使用标准资产回报率模型进行测算，如图 10.1 所示。[①]

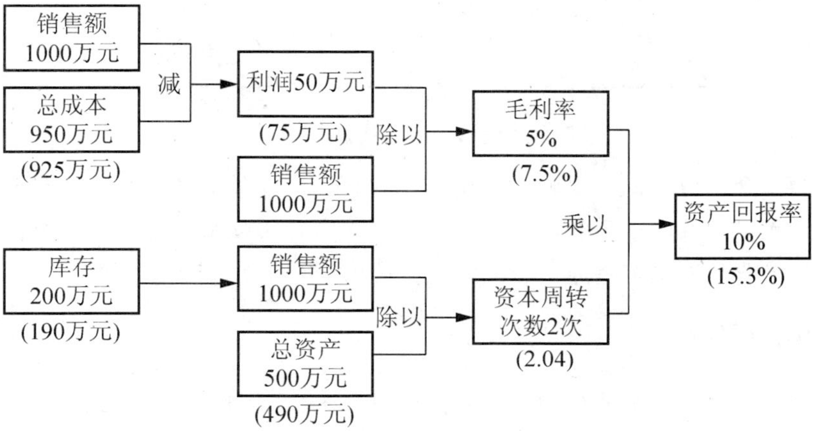

图 10.1 标准资产回报率模型

由于杠杆作用，这样的价格小幅度下降 5%，可以使利润增长 50%。另一方面，价格下降使库存价值降为原来的 95%，以此减少了公司资产的基数，使资产周转率由原来的 2.00 提高到 2.04。资产回报率从原来的 10%增长到 15.3%，提高了 53%。

以上几个例子都充分说明了采购的价值。所以，在一个公司里，采购与销售一样，同样是能够产生收入的部门，而其他任何部门发生的只是管理费用。

10.1.2 采购的定义

所谓采购，“是从外部获得的，使某组织的运营、维护和管理等基本活动以及辅助活动处于最有利位置所必需的物品、服务、能力和知识等[②]。”该定义描述的是组织的采购行为(本章所涉及的采购多为企业采购)，追求的是经济效益，而不是社会采购或个人采购行为。该定义是采购的广义的定义，涉及采购价值链的全过程，如图 10.2 所示，通过这些过程，为组织创造价值。

采购狭义的定义是：“通过商品交换和物流手段从资源市场取得资源或服务的过程[③]。”即指的是图 10.2 中“采购物料和服务”的过程，这一过程可具体分为以下环节，如图 10.3 所示。

---

① 资料来源：http://www.zmay.cn/PlantSupervision/45/1264.html。

② [荷]Prof Arjan J van Weele. 采购与供应链管理——分析、规划及其实践. 梅绍祖，阮笑雷，巢来春译. 北京：清华大学出版社，2002.12. 略有修改。

③ 吴清一. 物流管理. 北京：中国物资出版社，2003.31。

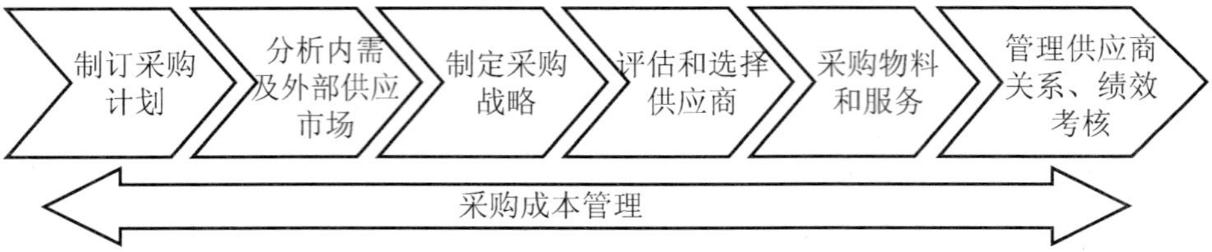

图 10.2　采购的价值链

图 10.3　狭义采购的流程图

从采购的概念可以看出，采购的作用范围包括组织间的业务、对等贸易协定、从外部机构雇用临时人员、缔结广告合同等。然而，许多企业采购货物的活动可能没有采购部门的介入，因此采购职能的范围通常要比采购部门广泛得多。

10.1.3　采购的目标

采购是一个具有多目标的行为，其目标可以用 5R 来概括，即 Right supplier(从合格的供应商那里采购)、Right time(在准确的需求时间内采购)、Right price(以合理的价格采购)、Right quantity(采购正确的数量)、Right quality(采购符合品质要求的物品与服务)。

如何同时实现上述目标，是采购者需要破解的一道难题，它需要协调与平衡不同目标的利益。

应用实例 10-5　缺货会使经销商的经营中断，造成损失。因此需要合理的采购周期和相配套的物流服务，以便使整个运营正常运转。大批量采购和规模化运输，都可降低物流服务成本，但库存量就会大幅度增加，这就需要平衡，选择最佳的采购批量、运输规模和库存量。

应用实例 10-6　某公司从某供应商那里以很优惠的价格采购了一套计算机设备及软件，但该供应商由于经营不善不久就倒闭了，也就无法为该公司进行系统维护和升级。从而导致该计算机设备及软件无法正常使用。这表明价格只是采购的一个目标，而不是唯一的目标。

应用实例 10-7　采购标准化是提供采购效率的重要方法。标准化部件是减少总库存投资、降低库存量和节省维护费用的有效方法，也是平衡 5R 的主要手段。

应用实例 10-8　当一个企业能够有效地控制采购所有环节上的成本和时间，从而避免诸如过多的库存、搬运和检验等不增值的活动，并且与供应商在产品设计、平稳物流等方面能够有效合作和管理，企业就能提升竞争力，并提高企业的竞争地位。

总之，以最低的“总成本”而不是“单价”购买所需的产品和服务，是合理采购行为的核心。它需要综合考虑采购物品的质量、价格、物流服务和售后服务等方面的要求。同时，采购行为需要耗费企业的资源，应以尽可能科学的采购方式来完成采购目标。

10.2 基本采购行为

基本的采购行为主要包括研究市场、制定采购策略、选择与评估供应商以及制定采购谈判策略等。下面对这些内容给予简要分析。

10.2.1 研究采购市场

在市场日趋全球化的背景下，市场的波动加剧，不确定性因素使关键物品的采购决策过程变得更为复杂，而这些采购决策对全球市场带来“长鞭式”的影响。因此，在采购之前，需要评估现有供应商的基础竞争力，追踪汇率变化，还要考虑供应的不确定性、关键物品对稀缺货源的依赖性、关键商品的价格波动、生产周期的变化等因素。

应用实例 10-9 研究采购市场一般由买方自主进行，也可以请外部专门的市场研究机构进行。研究采购市场的关键，是获取第一手的、详尽的市场信息。这对买方选择供应商、选择采购策略、选择采购方案都是非常重要的。

10.2.2 制定采购策略

制定采购策略(Purchase strategy or Tactics)需要在分析采购市场的基础上，根据不同的供应商和采购的产品类型，划分出不同的策略，如图 10.4 所示。

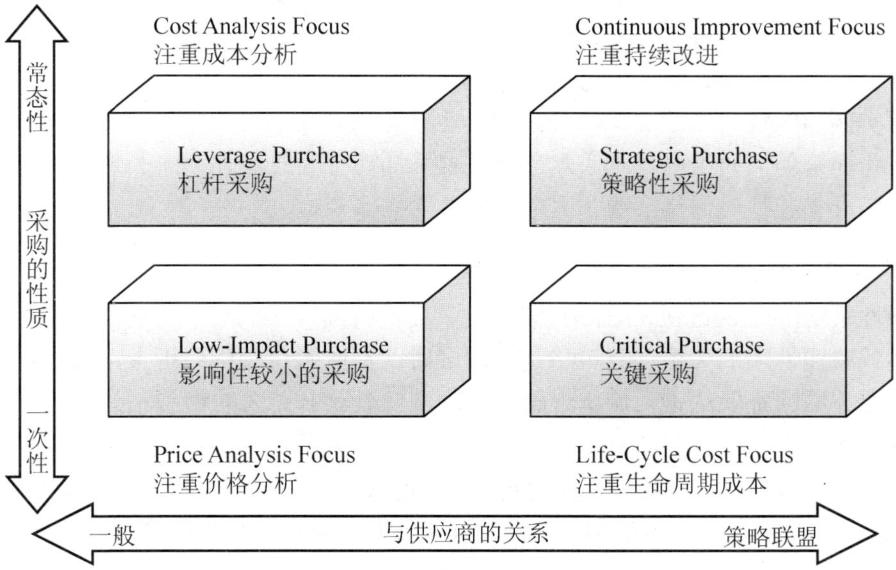

图 10.4 采购策略矩阵

1. 影响性较小的采购策略

对于一次性且影响比较小的采购(Low-Impact Purchase)主要选择快速的、低价格的分析(Price Analysis)方法，并作为这类采购的主要策略。不把采购物品的成本作为分析重点，是这类采购的突出特征，但需要侧重比较以下 4 个方面。

(1) 比较分析各供应商的报价。

(2) 比较目录价格和市场价格。

(3) 比较过去的采购价格记录。

(4) 比较类似产品的采购价格。

应用实例 10-10 对于影响性较小的采购，其金额虽然不高，但也必须比较各供应商的报价、行业指导价格、目录价格与一般市售价格，并以此判断采购价格是否科学合理。采购人员需要牢记的是：勿让花费在价格分析上的成本高于采购的实际金额。

2. 杠杆采购策略

杠杆采购(Leverage Purchase)策略主要用于一般性产品的长期持续性的随机采购，所采用的分析方法主要是成本分析。这种策略的关注点是采购本身的成本和所要采购物品的成本变化之间如何平衡。要侧重分析以下内容。

(1) 对采购策略和采购本身进行价值分析(Value Analysis)。

(2) 分析供应商提供的成本结构(Cost Structure)。

(3) 对采购全程及其物品进行成本估算(Cost Estimates)。

(4) 计算“标的”所有权的总成本(Total Cost of Ownership，TCO)。

应用实例 10-11 当采购商不愿意与供应商维持比较密切的合作关系或产品上市的寿命非常短，或采购对价格的波动特别敏感，使得采购不得不随时寻找价格最低的供应商来应对时，多使用杠杆采购策略。这种策略需要采购人员花费较多时间来进行价格上的分析。

3. 关键采购策略

关键采购(Critical Purchase)包括一次性或非经常性的花费，通常其采购金额都相当大，如主要机器设备、资讯系统、厂房设施等。其主要的策略是采用成本分析法。

应用实例 10-12 除了类似杠杆采购，要计算所有权总成本外，还要分析整个供应链的成本结构和采购品的生命周期成本等是关键采购的重要组成部分。如果重要计划的采购方案一旦变成重复性的例行采购，则考虑使用策略性采购。

4. 策略性采购

策略性采购(Strategic Purchase)代表非常重要的持续性采购案，采购商较希望与供应商建立长期或联盟性质的关系。其策略是花较多时间在成本与价格分析上，成本分析仍是主要方法。所不同的是要注重采购全程的连续改进，以获取更大的收益。

应用实例 10-13 在实施策略性采购时，除了计算所有权总成本、整个供应链的成本结构外，还需要使用目标成本法(Target Costing)分析供应商伙伴的详细成本资料(Open books)，甚至参与到供应商的早期新产品开发(EPI/ESI)，并找出可能改善的部分。

10.2.3 评估与选择供应商

对供应商进行评估，为的是降低采购风险并使采购方的整体价值最大化。但是，大多数采购专家认为，到目前为止，还没有一种公认的评估方法可以准确选择供应商。总的来说，评估流程或过程主要包括以下几个关键步骤(如图 10.5 所示)。

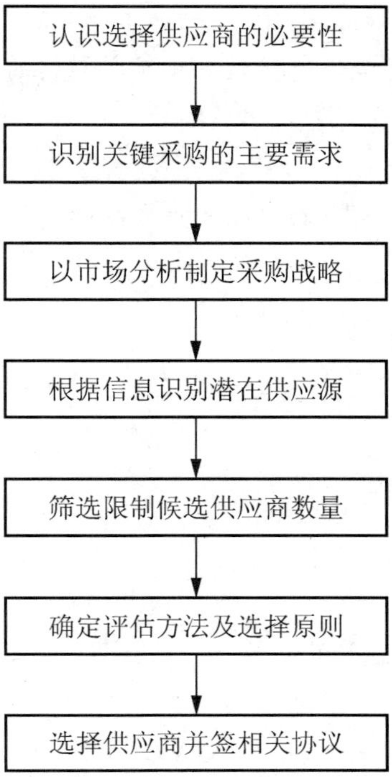

图 10.5　评估和选择供应商过程

下面就简要分析其中的 5 个阶段。

1. 识别关键采购的主要需求

不同的组织或企业一般会采用不同的识别方法，但不管采用什么识别方法，总的目标就是必须明确哪些是关键采购、如何确定关键采购以及关键采购应该如何完成等。

应用实例 10-14　对于不同产品而言可能关键采购的主要需求不一样，比如有的追求精准的时间，有的追求很高的质量，但通常在每项评估中都包括质量、价格、交货期等需求，只是对于不同产品来说重要程度不同而已。

2. 以市场分析制定采购战略

没有任何一种采购战略能够满足所有的采购需求。不同的采购战略，会影响评估和选择供应商流程中所采用的方法。采购方在制定采购战略时应考虑以下因素：①单一的与多个供应源的比较；②短期与长期采购的比较；③选择提供设计支持的供应商与缺乏设计能力的供应商的比较；④全面服务的供应商与非全面服务的供应商的比较；⑤国内供应商与国外供应商的比较；⑥密切合作关系的预期与正常的疏远的采购合作的比较。

应用实例 10-15　在制定采购决策时所考虑的变量有以下几种。

(1) 提前期及提前期的变动性。

(2) 按时交付的百分比。

(3) 库存可获得性的百分比。

(4) 订货/通信的方便性。

(5) 加急的能力。

(6) 由于卖方的差错、不完全发货和延迟交货所引起的停工时间。

(7) 产品可靠性。

(8) 维修或操作的方便性。

(9) 由于错误的零部件或原材料而引起的产品故障。

(10) 质量不合格品。

(11) 技术规格。

(12) 提供的技术/培训服务。

(13) 价格的竞争性。

(14) 与供应商之间的以往经历。

(15) 供应商的整体声誉。

(16) 融资条款。

(17) 购后服务。

(18) 供应商适应买方公司需要的灵活性。

(19) 工程/设计能力。

3. 根据信息识别潜在供应源

采购方往往依赖多种信息来源来识别潜在的供应源。这些来源包括现有的供应商、行业展会、企业的信息数据库、行业名录、企业内部其他部门、Internet 等。识别是为了下一步有针对性的筛选供应商，以减少盲目性和采购成本。

4. 筛选限制候选供应商数目

采购方需要在庞大的、繁杂的、可能的供应源里筛选出候选的供应商，来缩小正式深入评估的范围。在裁减供应商名单的时候主要从：财务能力、合适的经营战略、强有力的管理支持、认证的制造能力和设计能力这 5 个方面入手。

5. 选择供应商并签相关协议

选择供应商的常用方法有评估供应商提供的信息、走访供应商、采用首选供应商以及利用外部或第三方信息对供应商进行评估等。

大多数对供应商的评估，主要按照 3 类标准进行：一是价格是否合理，报价体系是否清晰准确；二是供应的质量是否有保证(包括工艺、材质和产成品保护等)；三是供应物品的交付是否符合合同的相关规定。除了以上 3 个关键点外，往往需要根据具体要求进行更详尽的评估。

待评估完成后，供应商也就确定了，接下来就是与供应商签订供求协议。

应用实例 10-16 权重法在供应商选择中的应用。权重法的核心是将涉及供应商品质、能力和实力的指标进行分类，并根据不同类型的指标在具体的采购项目中的重要性给予赋值。最终根据计算或专家(部门)主观打分对供应商给出评价结果，见表 10-3。

表 10-3　权重法在供应商选择中的应用

指　　标	权　　重	子类别权重	得分(5 分制)	权重得分	各指标权重得分小计
(1) 质量体系	20				
流程控制系统		5	4	4.0	
全面质量保证		8	4	6.4	
零部件合格率		7	5	7.0	
					17.4
(2) 管理能力	10				
管理层与员工的关系		5	4	4.0	
执行能力的综合评价		5	4	4.0	
					8.0
(3) 财务状况	10				
基本债务结构		5	3	3.0	
资金的周转率		5	4	4.0	
					7.0
(4) 成本结构	15				
相对于行业成本的比较		5	5	5.0	
对成本构成的分解评价		5	4	4.0	
成本控制或降低的能力		5	5	5.0	
					14.0
(5) 交付绩效	15				
承诺水平判断		5	3	3.0	
前置期的要求		5	3	3.0	
反应能力判断		5	3	3.0	
					9.0
(6) 技术或加工能力	15				
产品创新能力		5	4	4.0	
流程创新能力		5	5	5.0	
综合研发能力		5	5	5.0	
					14.0
(7) 信息系统能力	5				
EDI 的水平		3	5	3.0	
ERP 的水准		2	0	0.0	
					3.0
(8) 一般类别	10				
少数供应商的支持		2	3	1.2	
环境服从能力体现		3	5	3.0	
供应商的库存管理		5	4	4.0	
					8.2
				总权重得分	80.6

10.2.4 设计采购谈判策略

在采购过程中，采购方进行的重要活动之一就是通过与供应商进行谈判并订立合同。谈判是一种正式的交流过程，双方有相互需求，为了达到彼此的需求，往往需要妥协或让步。谈判的流程分为 5 个阶段，如图 10.6 所示。

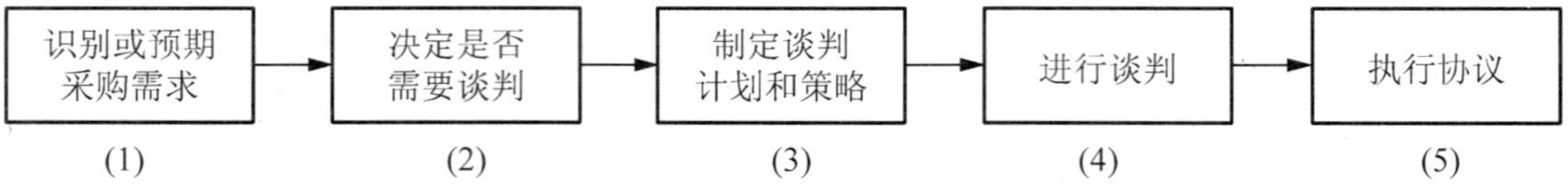

图 10.6　谈判的流程

1. 识别或预期采购需求

在采购周期开始前，就需要掌握需求信息，如原料、组件、部件、成品等物料的需求。需要考虑的内容有：库存量、订购点的设定、新产品的开发、采购申请等。

应用实例 10-17　在现代物流系统中，订购系统(软件)已得到广泛的应用。采购人员需要做的工作是根据生产周期、库存规律等，对订购点进行设定。如生产流程进行到某“时点”、库存减少到某“临界”就需要采购，它也是控制资金占用的有效手段。

2. 决定是否需要谈判

是否需要谈判，取决于所采购的物品类型以及市场状况。对于低价值或标准规格的产品等，一般不需要谈判，多采用竞争性投标方式实现采购。但对于采购额度巨大、非价格因素影响重大的采购，通常需要通过谈判来完成采购流程。

应用实例 10-18　在实际采购中，非价格因素会对采购品质和成本产生影响，如采购批次、包装规格、技术支持(安装调试、人员培训、软件升级等)、运输方式、交货时间以及免责条款等，都需要在谈判中给予落实，并形成合同条款。

3. 制定谈判计划和策略

制定谈判计划和策略是谈判流程中最核心的部分。要想取得谈判成功，必须要有周密的计划和正确的策略。谈判计划与策略的设计一般需要以下步骤，如图 10.7 所示。

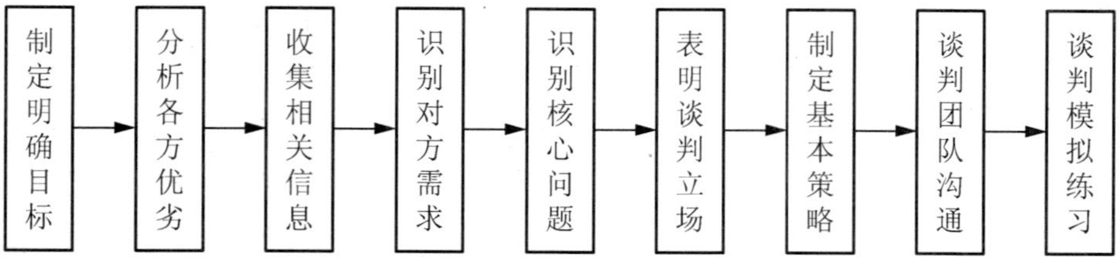

图 10.7　谈判计划与策略的设计步骤

应用实例 10-19　谈判前做好 3 项工作是获得成功的关键。一是知己知彼，评估我方缺料风险，了解谈判对手，掌握市场信息；二是预设目标，确定谈判底线；三是团队合作。了解谈判对手主要包括：对方产能及品质、交易内容与成本、销售状况及对我方的依赖度、价格承受能力、区位上的优劣、在同行中的地位、谈判计划和策略以及对方的细节(如对方谈判人员的个性、嗜好及决策权限等)和薄弱环节等。掌握市场信息主要包括：多方询价，货比三家、未来供需状况、汇率变动趋势(涉及国际采购)等。

应用实例 10-20 实际经验表明：采购人员至少要花 20%的时间去准备谈判和实施谈判。这主要涉及确定主谈人选、分析降价理由、评估有利于对方的环境和因素、选择有利的谈判环境和气氛、拟定议价议程、谈判培训(实际中，大量采购人员很少接受谈判培训)等。

总之，好的谈判结果可以实现“双赢”，扩大参与者的价值，使资源实现更合理的配置。对买方而言，可能意味着得到比竞争者更好的采购价格、更短的物料订购提前期、共同为减少双方间的浪费做出努力以及获得供应商的协助来开发新技术或进行产品设计等。对供应商而言，可能意味着获得更大采购量、更多的未来业务、特殊优惠待遇或得到采购商的技术协助以降低运营成本等。

10.3 采购过程管理

不论是生产企业采购的物料还是商业企业采购的商品，除了在买卖双方间的商业谈判、签订合同和货款结算等工作之外，还存在着大量的装、运、搬、卸、验收、分包等作业。采购特点决定了采购过程不同于企业内部流程，它对采购成本、库存和提前期等有具体要求，并且要与生产、销售等环节配合起来，因此需要连贯的、无缝的、可对接的物流服务。

10.3.1 采购成本管理

采购成本在物流成本或供应链成本中占有比较大的比重。所以，控制采购成本是控制物流成本或供应链成本的关键环节。以下简要介绍控制采购成本的方法。

1. ABC 分类管理法

ABC 分类管理法依据所谓的“20—80”法则，即关键的少数和一般的多数，为指导思想，将采购物品按品种和占用资金分为特别重要的(A 类)、一般重要的(B 类)和不重要的(C 类)3 个等级，然后针对不同等级分别进行管理与控制。其中：A 类物品的价值最贵，占全部物品的 70%～75%，但物品数量仅占总数的 5%～10%；B 类物品数量占全部物品总数的 20%左右，价值上也约占到总量的 20%；C 类物品数量上占到 70%～75%，但价值却只占总量的 5%～10%。

应用实例 10-21 对于 ABC 各类物品的采购，要分别制定不同的采购策略，以达到控制采购成本的目的。如：有的组织把 A 类物品再细分出 AA 类等，对 AA 类物品实行更严格的管理；而对 C 类物品，则通过简化管理流程、减少采购次数或减低库存订购点来控制采购成本。具体控制方法，见表 10-4。

表 10-4 ABC 分类管理法

物　品	A 类	B 类	C 类
控制程度	严格控制	一般控制	简单控制
采购批量	详细计算	一般计算	简单计算
采购记录	详细记录	一般记录	简单记录
检查频度	密集	一般	较低
采购数量	较少	较多	大量

总之，采用 ABC 采购法，不仅从价格折扣方面降低了运营成本，而且降低库存、减少库存资金占压，达到降低运营成本的目的。

2. 经济订购批量

经济订购批量(Economic Order Quantity，EOQ)模型又称整批间隔进货模型，是目前大多数企业最常采用的定购方式，适用于多周期独立采购问题。该模型假设：每次订货量相同、订货提前期固定、需求速率固定不变、不允许缺货、瞬时到货、也没有数量折扣等因素。于是有：

$$\text{经济订货批量}Q^* = \sqrt{\frac{2DS}{H}} \tag{10-1}$$

$$\text{最佳采购批次}N^* = \frac{D}{Q^*} = \sqrt{\frac{DH}{2S}} \tag{10-2}$$

$$\text{最佳订货周期}T^* = \frac{1}{N^*} = \frac{Q^*}{D} = \sqrt{\frac{2S}{DH}} \tag{10-3}$$

在式(10-1)、(10-2)和(10-3)中：

D——某物品的年需求量(件/年)；

S——单位订购成本(元/件)；

H——年平均单位库存保管费用(元/件×年)，$H= PF$；

P——单位采购成本(元/件)；

F——单件库存保管费用与单件库存采购成本之比(年储存费率)；

Q——每次订货批量(件)。

根据以上参数，就可以计算出：经济订货批量(Q^*)、最佳采购批次(N^*)、最佳订货周期(T^*)。

经济订购模型如图 10.8 所示。

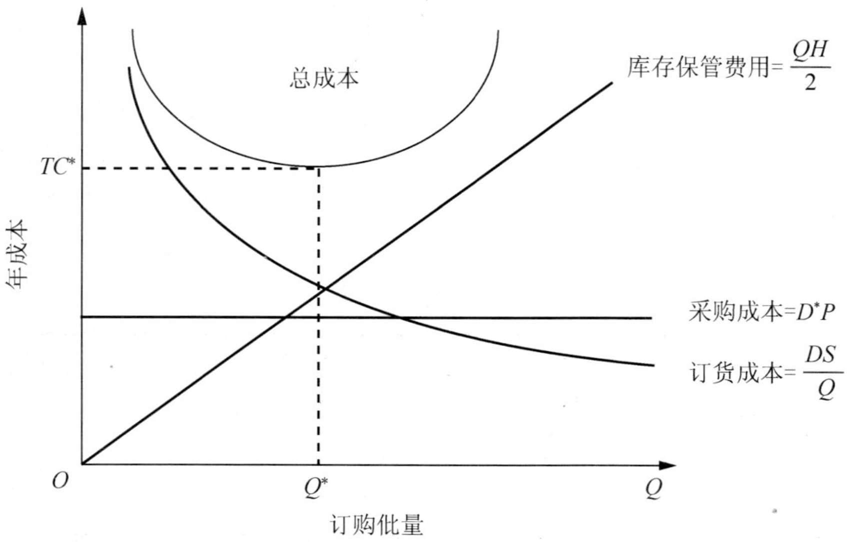

图 10.8　经济订购批量模型图

需要说明的是：上述的EOQ模型是建立在许多假定基础上的简单模型，如果考虑到实际情况的复杂性，如数量折扣、缺货、价格上涨、多品种等，需要对该模型进行修正。

应用实例 10-22 使用EOQ模型实施采购，实际上是在采购成本和库存成本之间进行权衡(如图10.9所示)，将“二律背反”效应降到最低。这就需要在采购批量、价格与库存量、库存成本之间通过计算作出选择。

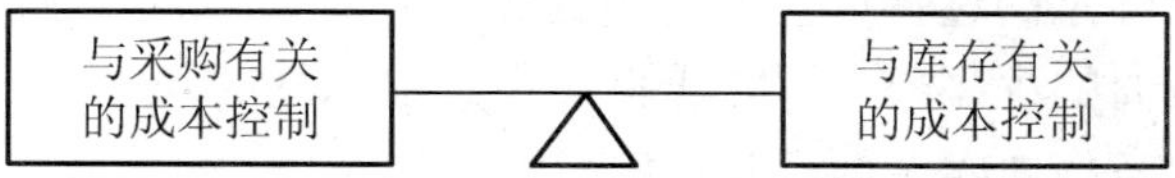

*与采购有关的成本节省包括：

更低的单位采购价格

更低的批量采购成本

更低的订货处理成本

更低的采购选择成本

更低装卸搬运成本的

*库存持有成本包括：

与存货投资相关的资金成本

库储服务成本(保险和税金)

存储空间成本(租赁或折旧)

存货风险成本(意外或损耗)

缺货控制成本(订货点控制)

图10.9 采购成本与库存成本权衡

3. 零库存采购

所谓零库存采购，是指采购方所采购的物品直接进入生产或使用状态。也就是说，在采购流程的设计中，没有库存环节。需要说明的是零库存并不意味着所采购的物品就一定没有积压，而是没有采购计划内的积压。要实现零库存采购，需要综合订单(也称系统合同，即针对某一段具体的时间内，为给定数量的采购安排的一种合同)的支持。

应用实例 10-23 在现实中，有时会出现采购费用、管理费用、库存持有成本的总和可能超过物品本身的成本。而系统合同可以获得更多的供应商折扣(供应商甚至提供高金额的采购延迟支付)、价格保护条款、提高产品的可获得性，从而降低采购处理成本等。

为了减少装、运、搬、卸、库存费用和降低相关的采购成本，往往通过系统合同来实现零库存采购，它的目标在于：始终追求更低的库存水平、不断压缩采购和管理费用、持续探索最佳供应商数量、尽可能推动采购物品标准化。

应用实例 10-24 零库存采购的另一个重要功能是减少了因库存而“多余”出来的装、运、搬、卸环节。这是因为“出入库”流程至少要包含“一装一卸”。因此，追求零库存意味着至少可以减少“一装一卸”所发生的费用。

应用实例 10-25 为通用汽车公司(GM)代理采购合同和提供物流支持的某物流公司，使用的就是零库存采购系统。它不仅要按GM的采购订单从选定的供应商处采购零配件，还负责对采购的零部件进行组配，然后直接配送到GM的生产线和装配线，并分担了GM的零配件库存占用与损坏的风险。所获得的是采购费、物流运作费和一定利润的总体服务费用。

10.3.2 供应商管理

在采购过程的管理中，对供应商的管理是十分重要的环节。虽然在前面的采购成本管理中也都涉及供应商的管理，但由于控制的核心是采购成本，所以往往是围绕采购成本选择适合的供应商。通俗地说，就是好(适合)就选择，不好(不适合)就放弃。然而，供应商是否适合是一个复杂的评价问题，这就引出供应商的管理问题。

1. 供应商绩效考核

任何管理中一个很重要的部分就是绩效考核，供应商也不例外，而绩效考核必然要涉及考核的内容、评价体系的选择以及所使用的评价工具等。对供应商的绩效考核，除了最初的评估和选择供应商的程序外，更注重持续性、动态性的评价。

对供应商的绩效考核内容主要包括：供应物品的品质、供应物品的价格、交货品质等。对供应商进行绩效考核的方法主要包括：主观评价与客观评价、定性评价与定量评价、静态评价与动态评价、时间断面上的横向比较评价和历史时间轴上的纵向比较评价等。

应用实例 10-26 考核供应商的供应品质，是绩效评价的核心，主要包括准时交货率、供应物品合格率、供应系统响应时间(如订单变化的修改时间、配送计划因故变更后的延迟时间等)、供应系统的变革速度、供应物品的“损、差、错”率等。

应用实例 10-27 供应价格是最敏感的、动态的、定量的评价指标。所以，供应商的定价原则、定价方法以及成本结构就成为最核心的评价内容。除此之外，供应商对市场变化的敏感程度、报价方案、供应策略、付款方式等都值得给予绩效考核。

应用实例 10-28 在绩效考核中，常用的方法有：优良中差的分类法、权重评分法和总成本评估法等。下面简要介绍美国联邦快递(Fedex)公司所采用的供应商计分卡来考核供应商的绩效，见表 10-5。

表 10-5 联邦快递公司的供应商计分卡

供应商编号： FSC 码 供应商名称 地址　　代表人				评估周期： 日期： 评估人： 部门：			
类　别	权重	得分	总计	类　别	权重	得分	总计
(1) 准时交货 准时交货次数 总交货次数 准时率	25			(5) 财政稳定(由 D&B 考核)	5		
(2) 周期改进时间(是/否)	5			(6) 成本 A. 价格竞争力 B. 成本趋势 C. 附加额 D. 成本削减方案的频率或价值 E. 供应商节约共享 F. 免费服务(无额外成本) G. 联邦快递的质量成本(或者收益) (成本的平均得分)	20		

续表

供应商编号：				评估周期：			
FSC 码				日期：			
供应商名称				评估人：			
地址 代表人				部门：			
类别	权重	得分	总计	类别	权重	得分	总计
(3) 质量 A．误差率 有问题的收据的数量 总收据数 误差率(收据的) 有问题的发票数量 总的发票数量 误差率(发票的) 总的误差率 B．连续无故障时间 C．库存损坏 D．客户或质量抱怨次数 E．保证条款数量 F．保证条款的到期时间 G．认证(是或否) (质量的平均得分)	10			(7) 多元供应商发展(DSD)—协议 DSD 计分 A．直接报告 B．间接报告(由 DSD&Prime 完成) C．当地供应商的使用 (DSD 的平均得分)	10		
(4) 服务 A．灵活性 B．顾客服务反应速度 C．经营一致性、覆盖范围、可进入性 D．销售人员对产品的了解 E．销售人员对联邦快递的了解 F．售后服务 G．技术升级或加强 (服务的平均得分)	15			(8) 可选的或特定的供应商或商品	10		
总体得分 100							
计分等级：5—优秀；4—较好；3—一般；2—较差；1—差；0—不可接受。 绩效水平：500～400 白金级别；449～400 黄金级别；399～350 白银级别；349～300 青铜级别。							

除了以上涉及的考核内容外，服务、合作等内容也在绩效考核范围内，如解决问题的能力、技术水平、售后服务、参与买方新产品开发、沟通手段等。

2. 供应商关系管理

伙伴关系，是指基于相互信任、开放、共担风险、共享收益的一种特定关系。供应商伙伴关系已成为非常重要的战略问题。组织之间的关系可以在从保持距离的关系到两个机构的纵向一体化之间变动，如图 10.10 所示。

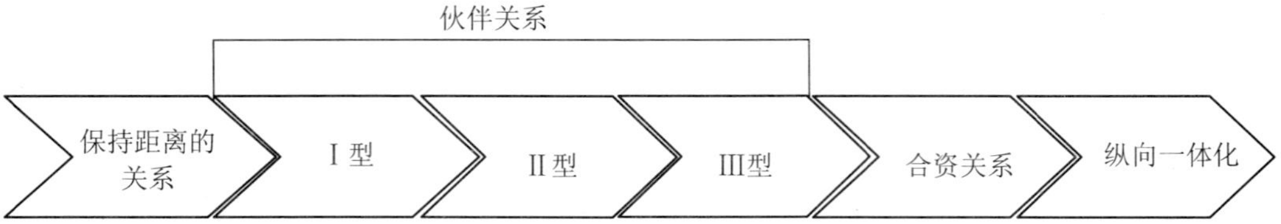

图 10.10　企业之间关系的类型

其中，保持距离的关系包括一次性交易或多次交易，卖方通常为各种顾客提供标准的产品或服务，客户接受标准的条款和条件。当交易结束时，关系也就随之结束。合资关系涉及双方的共同所有权，而纵向一体化则是投资于产业链的结果。所以真正意义上的伙伴关系主要有 3 种。

Ⅰ型：这种关系中的组织互相将对方看做是合作伙伴，通常有一个短期的目标，在有限的基础上协调活动和计划。这种关系只涉及双方组织中的一个部门或一个职能领域。

Ⅱ型：参与的组织超越了活动的协调，达到了活动的集成。虽然并不期望伙伴关系会永久持续下去，但这种关系是长期的。公司内有多个部门和职能参与伙伴关系。

Ⅲ型：组织共享高水平的集成。一方把另一方看做是自己组织中的一个扩展。共同的利益集成在一起。通常，这种合作伙伴关系具有坚实而稳定的基础。

应用实例 10-29　通常，一个组织与其外围有多种关系，大多数关系并不是合作伙伴关系，而是保持距离的关系。在属于合作伙伴关系的关系中，占的比例最大的是第一种关系，第二种关系只占有限的一部分，第三种合作伙伴关系应该用于那些对组织长期的成功具有关键作用的供应商或客户。如可口可乐和麦当劳之间的关系被认为是第三种合作伙伴关系。

10.3.3　早期供应商参与

所谓早期供应商参与(Early Supplier Involvement，ESI)，是指一个企业在产品开发的定义阶段，甚至概念阶段就通过采购将伙伴供应商联系起来，让他们共同参与产品的设计，充分利用他们的专业知识和技术。供应商的作用在向产业链的前端移动。

应用实例 10-30　随着市场竞争的日益激烈，传统的产品开发方式不断受到挑战，企业为提高产品开发的竞争力，在设计阶段就开始发挥供应商的技术优势，并将产品设计纳入供应链管理体系，其中比较典型的是采用通用件和标准件，利用供应商的技术设计制造有关的模具及设备等。

1. 早期供应商参与的优点

早期供应商参与不仅有利于生产企业，也有利于供应商，也为在他们彼此之间建立长期稳定的合作关系创造了条件。

对于生产企业而言，早期供应商参与至少要具有以下优点。

第一，降低开发成本。一方面供应商的专业优势，可以为产品开发提供成本更低或通用性更强的设计；另一方面由于供应商的参与，还可以简化产品的整体设计。

第二，缩短产品开发周期。大量的研发统计结果表明，早期供应商参与的产品开发项目，开发时间平均可以缩短 30%～50%。

第三，改进产品质量。供应商参与设计从根本上改变了产品质量。一是供应商的专业化水平提供了更可靠的零部件，能够改进整个产品的性能；二是由于零部件可靠性的增加，避免了随后可能产生的设计变更而导致的质量不稳定，从而更容易抵御供应链的不确定性。

对供应商而言，早期供应商参与至少要具有如下优点。

第一，充分体现竞争优势。早期参与开发的供应商，凭借其作业技术的优势，自然比其他同类供应商更能得到客户的认可。

第二，充分体现研发的有效性。供应商可以很好地了解制造商的需求、企业文化及决策方式，能帮助制造商更有效地达到预期需求，能使具有技术优势的供应商进一步提高自己的开发水平，从而保持领先或独特的地位，同时，也使自己的研发成果直接获得效益和效果。

2. 早期供应商参与的层次

根据供应商参与的程度和深度的不同，可以将早期供应商的参与分为 5 个层次，第一层次的级别最低，第五层次的级别最高。

第一层次：提供信息。通常，供应商只是根据生产企业的要求提供共享所必需的信息资料，如原料价格、品种、规格，设备的技术参数、产能、维修条件等信息供企业参考。所以，这种早期参与的层次级别最低。

第二层次：设计反馈。针对生产企业的产品设计和开发情况，供应商会提出有关成本、质量、规格或生产工艺方面的改进意见和建议。如：原材料的材质对新产品性能的影响；不同供应物品的性价比；供应物品对生产工艺的具体要求等。

第三层次：部件开发。供应商根据生产企业提出来的零部件要求，深入参与或独自承担相关零部件的设计和开发工作。这实际上已经相当于将产品研发中的非核心技术进行外包。对外，有利于零部件的标准化和通用化；对内，可将核心竞争力集中于关键技术。

第四层次：整体开发。在这一层次，供应商承担企业产品中较重要的部件或组件的设计和开发的全部工作，这种开发必须建立在深度合作的基础上。因为需要采购商或生产商与供应商相互了解各自的研发系统，甚至是公用共同的研发平台。

第五层次：系统开发。供应商必须根据企业产品的整体要求，完全承担整个系统的开发工作。早期供应商必须拥有产品开发的专业技巧或技能，允许顾客独家享有或共用产品开发系统，并对产品设计和开发过程中所涉及的问题承担责任。

应用实例 10-31 统计结果表明，在发达国家，有 60%左右的供应商在“早期供应商参与”过程中停留在第一层次或第二层次，只有 40%的供应商处于第三层次到第五层次。较高层次的供应商，大部分都是技术水平领先、国际合作能力强的生产制造企业。

10.4 科学采购模式

科学采购模式是近 20 年逐渐发展成熟起来的采购模式。其科学性在于其采购方式借用了大量的科学方法和工具，使得采购目的更明确、计划更周密、方法更高效、数量更精确，从而大大降低了采购成本、缩短了采购时间、优化了采购流程。

10.4.1 电子采购

所谓电子采购(E-Procurement)，是指在电子商务环境下的采购模式，俗称网上采购，简称网购。基于国际互联网的发展和支持，电子商务活动逐渐替代传统的商务活动，并使传统采购模式发生了根本性的变革，而且电子采购将占有越来越大的份额。电子采购，主要是通过电子商务交易平台发布采购信息，或主动在网络上寻找供应商、寻找产品；然后通过网上洽谈、比价、网上竞价、网上订货，甚至是通过网上支付货款，完成整个交易过程。

1. 电子采购优势

与传统采购比较，电子采购所面临的环境发生了巨大的变化，从封闭的谈判的环境到开放的网络环境；从有限定时间、时段的约束到全天候的采购系统支持；从受困于空间障碍的阻隔到全球化的采购空间，这些都使得电子采购从根本上摆脱了传统采购所受到的约束。

应用实例 10-32 电子采购环境为一个全天候、超时空、高度开放的采购环境。如：传统采购大约在每年200多天、每天8小时的限定内，由购销双方选择特定的谈判地点，还不一定能一次性地完成采购，而电子采购可以在每年365天、每天24小时、并不受地点限制的采购环境下，可以随时、随地进行谈判，并不受批量限制、次数限制地完成采购活动。

因此，与传统采购相比，电子采购具有以下优势。

一是缩短了采购周期，提高了采购效率。

应用实例 10-33 当今的电子采购实践和统计表明，在网络上讨价、竞价、还价、填写采购订单等大约只需要1～2周，比传统采购平均要减少30%～60%的采购时间。另外，电子商务系统在单位时间内处理订单的能力要远远高于传统采购系统的处理能力，使采购效率大大提高。

二是削减了采购人员，节约了采购成本。

应用实例 10-34 通过电子化采购，××国际知名软件公司的采购部门，采购人员数量由29人减少到了2人；采购的单位成本也由60美元降到了5美元。一些大型跨国公司的总结报告都谈到：通过电子采购，可以大量削减采购人员。

应用实例 10-35 据美国全国采购管理协会称，使用电子采购系统可以为采购企业节省大量成本。传统采购方式生成一份订单所需要的平均费用为150美元，而基于Web的电子采购方案可将这一费用减少到30美元。企业通过竞价采购商品的价格平均降幅为10%左右，最高时可达到40%。交易成本则减少约75%，如IBM公司一张订单的平均成本由35美元降到了1美元。

三是优化了采购流程，安全库存更合理。

应用实例 10-36 电子采购流程不仅仅是依靠计算机和网络技术简单替代传统采购方式，而是依据更科学的方法重新设计采购流程，核心是摒弃传统采购模式中不适应社会生产发展的落后因素。某集团使用电子采购流程后，仓储面积减少一半，降低库存资金约7亿元，库存资金周转期从30天降低到了12天以下，也提高了资金的使用效率。

四是实现了信息共享，提高采购透明度。

应用实例 10-37 在电子采购平台上，不同的供应商都可以共享信息，不但可以及时了解采购、竞标的详细信息，还可以查询以往交易活动的记录，这些记录包括中标、交货、履约等情况。这既可以帮助买方全面了解供应商，也可以帮助卖方更清楚地把握市场需求及成败得失。

总之，电子采购是供需双方可以实现双赢的采购模式。它实现了采购信息的公开化，扩大了采购市场的范围，优化了采购流程，减少了采购时间，降低了采购成本，提高了采购效率，加快了资金流转速度，大大降低了库存，缩短了供需距离，避免了人为因素的干扰，增进与购销之间的关系，使购销双方易于形成战略伙伴关系。

2. 电子采购平台

电子采购平台是一个供应商之间以及供应商和采购商之间互不见面的网上竞价采购管理平台，使得供应商可以远程地参与竞价采购。所谓竞价采购，又称反向拍卖采购，是由采购招标和网上竞价两部分有机结合在一起的采购方式，它用电子商务取代以往的谈判公关，帮助采购商最大限度地发现卖主，并引进供应商之间的竞争机制，使采购流程发生了本质性的变革。

竞价采购的基本程序是：采购商会或采购商先确定筛选原则和方法(包括时间限制、竞价规则、每笔报价的下降金额或比例等，并在竞价系统中设定)，遴选资质合格的供应商；参加竞价的供应商要先交一定的保证金；在采购商确定采购商品后，通知这些供应商，在约定的时间内，通过搭建好的互联网平台，进行竞价采购。供应商登录互联网，应用竞价系统，实现异地而集中的竞价。

应用实例 10-38 在电子采购平台上，对供货方而言，只有竞争价格是透明的，博弈阵容并不透明，而且是异地竞标。在经过供应商之间的多轮竞争，一条降价曲线会自动输出，竞价结果客观、公开，不再需要人为的议标过程。

电子采购与电子商务相比较，在本质上有了更多的概念延伸，它不仅仅是采购行为，而且利用信息和网络技术对采购全程的各个环节进行管理，有效地整合了企业的资源，帮助供求双方降低了成本，提高了双方的核心竞争力。这是一个全新的商业模式。随着买卖双方通过电子网络的联结，商业交易具有十分显著的“无缝”特征。电子采购平台主要有3种商业运营模式，分别为供应商卖方系统、采购商买方系统和第三方交易平台/门户。

1) 供应商卖方系统

卖方系统(Sell-Side Systems)是由一个或多个供应商建立的电子商务系统，它通常与供应商的内网相连，与供应商的客户关系管理(CRM)系统对接。卖方系统的优点是访问容易，可以接触较多的采购商，便于产品的网络推广和销售，大量节约销售费用；缺点是采购商难以查询交易记录、跟踪交易动态和有效控制采购成本。

应用实例 10-39 某跨国公司的产品有85%是用于互联网的网络设备，全天24小时，世界范围内的购买者都可以登录该公司的网站(卖方平台)，按市场区域进行在线采购。每天通过该公司的卖方平台销售的产品超过4000万美元，每年至少节约8亿美元的营销成本。

2) 采购商买方系统

买方系统(Buy-Side Systems)是由一个或多个企业联合建立的电子商务系统，目的是把市场的权力和价值转向买方。买方系统通常与采购商的内网相连，与企业资源计划(ERP)系统对接。目前，一些跨国公司一般都拥有自己的在线采购系统。

应用实例 10-40 美国三大汽车生产商，通用公司、福特公司和戴姆勒—克莱斯勒公司都曾独自建立电子采购平台，以应对每年数百亿美元的汽车零部件的采购。仅以规模最小的戴姆勒—克莱斯勒公司为例，每天需要 3000 个供应商提供 22 万个零部件，并运送给在美国的 1.5 万经销商，库存及流通成本巨大。而这 3 家汽车公司的零部件供应商达 3 万多家。因此，为降低成本，3 家公司强强合作，建立了联合采购平台 COVISINT，并取得成功，实现了更大的价值。

3) 第三方交易平台/门户

第三方交易平台/门户(Third-Party Systems/Portals)基本上是在 Internet 上由供应商、采购商以外的第三方建立，主要有两类门户：垂直门户(Vertical Portals)和水平门户(Horizontal Portals)。垂直门户是经营某个行业产品的网上市场，如钢材、化工、能源等，主要吸引本行业中的买主；水平门户集中多行业的产品，供不同行业的买主采购。

应用实例 10-41 中国粮食贸易网是农粮领域的垂直门户；中电网是以电子元器件产品的在线采购和网上拍卖为核心业务的中文电子元器件垂直门户网站；亚商在线是办公用品采购专业的垂直门户。而新浪、雅虎等网站开通的采购频道是水平门户的代表。

电子采购平台的成功经验证明，电子采购在降低成本、提高商业效率方面比在线零售、企业资源计划(ERP)更具潜力。电子采购平台的投资收益远远高于过去 10 年内已经在企业中占主导地位的诸如企业流程再造、策略性采购等的任何商业革命。

3. 电子目录采购

电子目录采购系统是一套集办公自动化、产品目录管理、供应商管理以及电子采购于一体的综合解决方案。它可以帮助客户快速高效地实现内部采购供应系统的任意商业运作流程及业务规则，搭建符合其自身需求的涵盖包括招标采购、竞价采购、商务谈判在内多种采购方式的在线采购平台，并能有效地管理供应商和产品目录。

应用实例 10-42 电子目录采购的主要功能模块包括：工作流引擎、可视化流程定义工具(WFVISIO)、流程监控工具(WFMONITOR)、流程节点定义、信息发布系统、视图定义、综合查询统计定义、文档自动生成、电子文档管理、组织结构管理、权限管理、供应商管理、专家管理、产品目录管理、在线投标、开标大厅、在线评标、竞价大厅、谈判大厅、合同管理、采购效果分析、项目任务管理、日志管理、在线编辑器等。如：中国石化物资采购电子商务网就已经成为信息共享、决策制定、过程实施、操作监管和供需协同工作的综合性采购业务平台，也是可以实时互动的大型 B to B 交易网站，8 年累计成交 5860 亿元，交易物资超过 71 万个品种，注册会员达到 28000 个。

10.4.2 招标采购

所谓招标采购，是通过招标方式寻找适合的供应商并完成采购的一种方法。招标采购是一种特殊的交易方式，也是得到世界公认的一种采购方式，尤其是国际上，一些政府的采购活动都首选招标采购。招标采购将“公开、公平、公正”的透明机制引入采购活动中。

1. 招标采购方式

公开招标也叫广义招标采购，是指招标方发出招标公告，公开邀请相应的供应商进行投标，最后招标方通过对各投标方提出的规格、质量、交货期限及该投标企业的技术水平、财务状况等因素进行综合比较，确定其中最佳的投标方为中标方，并与之签订合同的过程。

应用实例 10-43 公开招标采购是采购方以招标公告的形式邀请不确定的供应商投标的采购方式。交易完全在“阳光”下进行，所有的投标方都可以看到。在很大程度上防止了采购活动中的暗箱操作，也把不符合招标方要求的商品拒之门外。

邀请招标也叫狭义招标采购或限制性招标采购，是指招标方根据自己的需要、标准和条件等，向指定的多个符合条件的供应商发出投标邀请、评标及最终选择供应商并签订采购合同的行为。当招标与投标都有明确的对象时，就属于狭义招标采购。

应用实例 10-44 邀请招标采购是采购方以投票邀请书的形式邀请多个特定的供应商参加投标的采购方式。对于技术含量高、需要后续技术及服务支持的商品，且限于有限供应商能够满足供货条件，多采用邀请招标采购形式。

议标采购也称竞争性谈判采购，是指直接邀请多家合格供应商就采购事宜进行谈判的采购方式。

应用实例 10-45 在现实中，当公开招标采购没有供应商投标或没有合格标的情况下，或是不可预见的急需采购，或是投标文件的准备和制作需要较长时间才能完成，或需要高额费用时，无法按公开招标方式得到的情况下采用议标采购。

2. 招标采购特点

(1) 公开性。整个采购程序都在公开情况下进行，即公开发布投标邀请，公开开标，公示采购标的、技术规格、投标商资格审查标准、投标商评选标准(事先公布)、投标截止时间、招投标结果等，程序非常规范，并接受社会监督。

(2) 竞争性。招标采购程序是一种竞争的具体形式。采购单位通过招标采购程序，可最大限度地吸引投标方参与竞争，投标方根据招标方的目标和竞争对手的实力，编制有利于竞争和获得最大利益的标书，充分体现了现代竞争的特点和市场机制带来的经济效益。

(3) 公平性。招标的公平性体现在所有感兴趣的供应商、承包商和服务商都可以进行投标，并且本着平等、信誉、正当、合法以及法律地位一律平等的基本原则参加竞标。招标截止时，评选投标商也按照事先公布的评选标准进行。

(4) 程序化。招标采购有一个明确、严格的程序。整个招标过程需严格按照预先设定的程序操作，不能中途修改招标规则、招标程序。在招标过程中，如果确实发现原设计程序有明显漏洞时，需要暂时终止招标，对调整的招标程序必须向所有投标方详细说明。

应用实例 10-46 大多数招标采购采用一次性竞标，俗称“一口价”，并且招标方不与投标商进行谈判。但有时会遇到无人胜出或多方旗鼓相当的情况。这就要类似体育比赛，要么进行“点球”赛，优中选优；要么进行“附加赛”，退而求其次。

3. 招标采购程序

一个完整的招标采购程序一般应包括策划、招标、投标、开标、评标、定标、签订合同等部分，如图 10.11 所示。

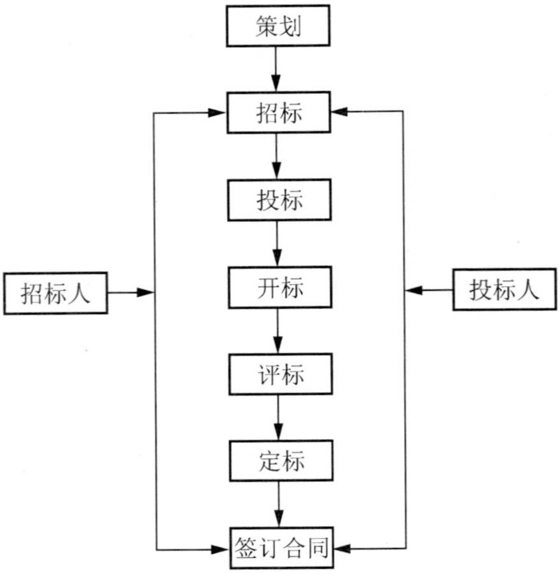

图 10.11　招标采购程序图

应用实例 10-47　中国政府的招标采购。中国政府最主要的采购方式主要包括：公开招标、两阶段招标、邀请招标、议标、询价、单一来源采购等方式。在实际工作中，由于公开招标采购的周期长、采购程序烦琐、采购机制缺乏弹性等问题，一般占政府采购的30%～40%，其余60%～70%的采购则采用其他采购方式。如：对大型复杂的计算机和通信系统等或技术升级换代快的软件系统，采购单位无法提出详细的规格或服务；性质特殊的土建工程等。采购单位无法事先提供完整、准确的技术规格时，则采用两阶段招标方式，第一阶段进行技术招标，第二阶段进行最终技术和价格招标。

以上简要介绍了招标采购的方式、特点和程序。在现代经济社会中，联合国及大多数国家将招标采购推荐为最先进和最适用的采购方式，也是机关企事业单位在采购中保证采购品质量、价格和服务的最佳手段。因此，招标采购的使用越来越广泛，越来越受到社会的关注。但招标采购是一项比较庞杂的活动，牵涉面广、耗时间、费精力，有时采购成本也比较高。因此并不是适合所有采购工作，也不适合频繁使用，一般只适宜于比较重大或者影响比较深远的项目。

10.4.3　准时制采购

准时制(JIT)采购源于准时制(Just in Time，JIT)生产模式。JIT 的原则是所有原材料和产品都应该在生产流程“恰好”需要它们时出现，早出现则产生库存，晚出现则生产中断。JIT 认为过多的缓冲库存是一种浪费。不断减少流程中“隐藏”的成本是 JIT 基本的理念。

JIT 的思维是一切库存都是浪费，而且除库存外，采购过程中有大量不增加价值的活动，如订货、修改订单、收货、装卸、开票、质检、入库及转运等，因此需要合理削减。

JIT 采购模式大大地精简了传统采购作业流程，因而消除了不必要的浪费，极大地提高了工作效率。那么 JIT 采购与传统采购的区别在什么地方呢？

JIT 采购的基本思想是：把数量准确、质量合适的物品，在恰好的时间供应到规定的地点，100%地满足用户的需要，并最大限度地削减库存、多余的流程与浪费。这显然和强调批量采购、大量库存的传统采购方式有着很大的不同。表 10-6 列出了 JIT 采购和传统采购的主要区别。

表 10-6 JIT 采购与传统采购的区别

采购活动	传统采购	JIT 采购
供应商选择	供应商多，价格是中心	供应商少，通常有一个当地供应商；频繁出货
订货方式	特定配送时间和质量	可根据情况取消订货
改变订货	配送时间和质量常在最后一刻变化	配送时间和质量固定，数量可以根据情况调整
订单跟踪	需要通过多次沟通解决配送问题	很少出现配送问题
来料检查	几乎每个订单都要进行质量审查	初始样本审查，以后不再需要审查
供应商评价	合同履行能力	对合同履行、生产设计、物料配送、产品研发能力等评估
付款方式	每次订购时付款	按合同寄送发票和收款
信息交流	不对称	高度共享

从表 10-6 可以看出，传统采购是基于库存的采购，而 JIT 采购是面向需求的采购。与传统采购相比较，JIT 采购具有以下几个特点。

1. 供应商数量较少

JIT 采购使用“较少供应商”策略，甚至采用单源供应。这样有助于加强买卖双方的依赖关系、保证采购品的质量以及容易稳定价格，但这种策略存在一定风险。

应用实例 10-48 单源供应商策略的风险主要来自：供应商运营过程可能出现的问题、配送过程中的意外中断交货以及配送流程可能出现的“损、差、错”。所以，不能对单源供应商过度依赖，而是要有备选方案，如与 2～3 个供应商同步合作。

2. 小批量采购策略

小批量采购是保证 JIT 的重要机制，但必然要增加运输次数和运输成本。这对供应商而言，是很为难的事，特别是供应物品距离配送点比较远的情况。

应用实例 10-49 在供应点远离配送点的情况下，实施 JIT 采购的难度大。而解决这一问题的主要方法是：就近选择供应商、产地迁移和充分利用第三方的配送系统等，如第三方物流系统有许多“回程”空载，这是降低运输成本的有效方法。

3. 双方资源的共享

JIT 采购机制的核心是购销双方建立长期的战略合作伙伴关系，而非短期的交易关系。因此双方合作的重点不仅仅是采购订单的处理，而是更多资源的共享。

应用实例 10-50 在 JIT 采购模式下，双方有大量的电子数据交换，这就需要信息资源共享，共享的内容包括产品计划、作业计划、工程数据、质量要求、成本控制、交货期等。为了实现这些信息的共享，现代物流信息技术，如 EDI、EOS 等，为有效的信息交换提供强力支持。

4. 过程控制更严格

JIT 采购的质量指导准则是“零缺陷”。要从根源上保证采购质量，就必须对采购流程的每个环节采取有效的控制措施。所以，JIT 采购的过程控制更严格。

应用实例 10-51 JIT 采购的过程控制主要包括：供应商的选择；长期合约的谈判；供应品质，包括处理订单、批量规格、残次品率、性能标准、交货周期、价格幅度、柔性幅度等；服务水准，包括技术能力、应变能力、协调能力等。

以上简要介绍了 JIT 采购的思想、机制和主要特点，下面再从一个具体案例更深入地认识 JIT 采购所包含的内容以及所产生的效果。

应用实例 10-52 TNT(1946 年在荷兰成立的快递公司，现已覆盖全球 200 多个国家，1988 年进入中国)为美国福特(Ford)公司提供 JIT 服务。具体方案：Ford 在多伦多的工厂，每天生产 1500 辆小型客车，为保证其 24 小时不间断运转，TNT 安排一天 800 频次的配送，确保把 300 多家配件商的零配件及时送达工厂。流程如图 10.12 所示。TNT 的配送管理系统与 Ford 的生产管理系统完全对接。配送件必须送达到 Ford 组装线的 12 个不同的组装地点，时间误差在 10 分钟之内。为了便于卸货，配送车辆的次序是事先排定的。合同期 7 年，Ford 支付 TNT 的费用每年减少 2%。

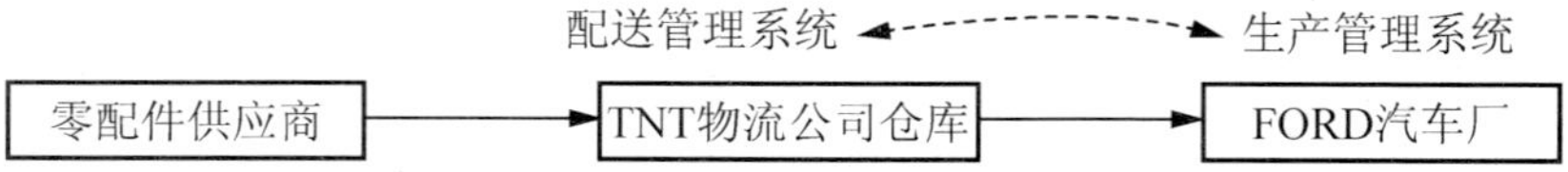

图 10.12　TNT 为 Ford 提供 JIT 服务的流程

以上实例表明：要进行 JIT 生产就必须要有 JIT 供应。而 JIT 采购是 JIT 生产管理模式下的必然产物，同时帮助制造商提高劳动生产率和降低成本。总之，JIT 要求“供应”仅在需要的时候出现，使缓冲库存的数量大大减少。而 JIT 采购模式不仅对内部的科学管理提出了严格的要求，而且也对供应商的管理水平提出了更高、更严格的要求。JIT 采购模式的运作，客观上将采购商和供应商整合在一起，是一种科学的管理模式和先进的采购模式。

10.4.4　集中采购

集中采购(Centralized Purchasing)是相对于分散采购(Decentralized Purchasing)而言的。分散采购是一个组织将采购权分散到下属的各个分支机构，由分支机构在核定的商品资金定额范围内，直接向供应商采购。其特点是采购系统响应敏捷、采购方式机动灵活。但是随着 OEM(Original Equipment Manufacture，一种原汁原味原产地的制造)、连锁店和特许经营的出现，分散采购在整合资源、降低成本以及谈判话语权方面的劣势逐渐显现出来。

所谓集中采购，是指采购方在核心管理层建立专门的采购机构，统一组织系统内所需物品的采购业务。它体现了采购方整体的权力和利益，是一种重要的管理机制和运营模式。集中采购将成为未来采购的主要方式之一，具有很好的发展前景。

应用实例 10-53 大型跨国公司、OEM、连锁店、特许经营大多采用集中采购，它是经营主体保护产权、技术和商业秘密的基本措施之一，是协调供需平衡、控制市场节奏、提高整体运营效率的主要手段之一，是取得最大利益的战略和制度安排。

1. 集中采购的主要优势

(1) 降低采购成本，获得采购规模效益。由于集中采购可以将系统内各分支机构的采购数量累加，形成大的采购批量和长期的采购计划。面对如此大的采购批量和可能的长期客户，供应方愿意为此降低供应价格。采购的规模效益也由此而产生。

(2) 合并同类采购，减少重复性的采购。分散采购模式由于系统内各部门之间缺乏协调，出现大量重复性的采购工作，而导致系统整体的采购成本增加、效率低下。集中采购可以最大限度地合并相同类型的采购，从而减少重复性采购。

(3) 有利整体战略，便于协调采购计划。在实施集中采购的系统中，采购部门不仅是一个职能部门，更是一个战略部门。集中采购计划就是一个整体性战略方案，因此，集中采购系统本身同时要突出体现能够全面协调采购计划的功能。

(4) 规范采购行为，维护健康合作关系。分散采购易发生采购过程不规范、责权不对等、监督难以落实等问题。而集中采购制度有利于规范采购行为，有利于与供应商之间形成健康的合作伙伴关系，并得到供应商的技术指导、专业培训及售后服务等方面的支持。

应用实例 10-54 惠普公司曾经是一家分散化管理的公司，强调放权，其下属的50多个生产制造单位在采购上完全自主。这种安排具有较强的灵活性，但采购成本居高不下。经过公司的详细评估后，惠普决定调整采购战略，实行集中采购。惠普公司通过运用现代信息技术，重构了采购流程，使公司总部与各生产制造单位共同使用同一个采购软件系统。这样，公司总部就能及时、准确地掌握公司下属各分支部门所需要的相同规格或类型的采购物品，同时也能从公司整体效益的角度出发来评估供应商的绩效表现。与此同时，惠普公司的采购软件系统还能为全公司提供数据分析方面的支持，并预测未来的物料需求情况，帮助决策者做出正确的判断。惠普公司的这一流程重构，获得了非常好的结果：发货及时率提高150%；交货期缩短50%；潜在顾客丢失率降低75%；由于集中采购带来的折扣，使所购产品的成本大大降低。

2. 集中采购的适用范围

由于集中采购使权力过分集中损失了采购的灵活性，因此，在实践中，是采用集中采购还是分散采购，应综合考虑以下因素。

(1) 通用程度：采购品在使用中的通用性越高，越适用集中采购。相反，需要向供应商指定采购某种个性化强的产品，而系统内的其他分支机构没有相同需求时，不宜采用集中采购。

(2) 地理位置：总部和分支机构在地理位置上越集中，越适合采用集中采购。相反，各分支机构在地理位置上相对分散，越适合用分散采购。

(3) 市场结构：如果供应商在行业中处于寡头垄断的地位，则集中采购可以提高竞争力，使供应商对采购方的重要价值给予重视，并获得更优惠的价格以及更好的服务。

(4) 潜在节约：有些类型的采购品对采购数量非常敏感，当购买数量达到某一规模或等级时，会带来采购价格上的折扣，并使采购成本随之下降。这类采购品宜采用集中采购。

(5) 专门技术：技术含量比较高的物料，如集成电路板、微芯片等高附加值的电子产品，其价格与需求量之间有比较大的价格需求弹性，宜采用集中采购。

目前，集中采购已经成为集团型企业以及政府采购的主要采购方式。集中采购使采购行为更倾向于专业化、规模化、规范化。一些大的组织系统纷纷建立集中采购部门、采购中心或物资装备中心，并采取“统一管理，集中采购，统一储备”的模式。

10.5 案例分析

L公司的采购战略

L公司主要生产电脑、服务器、打印机、手机、MP3等产品。在北京、上海等地有3个工厂，部分产品销量多年来位居国际国内市场的前茅。L公司有300多家供应商，国内的客户渠道有5000多家。L公司的采购战略为其取得的成功起到了非常重要的作用。

L公司在认真分析了IT行业采购环节的特点后，总结出以下4点：第一，IT行业价格波动的程度非常大，影响因素也非常复杂；第二，部件更新换代非常频繁(根据统计，基本上每两天就有一个机型配置发生变化)，产品降价速度非常快，难以准确预测，因此，当市场发生变化时，需要快速调整，以满足客户需要，避免库存带来的风险；第三，客户差异化需求日益增长，同时还要保证标准化；第四，原料和零配件市场属于寡头垄断模型，供应商为少数寡头，控制价格和逐利行为非常明显，并且对整个行业的影响非常大。

L公司采取的是一体化的运作体系，即把采购、生产、分销以及物流配送等整合成一个统一的系统，公司集团负责指定从战略层到执行层的统一策略并统一协调(包括生产制造系统的协调与管理)。L公司的物料采购主要分为国际和国内两部分，国际采购主要通过香港转到国内；国内采购则直接发到各个工厂。在采购过程中，需要解决好4个问题：一是怎样保证准确预测；二是怎样保证在预测出现偏差时，能快速调整；三是怎样根据客户的差异化需求制定策略；四是怎样很好地完成与供应商在采购方面的协同。这4个问题也是其他企业在当今需要面对的主要问题。针对以上几个问题，L公司制定以下策略。

第一，基于历史数据对整个市场多维度的详细分析，保证比较准确的预测。L公司分析自身和代理商积累的历史数据，发现产品销量跟诸如市场的自然增长、季节的因素、公司的优惠活动、新产品的推出等实践因子相关，并根据一些季节性的需求波动性、代理商对需求的预测等，最后综合各方面的判断与预测，精确推算出用户需求状况。

第二，在预测出现偏差时，快速调整采购计划和生产计划。在采购方面，根据采购提前量、安全库存量、采购批量以及公司多个库存地的动态计划，确定调整内容。如2007年，L公司对销售发生变化和供应商状况发生变化时，可以做到在几个小时之内，把几十种产品、几千种物料、面对几百家供应商的计划能够调整完毕。这体现的是对市场变化的反应能力和应对能力。

第三，采用客户定制式(客户根据自己的需要配置，系统可自动地提供报价，这样客户就可以在网上选择产品，并可得到动态价格及供货时间)的订单系统。其指导思想，一是能更好满足客户需求，从而达到高效决策；二是快速获得客户的订单信息。

第四，采购方与供应商在采购方面的协同。一是全程协同，从产品研发时就和供应商进行同步开发，并侧重在品质和供应弹性及成本等方面进行持续改善；二是全程监督，加强日常管理、解决突发问题以及持续改善的推进等。如2006年，L公司引入Ebidding电子采购竞价系统，投入使用后采购成本平均降幅15%左右，并显著缩短了采购项目的运作周期，使得L公司能够在非常短的时间内完成与供货商确定价格等复杂耗时的工作，极大提高了采购效率。最终实现了公司和供应商之间的双赢。

第五，根据采购金额和物料的风险进行分型处理。针对不同类型的供应商、不同的物料采取不同的策略，从而追求不同情况下采购资源效益的最大化。基于采购方与供应商协同的理念，L公司定期对采购策略进行调整，如根据采购策略的实施情况确定是否需要导入新的供应商等。另外，对供应商的绩效定期进行评估(主要从研发、质量、服务、供应及成本5个方面进行)。

本章小结

本章概要介绍了现代采购管理的相关内容。主要涉及现代采购的定义、意义、目标、市场分析、策略、供应商选择以及采购谈判等内容，并从管理的角度重点介绍了采购过程管理的相关内容。把采购是什么，引向正确、科学的采购应该是什么模式，并结合采购成本管理、供应商管理等概要介绍了当今一些科学的采购模式，如电子采购、招标采购、JIT采购、集中采购等。了解、理解和掌握这些采购知识，可以帮助读者更深刻地认识现代物流的本质与内涵。

本章习题

1. 概念题

采购　　ABC分类法　　早期供应商参与　　电子采购　　招标采购
JIT采购　　集中采购

2. 思考题

(1) 简述采购的意义并举例说明。
(2) 在当今市场环境下，为什么要采用科学采购模式？有哪些科学采购模式？如何应用？

3. 分析题

(1) 采购的目标是什么？为什么要进行采购市场研究？
(2) 什么是采购策略矩阵？
(3) 选择和评估供应商应考虑哪些因素？供应商伙伴关系有哪3种类型？
(4) 供应商的绩效考核主要包括哪些内容？
(5) 早期供应商参与有何优点？有几个层次？
(6) 电子采购有哪些优势？电子采购平台主要有哪3种商业运营模式？
(7) 招标采购的特点有哪些？有哪些方式？程序如何？
(8) 集中采购的优势是什么？是否采用集中采购应考虑哪些因素？

4. 计算题

某制造企业，依计划每年需采购A零件10000个。A零件的单位采购价格为16元，每次订货成本是100元，每个A零件每年的保管仓储成本是8元。求A零件的经济订购批量、每年的总库存成本、每年的订货次数和每次订货之间的间隔时间。

5. 论述题

JIT采购的核心理念是什么？它有哪些特点？与传统采购的区别是什么？

第 11 章　现代运输管理

【教学目标】

通过本章学习：首先，了解运输与运载的基础知识；其次，理解合理运载与综合运输的相关内容；再次，熟悉 4 种运载方式；最后，了解货运组织与管理的主要方法。

【教学要求】

知识要点	能力要求	相关知识
运输与运载的基础知识	认识运输和运载之间的区别 熟悉对运输产品的基本分析	了解运输行业的演化过程 了解运输经济的相关内容
合理化运载的基本内容	熟悉合理运载的要求与方法 掌握综合运输的本质与特征	深入了解不合理运载形式 了解综合运输的发展趋势
运载方式的基本分析	熟悉 4 种运载的方式与特点 掌握汽车运载的方式与特征	了解 4 种运载方式的演化 了解汽车的技术经济特征

章前导读

运载工具的演化

从公元前2500年左右开始，运载工具诞生——从人力车、畜力车到排筏、独木舟、小船。最初的运载工具，承载能力小、运送速度慢、受环境影响大。在随后的岁月中，由于生产、通商、生活，尤其是战争需求，不断刺激着运载工具的发展。受当时技术的限制，船舶率先完成了向大型化发展。如郑和下西洋(从1405年开始)；哥伦布的跨洋航行(1492年)并发现新大陆。但由于没有机械动力，运行速度还比较缓慢。

以瓦特发明蒸汽机为起点，到1945年止，这一时期，一系列的发明创造使运载工具逐步实现了机械化、电气化和机电一体化，最初的标志性成果有：1769年，第一辆装有蒸汽机的动力车诞生；1782年，第一只热气球升空实现载人飞行；1790年，第一辆蒸汽机公共车在法国使用；1804年，第一部有轨蒸汽机车在英国诞生；1807年，第一艘蒸汽机的轮船在美国下水；1825年，第一条公共铁路在英国伦敦建成；1833年，加拿大蒸汽机船第一次渡大西洋；1850年，第一架无动力滑翔机在德国问世；1852年，第一只蒸汽机热气球在法国诞生；1875年，第一台汽油发动机成功研制出来；1886年，第一辆三轮汽车由卡尔本茨发明；1903年，第一架汽油机的滑翔机首次航行；1914年，第一条飞机航班航线由美国开辟。

那么，这些运载工具对现代运输给予了怎样的支持呢？这正是本章要讨论的内容。

11.1 运输基础

运输(Transport)的核心是改变人或物原有的空间位置。如何更安全、更有效率地改变是运输经济、运载技术及其管理所研究的内容。运载(Carry)属于运输的一个子域，是基于可独立运动的运载工具(Carrier)来实现运输的一种行为。运载工具主要包括航空器(空间运载工具)、船舶(水中运载工具)和车(陆上运载工具)3类。

11.1.1 运输行为

运输行为是运输主体借用(也可以不借用)辅助手段，有目的的改变客体空间位置的行为。它涉及主体、辅助手段和客体。不借用辅助手段的运输，效率低下，已不是当今的主流。

1. 主体——运输行为的发出者

在人类社会中，运输行为的发出者是人，人是行为意识的发出者和行为过程的操控者。需要说明的是，诸如地球引力、风能、水流等也能改变某物体的空间位置，但不是运输行为。因为这种改变缺少目的性。只有这些现象被人类有目的地利用，才转为运输行为。

2. 客体——运输行为的受益者

运输行为的受益者是含有丰富信息的实体。通常分为两大类，即旅客——在特定时间内，有目的(主动或被动)地改变空间位置的人；货物——按所有者或支配者的意愿在特定时间内改变空间位置的物。

3. 两个辅助元素

在不断追求更高效率的社会发展中，依靠人力自身的运输远不能满足社会对运输的需求。借助辅助手段提高运输效率成为人类的必然选择。人类在漫长的社会实践中，创造出丰富多样的辅助手段，这些辅助手段大体可分为两类。

(1) 相对静止的支持系统。要实现高效率的运输，需要依靠诸如铁路、公路、航道、管道等组成的通道以及港口、车站、航站等枢纽来完成。因此，这样一个相对静止的实体网络支持系统，就成为实现运输的一个辅助元素。

(2) 能够运动的输送工具。主要分为两种类型：一是传输设备——整体相对静止、局部承载运动，如电梯、传送带等；二是运载工具——整体独立运动、局部静止承载，如汽车、船舶、飞机等。很显然，运载工具与输送工具存在差异，运载与运输存在差异。

4. 认识第五元素

当两个辅助元素发展到一定程度，并对运输效率的贡献呈边际递减时，物流管理技术对运输效率的贡献就渐渐地显现出来，尤其是依托于标准化技术、现代信息技术和系统科学而发展起来的现代物流管理技术，已经从传统的、辅助个体运输技术转向引导、优化甚至是控制整个运输系统的关键要素。因此，在现代运输中，物流管理元素既有服务于运输技术层面的辅助性，又有引导、优化与控制运输系统层面的主导性，故称其为运输的“第五元素”。

11.1.2 运输方式

传统或习惯的运输方式(Transportation Way)分类主要有 5 类，即水路、铁路、公路、航空和管道运输。传统分类基本是按照某一类运输的最初表现形式给予描述的。这种分类方法简单、直观，易于被人们接受。这其中，前 4 类空间位置的改变都属于离散方式。

应用实例 11-1 以离散方式中的陆域通道为分析对象，其种类见表 11-1。

表 11-1 离散方式中的陆域通道与主要运载工具

陆域运载	运载通道															
	有轨(有线)通道				无轨有路(以公路为主)通道								无人工通道要求			
运载工具	火车	地铁	缆车	磁悬浮	汽车	拖拉机	摩托车	三轮车	自行车	畜力车	人力车	轮滑	人力	畜力	雪橇	冰排

从表 11-1 可以看出，在陆域范围内使用的运载工具多达十几种。

11.1.3 运输产品

从使用的角度讨论运输产品，主要围绕其使用价值展开。所谓运输产品，是通过运输服务提供改变客体空间位置的使用价值的。与不同的对象比较，它表现出不同的属性和特征。

1. 与实物产品比较

当选择实物性产品这个明确的比较对象后，就有了可以比较的参照物，再分析运输产品的基本属性，就可以直观地看出它与实物性产品的不同。

1) 非实体性

从存在形式考察，运输产品不具有实体性，提供的只是一种服务或劳务。这是运输产品与实物产品最重要的本质区别。由于这种非实体性，运输产品不能提前生产、储备；更不能像实物产品那样通过产品调剂实现区域性的供需平衡。

2) 非理化性

从运输过程考察，正确的运输行为不允许改变运输服务对象原有的理化属性，只能改变运输服务对象的空间位置，这也是运输的基本功能。因此正确的运输行为中，运输消耗不能改变运输服务对象原有的理化属性，这也是对运输品质保障提出的基本要求。

应用实例 11-2 在实物产品的生产过程中，不仅要改变劳动对象的位置，还要改变劳动对象的理化属性，并创造出新的有形产品。如：把小麦加工成面粉；把硫黄、芒硝、木炭按一定比例加工成火药；把木材加工成桌椅板凳等。

3) 非流通性

从流通过程考察，由于运输产品的非实物性而缺失流通的基础，也就缺少了流通环节。因此，运输产品的销售，在运输过程中实现或在运输行为发生前就已经完成。

应用实例 11-3 一般的实物产品，在被生产出来以后，就离开生产领域，并经过流通领域，甚至在流通领域停留一段时间才能进入消费领域。这种生产、流通和消费的完整过程，必须以产品的实物性为基础，即要有流通的实体。

4) 同产消性

从消费过程考察，运输产品的生产过程与需求者的消费过程或运输产品的销售过程同时进行。生产结束，消费也结束，即“同产消性”。因此，运输、消费都是一次性的。

应用实例 11-4 一般实物产品的生产过程与需求者的消费过程是完全分离的。它表现为时间上的分离(生产过程在前，且只有当生产结束才能进入流通过程)和空间上的分离(生产过程在工厂)。只有当生产结束后，产品才能进入流通领域，再进入消费领域。

2. 与服务产品比较

服务产品都拥有通过服务使消费者得到满足的特性，但服务的内容有很大的差异。因此，不同的服务行业，各自涉及的内容需要通过以反映各自特征的指标来描述。运输服务产品与其他服务产品的不同之处主要表现在：运输产品的基本构成要素不同。

运输产品的基本构成要素是运距(Transportation Distance)和运量(Transportation Volume)。运距是指实际运输距离；运量一般指运送货物或旅客的数量(吨或人次)。运量的生成，本质是运输服务对象所需要被移动的质量。

应用实例 11-5 在实际中，运量有不同的计量单位：对货运量，一般采用重量单位和体积单位两种计量方法，主要是由于运载工具受额定载重量与有效容积两方面的约束。而体积单位一般需要经过换算“折吨”，再进行统计；对于客运，一般采用“人次”，有时将其“折吨”。

需要重点强调的是，运距和运量这两个统计指标，只单独使用其中的一个无法准确地说明完成运输的实际工作量。因此，在实际应用中，通常用实际运距与运量的乘积——周转量(Turnover Volume)来表示运输工作量，即

$$周转量=\Sigma运距(S_i)\times运量(T_i)\ (吨/千米或人/千米)$$

周转量是反映运输企业、行业或某地区实际完成运输工作量的重要指标。但它是一个绝对指标。只能反映运输规模，无法反映运输效率。另一方面，仅仅依靠周转量一个指标，无法描述运输工作量的特征，因此，还需要与运距、运量等指标进行协同描述。

11.1.4 运输品质

运输产品或服务的品质要以相应的技术为基础。不同的运输方式都可以提供基本的运输服务，但不同的运输方式在技术方面的差异，决定了不同运输产品在性能与质量方面的差异。

1. 性能方面

技术是决定产品性能的重要基础之一。在运输中，技术因素更是影响运输性能的关键因素。对于运输性能的技术评价主要有以下几个方面。

1) 敏捷性

所谓运输的“敏捷性”，是指在非运输技术或相关环境的制约下，运输系统响应的灵敏性以及运输工具的速度性能与机动性能。它综合体现在能否灵敏快捷地将运输服务对象送达的能力。根据上述定义，运输的敏捷性：一是取决于运输系统的响应时间；二是取决于运输工具的技术速度和机动灵活的程度。前者反映了运输流程的效能，后者体现了运输工具的技术性能。

应用实例 11-6 在响应方面，汽车要明显优于火车，即灵敏性占优；但在速度方面，火车要优于汽车，即更快捷。所以在短距离内，汽车运载有比较明显的优势，但在比较长的运距范围内，火车占优。因此综合评价两者之间的敏捷性，需要先制定评价标准。

2) 便达性

所谓运输的“便达性”，是指在非运输技术或相关环境的制约下，某一运输方式承运的便利性和可达性。它综合体现了某一运输方式能否将运输对象方便地送达到某一特定位置的能力。这种能力：一是取决于运输方式能否为客户提供方便的运力并使服务对象便利地出入运输系统；二是取决于运输工具固有的通达性能。前者反映了进出运输系统的便利程度，后者体现了运输工具的技术特征。

应用实例 11-7 在陆域，汽车比火车的便达性要好；在空间，直升飞机的便达性优于其他飞行器；在水域，气垫船要比其他船舶的“便达性”要强。而且，不同的运载工具在不同区域有各自的优势。因此，在三维空间评价运输的“便达性”需要预先制定评价标准。

3) 选择性

所谓运输的“选择性”，是指在非运输技术或相关环境的制约下，送达运输服务对象的方式。根据前面第 3 章的图 3.1 对流动方式的分类，基本的流动方式分为连续流动和离散流动两个大类。

应用实例 11-8 连续流动方式能使运输对象连续流动，是比较理想的运输方式，但由于受技术的限制，仅有少数液体或气体可以采用，如水、石油、天然气等。而这类流动又以诸如压力密封、利用势能等不同的技术为基础，因此也就为运输对象提供了不同的流动方式。

应用实例 11-9 在现实中大量存在的是离散流动。它涉及5类问题：离散流的流速；离散流的波动程度；离散流之间的衔接；离散流的流动效率；运载工具的利用率。在实际的运输管理中，提高流速、减少波动、无缝衔接和追求效率，是始终追求的目标。

2. 质量方面

运输产品有自己的质量特征，其质量评价也自成体系，主要有3个方面。

1) 安全性

安全性是评价运输质量最重要的指标(在运输评价中有专门的评价体系)。无论对系统外部还是内部，安全运输都是第一位的。运输技术上的缺陷、对运输工具在操控上的不当和对运输系统管理上的失误，都会导致运输质量问题或事故，最终可能会使运输服务对象出现“损、差、错”。

应用实例 11-10 运送活体的动植物，就需要充分考虑动植物的安全性，如在运载工具上保留足够的活动空间、按照需要安置防护措施以及运载工具本身的结构要符合承载要求等。另外，在运行途中还要防止碰撞、过度颠簸或温度过高等。

2) 可靠性

可靠性是评价运输系统质量的一类指标。由于运输大多处于开放系统，系统内外的诸多随机因素影响运输过程的可靠性，如：自然环境中的突发因素会影响运输流程的准时完成；管理上的错误会将货物送错地点等。因此，只有提高运输技术、管理和系统的可靠性，才能提高运输产品的可靠性。

11.1.5 经济属性

运输的经济属性，主要从运输本身的经济属性和对外部的经济影响两个方面来考察分析。

1. 内在属性

由于运输产品的非实物性、非储存性和非流通性，使运输服务“即产即卖”，所以运输成本的构成有了明显的特殊性。最突出的特征是不存在运输服务对象的消耗。因此，运输服务规避了投资生产原料(作为劳动对象)的风险，也规避了一般实物产品在流通领域占用资本的风险。

对于消费者而言，使用运输服务时，所考虑的主要是费用高低、耗时多少以及在两元素之间的权衡。在实际中，时间元素的价值体现在运输流程中节省的时间。因此供求任何一方都不会仅考虑单一因素，更多是在费用与时间元素之间进行权衡。

2. 外部属性

考察运输服务的外部属性，主要从其对外部的影响是经济还是不经济入手。

1) 经济价值的增加

运输服务使资源要素流动，并使稀缺资源得到有效配置和价值增殖，同时还使运输服务对象的互补品也获得增值，也可使运输服务对象的替代品贬值或价格向价值回归；运输服务还扩大了市场的范围，获得了更多的市场机会，甚至帮助创造了新的市场。除此之外，运输服务对经济发展的乘数效应也是较为重要的一个方面。以上这些都表现出运输服务的外部经济性。

2) 经济价值的损失

运输行为会给整个社会带来各种各样的经济损失，如运输过程会产生污染排放、噪音、交通事故等方面的问题。治理上述问题需要耗费大量的资金。这种消耗构成运输的外差成本，使社会经济总成本有一定程度的增加。

11.1.6 社会属性

运输服务的社会属性主要是指在运输产品过程中，对社会发展的非经济性贡献、影响以及所表现出来的特性。

1. 运输服务的公益性

运输服务除了满足消费者的生产或生活方面的需要外，还要满足军事、国防、救灾、社会稳定等方面的政治需要与社会需要。而这类需要的一个重要特征就是在满足实际需要的过程中要不惜一切代价。因此，这类需要突显了运输服务的公益性。

2. 运输服务的混合性

一般物质产品基本都属于私人品，私人品的重要特征是排他性。而运输服务除了表现出排他性外，在一定条件下还表现出非排他性。因此，运输服务是既有私人品属性又有公共产品属性的混合性产品，即具有准公共产品的特征。

应用实例 11-11 一个运输过程可以实现多位客户的同时消费。只是这种同时消费：一是受运载工具额定载重量或体积的限制；二是受运输系统中瓶颈部分的限制；三是伴随着消费需求的增加，运输成本也增加。这充分表明了运输服务的非排他性与排他性的混合。

3. 运输服务的负外性

所谓运输服务的负外性，是指运输服务对外部或社会产生负面影响的具体表现。运输投入涉及建设交通基础设施、购置运输工具和实施运输过程等方面，带来的负面问题主要涉及社会安全和生态影响两个方面。

应用实例 11-12 在运输过程中，不当的运输行为，如交通事故或运输事故，会给运输服务对象，甚至给“第三方”带来伤害。这类伤害，随着运载工具有量的急剧增加和接受运输服务的日益增多，已成为社会安全方面的重要问题，所以值得特别关注。

应用实例 11-13 由于目前的运载工具主要消耗石油，所以对生态或环境方面的负面影响很大、很复杂，主要有以下几类：直接排放污染物，如CO(一氧化碳)、HC_x(碳氢化合物)、NO_x(氮氧化物)、SO_x(氧化硫)、铅尘、粉尘等；排放物带来间接或二次污染，如光化学烟雾、酸雨、温室效应(二氧化碳的大量排放)等；噪声电磁类污染，如噪声、电磁波等；固体与液体废弃物污染，如废电池及电池液、废轮胎、废机油等。

11.1.7 运输系统

运输系统(Transportation System)由相互联系、相互影响的通道系统(Corridor System)、人机配合的运载工具(Carry Vehicles)和运输客体(Transportation Object)或运输服务对象等部分集合而成。其系统的运行目标是按照系统的品质标准改变运输客体的空间位置。实际上，运输系统是通过自身所构建的综合交通网络，把不同运输形式联合在一起的。

应用实例 11-14 运输系统发展到今天，已经是全世界最重要的、基础性的、开放性的、立体化的、广泛连通的实体子系统。它与地球上的生物存在系统、人类社会系统以及经济系统等有着广泛的联系，除了相互影响外，还对其他系统产生基础性的影响。

1. 通道系统

通道在运输系统中属于结构性部件，是相对固定的实体部分。通道系统由可实现设计流量的通道和相互贯通的节点或交通枢纽组成，最终编织成立体化的实体通道网络系统(也可称运输网——Transportation Network 或交通运输网——Communication and Transportation Network)，并成为人类社会与经济系统中的有机组成部分。各类通道的集合统称为流径(Flow Routing)。

通道系统的结构与容量是整个运输系统的硬约束，主要表现在两个方面：一是通道的径向尺寸决定交通量或流量的大小；二是通道及通道网络的结构类型决定运输系统的效率。

应用实例 11-15 港口是运输网络中的枢纽，其集疏运系统的能力受岸线、航道、后方堆场、装卸系统以及出入港口的通道等因素的直接影响，这既有总量、水平方面的因素，也有结构性因素。只要某一方面的能力不足，都会产生瓶颈效应。

2. 运载工具

运载工具是运输系统中的执行部件，是相对运动的实体部分。运载工具一般由操作者驾驭，向运载工具输入能量和指令后，通过人机配合(有些智能化的无人操作机械通过人的指令或预设程序来完成)实现运载过程。

应用实例 11-16 运载工具的运行受到通道系统的约束，但运载工具自身的技术水平又对通道系统的结构提出技术性的要求。因此，两者之间需要相互配合。如：汽车、火车的技术速度和经济速度在现代科技的支持不断提高。

3. 运输客体

运输客体，即运输服务对象，是运输系统的交换部件(也可称为流部件)。它是运输系统输入、改变空间位置和输出的对象。运输系统就是通过交换运输服务对象而存在的。

由于运输系统是一个动态的系统，如何保证这一动态系统正常运行，需要分析有哪些基本活动支持系统，有哪些辅助活动来帮助拓展系统的服务功能，有哪些管理活动帮助提高系统的运行效率。

(1) 基本活动。运输系统的基本活动就是改变运输服务对象的空间位置。但这种改变必须有目的的、有计划地进行，而目的与计划均来自于外界对运输系统的输入。因此可以说，运输系统的基本活动是系统受外部刺激所做出的响应。

(2) 辅助活动。运输系统的辅助活动是为了保证基本活动能产生正确的响应，为运输系统本身提供各种所需要的帮助。需要强调的是，运输系统的辅助活动本身是执行层面的一类活动，这是由它的辅助性决定的。

应用实例 11-17 在改变运输服务对象空间位置的过程中，同时附带着诸如时间、地点、服务对象的类别等相关信息，而这些信息，既是刺激系统做出响应的信号，又是需要系统进行处理的对象，这些工作就需要辅助活动来帮助完成。

(3) 管理活动。绝大多数复杂的社会系统、经济系统等都需要有管理活动。管理活动通过指令来支持或约束基础活动和辅助活动，并最终保证基本活动的正常开展。

通过以上分析，基本可以了解运输系统的基本要素和基本活动，这是认识一个系统本质的关键。在这样的分析基础上，下面侧重归纳运输系统的主要特征。

(1) 人造的实体系统。运输系统是按照人类的目的而逐步建造的实体系统。这个系统为的是运输物质，其主流形式是通过相对固定的通道系统和相对运动的载体系统来完成。这就决定了运输系统是按照人的意愿，强调实体——突出过程的有形和系统的有型。

(2) 动态的开放系统。运输系统存在相对运动的运载工具和流动的客体。另一方面，在运输系统的运转过程中，与运输系统外部有物质、能量与信息的交换，这就决定了运输系统的开放性。因此运输系统是动态的开放系统，强调开放——显现结构的联通和运行的便利。

(3) 多维的复杂系统。随着人类社会的不断演化，科学技术的不断进步，经济需求不断分层，运输系统朝越来越复杂的方向构建。运输系统的复杂性表现在多个维度：一是运输系统内部的结构越来越复杂；二是运输系统的运行过程越来越复杂；三是运输系统的边界构成越来越复杂。

应用实例 11-18 以铁路、公路、航道、航线与管道等为主构成的通道系统，形成多元、多层、立体化的交通网络。但由于自然条件的复杂性，又决定了建立在自组织(自然)系统上的高效交通网络趋向更复杂的结构。

应用实例 11-19 运行过程的复杂性表现在流动形式的多模式、不同运输方式之间的多种衔接、运输流程的多种组合。如：多式联运就要对流径、运输方式及其组合形式做出更复杂的选择。

应用实例 11-20 由于运输系统在不同的边界受到的约束不尽相同，有的约束相对比较硬，有的约束相对比较软，因此，使得运输系统的边界在有些地方是清晰的，在有些地方是模糊的。如：铁路系统的边界相对比较清晰，而航道、航线的边界相对模糊。

以上对运输系统给予了基本描述，尤其是对运输系统的基本构成及其活动类型进行了比较系统性的描述，这对从整体上认识运输系统是十分重要的。

11.1.8 运输价值

对于运输价值，应该从两个层面去认识：一是其在国民经济系统中的地位与作用；二是其在现代物流系统中的地位与作用。

1. 在国民经济系统中的地位与作用

国民经济系统是对一个国家或一个区域整体经济结构与状态的描述。在国民经济系统内，又存在众多相互关联、相互影响、地位作用高低不同的子系统。运输系统的重要地位：既是国民经济系统的重要组成部分；又是保证国民经济正常运转的基础与关键。这主要表现在：运输网络是国民经济的血脉，运输行为是国民经济的血液。

纵观当今世界(绝大多数国家)的经济系统，如果把已经存在和正在运行的运输网络全部关闭，整个国民经济很快将陷入瘫痪状态。所以，运输网络已经成为大多数国民经济系统的有机组成部分，而且就像人类机体内的血脉，能提供输送物质的各种通道。由于它是国民经济系统的基础和有机组成部分，所以这就决定它的主要通道是公共性质或准公共性质的服务设施。

应用实例 11-21 运输网络具有基础性的、准公共性质的特征(由于运输网络中也有属于私人品的部分，严格地说运输网络是一种混合物品)。运输网络的准公共性表现在它不能满足完全的“免费搭车”。这主要是因为网络容量是有限的。由于运输网络的准公共性与基础性，再加上运输网络的始建投资大、建设周期长，所以运输网络的建设与拓展应该略先于和略快于国民经济的发展。

当然，只有运输网络，并不能使国民经济系统运转起来，还必须有在网络上运行的载体和物质流。运输行为就是利用运输载体，通过运输网络实现运输对象在空间位置上的变化，而这一行为本身就成为国民经济正常运转的“血液”。

从以上两个方面的分析表明，尽管运输产品也具有私人物品的属性，但运输系统担当支撑起国民经济血脉的重任，其行为是通过“血液”的流转来实现国民经济正常运转。当然，在实现“血液”高效率流转和国民经济正常运转的过程中，运输行为的社会化程度、服务水准和经济效益如何与国民经济的整体水平相适应，是一个需要持续的、不间断的研究的课题。

如果说，运输地位体现的是运输系统的本质特征与重要性的话，那么运输的作用则更多地体现了运输系统的功能特征。运输系统最核心的功能主要有：支持经济活动、促进社会发展和服务国家政权。

应用实例 11-22 运输把各种经济活动所需要的能源、材料、产品等源源不断地送到各自的目的地，也把各种人力资源送到各自的岗位，使经济活动得以连续不断地循环。这种对经济活动高效率的支持，能使经济活动实现高效率的运转，这也是当代经济的重要特征。

应用实例 11-23 除经济活动外，当今社会发展的方方面面，如文化交流、探亲访友、旅游观光等，都离不开运输行为的支持。恰恰是这些高效率的运输行为的支持，才使各种交流更加频繁与广泛。这一过程本身就促进了社会不断地向前发展。

应用实例 11-24 任何一个国家，要想有健康稳定的社会环境，必须要通过国家政权进行管理，在行使国家权力的过程中，运输行为是一种很重要的服务，如国防建设、社会治安、抢险救灾等都离不开运输的支持。

2. 在现代物流系统中的地位与作用

在人类所涉足的领域中，使目标“物”实现有价值的广义流动，是对现代物流的概括与诠释。现代物流的本质是利用现代技术手段实施移动、储控、整合、配置等方面选择，来实现客体流、载体流、金融流、服务流及相关的信息流等的有效协同，追求的是提高经济系统的运行效率和增加社会系统多维度的价值。

运输系统与物流系统有着广泛而深入的融合，而运输又串联起完整的物流流程。所以，运输行为是物流系统中所有流动实现的前提，运输功能是物流系统中不可或缺的环节。这充分显示了运输在现代物流系统中的基础性的地位与流转实现的作用。

应用实例 11-25 运输费用在物流成本中所占的比重始终在一半以上，这也从实证的角度证明运输在现代物流系统中的重要性。所以也可以说，没有运输就没有物流。

总之，无论从物流系统、还是物流流程的视角，运输都不可替代。因此，运输在现代物流业中的基础性、重要性与不可替代性就显现出来。

11.1.9 运载概况

运载技术在工业革命前发展速度相对缓慢，而在工业革命最初的150年，各类运载工具相继使用煤炭、石油等能源作为机械动力，运载能力得到很大提高。然而真正刺激运载技术飞跃发展的动力是20世纪的两次世界大战。战争促使各种运载技术获得了极快的发展。战后，很多用于军事的运载技术逐渐从军事领域外溢，并被商贸运输领域吸收。经过战后60多年的发展，运载工具的机械化程度、电气化的普及程度已经达到了一个很高的水准；运载工具的承载能力也是工业革命之初的几十倍，甚至上百倍；运载工具的技术速度也获得成倍的增长。

应用实例 11-26 对于船舶类的运载工具，民用大型船舶的经济航速达到25节左右。对于最大载重量：油轮(Oil Tanker)已经达到50万吨以上，散货船达到10万吨以上，集装箱船达到1.4万标准箱(TEU)，载货能力也达到10万吨级以上。

应用实例 11-27 在轨道列车方面，主要有内燃机车、电力机车、动车、磁悬浮列车等，客运列车的运营速度已超过300km/h；而货运列车以内燃机车为主，并向重载化发展，单列承载能力超过1万吨。而列车的运营速度和承载能力都与轨道密切联系，例如中国的高速铁路允许运行390km/h的列车；重载铁路允许通过万吨列车。

评价运载管理水平的主要有：运载系统对资源的综合利用程度、运载系统运行的安全程度以及运载系统的外部性等。这些是用来描述运载系统特征的量化指标簇。

在实际建设中，除大规模建设运载网络、兴建综合性运载枢纽、搭建公用平台以及构建运载方式之间的联络设备来完成运载网络硬件设施的建设外，提升管理水平也是提高运载网络系统综合利用资源的途径，主要是借助于通信、信息及网络技术支持管理技术的升级，使原有运载网络资源的利用程度不断提高，来实现快速、安全、连续和长距离的综合运载。

应用实例 11-28 综合运载或多式联运的送达速度、运载成本占GDP的比重以及运载网络投资效率与使用效率等都从不同的侧面反映出利用资源的程度，是体现管理水平的特征指标。

应用实例 11-29 运载系统运行的安全程度是另一类评价管理水平的特征指标。它由一组安全指标构成。这些指标能够反映出系统运行中的缺陷、实际运行的状态以及系统的演化规律等。例如：我国的交通事故率远高于发达国家，主要是对系统运行的控制能力相对较弱，尤其是动态监控能力和应急系统存在的问题比较多。

运载系统的发展趋势是在进一步提高安全程度的基础上，追求更快的运送速度、更高的运载效益和更强的运载能力。具体内容从以下3方面体现。

一是运载网络将持续优化。不再是单一运载方式及其网络系统的优化，而是综合运载网络的合理布局与有效率的衔接。要实现综合运载网络的优化：要从全局出发，系统地考虑各种流径的约束条件、可能的走向以及与社会需求趋势的有效结合；科学地选择综合性枢纽点。

二是运载工具将加快换代。随着科学技术的发展，运载工具的升级换代将不断加快，尤其是运载工具中的核心技术将会有新的突破。

应用实例 11-30 运载工具的升级换代主要表现在：燃油节能技术上，主要是提高石油类燃料的利用率，如燃料燃烧后转化成机械能的效率(热效率)；替代能源的开发与利用，如乙醇与汽油的混合燃料逐步进入市场；提高运载工具的安全性能，尤其是飞机与船舶在恶劣环境下运行的可靠性；进一步降低运载工具的制造成本与运行成本；研究具有更广泛适用性的运载工具；研制技术速度更快的运载工具。总之，运载工具的升级换代表现在多个方面。

三是管理水平将不断提升。运载网络与运载工具都属于运载系统中的硬件。而硬件的合理使用与提高硬件的使用效率，要依赖以管理模式为主的软件系统。

对于未来运载系统的发展与优化，很大程度上要取决于软件水平的提升，其中最主要的是：运载系统的安全性，除了取决于运载网络的结构和运载工具的性能外，更重要的是管理模式的选择；运载系统的使用效率，取决于对已有系统的优化方案和执行策略；运载系统的运行成本，取决于管理系统与之匹配的程度。总之，要想使未来的运载系统向着更安全、更有效率的方向发展，必须依靠先进的、能与之相适应、相配合的管理系统。这也是未来管理所追求的目标。

本节重点分析了运输行为、运输方式和运输服务，尤其是对运输系统的要素、构成和特征等给予了定性的描述，并对运输系统的划分、地位及作用给予了描述；最后概括地介绍了运载系统的演化过程、基本现状和发展趋势。

通过本节的学习，目的是使读者对运输及运载系统有一个框架性的认识，并建立起以技术、经济、系统和管理为主线的认知体系。对运输与运载系统进行了系统的阐述，提出了一些新的观点。希望能进一步揭示运输及运载系统的本质与发展规律。

11.2 合理运载与不合理运载

为了满足社会对“流”、“动”需求的不断分层，运输实践者和理论研究者一直在追求更合理的流程。但在越来越复杂的运输网络中，很难找到复杂性运载的最优解，却能不断地发现不合理的运载行为，所以，消除不合理运载就是最重要的日常工作。

11.2.1 合理运载

理论上的合理运载(Rational Carry)是以最短运距、最省运力、最少环节、最快速度、最低费用、最好质量，使服务对象在起讫点间实现移动。随着科学技术的发展，合理运载的内涵在不断演化，它的合理性表现为在特定的历史阶段与特定的技术约束下，追求更优解。

1. 合理运载的评价体系

合理运载是一个多目标的运营体系，同时也是一个复杂的体系。对这样一个复杂的体系进行评价，主要考虑：合理的运载流程；合理的运载成本；合理的价值取向；合理的系统效率。

(1) 合理的运载流程。从理论上讲，单一运载流程的合理性应该是流动需求在完整的流程中，直线无波动的连续流动。很显然，在现实中基本上没有哪个运载方案能够实现这样的流动。所以，追求合理的运载流程，主要从以下 4 个方面进行选择。

① 优化流径与流径择优。使服务对象在现有约束下，在最短流径上的移动是合理运载追求的目标之一。要实现这一目标，一是设计更优的流径，这主要是非营利性组织的责任，

即政府和相关部门要对流径及其网络给予更好的规划；二是在已有的“流径”中进行择优，这主要是营利性组织要做的工作。

② 减少3种方式的波动。有了合理的流径后，要使服务对象在完整流程中减少波动，是合理运载追求的又一个目标。要实现这一目标：一是要减少流体(运载工具与运载客体)质量重心的波动；二是减少流体在运行中的速度波动；三是减少流动过程中的衔接环节，如减少装卸次数。

③ 安全流动与流程安全。在追求前两个子目标时，还须保证服务对象的安全。要实现这个目标：一是不能改变服务对象原有的理化特性，即不出现损坏；二是保证服务对象在完整流程中能够被有效控制，即不出现丢失。只有这样，才能保证服务对象不会“损”、“失”。

④ 消除“错、误”流动。在前3个子目标都比较理想地实现后，有时会发现搞错了服务对象，耽误了服务对象在正确的时间到达正确的地点，这也使前3个目标变成徒劳。因此，正确流动的具体含义是要消灭“错”流，剪除“误”流。

(2) 合理的运载成本。从理论上讲，单纯的运载成本应该是实现服务对象正确流动后营利性组织的所有资源消耗。显然这样的消耗越小越好。在现实中，由于受客户需求、自然环境以及技术水平等多方面的制约，只能是在满足客户需求的目标下，在诸多约束条件下，追求更低的运载成本。因此，合理的运载成本必须是在实际目标与约束下的资源耗费。

另一方面，在现代物流系统中，运载只是运输的一部分，而运输也只是一个环节，还有仓储、装卸、流通加工等环节。因此，合理的运载成本，应该以物流系统的成本最优为原则，并以系统成本更小为条件，设计出合理的运载方案。由于运载属于运输的一部分，所以运载成本是否合理要从总体上看是否能够降低现代物流系统的系统运行成本。

应用实例 11-31 在成品油供销链中，管道运输与汽车运载被联合使用，从独立环节来看，管道运输的运营成本比较低，而汽车运载成本比较高。但要将成品油供销链作为一个系统来看时，只要系统的物流运营成本可以降低，整个方案就是合理的。

(3) 合理的价值取向。由于现实经济社会对运载需求是多目标、多层次的，这也就决定了运载系统的多目标性与多层次性。在这样的系统中，合理运载主要取决于绝大多数客户共同的价值取向。运载需求的价值取向，大体可分为单一目标的诉求和多目标的权衡两类。

应用实例 11-32 在单一目标中，有如节约时间、节省费用、追求舒适等方面的诉求。在多目标的权衡中，有如在规定的时间里，选择比较低费用支出；在规定的费用支出下，追求服务品质；在保证安全的前提下，控制运载成本等方面的诉求。

(4) 合理的系统效率。运载系统的效率主要从系统利用程度的量化指标给予反映。从理论上讲，系统的利用程度达到100%，效率就是最高的。但这也仅仅是针对运载系统本身，真正要体现运载系统的效率，应该从3个层面去评价：一是系统本身的利用程度是否合理；二是运载系统的正常运行是否能提高上一层系统的运行效率；三是运载系统对社会发展乃至宏观经济的贡献。

应用实例 11-33 一般通过运载系统内部的运营成本、收益状况以及效益水平等指标评价运载系统本身是否合理利用；而能否提高现代物流系统的运行效率，则是从上一层系统考核运载系统的合理性；能否提高区域系统的经济运行效率，能否与整个区域、社会系统融为一体，直接影响到社会系统资源的利用程度。这时则通过对运载系统的经济成本、社会资源利用程度、对经济社会的贡献率等指标进行评价。

2. 合理运载的支持体系

在合理运载的评价体系建立后，合理运载的方向与目标就显现出来了，但要把握正确的方向和有效地追求合理运载的目标，还需要一个比较完整的支持体系。一个科学的支持体系应该在理论与实践方面对合理运载给予充分的支持。

(1) 运载规律的解析程度。为了使运载过程在实践中不断趋向更合理，就必须要充分认识运载的发展规律和科学的运营流程。但这是一个漫长的认识过程，实际上也是不断解析运载规律的内在要求。因此，解析程度越深，对运载本质特征的认识就越深刻。

(2) 运载网络的支持水平。现代化的运载网络已经是一个立体化的结构。但由于受自然条件、社会发展程度、科学技术水平以及对运载网络合理性的认识等方面的约束，现有的运载网络仍然是一个尚不完善的网络。这主要表现在以下几个方面。

① 网络模式问题。运载网络的模式主要是指运载网络系统内部不同性质的“子网络”各自所占的比例，以及相互之间形成的关系等。

从目前全球已经形成规模的运载网络，主要有陆域、水域与空域 3 类通道和公路、铁路、航线(空间)和航道(水路)4 种流径(管道运输是一种本质上有别于其他 4 种运载的方式，在此只将管道运输的终端看成是资源地，所以排除在运载网络模式的分析之外)。目前的问题是，这 3 类通道、4 种流径所构成的运载网络，其分布、层次、结构等还不能尽善尽美地支持合理运载。这基本上是运载网络模式上所存在的问题。

应用实例 11-34 在中国，除了运载网络供给总量不足外，主要存在：网络疏密度与运载需求量之间的结构性矛盾；在“网”的密度与运载需求量相匹配的情况下，却因不同性质的运载网之间“络”的不畅而无法正常发挥原有的功能。在实际运营中，比较突出的问题是网络刚性无法满足峰值的运载需求量，对于公路、铁路以及内河航道组成的网络部分，这一问题尤为明显。

② 资源配置问题。运载网络中的资源配置，主要是指以 4 种运载方式各自形成的子网络如何实现相互之间有效衔接，以减少资源的重复投入与闲置。

应用实例 11-35 我国资源配置不合理的问题比较突出。我国的运载系统中，4 种流径的结合点(枢纽)关联性不强，这就使得运载网络的全部资源不能被充分整合。其结果是区域网络建设有重复投资(包括隐性的)，显现出来的是各自系统的利用效率比较低。

应用实例 11-36 在一些发达国家也曾走过一段弯路，由于运载网络建设大多属于公共投资，所以运载网络本身的利用效率比较低。如：20 世纪一些国家把大量“国铁”下嫁“民间”，就是由于“国铁”效率太差，政府背上了沉重的包袱。

③ 系统协调问题。在运载系统的结构、运行模式等确定后，通过执行方案，系统就运行起来了。系统协调主要是通过对系统运行的监控，对发现的问题通过调整执行程序、改变控制方案甚至是改变局部的系统结构，使系统获得更高的运行效率。如果网络内部缺少合理的资源配置，系统协调就比较困难。

应用实例 11-37 现代运载网络，多在枢纽点上完成不同运载方式的转换，但由于各网络子系统依靠不同的技术支持，很难实现无缝隙、无波动的转换。另一方面，在已经形成的综合运载枢纽中，同样由于各子系统的作业方式、流动形式以及技术标准等方面的冲突，无法很好地协调。如：港口的集疏系统实际是水陆间物流的协调问题，由于设计形式、外部约束，尤其是理念上的、认知程度上的差异，不同的港口，其集疏系统的协调能力大不一样。

3. 运载方案的设计水平

设计运载方案，已经进入微观层面。它需要运载技术、管理方法以及系统思想的支持；还需要熟悉运载网络的动态、外部环境的变化以及丰富的实践经验。以上两个层面的综合实力，要在客户提出运载需求的同时，就基本形成，并体现在所设计的运载方案中。运载方案的设计水平主要是体现营利性组织经营能力的一个方面。

4. 运载过程的监管水平

对运载过程进行监管，其水平的高低，体现了对运载中“不测”的控制程度。实际上，就是体现分解不确定因素的能力和预测不可预知信息的水平。很显然，对运载过程进行监管，同样是一个微观管理层面的管理问题。

11.2.2 不合理运载

不合理运载(Irrational Carry)是指不符合运载对象的合理流向和各种运力的合理分工而造成运力浪费、开支上升及运载时间增加的现象。不合理运载只是一个相对的概念。随着时间的推移和运载科技的创新与进步，尤其是对运载规律解析程度的提高，现在属于合理运载范畴的行为，可能在将来要进行修正。因此，在认识不合理运载的表现形式时，要注意现有的约束条件。不合理运载的表现形式，原则上有以下两大类。

1. 流动过程不合理

在分析不合理的运载流程时，首先要明确作为硬件部分的运载网络，在短期内无法进行调整。因此只有运载流程选择权，没有修改权。在这样的限定下，运载流程不合理主要表现在以下两点。

(1) 流径选择不合理，即在两条或两条以上的“流径”中进行选择时，没能选择更优的流径。在实际操作中，如果能准确预期某一服务对象的流动线路，就可以判断其流径是否合理。

应用实例 11-38 最常见的流径选择不合理有：迂回运载(Circuitous Carry)，通俗地说，就是舍近求远的运载。当这种迂回运载在完全平行的流径上相向流动，就成为效率最差的一种运载方式——对流运载(Convective Carry)；当完全按照同一流径完成“一正一反”的运载，就成为倒流运载(Back Carry)。

(2) 流程组织不合理。首先假设某一流程所选择的流径是最佳的。在这种情况下，仍然会存在流程组织不合理的问题，这主要表现为流程设计、执行和控制不合理。

应用实例 11-39 流程组织不合理可能表现为：整个流程的波动程度超出正常范围，如流速过快、过慢或无法得到有效控制；在整个流程中产生不必要的中间环节甚至是无效的环节，如重复装卸、重复运载、重复中转等问题。

2. 运载方式不合理

现代运载方式主要有船舶、列车、飞机和汽车这 4 种及其组合。除了某些条件下，某种运载方式是必然选择外，运载方式及其组合的不合理性主要表现在以下几点。

(1) 运载工具选择不合理。在实际组织实施联合运载时，经常会遇到如何选择运载工具的问题。运载工具选择不当将导致能源浪费、运载成本增加以及运载效率下降等。

应用实例 11-40 在客户允许的时间内和具有水陆两条流径时，弃船用车；不根据服务对象的具体情况配置运载工具，出现超载或亏载现象都是不当选择。它不仅使企业的财务成本增加，还使社会资源的利用效率下降，社会的经济成本增加。

(2) 运营方案设计不合理。主要是指设计的运营方案导致运载工具出现大量非经济运行里程，甚至是超出正常范围的空驶里程的现象。

应用实例 11-41 每一种运载工具都有最经济的运行里程(区间)。因此，在客户需求的允许范围内，要尽量使流程与运载工具的经济运行里程相匹配。如有轨列车的短途运载成本要高于汽车，而长途成本要远远低于汽车，因为有轨列车的经济运距的数值比较大。

11.2.3 影响运载合理化的因素

运载是否合理，首先要分析与评价其能否满足需求；其次是考核运载供给的合理性。因此，研究影响运载合理化的因素，主要从运载需求与运载供给这两个方面展开。

1. 需求因素

影响运载需求的因素实际上是产生运载活动或物流活动的第一类因素。主要包括以下几点。

(1) 数量——服务对象自身的重量(或按照个数、件数折算)或体积。

应用实例 11-42 数量因素实际上包含两个需求维度，即重量维度和体积维度。在实际提供运载工具时，这两个需求维度都不能突破，否则运载工具将面临超重、超长、超宽、超高等超限行为。这些都是不合理的运载行为。

(2) 距离——服务对象改变空间位置的最小实际距离。它是现有流径中的最佳选择。

(3) 时限——客户对运载服务所限定的时间。这是需求因素中的重要子因素。

(4) 偏好——客户对服务方式的选择或功能性的需求。它反映的是客户对某一子因素的价值取向，如对时间的要求、对支付价格的要求等。

(5) 费用——客户对运载服务愿意的支付。它是对不同运载方案权衡后的体现，也是对相应的运载劳务给予肯定。

以上这 5 个因素，实际上是来自客户一方的具体需求目标，而且是有着差异性的限制性需求。只有深入研究这些需求，再去设计合理的运载方案，并满足不同运载需求，才有价值、有科学意义。这也是提供有针对性供给的基础和实现合理运载的关键。

2. 供给因素

要实现合理运载，仅研究需求因素还不行，还需要研究供给因素。供给因素是实现运载活动或物流活动的基础。它同样包括 5 个子因素。

(1) 载体——使服务对象改变空间位置的工具。最常用的载体主要有汽车、船舶、飞机、有轨列车 4 种，如何选择，要根据客户的需求和能够提供的载体方式进行择优。

(2) 流径——可供运载选择的流动线路。在现实中，每一个具体的运载需求，基本上都需要多种组合流径的支持。能否使运载更合理，选择正确的流径是提供优质运载的重要内容。

(3) 流程——为具体运载需求制定的完整方案。它包括载体及其组合的选择、流径及流径组合的选择、流速范围的控制以及中间环节衔接方式的设计等。

(4) 执行——按照已设计的运营方案组织实施的过程。它包括运载工具的调度、各环节的现场组织与实施过程中的控制。调度、组织与控制是流程中最主要的 3 个执行环节。

(5) 协调——对运营过程中遇到的、影响流程正常运转的问题进行处理，并可能对原设计流程进行调整的过程。

应用实例 11-43 在执行运营方案的过程中，经常会遇到意外情况，如恶劣天气，影响正常运行。因此，要对原有的方案及时做出调整。这有赖于对运营动态的监控，尤其是与执行者保持信息上的无障碍交流是监控的重要内容。

11.2.4 削减不合理运载的原则

在本节的前 3 个专题中，比较系统地分析了合理运载的内在要求和不合理运载的主要形式及其影响因素。进行以上的一系列分析，都是为了不断地削减不合理运载现象，从而提高运载系统的综合效率。要削减不合理运载现象，主要从宏观与微观两个方面展开。

1. 宏观方面

从宏观方面削减不合理运载现象，主要由政府及其行业主管部门责任组织完成，也就是说以非营利性组织为主，营利性组织则有义务将运营信息及时反馈。宏观方面要做的工作以下几点。

(1) 构建合理的运载网络。主要是不断完善综合运载网络中的流径和科学设置综合运载网络中的枢纽。在不同科技水平的支持下，对“合理”的认识存在差异。以现代科学发展观，合理的运载网络应该是：在技术层面上先进、可行；在经济层面上，节约资源，不断提高整个运载系统的效率；在社会层面上，能不断减少各种负面影响，如污染、各类交通与运载事故，并能成为推动社会可持续发展的重要力量。

应用实例 11-44 完善运载网络的核心主要是：增、改、减。增——增加新的流径；改——改造原有的流径；减——削减不合理的流径。“增、改、减”的目的：使不同类型运载网络能更好地衔接；使综合运载网络的结构更加合理；为综合运输体系发挥效率贡献基础性的力量。

应用实例 11-45 枢纽对不同流径上的交通量、运输量、运输工作量起到重要的调节作用。枢纽的合理分布及所具有的功能，关系到整体运载网络的功能与效率。如：综合运载枢纽能否实现不同运载方式之间快速的、低耗的衔接，是提高综合运载网络效率的关键。

(2) 协调资源与产业布局。改善运载网络，只能使服务对象在改变空间位置的过程中，按照更优化的流程流动。但运载网络无法改变运载需求的原有距离，要想缩短运载需求的空间位置，还可以协调各类资源与产业的布局，并使这种布局更加合理。

应用实例 11-46 2008 年，“首钢”从北京搬迁到河北省濒临海边的曹妃甸港口，并在此建设矿石码头。这样可使原来的铁矿石运距大约减少了 120 千米，并由于矿石到港后直接输送到厂内，至少比过去减少了一个装卸环节。

(3) 运载结构的合理配置。通过行业的行政管理部门制定相应的产业政策，可减少不同运载方式之间的不合理竞争，提高运载工具的专业化程度和社会化程度，来提高运载系统的综合效率。

应用实例 11-47 汽车机动灵活的“面上”运载与有轨列车大运量、长距离的“线上”运载，恰好可以形成优势互补。因此，短途需求和一定区域内的客货集疏应该多由汽车承担，而大量的、长途需求应多由有轨列车承担。

2. 微观层面

削减微观层面的不合理运载现象，主要是营利性组织的责任。应该从提高运载工具的使用效率、科学设计综合性运输方案以及研究开发新型的运载工具等方面开展。

应用实例 11-48 实践证明，提高运载工具的使用效率，如提高运载工具的时间利用率、里程利用率和载重利用率等，实施综合运输方案和不断开发出节能效果更好的、运载效率更高的、运行更加安全的运载工具是削减不合理运载的重要措施。

11.3 综合运输

综合运输(Integrated Transportation)首先是一个集各种运输方式及相关运输网络为一体的(学科)体系，重点研究体系内部的技术组合、技术的综合利用以及系统的综合发展；其次是多种运输方式共同完成运输任务的组织运营形式，重点研究专业分工、组织协作以及系统协调问题；它是现代区域系统中一个十分重要的、综合性的子系统，重点涉及与区域系统的关系。实际上，综合运输是一个模糊集合。因此，要深入地了解综合运输，先要粗略地回顾综合运输的形成过程。

11.3.1 综合运输的形成

在工业革命之前，由于生产力水平比较低，可供人们选择的运输方式十分有限。这时，不同运输方式相对独立。偶尔出现利用两种以上的运输方式，也并非供给的主观行为，而是客观需要促成了暂时性的联合运输。工业革命开始后，随着机械技术水平的不断提高。有3种力量及其组合提升运输水平，也催生了综合运输行为，并逐渐形成了综合运输体系。

1. 运输技术的创新

随着运输技术的不断创新，除了创造新的运载工具外，运载工具的运行速度、承载能力、运行的灵活性等不断提高，这使得不同的运输方式逐渐通过专业化进行技术上的分化，发挥各自的优势。运输方式之间的分工，逐渐清晰并显现出来。

2. 运输经济的驱动

由于各种运输方式逐渐独立，运输方式之间的竞争则无法避免，而且在运输发展中，有时这种竞争是相当残酷的。在这种残酷的竞争中，降低运输成本是任何一个竞争者的必然选择之一。除了技术的上创新之外，要想降低运输成本，只有实现规模经济、追求规模效益。

应用实例 11-49 在竞争过程中，每一种运输方式，不断地去完善固有技术与经济的结合。与此同时，传统的五大运输方式确立自身的优势与领域，各自的运输体系也达到了一定的规模并形成了各自的区域运输网络。此时，产生综合运输的基础已经具备。

3. 运输需求的分层

促成综合运输形成的真正动因应该是运输需求的分层。随着经济发展与社会进步，运输需求不断分层，并积累到一定程度，从量变诱发质变。这一非常重要的诱因，促使不同运输方式之间寻求协作，综合运输的、自觉协作的行为由此产生。

11.3.2 综合运输的构成

根据前面对综合运输含义的介绍，首先要分析综合运输的体系构成，其次要分析综合运输的组织形式，最后要分析综合运输对系统内外的影响。

1. 系统构成分析

根据前面的分析，综合运输系统由两种属性的流动(连续流、离散流)形式、3 种类型的运输通道(水、陆、空)、4 种主要的运载工具(船舶、列车、飞机、汽车)组成，并形成 5 种有规模的运输方式。在这个体系中，既有“流”的差异，又有结构上的差异，还有执行要素的差异。

综合运输的本质是可以在具有差异类型的层面上，综合不同的运输方式或综合多种运载工具、协调多类运输通道的配合，形成综合的运输行为，也可以是一种综合的运输流程，甚至形成固定的、综合性的结构模式。最终实现技术或经济的优势互补，并使整个系统的效率得到提高。

以上分析表明，综合运输是一个比较复杂的集合。如果仅从体系的层面定义综合运输，应该是在系统的结构框架中多层面、多维度的综合方式或模式。因此，综合运输体系是为实现运输目标的模糊集合。这种集合包括多种通道、多种运载工具、多种运输方式、多种流程等方面的集合。

2. 组织形式分析

从考察某一运输客体的完整流程入手，可以发现是由单一运输方式或多种运输组合方式来完成的。下面重点剖析单一运输方式和多种运输组合。

1) 单一运输方式分析

在现代运输体系中，仍然存在大量的单一运输方式，即某一运输客体完全由某一运输方式承担并完成全部流程。但在单一运输方式中，仍然存在综合运输。只要从运输行为分析，单一运输方式中，可以是单一的完整流动行为，也可以是单一运输方式多个流程的配合。

2) 综合运输组织分析

当某一运输客体需要两种或两种以上的运输方式共同承担完成时，需要对多种运输方式进行组织。它涉及综合运输方案的设计、运输方式的组合方式、运载工具的分工协作以及组织、衔接、协调、运营及监管等。从这个意义说，综合运输是一种管理模式，又是一种经营方式。所以它是发挥综合运输系统效率的机制保证。

应用实例 11-50 在实践中，一个具体的综合运输方案就是一个具体的组织经营形式。好的组织经营形式会被反复使用，并经过不断完善而保留下来，如不同运输方式之间的无缝衔接问题，就是在反复的实践中总结出来的经验。

3. 内外影响分析

综合运输系统既对包含它的区域系统产生影响，也受到来自区域系统的各种约束。因此，研究综合运输问题不能脱离所在的区域，孤立地分析，而是要把区域系统的相关政策、规划、参数等作为研究综合运输系统的重要依据。

应用实例 11-51 一个区域在宏观方面的产业政策、产业发展规划以及多层次的区域构建与协调等，都对区域和综合运输体系本身有着导向性的作用和约束性的力量。这同时还表明，综合运输系统是一个模糊集合，它与区域内的其他子系统甚至有组织上的融合。

综上分析，综合运输应该是多种运输方式配合完成运输流程的运输行为，也是涉及运输体系、运输行为和组织行为模式的集合，并与所在的区域有着广泛而深入的关联。综合运输的目的是为了追求自身和相关区域系统获得更高的系统效率。

11.3.3 综合运输的内容

综合运输的内容，大体上可以分为宏观与微观两个方面。宏观方面的工作主要是政府及行业组织的责任；而微观方面的工作主要是营利性组织对运营优化的研究。下面就从宏观与微观两个方面概要地介绍综合运输所涵盖的基本内容。

1. 宏观的综合运输问题

宏观的综合运输问题主要涉及综合运输网络的设计与配置、综合运输政策的制定、综合运输产业的规划、综合运输管理模式的选择或调整等。

(1) 设计与配置综合运输网络。综合运输网络是由可供运输的流径与具有组织、调度、处理等功能的枢纽组成的。当代发达的综合运输网络，是由多个层次、多种流径和多类结构组成的复杂网络。综合运输网络的设计水平与配置状况，直接影响着一个区域甚至一个国家的综合运输水平，而决定综合运输网络水平的基本元素主要有流径、枢纽及其结构模式。

① 网络中的流径。流径是各类运输线路的总称。在整个综合运输网络中，流径有主有次，有的是影响整个国民经济的关键性大动脉。对流径的评价，主要是设计流量，即运输通过能力。不同类型的流径有具体的评价参数。

应用实例 11-52 长江运输通道是综合运输网络中的主流径，也是横贯我国东西的经济大动脉，而航道的通过能力主要涉及水深、航道宽度、可通航的天数(在有些航段要扣除汛期和枯水期不能航行的天数)等。

② 网络中的枢纽。运输枢纽是综合运输实现的基础，也是综合运输的核心。换句话说，没有运输枢纽就没有综合运输。运输枢纽有多种类型，每种运输方式都有自己的运输枢纽，但单一运输枢纽的效率与规模有时有局限性。两种或两种以上运输方式所构成枢纽被称为综合运输枢纽或复式运输枢纽。在综合运输中，运输枢纽的作用十分重要。

应用实例 11-53 在我国的综合运输体系中，除了比较大型的港口——海陆枢纽有比较好的集疏系统、调度系统和多功能的服务系统外，公路、铁路、航空等枢纽的功能相对比较单一，彼此之间缺少无缝衔接、联系通道不畅，也缺乏有效协调。

③ 运输网络模式。在综合运输网络中，既有综合运输网络的结构模式，又有综合运输组织模式，还有体制模式等。运输网络模式是指不同类型的流径与枢纽所组成的综合运输网络结构，它指的就是综合运输网络的结构模式。不同的网络结构有不同的效果。运输网

络模式是综合运输系统中的基础性问题。它的好坏或水平高低甚至可以直接影响到国民经济的发展。

应用实例 11-54 运输网络模式的选择，主要取决于对区域综合运输网络布局理论的研究深度及应用广度；对所研究区域未来综合运输演化的判断，并在此基础上提出的发展思路、规划原则的制定以及方法的选择。当然，运输网络模式的选择，离不开战略与政策的支持。

(2) 研究与制定综合运输政策。综合运输政策对综合运输的健康发展具有引导性的作用与规范性的约束。一是引导性政策，主要通过示范、资金支持、技术支持等手段推动更先进合理的综合运输技术、经济、管理等项目；二是约束性政策，主要通过行政、法律、经济甚至是思想道德方面的手段限制落后的技术、落后的运输方式、落后的管理模式等。

应用实例 11-55 综合运输政策的制定，必须建立在大量的实证分析和深入的理论研究的基础上。另一方面，对已经执行的政策，要根据社会与经济发展的需要、外部环境的变化以及技术水平的提高等适时作出调整。

(3) 选择与规划综合运输产业。在选择与规划综合运输产业方面，引导性政策侧重前瞻性，要指出方向、给出范围；约束性政策则体现的是制度层面的限制；而规划侧重专业性，需要确定路径和目标、具体的安排、选择或具体的限制内容。

应用实例 11-56 综合运输产业规划涉及综合运输网络规划、综合运输产业发展规划、不同运输方式之间一体化协调发展规划等。在每个大类中又有若干子规划或分规划。另一方面，从区域结构来看，综合运输产业规划又可分为全国性规划、分省规划以及具体区域的详细规划。

(4) 设计与构建综合管理模式。综合运输管理模式是一簇相对稳定的管理方法的集成，是一组关联相对清晰的结构，是一部运转流畅的机器。一个好的综合运输管理模式，可以使综合运输网络的效率得到更好的发挥，使综合运输政策得到充分贯彻，使综合运输规划得到更好的执行。

应用实例 11-57 一个好的综合运输管理模式：一是需要与具体的综合运输体系有很好的匹配；二是需要为综合运输的健康发展正确导航；三是要使运输管理模式自身具有不断创新、不断完善的机制，如面对快速扩张的综合运输需求，能快速调整、快速适应。

2. 微观层面的综合运输

微观层面的综合运输主要涉及：综合运输的组织工作；确定与规范具体的运营模式；设计具体的综合运输方案以及建立完善的监督与反馈机制等。11.4 节侧重分析微观层面的综合运输问题。

11.4 联合运输

联合运输(Combined Transportation)简称联运，是采用两种以上(包括两种)的运输方式或两程以上(包括两程)的同一运输方式，按照统一的协议或合同，联合完成某项运输任务的形式。随着综合运输体系的不断完善，联合运输不断发展壮大。

这里需要说明的是，综合运输与联合运输两者之间有时既有相同之处，又存在差异。根据综合运输的含义，单一运输方式不属于综合运输，但单一运输方式中却存在联合运输的行为；反之，使用了多种运载工具的运输，不一定是联合运输。总之，要研究综合运输，侧重分析运输行为；要研究联合运输，侧重分析协议或合同的形式。

11.4.1 联合运输分类方法

联合运输有不同的分类方法。按照运输服务对象分类，主要分为货物联运和旅客联运；按照运输服务范围分类，主要分为国际、国内、干线、支线等联运方式；按照提供的运载工具分类，主要分为海陆空、公铁、水路干支联运等。

在上述的这些分类中，最复杂的是国际货物多式联运，下面就侧重对其进行介绍和分析。

11.4.2 国际货物多式联运

所谓国际货物多式联运(International Multimodal Transport of Goods)，是联运经营者按照国际多式联运合同，以一张标准化的联运单据，负责将货物从一个国家货物接受地送到另一国家货物交付地的运输组织形式。

1. 国际货物多式联运的基本特征

国际货物多式联运的特征可以用“五个一”来形容。

(1) 签订一个合同。国际货物多式联运承运者与客户签订合同后就对货物运输的全程负责。

(2) 实施一次托运。客户将货物托运后，随后的所有中间环节由多式联运经营者组织安排。

(3) 实行一次付费。参与经营国际货物多式联运的企业按彼此约定或合同在内部分配收益。

(4) 采用一票到底。在最初签订的国际货物联运单据，始终都是货物完成全部流程的依据。

(5) 事故统一理赔。对联运途中出现的货损、货差或未按时交货等由联运经营者负责理赔。

2. 国际货物多式联运的主要优势

根据国际货物多式联运的特征，多式联运的最主要优势表现在：可实现全球范围内的“门到门”的运输；可充分发挥多式的综合利用与高度灵活性；可减少不必要的资源消耗，降低物流成本；可提供更优的服务品质，极大地方便客户。

应用实例 11-58 由于海洋与航空运输呈现出“点到点”的特征，江河与铁路运输则突出“线”的特征，而公路运输体现“面”的特征。这种点、线、面的关系，决定了只有多式联运才能更多、更快、更好地实现全球范围内的“门到门”运输。

应用实例 11-59 由于国际货物多式联运，是根据客户的具体需要对多种运输方式进行有针对性的组合。因此，在节约时间、减少多余环节、充分发挥不同运载工具效能等方面比单一运输方式更有优势、更具有灵活性。

应用实例 11-60 国际货物多式联运的核心优势是它的技术标准化、运营的连贯性和管理的协调机制。它可以大量减少装卸次数、减少货物的库存时间、走更优的运输线路。因此，可节约多项费用，使第三利润得到增加。

应用实例 11-61 由于国际货物多式联运必须按照国际通用的标准为客户提供服务，所以它的理货程序、技术操作、服务流程等很多细节都必须按照诸如《多式联运国际公约与规则》(International Conventions and Rules for Multimodal Transport)、《联合运输单证统一规则》(Uniform Rules for Combined Transport Documents)等国际化的法规实施。

总之，需要得到多式联运服务的客户只需将托运货物的类型、目的地和时间要求等告诉多式联运经营者，后者就可迅速测算出业务量与联运成本，并与客户沟通、协商，最终签订联运合同。由于有“五个一”的保证，客户不再去操心诸多中间环节，也就获得了极大地方便。

3. 国际货物多式联运的技术支持

国际货物多式联运虽然是一种运输组织形式，但同样对诸如标准化、集装化、信息化、系统化等相关技术有很高的要求。换句话说，一些与多式联运相关联的关键技术，是开展多式联运的基础。

(1) 标准化技术是开展国际多式联运的重要基础。

由于国际货物多式联运需要多种运载工具相互配合，共同完成运输任务。因此，要求一些必要的装卸设备及其工属具实现标准化。只有这样，才能满足多式联运的技术需要。

应用实例 11-62 国际集装箱多式联运，是目前全球普遍采用的运营形式，它在技术层面上要求集装箱、装卸工具、工属具(配合装卸工具、运载工具的附属工具，如吊装集装箱的卡具)的标准化。只有这样才能提高装卸效率。

(2) 集装化技术可提高国际多式联运的利用效率。

集装化技术涉及物流基础模数尺寸与集装单元基础模数尺寸的配合关系，它直接影响包装、拼箱、积载、配载等环节。

应用实例 11-63 在实施国际多式联运的过程中，包装尺寸的设计、拼箱的主要方法和积载配载的模拟等内容，是集装化工作要解决的一系列问题。如拼箱方法不合理，会使装卸工作量增加、集装箱的“箱容”利用率不高，并产生多余的环节。

(3) 信息化技术是发展国际多式联运的必要条件。

要快速实现全球“门到门”的运输，必须要有全球化的信息系统支持。只有信息技术的高度发达，才能为国际货物多式联运提供强有力的技术支持。

应用实例 11-64 高科技的信息系统，能够迅速准确地跟踪、监控被运货物的动态，并能及时发出各种指令，以确保货物的全程安全。如：GPS 的广泛应用，可以在 24 小时内的任何时刻地点准确了解被监控货物的状态，如地理位置、环境温度、湿度等。

(4) 系统化技术是国际多式联运优化的资源保证。

随着大型化、高速化的国际货物多式联运方式的日益增多，国际货物多式联运系统已经成为一个越来越复杂的动态系统。仅仅依靠传统的，尤其是静态的处理方法，很难控制这样一个大型化的复杂系统。另一方面，国际货物多式联运的外部环境也变得更加复杂，要使国际货物多式联运系统更好地适应外部环境，也需要用系统化的技术进行分析与处理。

4. 国际货物多式联运的发展空间

送达速度更快、运营时间更短、经营成本更低、服务内容更全，是国际货物多式联运的发展方向与目标。要实现这样的目标，需要一系列的专业技术与管理方法的发展来支撑。

另一方面，国际物流业的迅速崛起与快速扩张，需要国际货物多式联运的全面支持。因为国际货物多式联运是国际物流中的核心组织技术与重要的经营模式，也就是说，国际物流是以国际货物多式联运为核心而展开的。

(1) 以标准化为基础的技术内容需要进一步推动。

由于标准化技术是开展国际货物多式联运的重要基础，所以在综合运输体系中的标准化程度就决定了系统整体的效率。

应用实例 11-65 目前，发展中国家的综合运输体系，其标准化程度的比例还比较低。如港口、机场、车站等集疏运系统的标准化改造与完善，装卸搬运设备的标准化改进，配套的工属具等在技术层面都有很大的发展空间。

(2) 以信息化为平台的运营模式将会进一步扩展。

信息化的功能与水准是决定国际多式联运运营模式的关键元素。由于信息化的功能与水准仍处在不断开发与提升的过程中，而且已经开发出的功能也并未都得到广泛的应用，因此基于信息化的国际货物多式联运模式将会进一步扩展。

应用实例 11-66 当今从事国际货物多式联运的企业在经营实践中，纷纷应用精益物流、ERP、JIT、供应链管理等多种运营模式，其共同的特征都是以信息系统为平台，实现多模式间的信息交流与协调。所以，信息化的功能与水准对进一步提升联运水平提供基础性的帮助。

(3) 以系统化为核心的升级优化将发挥主导作用。

将国际货物多式联运进行系统化的深度整合是未来发展中的重要内容。它将决定国际货物多式联运系统的升级与优化。

应用实例 11-67 目前，国内外的一些大学与研究机构在国际货物多式联运领域中投入大量人力、物力进行研发。毫无疑问，在这一领域的一些重大研发成果，将在未来国际货物多式联运的运营中发挥主导作用。

11.5 运载工具

按照传统的分类方法，承担运输的方式主要有水路、公路、铁路、航空和管道 5 种。这其中，以船舶、汽车、飞机和轨道列车为主的 4 类运载工具，是当代社会经济中的主流运载工具，而且同属于离散流的一类(与管道运输的归属与使用范围也有比较大的差异)。但这 4 种运载工具各有自身的特征、比较优势和适用范围，因此重点比较分析 4 种运载工具各自在实际应用中的优势与劣势，对于正确选择运载方式、合理组织运载具有十分重要的意义。

在实际的运载系统中，运载工具、流径与枢纽是实现或完成运载的 3 个技术要素，更确切地说是 3 个子系统。但这 3 个子系统具有相对的独立性，尤其是流径与枢纽构成的运载网络具有比较高的公共程度，且所拥有的经济特征与运载工具的特征存在比较大的差异。所以在比较运载方式时，为将复杂问题简化，不再涉及流径与枢纽问题，只侧重分析运载工具。

11.5.1 船舶运载

在水域运载中，船舶是主要的运载工具。船舶运载有自身比较独特的方式，在运载过程中，优势和劣势都非常明显。

1. 船舶分类

按航运区域分类，船舶运载分为远洋、沿海与内河 3 类，对应的船员适任证书为 A、B、C 这 3 类；按民用船舶的用途可分为货运、客运、混装与特种船舶等，下面进行简要介绍。

1) 货运类

根据不同的货物，装卸方式以及船体结构，货运船舶大体可以分为 8 类。

杂货船(General Cargo Ship)——主要用于运载成包、箱、捆等散件杂货，适用面比较宽，装卸效率较低，配载相对困难；散货船(Bulk Carrier)——主要用于运载干散货物的船舶，适用固体颗粒，运载批量较大，专用程度比较高；液货船(Liquid Tanker)——专门运载各类液体的船舶。适用石化类的液体，危险等级比较高，专业性比较强；集装船(Container Ship)——主要指运载集装箱的船舶，装卸效率较高，甲板利用率高；滚装船(Roll On/Roll Off Ship 或 RO/RO Ship)——采用滚装方式装卸货物的船舶，设有多层甲板，适用运载车辆在“岸船”间行驶；载驳船(Barge Ship)——又称“子母船”，是运载驳船的船，适用于母船载驳，驳船不设动力；冷藏船(Refrigerated Ship)——主要用于运载冻结或低温条件下的生鲜食品；专用船(Special Ship)——主要适用专项运载，如邮船(Ocean Ship)、拖船(Tug)、渡船(Ferry)等，这类船舱结构特殊，用途相对单一。

2) 客运类

客运船舶(Passenger Ship)主要是根据航行的区域和实际需求有大与小、普通与豪华之分。对于大型豪华客轮或旅游船(Cruise Ship)来说，要求具有更高的安全性与舒适性。对于远洋客轮还需要有比较好的船舶稳定性(Stability)、耐波性(Sekeeping)、操纵性(Maneuverability)、抗沉性(Insubmersibility)以及防火等功能。

3) 混装类

混装类船舶主要是指客、货混装船舶，如汽车客船(Auto-Passenger Ship)。混装类船舶的客舱与货舱分开，通常货舱设在甲板或水线以下。混装类船舶一般对运载的货物有比较严格的要求及货物装船的安全检查。易燃易爆、有毒有害的货物禁止搭载。

4) 特种船

本书将民用且非客货运载船舶归类为特种船舶。特种船舶大致分 3 类：工程船(Working Ship)——专门从事水上或水下工程的船舶，如挖泥、打桩、起重、疏浚、钻井船等；服务船(Serving Ship)——专门从事水域中各种服务的船舶，如领航、供应、破冰、消防、救捞船等；专业船(Special Ship)——专门从事各类研究等工作的船舶，如测量、科考、勘探、潜水、环保船等。

对于以上这些船舶，各类船舶有各自的技术特点。对于运载管理者，应该以客货运船舶为重点研究对象，尤其是需要比较深入地研究客货运船舶在运营中的技术经济特征。

2. 技术特征

从技术角度来分析，船舶运载比其他运载工具有明显的技术差异。船舶运载的主要技术优势在于绝对承载量和单位自重承载量大、能源热效率高、运营成本低和续航时间长等方面。但船舶运载受环境影响大、受地理条件的约束明显、技术速度低和集疏时间相对比较长等技术劣势比较突出，尤其是船舶速度提高，使运行成本大幅上升，导致运营不经济。

应用实例 11-68 在所有的运载工具中，由于船舶充分借助了水的浮力，这使船舶的承载能力远远超过了其他运载工具。目前，世界上最大的散货船、油轮都达到50万吨级，最大的集装箱船可承运1.4万标准箱且甲板上可以堆码9层集装箱。

应用实例 11-69 目前的大、中型商用船舶几乎都使用大型中、低速柴油机或燃气轮机把热能转换成机械能做功。在这一过程中，其燃料的燃烧效率要高于其他运载工具(这已通过大量的实验与实测证明)。

应用实例 11-70 任何一种运载工具本身都有自重，用自重与载量进行比较，船舶的单位自重承载量在所有运载工具中是最大的。大型船舶的自重与载重之比只有 0.2 左右，而陆上交通工具在 0.4～0.8，飞机则更高。这意味着在船舶运载中，消耗在自身的能量相对比较少。

应用实例 11-71 由于船舶航行的条件比较苛刻，不能随时靠泊来补充各种给养、燃料等。这迫使船舶必须拥有远距离连续航行的能力，尤其是远洋船舶，必须具备可长达月余的连续航行能力。在实际中，这种储备根据实际航程进行测算。储备过多，要额外消耗能量，并不是明智选择。

应用实例 11-72 由于船舶需要依靠江河湖海做载体，因此当载体处在非常时期，将严重影响船舶的航行。如：当船舶遇上台风、暴雨、汛期、涸水期、凌汛期、冰冻期等，都会严重影响船舶的航程或航期，有时甚至会出现断航。

应用实例 11-73 由于船舶只能在水域且具备航行条件的地方航行，所以船舶的可达性比较差。远洋运载只能是点与点之间的交通。江河中只能沿线运载，港口也不可能随处而建；而湖泊多由于封闭性与外界交往不畅，只适用较小的船舶。

应用实例 11-74 在所有的运载工具中，船舶航行时的技术速度是比较低的。高速船舶的航速虽然可达到 25 节左右，约为 36km/h，但比汽车、火车和飞机的最高时速相差甚远。而且随船速的提高，耗油率攀升比较快，经济速度难提高。

应用实例 11-75 船舱结构的集约度越高，集疏难度就越大。舶舶配载则既要考虑货物禁忌，还要考虑船舶平衡、运行稳性以及沿途装卸货物的效率等，而装卸时间与装卸货物量成正比，意味着船舶承载量越大，集疏时间就越长。另外，港口的综合实力、管理水平也影响集疏效率。

3. 经济特征

与其他 3 种运载方式进行比较，船舶运载有一些比较特殊的经济性质或规律，充分认识这些特性对于管理者是十分必要的。从需求方面看：由于船舶运费率最低，必需的生产资料运输不容易被其他运输方式替代，所以船运需求的价格弹性和交叉价格弹性都比较小。从供给方面看：供给的主导性、非完整性、海运市场的二元结构比较突出，而且运营成本的离散度也比较大。

应用实例 11-76 由于运输需求是一种引致需求，且船舶运费率最低，而必需品的需求价格弹性又比较小，这使得大宗必需品更多地选择船舶运载。最终使船运这种引致需求的需求价格弹性也比较小。船运的这种需求特性，使得船运需求量也比较稳定(有比较强的正相关性)。

应用实例 11-77 由于船舶运费率远小于其他运载方式，因此其他运载方式的价格变动对船运需求量的影响不大。另一方面，由于船运对大宗必需品的运输需求具有不可替代性，这使得这类需求缺乏需求的交叉价格弹性。

应用实例 11-78 无论是追溯历史(纵向考察运载的发展过程)，还是考察现代运载系统所达到的水平，船运都是主导一个城市或一个区域的重要因素，尤其在工业革命后，船运的发展一直主导着区域的发展。如：香港、新加坡、深圳、上海、天津以及珠江三角洲、长江三角洲和环渤海都是最好的实证，这些城市或区域的繁荣与海运的发达，密不可分。

应用实例 11-79 汽车运载可实现“门到门”；列车运载对于大客户可通过铁路专用线在一定条件下完成供给；航空运载在特殊情况下，也可通过机种的调配完成“门到门”。唯独船舶运载不能提供完整的运载供给。它必须依靠其他运载方式的配合，才能提供完整的流程。

应用实例 11-80 由于船舶运载大体可分为远洋、沿海和内河 3 类，其中远洋运载的投入大、技术要求高，在追求规模经济的过程中容易形成自然垄断，如从国际海运市场的历史演化和现状来看，远洋运载领域呈现寡头垄断的市场结构；而沿海与内河运载由于进入门槛低、技术要求低以及受自然条件的限制比较小，所以比较难以形成规模经济与垄断。因此，沿海与内河运载市场呈垄断竞争或完全竞争的市场结构。这种混合的二元结构成为影响船运价格的两类因素。

应用实例 11-81 实际的船运成本涉及许多方面，且变动幅度有时会比较大。船运成本在不同的区域，不同的经营方式下会有很大的离散性，如：班轮航线的选择、停靠港口的选择、经营货类的定位、投资策略、市场分析与判断等有很大的差异。这就使综合船舶运载成本有大的差异。

11.5.2 汽车运载

首先需要强调的是：公路运输不等于汽车运载。在陆域的无轨道运载中，主要涉及表 11-2 中的各类运载工具。在这些类别中，汽车是主要的运载工具。下面就侧重分析汽车运载的技术特征与经济特征。

表 11-2 陆域无轨道运载工具的分类

机动车			非机动车	
汽车	拖拉机	其他	畜力车	人力车(推、拉、踏)

1. 汽车分类

按照不同的分类方法，汽车运载有不同的类型。按照汽车用途，可以将汽车分为客车、货车与专用车三大类。客车，顾名思义就是承载旅客的汽车。对于客车主要有按发动机排量(见表 11-3)和按汽车长度(见表 11-4)两种分法。货车，顾名思义就是承载货物的汽车。对于货车主要有按额定载重量(见表 11-5)和按功能两种分法。

表 11-3 按发动机排量分类

类　型	微　型	普通型	中　级	中高级	高　级
排量/L	≤1.0	1.0～1.6	1.6～2.5	2.5～4.0	>4.0

很显然，汽车发动机排量越大，汽车功率就越大，相对的动力性越好。轿车基本也采用此分类。

表 11-4　按客车的长度分类

类　　型	微　　型	轻　　型	中　　型	大　　型	超　大　型	
					铰　接　式	双　　层
长度/m	<3.5	3.5～7	7～10	10～12	13～23	10～12

注：通常将 9 座以下称为轿车；9 座(不包括驾驶员)以上直接称为客车。

表 11-5　按货车的载重量分类

类　　型	微　　型	轻　　型	中　　型	重　　型
载重/t	≤1.8	1.8～6	6～14	>14.0

如果按照货车的功能进行划分，货车主要可以分为以下几种。

(1) 普通箱式车——配有普通敞开式车厢的货车。
(2) 自卸式货车——可以纵向与侧向倾翻的货车。
(3) 集装箱货车——专门用于承运集装箱的货车。
(4) 罐装型货车——运载液体或固体的密封货车。
(5) 大型平板车——用于运送长、笨货物的货车。
(6) 特种货运车——为运送专用货物设计的货车。
(7) 温控保鲜车——承运需要冷藏或保鲜的货物。
(8) 全挂半挂车——要与牵引车配合使用的货车。

应用实例 11-82　全挂、半挂车是当今汽车运载中的主要运载工具，尤其是平板式集装箱挂车，结构简单、专业化和标准化程度高而被广泛采用。全挂、半挂车的主要形式如图 11.1 所示。

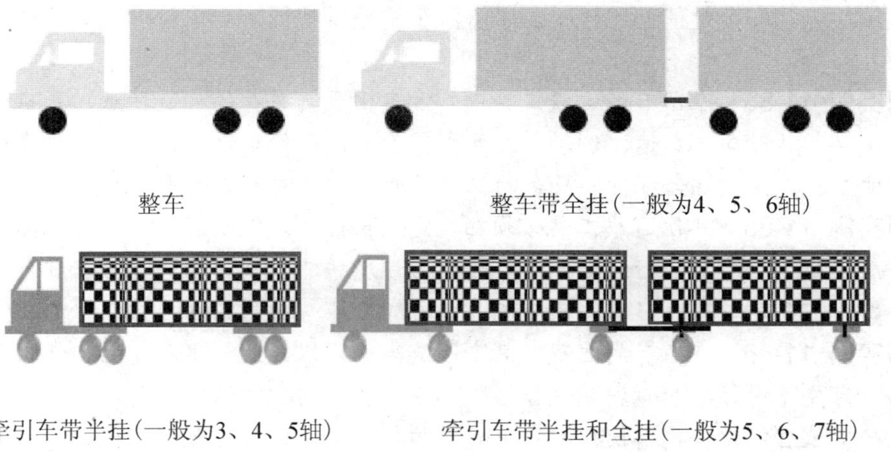

图 11.1　全挂、半挂车示意图

如果按照汽车的用途进行分类，除了客车、货车与专用车3类外，还可以进一步细分，表11-6就是对客车与货车用途的细分。

表11-6　客车与货车按用途分类

客车						货车							
共用		包车		租车		普通车		危险品车		大件		集装箱	
公共	长途	随机	预订	短时	长期	零担	包车	有毒有害	易燃易爆	超长、超宽超高、超重		20ft	40ft

应用实例11-83　除了一般用途的客车与货车外，在一些特殊场合或专门的领域，需要一些具有专门用途的车辆。按照各自的功能，可以分为以下几类。

(1) 牵引车——用于牵引挂车的汽车，主要分为承载与不承载两种方式。

(2) 特需车——用于特别需要的汽车，如救火车、救护车、指挥车等。

(3) 越野车——用于特殊路况的汽车，其特征是多桥驱动或履带结构。

(4) 农用车——用于农业方面的机械，如拖拉机、收割机、播种机等。

(5) 工程车——用于工程方面的汽车，如推土机、挖掘机、筑路机等。

(6) 科研车——用于科研方面的汽车，如监测车、勘探车、实验车等。

(7) 装卸车——用于装卸搬移的机械，如叉车、各种起重车、铲车等。

(8) 军用车——用于军事目的的机械，如坦克、装甲车、火箭发射车。

关于汽车的分类，基于不同的目的还有其他分法，关键在于分类的目的。本书的重点是研究货物运输，所以分类研究也是按货车的功能而展开的。

2. 技术特征

汽车的技术特征是由汽车的装备和所应用的技术决定的。与其他运载工具的技术性能进行比较，汽车有自身的技术优势，也有技术劣势。其优势在于机动性能最好、适应性能最强、操控简单易学和短途运载便捷；但其劣势也比较明显，单体承载量最小、自重载重比大、连续性能和安全性能都比较差。了解汽车的技术特征，对于管理汽车运载是十分重要的。

应用实例11-84　在所有的运载工具中，汽车由于其自身的构造特点，是机动性能最好的运载工具。从转向、加速、制动等方面来评价，汽车的机动性仅次于特种飞机，要明显优于其他运载工具。综合评价，汽车的机动性能是所有运载工具中最好的。

应用实例11-85　其他运载工具必须在一定的条件下才能运行。如：飞机要有机场；船舶需要航道与港口才能航行；火车需要轨道与调度才能行驶，而汽车可以在自然的陆地上行驶。因此，汽车成为最好的集散与疏运的运载工具。这是其他运载工具无法替代的。

应用实例11-86　在所有的运载工具中，汽车的操纵是最简单易学的。任何符合国家规定的人，只要体检合格和心理测试合格，都可以考取驾驶执照，尤其是现代化的汽车，许多操纵技术被智能化替代，使操控变得更加简单。如：倒车防避碰雷达、雷达测距提示系统、自动导航系统等都可以帮助驾驶者完成部分操控。

应用实例11-87　一般情况下，在200千米以内，汽车除了本身固有的技术速度比较快以外，主要是起动的准备时间很短，其他运载工具都需要有一个比较长的准备时间，尤其是在接到紧急任务时，汽车的优势最明显。另外，短距离的急件多是小批量的调运，最适合汽车集疏运。

应用实例 11-88 根据我国及欧美国家的规定，汽车的长×宽×高一般限制在(18～19.8m)×(2.5～2.6m)×(4～4.3m)。在这种限制下，汽车单车的总载重量一般在 30t 以下，组合货车(挂车)的总载重量一般在 55t 以下。这样的承载水平无法与其他运载工具承载量相比。

应用实例 11-89 由于汽车的单体承载量小且都需要配备发动机，因此汽车的自重载重比要远远高于船舶和列车。如：轻型货车(二轴四轮)的自重约为 2t，载重 2.5～3t，自重载重比为 0.67～0.8；中型货车(二轴六轮)的自重为 2～5t，载重量 3～8t，自重载重比为 0.62～0.67；重型货车(三四轴)的自重为 10～15t，载重量为 20～50t，自重载重比为 0.3～0.5。

应用实例 11-90 汽车能够连续行驶的距离比其他运载工具都短。这主要是由于汽车的油箱比较小。另一方面，汽车是在开放且环境多变的条件下运行，驾驶条件相对复杂，因此驾驶员容易疲劳。所以，汽车的连续运行的能力比较差。

应用实例 11-91 由于汽车处在车流密度大、速度快的环境中，且道路状况复杂多变，随机因素导致大量的交通事故。无论以何种方法评价运载工具的安全性，汽车的安全性能都比较差。另一方面，汽车对第三者的伤害频率也是最高的。但汽车是比较小的个体且在陆上行驶，所以不会像飞机、列车和船舶的交通事故那样，带来比较集中的伤害。

3. 经济特征

与其他 3 种运载方式比较，汽车运载有一些比较特殊的经济性质或规律。

在需求特征方面，消费者对汽车运载的需求是多层面的，具体表现在：一是基于对基本空间的位置改变；二是追求改变的时效；三是追求改变的方便性；四是追求改变的综合效率；五是追求改变的灵活性；六是追求改变的舒适性。正是由于这种多层次性，汽车运载需求有两个明显的特征。

一是汽车运载需求价格弹性的离散度较大。这主要是基于对汽车运载的需求，既追求改变空间位置的基本需求，也追求舒适性，甚至是个性化的奢侈性需求。因此，汽车运载需求的价格弹性表现出很大的离散度。另一方面，汽车运载需求是一种具有多层次的引致需求，因此它的价格弹性还取决于原需求的类型与性质。

应用实例 11-92 文物、艺术品和普通消费品的运载需求的价格弹性的差异很大。在实践中，也是按照不同运价率进行收费。对于汽车运载需求价格弹性的量化研究还比较少，但它对企业具有重要的指导意义。如：如何科学地制定分类运价，价格弹性就是重要的参考依据。

二是基本运载需求的交叉价格弹性比较大。这主要是由于运载的基本需求只是追求单纯的改变空间位置，因此价格因素成为主导因素。另一方面，面对运载的基本需求，运载供给表现出同质性。这使得基本运载需求的交叉价格弹性比较大。

应用实例 11-93 由于汽车的综合运营成本明显高于轨道列车与船舶，所以受基本运载需求的交叉价格弹性比较大这一特征的影响最大。因此，在经营汽车运载时，深入研究需求的层次，制定相应的经营对策，是一项十分重要的工作。

在供给方面，与其他运载服务相比，汽车运载服务有比较明显的优势，同样也有明显的劣势，表现在运载供给的完整性、运载供给的完全竞争性以及短途运载效率最好，但单纯运行成本、外差成本(指运载对环境或社会带来的负面影响及治理成本)比较高以及运行的可控性比较差等。了解与认识汽车运载在供给方面的优劣和劣势，可以帮助管理者提高经营与管理的水平。

应用实例 11-94 由于汽车可实现“门到门”运载，因此在一个完整的陆域可提供全程运载服务，可省略中途的倒乘、换装、滞留等环节。可最大限度压缩装卸与仓储费用，还可减少因装卸、换装等带来的“损、差、错”。这一突出的优势，是汽车运载参与竞争的重要法宝。

应用实例 11-95 由于汽车运载的投入条件比较低，供给方进出市场比较方便，所以汽车运载市场表现为完全的竞争性。因此经营汽车运载的企业只能是市场价格的接受者。完全竞争的市场模型，是很多经济专家所倡导的市场模型，它能使资源能得到充分的利用，市场效率最高。但运载市场并非如此，完全竞争的运载市场会使运载效率、能源利用效率、投资效率下降，最终使得运载成本上升。

因此，政府在管理运载市场时，应当发挥宏观调控的作用，总的原则是使社会资源，尤其是不可再生性的能源利用达到最大化。

应用实例 11-96 汽车运载的一系列技术特性与经济特性决定了短途运载效率最高。高机动性、高适应性以及供给的完整性等都决定了汽车短途运载具有更高的效率，其综合性在于消费者和供给者会都会将时效价值、方便性以及投入产出的比值等进行系统地评估。

应用实例 11-97 由于汽车的自重与载重之比值要比火车与船舶高，这使得完成单位周转量所消耗的能源会比较高；由于汽车运载市场的完全竞争性，使得汽车在使用中的各种利用率相对比较低，能源空耗或浪费的现象比较严重；由于汽车面对复杂多变的道路状况，汽车经常要进行起步、加速与停车，行驶状态难以稳定，必然要多消耗能量。基于以上 3 个方面的分析，再加上分摊到单位周转量上的人力资源(成本)也高于其他运载方式。因此，汽车的单纯运行成本比较高。

应用实例 11-98 在汽车在使用过程中给环境与人类带来四大公害：一是污染环境，包括噪声污染、排放污染和废弃物污染等；二是交通事故，包括对司乘人员、被运货物及第三者带来的伤害或破坏；三是交通拥堵，使社会价值严重浪费，同时还加重了排放污染；四是 CO_2 排放带来的温室效应。基于以上原因，治理汽车带来的四大公害需要付出昂贵的外差成本。

由于当代的环保理念是：“谁污染，谁治理”。这就是汽车运载方式要支付昂贵外差成本的原因。

应用实例 11-99 由于汽车运行的环境是复杂多变的路况，并且很多路况处在完全开放的状态，管理者很难对汽车的运行过程进行完全控制。因此，在制订汽车运行计划中或实际调度运行车辆的过程中，要把一些可能影响汽车运行的随机因素考虑进去。即使是这样，也不能完全保证汽车的实际运行过程能够完全符合运行计划。所以在开放条件下，管理者能够把经营线路上的信息了解的越详细，则对汽车实际运行的控制就越好。

以上，对汽车运载的技术经济特征进行了概括。由于汽车是“面”上应用最为广泛的运载工具，对于运输、物流行业的从业人员都会涉及，所以了解相关的知识是十分必要的。

11.5.3 列车运载

轨道列车运载主要是指沿固定轨道运载的陆上运载工具。它是现代运载系统中非常重要的一种运载方式。下面将深入分析轨道列车运载的主要类型、技术特性以及经济特性。

1. 主要分类

列车一般是按照动力类型、轨道类型和应用类型进行分类的。

1) 按动力分类

(1) 蒸汽机车。自1765年瓦特发明蒸汽机，揭开工业革命序幕以来，在240多年的历史进程中，蒸汽机车(Steam Locomotive)曾作为火车(有轨列车)的主要动力(也是火车名称的重要特征)，为工业革命的发展作出了重要贡献。蒸汽机车是一种“外燃机”，热效率较差。

应用实例 11-100 随着内燃机车(Diesel Locomotive)、电力机车(Electric Locomotive)的发明与使用，蒸汽机车逐渐走向了没落。2005年12月9日，世界上最后一辆蒸汽机车永久地退出了历史舞台，成为博物馆中的文物与古董。这也标志着蒸汽机时代的结束。

(2) 内燃机车。有轨列车所使用的内燃机车主要是柴油机，它是大吨位运载的主要动力。其主要特点是燃烧热效率比较高(一般可以超过30%)、独立性强，单位功率所均摊的自重比蒸汽机车要轻很多。还可以实现多机联挂牵引。但内燃机车的噪声比较大，不太适合城市区域内使用。

(3) 电力机车。电力机车基本都是通过外部电力向电力机车提供电能，然后再由电力机将电能转换成机械能驱动列车行驶的。

应用实例 11-101 由于直流电机允许在短时期内通过较大的过载电流，因此，电力机车的加速性能与爬坡性能特别好，再加上电力机车噪声小，几乎没有排放污染。所以在城市或山区等地方普遍用电力机车作动力。

(4) 动车组。动车组有别于电力机车，这种方式将电机动力分布在各个车厢上。所以它的动力驱动方式已经不是原有的动力车头拖动车厢，而是带动力的车厢随车头一同提供动力，驱动整列列车。

2) 按轨道分类

轨道的作用：一是导向；二是减少摩擦阻力。到目前，有轨列车所使用的轨道主要有两类：一是单轨；二是双轨。其中双轨应用比较普遍。

应用实例 11-102 单轨是一种比较新型的有轨形式。单轨又分悬挂式与跨坐式。所谓悬挂式就是列车挂在铁轨上运行(图11.2)。所谓跨坐式，就是列车骑在独轨上(图11.3)。图11.3所示是磁悬浮列车。单轨结构最大的优势是节约土地，尤其是悬挂式，可节约大量的土地。

图11.2 悬挂式列车

图11.3 跨坐式列车

应用实例 11-103 目前的双轨轨道基本采用“工”字型钢轨平行铺在路基上，轨距(双轨之间的距离)主要有 3 类：一是标准轨距，其轨道中到中的宽度为 1435mm；二是宽轨，主要是俄罗斯和前苏联的加盟共和国使用；三是窄轨，其宽度并不太统一，主要在煤矿和局部使用，如我国东北过去使用的小火车就属于这种类型。

3) 按应用分类

按应用类型分类，应该说是按照约定俗成进行分类的。这种分类主要有两大类：一类是用于城际间的中长途运载；另一类是用于城郊区域的中短途运载。严格地说，这两类在构造上没有本质的区别。但为了不同的目的，在材料、尺寸、局部的结构进行了调整。这样的调整，使列车分为普通列车和新型列车。新型列车的发展方向：一是重载列车；二是高速列车；三是轻型列车。

普通列车，基本上就是传统的在铁路上运载的列车，它基本采用标准的双轨运载，所用动力，在平原地带以内燃机车为主，在山区以电力机车为主。

重载列车是指列车满载时的整车质量超过 5000t。长期以来，我国铁路系统的承载能力比较低，一列标准货车的整车质量在 4000t 左右(自重 1000 多吨，载重 3000t)。目前世界上发达国家的单列列车的整车质量可达到 1 万吨，个别线路达到 2.5 万吨。

高速列车的最高车速一般要超过 200km/h，这就要求机车、车辆、轨道等必须符合高速运行的需要。如：我国为提高客运列车的速度，需要将有些路段(轨道)的最小转弯半径扩大，这样才能适应列车提速；机车提速需要通过更换新型的动力系统才能实现。

由于轻型列车主要应用于城区或城市郊区的客运，站与站之间的距离短，且在人口比较密集的地带穿行，为了保证列车拥有良好的加速性能，尽可能节约能源消耗、减少排放污染及降低噪声，轻型列车一般以电力机为动力。所以，在设计制造时比普通列车更追求结构的合理性与使用的舒适性，并在车用材料等方面改进，使整车装备质量更轻。

应用实例 11-104 轻型列车主要用于客运，国际上按照额定的车厢容量来测算人均车重：轻型列车为 0.16～0.18(吨/人)；普通列车为 0.33～0.38(吨/人)。由此可以看出，轻型列车的人均车重只有普通列车的 1/2。轻型列车根据城市特点、城市客运需求的不同，设计有多种形式，主要有地铁(美国称 Subway，英国称 Underground)、轻轨(LRT——Light Rail Transit)和磁悬浮列车(Maglev train)等形式，其中轻轨又有高架轻轨、悬挂轻轨、地面轻轨、沟槽式轻轨等多种形式。

2. 技术特征

轨道列车运载有比较独特的技术系统。与其他运载工具比较，其技术优势主要集中在能耗低、安全可靠两个方面，但由于受到运行线路的约束(包括技术水平方面和线路本身的约束)，可达性和机动性都比较差，因此在技术方面比其他运载工具也有明显的劣势。

1) 能耗最小

首先需要需要说明，在以往的运输经济分析中，一直都认为：单位周转量能耗最小的是船舶。但是根据新的研究：一是船舶与轨道列车的环境不一致，缺乏直接比较的基础；二是在相同速度下(就以船舶的经济船速比较)，有轨列车的能耗要小于船舶。上述结论就是说轨道列车是所有运载工具中单位耗能最小的运载方式。

应用实例 11-105 轨道列车耗能最小，主要是由于钢轨与钢制车轮的滚动摩擦系数很小，因此运行阻力最小；另一方面，其他运载工具的单位载重量的迎风面积都远远大于轨道列车，因此，按照单位载重量获得的迎风阻力来评价，轨道列车的风阻最小。

2) 安全可靠

由于其他 3 类运载工具的运行环境大多数处在开放状态，而轨道列车的运行环境基本是封闭的，所以轨道列车的不可控随机因素最少。因此轨道列车的运行可以得到最有效的控制。

3) 可达性差

轨道建设周期长、技术难度大，且轨道列车属于大量型运载工具，这就决定了轨道网络密度远远低于公路网络。另一方面，轨道列车只能沿轨道运行。所以在所有运载工具中，轨道列车的可达性比较差。

4) 机动性差

轨道列车的机动性差表现在 3 个方面：首先，轨道网络是一个复杂系统，系统中的任何一列列车，都必须严格执行运行计划；其次，在同一轨道上的列车，在途其间，后车无法超越前车，只有到中间站或枢纽站，才能根据调度的调整(一般是前车驶入叉道，让出主行驶轨道)完成超车；再次，轨道列车属于大量型运载工具，承载量比较大，非运行时间的比重大。

应用实例 11-106 据有关资料统计，轨道列车的运行时间只占总作业时间的 35%左右，也就是说，作业与技术停留时间达到 65%左右，尤其是始发、终到列车必须完成集结、编组或分解、甩挂等作业，因此需要比较多的作业时间。

3. 经济特征

在陆上运载的两种方式中，轨道列车运载是运载成本比较低的方式。消费者之所以选择轨道列车运载，运费率比较低、价格便宜、安全可靠等是主要因素。在需求方面，货运需求的价格弹性比较小，客运需求的层次多、离散度大；在供给方面，列车运载系统易形成自然垄断，列车运载系统的成本结构倒挂和送达速度与技术速度的差异大。

1) 货运需求的价格弹性比较小

运费率比较低是轨道列车的优势。所以生产、生活的必需品多选择轨道列车。由于上述这类需求的需求价格弹性比较小，也使得引致需求的价格弹性比较小。

应用实例 11-107 价格便宜是选择轨道列车运载的主要因素。但这类需求与船运需求有一些差异，其中时效性需求是主因。实际上，对轨道列车的运载需求是追求低运费率与时效性的复合需求。通俗地说，选择有轨列车，相对便宜和节省时间。

2) 客运需求的层次多、离散度大

旅客对轨道列车的需求远比货运需求复杂。随着消费者生活水平的提高，客运需求不断分层。因此离散度也不断增大。

应用实例 11-108 在现实中，有人追求轨道列车的长途便捷性倒乘少；有人追求其准时、安全；有人追求其舒适；有人追求其价格便宜。虽然有些诉求可能是消费者的主观预期，但轨道列车确实可以提供能够满足不同需求的服务。

3) 列车运载系统易形成自然垄断

首先，轨道列车运载系统是由轨道网络、枢纽(或结点)和列车三部分组成，而且系统相对封闭，因此系统一旦形成，就构建起网络壁垒；其次，轨道列车运载系统属于大系统，而且需要达到一定规模才能大幅度降低成本，形成规模经济。正是由于这些因素促成了轨道列车运载系统的自然垄断。这种垄断不仅表现在价格方面还表现在决定供给的方式、数量、时间等方面。

4) 列车运载系统的成本结构倒挂

由于轨道列车运载自成系统，所以运载成本要将整个系统的投资分摊进去。轨道列车运载系统的这一供给特性，迫使系统要始终处在运转中。

应用实例 11-109 根据我国多年的统计表明，轨道列车运载系统的可变成本只占 40%左右，固定成本高达 60%。在可变成本中，系统维护费用又占有较高的比重。所以，与其他运载方式进行比较，轨道列车运载系统的可变成本与固定成本出现倒挂。

5) 送达速度与技术速度的差异大

轨道列车的技术速度是比较快的，如已经投入运营的高速列车，其技术速度已达 300km/h。但由于轨道列车的技术与结构约束，使得轨道列车在装卸、集结、编组、分解、摘挂、甩挂、会让车等都占用了大量的时间，最终使列车运载的送达速度存在比较大的差异。

轨道列车运载系统无论是在综合运输系统中，还是在国民经济系统中，都具有举足轻重的地位。它的发展、改革与管理是一个专业性比较强的问题。如何熟悉轨道列车运载系统的运营模式，充分利用其优势，为降低社会物流成本服务，是一个十分重要的课题。

11.5.4 飞机运载

飞机是航空器中最重要的一类，主要是利用空气的升力及反作用力来托起、支撑和推进(或拉动)自身，实现空中飞行的。

1. 主要分类

自从 1903 年人类发明飞机以来，经过 100 多年的发展，飞机的种类、性能、用途等发生了巨大的变化。按飞机的用途大体可分为军用与民用两大类。下面就简要介绍民用飞机的分类。

按飞机的形体可分为大、中、小 3 种。实际上，这 3 种机型主要是在最大起飞重量或质量和飞机外形尺寸等方面存在着差异。其中，飞机的外形尺寸参数主要有飞机翼展(左右翼尖的垂直投影长度)和机身长(总长)等。

应用实例 11-110 大型机起飞重量超过 300t，最大可达 550t，翼展超过 60m，机身总长在 70m 以上；中型机最大起飞重量为 100～200t，翼展 40～50m，机身长 46～60m；小型机最大起飞重量一般在 100t 以下，翼展 20～40m，机身长度不超过 45m。大型机的动力系统基本上是喷气式发动机，中型机主要采用螺旋桨或喷气式推进系统，大型机主要用于远程国际航线，中型机主要用于区域干线，小型机主要用于短途飞行，多用于地方支线。另外，直升机多属于小型机，但直升机是用主旋翼直径代替翼展。民用直升机的最大起飞重量一般不超过 30t，最大装载重量为 10t 左右，主旋翼直径不超过 25m，全长一般不超过 30m。

按航程(飞机最大可飞行距离)分类，大体可分为 4 类：短途——1000km 以内，主要是小型机能够飞行的半径；近程——1000～3000km，主要是中型机能够飞行的半径；中程——

3000～5000km，主要是大型机能够飞行的半径；远程——5000km 以上，主要是大型机能够飞行的半径。目前最远的航程可以达到12000km。

按航速(飞机的速度)分类，大体可分为 4 类：低航速——航速在 500km/h 左右，一般是活塞式发动机的航速；经济航速——航速为 700～900km/h，是相对耗油比较合理的航速；亚音速——航速仅次于音速，一般为 0.8～0.9 马赫，为 900～1000km/h；超音速——航速大于音速。

2. 技术特征

与其他运载工具相比较，飞机具有技术速度最快、技术效率最高和技术性能最可靠的技术优势，但又具有受环境影响较大、单位飞行成本较高以及事故损失率较大的技术劣势。

应用实例 11-111 在 4 类运载工具中，飞机的技术速度最快。目前主流民用飞机的巡航速度平均在 900～1000km/h，是陆上运载工具速度的 3～8 倍，是船舶速度的 25～30 倍。这种速度优势十分明显，其他运载工具的速度水平与飞机的速度相比，不在一个数量级上。

应用实例 11-112 体现运载工具能力的指标有运量、周转量。虽然飞机单机的承载能力远不如船舶与轨道列车，但如果用单位自重和单位时间完成的周转量(吨·小时周转量)来衡量，飞机的效率是最高的。表 11-7 是对 4 种运载工具的效率的比较。

表 11-7 运载工具的技术效率比较

运载工具	自重/t	载重量/t	时速 km/h	小时周转量	吨·小时周转量
飞机	100	500	900	45000	450
列车	1000	3000	120	360000	360
船舶	50000	500000	30	1500000	300
汽车	20	50	100	5000	250

应用实例 11-113 虽然飞行技术相对复杂，但飞机也配置了技术水平最高的设备，以确保飞机的安全航行。正是由于飞机具有完备的技术体系，飞机比其他的运载工具有更高的技术可靠性，如机载导航定位系统要比船舶有更高的精度。

应用实例 11-114 由于飞机要克服地球引力或势能阻力，因此单位周转量的燃料消耗是所有运载工具中最高的。另一方面，飞机的自重载重比也是所有运载工具中最大的。因此，分摊到实际周转量的燃料消耗也比较多，这就使平均单位飞行成本比较高。

应用实例 11-115 雾、霜、雹、雨、雪、雷、风等天气都对飞机的航行、起降过程有影响，并使航班不能正点，有时甚至需要到备降机场降落。另一方面，有些地域由于复杂的环境尚不被人类完全认识，因此，飞机运营者要正确判断飞机“能不能飞”和“能不能安全飞”的问题。

应用实例 11-116 从近些年各国的统计数字来看(一般以一定时期完成的相同周转量作为比较的基础)，飞机的事故率是最低的，但是一旦出了飞行事故，损失就非常大。而且飞行中出现致命故障后，能够消除故障的时间非常有限。所以，飞机的事故损失率是所有运载工具中最大的。

3. 经济特征

与其他运载方式相比，飞机运载的经济特征主要表现在需求与供给两个方面。在需求方面，除了具备一般运载所共有的需求特性外，还有更多层次的需求。这也就导致这类需求的交叉价格弹性的离散度比较大；在供给方面，时效性最好和运营成本高是两个非常突出的特征。

1) 空运的需求层次最多

应用实例 11-117 在一个完整的大陆上，在有人居住的地方，绝大多数情况下，消费者对于运载或运输的需求至少可以有四五种选择。但要实现跨越大陆的运载，运载方式只剩下飞机与船舶，而且由于两种运载方式在技术与经济方面的极端表现——船舶承担了绝大多数的货运；飞机承担了绝大多数的客运。究其原因，绝大多数的乘客都有时间上的要求。因此，搭乘飞机实现空间位置的改变就成了唯一选择。从这一层面看，对飞机运载的需求也是改变空间位置的基本需求。

应用实例 11-118 在有选择余地的情况下，追求时间价值的消费者，追求安全预期的消费者，追求享受的消费者都可能选择飞机运载。这几个层次的需求，多为非价格因素下的需求。但由于需求层面的不同，需求价格弹性的差异比较大。如：追求时间价值需求的弹性相对会比较小，而追求享受这样的奢侈需求，其需求价格弹性就比较大。而在价格因素的影响下，消费者会追求时间价值与运载费用的综合价值，甚至是运费率的直接比较。

以上分析表明，不同消费者对飞机运载有不同的需求，这种需求的多层次性是飞机运载需求中比较明显的特征。

2) 交叉弹性的离散度大

应用实例 11-119 当乘飞机是唯一选择时，如越洋航班、国际商务、政务之旅，这时的需求价格的交叉弹性相对比较小；对于追求时间价值的消费，其需求的交叉弹性要大于前一种；对于追求舒适、享受的消费，其需求价格的交叉弹性则比较大；对于以运费率为依据或伴有时间价值的综合需求的消费，其需求交叉弹性非常大。所以飞机运载的交叉价格弹性的离散度比较大。因此，对于飞机运载服务的营销，应该采取分类营销的策略。

3) 飞机运载时效性最好

应用实例 11-120 由于飞机的绝对飞行速度是其他运载工具无法比拟的，所以飞机运载的时效性，尤其是远程的时效性最好。这是以飞机的技术水平为基础的，即飞机的“吨·时周转量”，其可能实现值是所有运载工具中最高的。

4) 飞机运营成本比较高

如果以运载工具每个额定载重量为投资单位进行测算，毫无疑问，飞机的投资成本是最高的；同样，以完成单位周转量来测算运营成本，飞机也是最高的。所以，在成本方面，飞机没有任何优势。因此，提供空运服务的策略，更多的是要考虑非价格因素。

本节从技术与经济两个方面系统地比较分析了 4 种运载工具的优势与劣势。了解不同运载工具的技术特征，是对运载系统进行有效管理的重要基础；熟悉不同运载工具的经济特征，是管理好运载系统的核心内容。学会从技术和经济两个层面，对不同的运载系统进行定性或定量的比较分析。除了系统地获得知识外，更重要的是掌握分析方法。

11.6 货运管理

运输管理工作，主要有货运和客运两类，本节只分析货运管理。在实施之前，需要根据货物类型选择运输形式，需要根据客户的要求进行组织；在实施的过程中，需要根据实际情况对运载工具及辅助设施进行调度；在实施之后，还需要进行统计与财税方面的分析。

11.6.1 运输形式

对于运输形式，主要有两个分析视角：一个是基于供给者(承运方)的运输特征，另一个是基于需求者(客户)的货物类型。

1. 运输分类

常用的运输分类主要是按行业性质、组织形式和运输工具进行分类。

1) 按行业性质分类

按行业性质分类，主要有工业运输(Industrial Transportation)、农业运输(Agricultural Transportation)、商业运输(Commercial Transportation)、邮政运输(Postal Transportation)及军事运输(Military Transportation)等。按行业性质分类，主要是为了统计各行业的运输工作量，并以此作为判断某一行业供求状况的重要信息。一般由各自的行业，对自己的全行业所完成的运输量进行统计分析。

2) 按组织形式分类

按照运输的组织形式进行分类，基本上可以分为主次(干线运输与支线运输)和大小(整批运输与零散运输)。

干线运输(Trunk Line Transportation)是指在运输网络中起骨干作用的流径或线路上进行运输的行为。在不同的网络体系中，干线的内涵并不一定相同。如某省的国道可能是省内的干线，但不一定是国家网络体系中的干线。支线运输(Feeder Line Transportation)是指在运输网络中的次要流径或线路上进行运输的行为。一般情况下，支线运输主要是发挥为干线进行集疏的服务功能。

作为管理者需要充分认识主次之间的关系，协调好干线与支线之间的关系，避免支线运输冲击干线运输甚至喧宾夺主，这也是管理者综合管理能力的体现。当然也要合理安排支线运输，避免干线运输过多地向支线延伸而导致运输效率下降。

整批运输(Whole Entire Transportation)是指所托运货物按其重量或体积可以租赁某一运输工具，实现“独占式”运输的方式，也是一种运输业务方式。对于不同的运输工具，除了批量大小存在明显差异外，名称上也略有不同，如：对于汽车被称为整车运输，对于飞机被称为包机运输等。零散运输(Less-Than-Whole Entire Transportation)是指所托运的货物按其重量或体积不足以单独使用某一种运输工具，而为客户开展的一项运输业务。

应用实例 11-121 在零散运输中，经营者将不同客户的零散货物根据货类、流向等进行分类、编组、托盘化、集装化或拼箱等，然后集中组织运输。不同运输方式中的零散运输称谓有所不同，如：陆运中称其为零担(Less-Than-Carload)，在水运中称其为拼箱(Less-Than-Container Load)。

3) 按运输容器分类

为了提高运输效率，除了在运输工具上进行技术革命外，在发展运输容器方面，突出了专业化的分工。比较有专业代表性的、并广泛适用的有集装箱类、干散货物类和密封罐类。

集装箱(Unitary Standardized Container)是一种单元化、标准化容器，是按照国际标准化组织(International Standard Organization，ISO)及欧盟共同认定的600mm×400mm为基础模数尺寸的，并在此基础上，确定托盘尺寸标准化、箱容积标准化。

需要特别强调的是，集装箱并不是普通容器(把集装箱译为Container并不准确)，而是必须符合基础模数尺寸倍数的标准化容器。所有集装箱外部的标准宽度为2438mm(8ft)，箱内允许宽度 2100～2300mm，而集装箱的长度和高度有不同规格。最常用的标准集装箱主要有20ft×8ft×8ft和40ft×8ft×8ft两种，简称20标尺(TEU)与40尺(2TEU)箱子。

应用实例 11-122 集装箱的主要优势在于：可广泛适用机械化装卸，大大提高了装卸效率；由于封箱运输，可彻底消除差错和减少货损；由于标准箱可全球周转，极大地缩短了货物集疏时间，压缩了运输工具的停泊时间，提高了运输工具的使用效率；由于箱体本身是可以反复使用的外包装，节省了大量的内包装材料，降低了包装材料的消耗，并提高了运输工具的容积利用率；由于集装箱可以实现整箱装卸、一关三检等，所以简化了各种手续，这样既节约了时间，又节省了各类费用。因此，集装箱在近二三十年得到了飞速发展。

应用实例 11-123 根据不同用途，集装箱已经发展出多个专业系列，如：杂货集装箱(Break-Bulk Container)、散货集装箱(Bulk Cargo Container)、液散货集装箱(Liquid Bulk Cargo Container)、冷藏集装箱(Refrigerated Container)、保温集装箱(Thermal Container)等。

对于承载干散货(Bulk Cargo)的容器，主要根据干散货物的特性而设计。由于干散货物主要是块、粒、粉等形式的固体物质，并且适合裸装运输(可以充分提高容器的容积效率)，所以用于承载干散货物的容器，都尽可能地挖掘运载工具可利用的空间，并根据货类尽可能扩大容器的进出通道(或舱门)。

应用实例 11-124 最大型的干散货物容器是专门用于运输干散货物的专用船舶，如矿石船(Ore Carrier)、粮食船(Food Carrier)、散装水泥船(Bulk Cement Boat)等。干散货物容器单体体积也不是越大越好，由于要考虑承载强度，每个单体会根据实际可能承受的载荷设计间隔板、加强筋等，但这些设计如果不合理，会影响装卸效率，还可能导致清仓困难等。

应用实例 11-125 为了提高干散货物的装卸效率，有些运载工具上的干散货物容器被设计成可以自卸的形式，如自卸汽车、翻车机(用于翻转列车车皮)等。

密封罐类的容器主要用于运载液体货物和气体货物。由于大多数液体、气体货物都属于有毒有害、易燃易爆物品，所以要求密封罐类的容器必须有非常好的安全保护措施。如：抗冲击、抗变形的能力；防腐蚀、防静电的能力；耐高温、耐高压的能力等。

应用实例 11-126 另外一类密封罐是用于运输诸如水、巧克力酱、饮料、啤酒等方面的。对这类密封罐，除了要求有良好的密封性外，还必须保证不被有毒有害物质污染。这需要在加工、使用、检修等多个环节进行规范的措施来保障。

2. 货物分类

关于货物分类，可谓五花八门。但不管如何分类，作为管理者必须清楚承运货物的基本类型。最基本、最简单实用的分类，是按货物性质分为两大类：一是普通货物，即在运输与保管中没有特殊要求的货物，并且这类货物不会对经济社会、生态环境产生负面影响；二是特种货物，即对运输、装卸、保管等有特殊要求的货物。

1) 普通货物

根据中国交通运输部的规定，普通货物(General Cargo)划分为3个等级。具体分析如下。

(1) 一等货物。一般指可堆积货物，多为块、粒状的散货。如煤炭、砂石及建筑垃圾等。这类货物单位体积的货值比较低。对这类货物的储运，多采用露天堆积和使用干散货类的容器运载。

(2) 二等货物。一般多为普通的工农业产品和加工过的矿石产品。这类货物的特点是品种繁杂、性质各异、包装不一、批量差异比较大等。因此通常也把这类货物称为“件杂货”(Break-Bulk Cargo)。这类货物单位体积的货值要比一等货物高，因此货物的保险金额也相对提高了。

(3) 三等货物。一般指各种价值比较高的工业制品和农林牧渔业产品，如禽蛋肉奶等。这类货物对储运的安全性要求比较高，并要求送达的准时性。这些都加大了运输的难度，因此运价率也比较高。

2) 特种货物

对于特殊货物(Special Cargo)，按照货物性质分为4类，主要有危险物品类、鲜活易腐类、贵重易碎类、超限运输类等。具体的分类见表11-8。

表11-8 按照运输对象的性质分类

货物种类		主要特征
特殊货物	危险有害类	易燃、易爆、有毒、腐蚀
	鲜活易腐类	新鲜、活体、腐烂、变质
	贵重易碎类	金银、币券、文物、精仪
	超限运输类	超长、超宽、超高、超重

根据表11-8的分类，下面概要介绍每类货物的运输特点。

危险有害类货物主要是指在运输过程中容易引起燃烧或爆炸的物品，和可能产生中毒、放射性污染或强烈腐蚀的货物。中国对这类货物的运输有严格的规定(参看危险货物运输规则)。

应用实例 11-127 在《危险货物运输规则》(以下简称《危规》)中，将危险有害类货物分为：爆炸品(Explosive Goods)、氧化剂(Oxidant; Oxidizing Agent)、压缩和液化气体(Compressed and Liquescent Gas)、自燃物品(Self-Combustible Goods)、易燃液体(Combustible Liquid; Inflammable Liquid)、易燃固体(Combustible Solid; Inflammable Solid)、遇水易燃烧物品(Water-Contacted Combustible Goods)、毒害品(Poisonous Goods; Poisonous Substances)、腐蚀物品(Corrodible Goods; Corrosive Goods)、放射性物品(Radioactive Goods) 10类。需要特别强调的是，以上10类危险货物不包括诸如鸦片、海洛因、冰毒以及剧毒品等禁运物品(Embargo Goods)。

应用实例 11-128 在危险品的运输过程中，必须按照《危规》的要求进行分类、办理托运与承运手续、严格执行装卸、搬运、保管、交付等环节的规范流程。同时要在整个运输过程中，备齐危险货物品名表、包装表、配装表以及危险货物技术说明书、沿途检查记录等，并在运输工具或运输容器上标明危险货物标志。如果是承运放射性货物，还必须备齐放射性货物运输包装等级表、装载限额表、容许作业时间表以及空容器检查证明书等。

除此之外，对承运过危险货物的运输工具，要进行清洗、消毒等。

鲜活易腐类货物主要是指新鲜的动植物产品和活体的动植物产品。前者在常温下容易腐烂变质，后者在非正常的生长环境中(在储运过程中)因温度、湿度、生存空间剧烈变化而容易导致死亡。

应用实例 11-129 对鲜活易腐类货物的运输，需要根据不同货物理化特性方面的要求，采取保温、保鲜、冷藏、冷冻等方法。如：对新鲜“果蔬”产品一般采用适当的温度控制和真空或氮气保护措施；而对活体的海鲜产品则采用适当的温度控制和增加氧气浓度的方法给予保护。

贵重易碎类货物主要是指金银货币、文物古董、精密仪器等物品。这类货物单位体积的价值极大，且有一些是机械强度低的脆弱性货物。

对贵重易碎类货物的运输，一要量身定做相应的包装，能保证所运输的货物防潮、防火、防挤压、防碰撞、防震动，甚至防爆破；二要制定周密的运输方案，主要包括运输工具的选择、运输线路的勘察、备选方案或调整方案的制定等，对贵重货物的运输方案，大多数是保密方案，所以要注意保密性；三要组织押运人员，重点是落实分工与责任。

超限运输类货物，主要是指超过正常运载工具所允许的最大几何尺寸和重量的货物。在几何尺寸方面，主要是超长、超宽和超高 3 类。

应用实例 11-130 一般情况下，轻泡货物(Light and Puffy Cargo)容易在几何尺寸方面超限，因为相应的容器体积在装满轻泡货物(不同运载工具对轻泡货物的认定标准有差异)时不能达到规定的载重量(或严重亏吨)。如比较常见的是在开放式容器上的堆码出现超高、超宽。

应用实例 11-131 另一类超限货物属于整体过于“大、笨”的货物。这类货物一般需要特殊的运载工具承运。由于这类货物多是集超长、超宽、超高、超重于一身，因此它对运载工具和运输条件提出了比较高的要求。如：在公路上进行大件运载，就需要提前考察道路、尤其是桥梁的承载力，涵洞的高度与宽度，运载线路上的最小转弯半径等。

11.6.2 货运组织

货物运输组织需要一系列的工作环节，如受理运输业务、签订运输合同、制定运输方案等。这里所涉及的货运组织，是指行为并非机构。它是运输经营者或组织者，在实施具体的运输过程中要完成的一系列工作。

1. 运输的供给者

提供运输服务的自然人或法人(单位)是实现运输的供给者。由于从事正规运输经营的必须要有营运资质，所以多是以企业形式(营利性组织)出现。运输的供给者大体上分为 3 类。

1) 运载工具的经营人

所谓运载工具的经营人，是指拥有运载工具、并通过提供相对应运输活动的经营者。通常承担旅客和货物运输的航空公司、船舶公司、汽车公司等就是这种经营者的具体形式。

经营人分为两类：一是单一运输方式经营人，即仅经营一类运载工具，并提供相对应服务；二是多种运输方式经营人，即经营两种以上的运载工具，并提供组合服务。

2) 运输服务的承运人

所谓运输服务的承运人，是指使用运载工具从事运输并与有相应运输需求的客户建立运输合同关系的经营者。运输服务的承运人与运载工具的经营人有以下两点明显的差异：

承运人通常是运输合同的实施者；承运人不一定是运输工具经营者。

提供运输服务的承运人只是在合同期内，相对于签订合同的客户而言的，是一个以合同时限为前提的概念。它以合同规定的时限为准。在正常的经营中，合同终止，具体的承运行为结束。而运输工具的经营者不论是否与运输客户签订合同，都是客观存在的实体。

按照承运人的定义，提供运输服务的承运人可以是运载工具的使用者。换句话说，承运人可以自己经营运输工具，也可以租赁运输工具。因此，运输服务的承运人可以是无运输工具的经营人(但必须具备法定的承运资质)，这与运输工具的经营人有一定的区别。

3) 运输业务的中介人

所谓运输业务的中介人(也称中间人或中间商)，是指为客户或承运人办理运输业务的经营者，主要有：运输代理人(freight forwarder)，是指依靠相关专业知识或资源优势为客户或承运人办理各种运输业务、并收取报酬的经营者；运输经纪人(broker)，是指将所服务的运输经营者营销给客户的人。

运输代理人有以下不同的类型。

(1) 根据代理人所处的法律地位，一般分为两类。一是以被代理人的名义从事业务活动；二是独立的代理机构。前者依附于被代理人，构成的代理关系，多以委托或代理合同形式出现，代理完成后收取佣金；后者构成的多为比较稳定的合作关系。

应用实例 11-132 由于代理人必须面对诸如要垫付运输过程中的各项费用，所以代理人的实力就成为竞争不同的代理业务的关键。如：前者一般代理揽货、托运、办理装卸及其清点等业务；而后者则代理定舱、定船、定车皮、包机、包车、包线路以及代理运价谈判等业务。

(2) 根据代理对象的不同，代理人分为客户代理和为承运人代理两类。有时代理人会成为供求双方的共同代理。因此，代理人既可以代表客户成为托运人或接收人，又可以代表承运人理货和办理全部的单证手续等。

(3) 根据代理业务与性质的不同，代理人可以分 4 类。一是运输工具租赁代理；二是运输工具的业务代理；三是运输服务对象代理；四是运输咨询代理。

运输经纪人与运输代理人的不同之处在于：经纪人营销的是所服务的价值，并力求使这种价值最大化；而代理人代理的是运输业务。因此经纪人的核心业务是代表所服务的对象进行议价谈判和办理相关的法律手续等。

2. 货运组织工作

运输组织工作可分为实施运输方案前的组织工作和完整运输流程的组织工作。前者包括受理运输业务与制定运输方案；而后者还包括安排运输作业和实施运输调度。本专题重点分析实施运输方案前的运输组织工作。

1) 受理运输业务

受理运输业务是确立供求关系的过程。它包括确定运输形式、测算运输费用、订立合同、制作单证以及签订保险等，具体分析如下。

(1) 确定运输形式。根据客户的具体要求，供给方要帮助客户选择运输形式或提供多种运输形式供客户选择。在这个环节中，运输服务对象的数量、性质、起讫点、时限要求、费用约束等成为选择运输形式主要因素。按照运输对象的数量选择运输形式，待运数量的多少，也决定着运输形式。主要分为两类：第一类是数量少，不足以单独租用运载工具；第二类是批量大，可单独租用运载工具或独立的运输容器。

应用实例 11-133 以上这两种形式只是相对的。前者多采用零散运输形式；后者实际上是一种租赁运载工具或运输容器的行为，如租用汽车、列车车皮、船舱、机舱以及集装箱等，在这期间，被租用部分被独占。

应用实例 11-134 公路、铁路上的零担运输(是指运载工具按照规定的线路、规定的时间间隔运行，客户根据运行计划搭载的一种形式。其运费按照里程、重量计价。)有时也根据需求状况进行调整，租赁也不一定都是独占形式，如集装箱的拼箱租赁。

在实际中，以上两种方式的变化与组合，再加上代理机构的加入，衍生出了一些新的组织形式，如长期的、固定的完整租赁与临时拆租的组合形式等。

(2) 测算运输费用。基本的运输形式确定后，按照不同的运输工具的运价率、收费标准以及各业务环节的收费规定，测算出整个运输流程所需要的费用，这是在签订运输合同前必须要做的一项工作。

(3) 订立合同。运输合同是依据《中华人民共和国合同法》制定的专用合同，是指承、托双方签订的、明确双方责权利关系的、具有法律效力的文件。

《合同法》第二百八十八条规定："运输合同是承运人将旅客或者货物从起运地点运输到约定地点，由旅客、托运人或收货人支付费用的合同"。运输合同一经签订，即具有法律效力，是处理承运人和托运人、接收人之间责任的依据。运输业务必须以书面形式签订托运单或运输合同，有时托运单也属于运输契约，同样具有法律效力。

(4) 制作单证。运输单证又称为运输单据，是一种具有契约性质的凭证。不同运输方式的单证名称、内容及法律性质存在差异。运输单证主要有水运单证、铁路单证、空运单证、道路单证、集装箱单证和多式联运单证六大类。

应用实例 11-135 在运输单证中，涉及国际运输的单证以及水运、集装箱和多式联运的单证比较复杂。如：水运单证包括搬动单、装货单、收货单、大副收据、提单、提货单、装货清单、载货清单(危险品清单要单独列出)、载货运费清单、积载图、过驳清单、卸货报告、货物残损单、货物溢短单、理货计数单、日报单、现场记录、待时记录、理货证明书等。

(5) 签订保险。签订运输保险是受理运输业务中的重要环节，也是一项比较复杂的工作。根据运输对象的不同性质，保险的品种不同，因此保险费用也就不同。

应用实例 11-136 海运险种有海难险(分为自然灾害与意外事故)、附加险(包括短量、串味、锈损、受热、受潮、渗漏、碰损、玷污、混杂险等)以及特殊附加险(包括拒收、关税、舱面、罢工、战争险等)。以上分类表明，根据货物的性质选择险种尤为重要。

2) 制定运输方案

制定运输方案，实际上是制定一个完整的运输流程。运输流程的制定，实际上是根据运输客户的具体要求和运输工具自身所固有的技术、经济特性，将不同的运输形式进行合理组合的过程。

当制订出运输流程后，也就意味着一个可以实施的运输方案产生了。当某一类运输方案经实践检验证明是比较理想的运输方案时，就可能成为一种固定的流程模式。因此，在实际的运输组织中或制定运输方案的过程中，有时只是选择已经存在的流程模式。流程模式主要有单一运输模式和组合运输模式两种。

(1) 单一运输模式。主要以汽车作承运工具，实现“门到门”运输。这主要由汽车技术特性决定。单一模式可以是整车，也可以是配载组织。这种模式需要做好以下工作。

① 选择车辆类型。要合理选择车辆：一是保证有较高的车辆载重量利用率；二是保证有较高的装卸效率，如运输砂石料等应选择自卸汽车；三是保证货物运输有较高的安全性；四是要提高运营速度，缩短运送时间；五是要提高运营效率，降低成本。

② 安排车辆配载。车辆配载的内容主要有两个方面：一是车辆的额定载重量与待运数量的匹配。这种匹配，除了匹配好动力外，还需要确定车辆承载部分的额定吨位的搭配与组合；二是待运货物的装、码(堆)、捆(固定)、卸方案，设计合理的方案可以提高运输工具的空间利用效率，减少“配载式亏吨”，同时也可以提高装、码、捆、卸的效率。在实施方案时，要由现场调度指挥或监督执行，必要时做出必要而合理的调整。

③ 选择运输线路。在制定运输方案阶段选择运输线路，只能是框架性的初选过程。主要目的是为了测算运费。真正要落实具体的运输线路，则是运输调度要完成的工作。

(2) 组合运输模式。组合运输模式主要是指需要通过多种运输方式配合来完成运输的方式。

应用实例 11-137 常见的组合模式有：汽车—船舶—汽车；汽车—飞机—汽车；汽车—船舶—列车—汽车；汽车—列车—汽车—船舶—汽车；汽车—列车—船舶—列车—汽车；等等。在这类模式中，汽车主要用于短途运输，起集疏作用；飞机、有轨列车与船舶多用于长途运输。

确定具体运输模式后，要根据客户要求，选择具体的承运组织形式，如多式联运、集装箱运输等，并将相关的手续，转给组织运输生产的调度部门，以便安排运输工具和执行方案等。

11.6.3 运输调度

运输调度(Transportation Dispatching)是根据承接的运输任务与具体的运输方案安排运输作业的过程。它是整个运输过程中承上启下的核心环节，也是调控整个运输生产的枢纽。要实施已经制定的方案，其核心是调度工作。如安排装运搬载卸机械，现场指挥装、运、卸、堆、码等工作。

1. 调度机构

运输调度机构分为两类：一类是由政府或行业主管部门设置的调度机构，主要负责落实国家或区域的运输计划、宏观调控运输能力的生成与分布，以满足对运输的整体需求；另一类是营利性组织设置的运输调度机构，主要负责组织、落实、指挥、监控、协调运输生产过程。运输调度机构一般设有计划调度、指挥、现场调度、统计等岗位，同时应该建立与健全值班、报告、通信等制度。

2. 调度责任

运输调度的主要责任是保证运输方案安全的、顺利的按计划实施。具体责任如下。

(1) 根据制定好的运输方案，安排具体的运行作业计划。

应用实例 11-138 安排计划的核心是掌握运输供求的动态。如：服务对象具体的时限要求、运输数量的分布与频率方面的具体要求；运载工具的实际供给能力、使用情况及被调用的可能性等。只有掌握了以上这些信息，才能制订出比较准确的运行作业计划。

(2) 根据运行作业计划，下达执行运行作业计划的命令。

应用实例 11-139 下达计划的核心是将运输流程的各个环节上所需要的设备调度到位。如：某一运载工具在调度到达指定的某一作业现场时，如果装卸设备不能如期到达，将影响运输作业计划的执行。这是现场调度的核心职责，重要的是保证调度指令及信息反馈的畅通与准确。

(3) 根据外部环境变化，调整运行作业计划并现场指挥。

应用实例 11-140 在实施运行作业计划时，由于受外部环境变化的影响，有时需要调整作业计划，甚至要进行比较大的改动。在这种情况下，现场调度的作用十分重要。因此，现场调度者的综合业务素质，诸如判断能力、应变能力、协调能力及积累的实践经验决定着协调的品质。

(4) 监控与统计作业的执行情况，并将结果报送调度中心。

应用实例 11-141 监控是为了及时反映实际执行情况与运行作业计划之间的差异。监控过程的好坏直接影响运行作业计划的执行情况。如：列车在运行期间，沿途各监控点都会将所通过列车的相关信息及时报告调度中心，这些信息包括停留时间、出发时刻、运行道次、车辆代号等。

运输调度工作的责任重大，任何一个调度失误都有可能导致重大事故。因此在从事运输调度时，除了要有认真负责的工作态度外，还必须按照规定的调度原则与制度开展工作。

3. 调度原则

运输调度的核心是保证运行作业计划的落实。因此按计划的步骤、次序逐步落实十分重要。但在具体执行中总有意想不到的问题。此时，按照调度原则进行处理是顺利完成调度工作的保证。

(1) 统一指挥、逐层分解、落实到人(制度保证)。

各级调度人员在没有极特殊的情况下(诸如各类突发事件)，必须按统一部署的方案执行，不得擅自改变调度方案。如遇特殊的变故，应该及时向总调度反馈相关情况，切莫自作主张。

(2) 系统思考、综合分析、安全第一(目标明确)。

在制定运行作业计划时，把各个层面的相关信息进行充分的解析，是必须要做的一项工作。在此基础上，才能制订出合理可行的运行作业计划。但在上述过程中，必须始终树立安全第一的思想，其次才能考虑效益问题，也就是降低运输成本、提高运输效益，必须在安全运行的前提下。

(3) 顾全大局、先重后轻、协调缓急(原则清晰)。

在执行运输调度时，尤其是执行多种运输方式联合调度时，一定要有全局观，局部调度必须服从全局。在具体执行中，还要优先执行重要或紧急的调度环节。

应用实例 11-142 大型船舶在有些港口需要乘潮进出港，所以调度要以大型船舶为核心而展开，其他运载工具、集疏系统都应配合船舶调整，甚至其他船舶必要时要让出航道、港池等。

(4) 重视计划、结合实际、灵活调度(方法得当)。

运输调度工作有比较强的计划性，但在千变万化的实际作业中，仍会出现不合理的地方。在这种情况下，既要避免机械、教条地执行计划，又要避免随意、盲目地调整作业计划。此时，现场调度的水平就显得尤为重要。将计划与实际进行有原则地结合，是灵活调度的体现。

4. 调度方法

运输调度的方法涉及很多内容，不同的运输方式有自己比较庞杂的调度体系。以下只是原则地介绍不同运输方式中比较一致的一些调度方法。

1) 运载工具的调度

运载工具的调度，重点要解决 3 类问题：一是安排运载工具的运行时间；二是安排运载工具的运行密度；三是安排运载工具的运行线路。具体分析如下。

(1) 运行时间安排。安排运载工具的运行时间，主要是依据运行作业计划的要求，细化运载工具具体的装卸作业时间、始发时刻、中途停留时间、终到时刻、返程时刻以及遇到意外情况的调整时间等。在这一过程中，重点需要关注的是“时刻”和“用时”两个变量。尤其对班车、班列、班轮和班机而言，“时刻”与“用时”是调度工作必须重视的两个重要的参数。

(2) 运行密度安排。在一些有容量密度限制的运载通道上，运载工具依据其自身的技术要求，必须要保持一定的距离间隔。所谓运行密度(Operational Density)，是指单位时间内通过某一运载通道(流径)的运载工具的数量。它反映的是运载工具对某一运载通道的利用情况，但不能直接反映运载效率。

应用实例 11-143 运行密度与运输密度(Transportation Density)有本质的区别：运输密度是指一定时期内平均每一营业公里流径所承担的换算周转量，主要是针对服务对象(客体)所进行的测量，只是从一个侧面反映被测流径(区段)客体的流量强度和流径的利用程度。

在实际中，运行密度又分为安全密度(Safety Density)与效率密度(Efficiency Density)。前者表明，如果实际的运行密度超过规定的安全密度的标准，就可能诱发交通事故或运载工具出险的概率提高；后者表示，当实际的运行密度超过规定的效率密度的标准时，运行效率就大幅度下降，如高速公路上的车辆达到一定密度后，每辆车的运行速度都可能降到规定时速以下甚至是完全阻塞。

(3) 运行线路安排。运行线路(Operational Line)或流径的安排分为两类。第一类是设计固定的运行线路，主要是根据货源分布选择停靠的枢纽，再将各个枢纽按照一定的顺序串联起来。这种方法多用于班车、班轮与班机等。第二类是线路选择，主要是根据客户的具体要求以及技术、环境的约束做出选择。

对于第一类，在设计时要充分调研，一旦设计完成后，调度人员必须按照设计方案规定的具体线路安排运载工具并组织实施；第二类则主要是调度人员经常要做的工作。

应用实例 11-144 出租汽车公司要根据不断出现的即时性的客户需求，及时调动在途车辆，以满足客户的具体需要，涉及这类的调度方法比较多，如表上作业法、三角循环法、多边封闭循环法等。在实际调度中，运筹学的一些方法可以应用于线路选优，如最短路问题、最大流问题等。除此之外，共同配载、串联配送等方法在调度中也广泛使用。

2) 辅助设施的调度

辅助设施是指除运载工具外的其他相关设施。辅助设施的调度是为了配合运载工具共同完成任务。调度辅助设施要注意以下几点。

(1) 辅助设施要与运载工具匹配。主要是辅助设施的工作能力要与承担运载任务的运载工具相匹配。如果彼此不匹配，一是将降低作业效率；二是可能使相关作业无法进行。

应用实例 11-145 万吨散货船需要有相应的装载机为其装载。如果装载能力不足，如港口装载能力不足、额定装载能力偏低，将严重影响装载效率。

(2) 辅助设施要与服务对象匹配。如果辅助设施与服务对象不匹配，在实际作业中就会遇到诸如调用来的机械或体积过于庞大或额定动力不足。这些问题都将严重影响作业进程。

应用实例 11-146 20t 吊车要面对 30t 的物体时，根本无法吊起目标物。另一类问题是辅助设施在配合运载工具作业时，没有足够的作业空间，严重影响作业效率，甚至无法作业。

(3) 辅助设施要与作业时间匹配。辅助设施要与运行计划中的作业时间相匹配并形成默契，否则将严重影响运行作业计划的落实。

应用实例 11-147 在某货场，运载工具早已到达现场，而装卸机械不见踪影，则运行作业计划将无法实现。因此，辅助设施也必须在规定的时间到达规定的地点。

(4) 辅助设施要与作业方式匹配。在制定作业方案时，要针对不同的服务对象，需要采用不同的作业方式。而不同的作业方式，又需要不同的辅助设施。

应用实例 11-148 铲车对于装载散货可谓是得心应手，但面对件杂货则显得无能为力。因此，辅助设施的选择一定要与需要的作业方式相匹配。

(5) 辅助设施要与自有设备匹配。有些运载工具自带装卸设备(在大中型船舶中比较常见)，这就需要在制定装卸作业方案时充分考虑，以保证在装卸作业过程中辅助设施与自有设备互不干扰、不发生冲突，并且还要尽可能提高装卸效率和保证运载工具均匀受力等。

应用实例 11-149 在码头装卸作业中，为提高集疏效率，要详细制定码头装卸设施与船舶装卸设备的配合装卸方案、装卸次序以及各船舱装卸量等。

11.6.4 运输统计

运输统计(Transportation Statistics)是运用一整套科学的指标体系和各种统计调查方法，从数量方面描述或说明运输经济活动全过程的基本特征。从统计的内容来看，基本分为两大类：第一类是对完成量及其价值量进行统计；第二类是对所有消耗量及其价值量进行统计。

运输行业的统计数据除了描述或说明运输活动的基本特征外，更重要的是通过统计分析揭示运输活动中所存在的问题。下面就围绕着以上两类统计指标展开分析，并从绝对统计量转向可以进行比较分析的相对统计量，最终对相对量的统计指标再进行效率方面的比较分析。

在完成量统计中，总量统计反映的是所统计的单位或区域的规模、能力和消耗等方面的总水平。对于运输行业所完成的总量：一类是不统计装卸搬运距离的单一数量统计，主要有运输量、吞吐量、装卸量等；另一类是考虑运距与运量的复合统计，主要有周转量以及换算周转量等。对于运输行业消耗总量的统计，主要包括能耗、耗材(低值易耗品、易损件等)、固定资产折旧、人力资源等。

1. 单一完成量统计

对于运输行业，单一完成量统计指标主要有3类：第一类是运输量的统计，主要是针对运载工具完成运输工作情况的统计；第二类是吞吐量的统计，主要是针对码头、机场、车站、仓库等枢纽进出数量的统计；第三类是装卸量的统计，主要是针对装卸机械完成装卸搬运工作情况的统计。下面对各类统计指标进行比较详细的介绍。

1) 货物运输量

货货运输量(Cargo Traffic Volume 或 freight Volume)简称货运量，是指一定时期内(通常按照日、旬、月、季、年统计)某统计范围(企业或特定区域)所运送的货物数量。

应用实例 11-150 在货运量统计中，一般都需要进行“折吨”(t)处理。由于货类不同，在实际运输中，并不都是按重量统计，所以需要把按照体积或标准件(如集装箱)计量的货物折算成“吨数”。另一方面，有些运载方式存在客货混装、共同运载的情况，也需要把按人次统计的指标转换成按重量统计的指标。需要强调的是：不同的运载工具在换算时并不一致。如：在汽车运载中，10人折1吨，而飞机的国际航线和国内航线分别按13.33人和13.89人折1吨。

2) 货物吞吐量

货物吞吐量(Cargo Throughput)是指进出诸如码头、机场、车站、货场、仓库等枢纽(节点)的货物数量，一般按重量(t)进行统计。与货物运输量的统计有类似的问题，也需要对按体积、计件的货物进行“折吨”统计。货物吞吐量是衡量各类货物交换枢纽综合能力与实际完成工作量的重要统计指标，还可以进行分类统计。

应用实例 11-151 不同货物类型的统计量能反映不同枢纽的结构或运营特征。如：秦皇岛港的吞吐量主要是向外运出的煤炭，是典型的能源港；而天津港的集装箱、散杂货、煤炭、油气等的吞吐量各自占有一定的比例，是典型的综合性枢纽港口。

3) 货物装卸量

货物装卸量(Cargo Load and Unload Volume)一般是营利性组织在核算装卸机械工作量时所使用的统计指标。但仍然有一些企业并没有对货物装卸量进行单独统计，而是用发生的货运量代替，装卸费用也含在运费中。

应用实例 11-152 对货物装卸量进行独立统计，能及时发现装卸搬运环节中的许多问题，如装卸效率问题、装卸安全问题、装卸成本独立核算问题等。在现代物流中，由于货物的流程系统越来越复杂，要使各种流程更加流畅，重视装卸搬运环节是十分重要的。

2. 复合完成量统计

在运输行业中，所涉及的复合统计指标，主要有周转量和换算周转量。在货物运输中，运输工作量的统计，一般都换算成货物周转量。

1) 货物周转量

货物周转量(Cargo Turnover 或 Volume of Cargo Turnover)是反映一定时期内(通常按照日、旬、月、季、年统计)货物运输工作的总量的指标。

$$周转量=\sum 运距(S_i)\times 运量(T_i)\ (吨千米或人千米)$$

货物周转量的统计单位一般是以吨千米(t km)表示。用总的货物周转量除以总的货运量得到的是货物平均运距(Average Freight Distance)。一定时期内货物的平均运距是反映一个组织或区域运载状况的统计指标，也为统计分析提供量化的数据。

应用实例 11-153 把某一种运载工具的在一定时期内实际运行统计出的平均运距与该运载工具的经济运距(Economic Freight Distance)进行比较，就能分析出该类运载工具运行情况是否合理，如城际列车的货运距离小于 200km 就明显不合理。

2) 换算周转量

换算周转量(Conversion Turnover Volume)是将不同计量单位的周转量折合成同一单位的周转量。货物换算周转量的国际统计标准是“换算吨千米”。经常需要将吨海里、人海里、人千米等换算为吨千米，还有将计件运载、按体积运载的周转量换算为吨千米等。

3. 消耗总量的统计

对于运输行业而言，消耗主要来自燃料(能耗)、耗材(低值易耗品、易损件等)、固定资产折旧、人力资源等方面。

1) 燃料

对于燃料消耗的统计，除了统计实际消耗的燃料总量外，主要是要将绝对指标换算成相对指标。在换算过程中，以下两点要特别注意。

一是不同运载工具所使用的燃料不同，所以要换算成所含热量相同的标准计量单位。我国采用每千克燃料含热量 7000 卡的标准煤作为统一换算尺度，来统计燃料消耗情况，即换算成消耗的标准煤量。

二是用换算吨千米来评价燃料消耗的水准。尽管在不同的运载方式中，换算系数不一样，但在统计时，都按照换算吨千米的燃料消耗作为统计值。在实际中，由于“1 个换算吨千米”的燃料消耗数值比较小，所以一般采用每万换算吨千米能耗(Energy Consumed Per 10000 Conversion Ton-Kilometer)作为统计和评价指标。其计算公式为：

每万换算吨千米能耗=(所耗燃料折合标准煤)÷(万换算吨千米)

在上述分析中，燃料的真实消耗是实际统计值；用标准煤表示的是标准化的统计值；用每万换算吨千米能耗表示是标准化的相对统计值，它具有可比性和评价意义。降低每万换算吨千米能耗是降低运输成本的重要途径之一。

2) 耗材

耗材是运输流动成本中除去燃料消耗以外的重要组成部分，主要有低值易耗品、易损件等。在运输行业中，由于耗材在流动成本中所占比重比较大，一般也对其进行专项统计。

应用实例 11-154 例如：在各类运载工具中的润滑料、汽车运载中的轮胎消耗、船舶运载中的通信导航器材消耗等，都在各自的运营中占有比较大的流动成本，所以大多都进行专项统计。

对耗材的统计：一是对实际使用量进行统计，但由于各类耗材五花八门，无法用于比较分析，所以还要统计耗材的价值量；二是对实际用量的货币价值进行统计，并也要转换成每万换算吨千米的价值消耗这样的相对统计指标，才具有分析与比较的意义。

3) 折旧

对于运输企业或某一区域而言，统计各类固定资产的折旧是分析固定资产的需要。关于各类固定资产的折旧统计，将在财务分析中展开。

4) 人力

对于运输企业或某一区域而言，人力成本的价值及其消耗是反映统计范围的一个重要特征指标。单从消耗的角度分析：一是总的人力成本统计，它反映统计范围内的人力消耗规模兼水平；二是每万换算吨千米的人力成本统计，这是有比较意义的效率分析指标。对人力消耗的统计，是分析统计范围运营效率的重要基础，也是一个非常重要的特征指标。

应用实例 11-155 人力资源效率分析指标，并不一定是越低越好，如：每类运载工具及其装卸搬运机械的机械化、自动化程度高，该指标就可能低，但单位运营成本就可能比较高。所以在不同的经济条件下，有相对合理的范围。

4. 统计分析的内容

统计分析是统计工作中非常重要的一个环节。当各类统计报表、各类统计调查(全面的、重点的、随机的等)的结果出来之后，就需要进行各类有针对性的统计分析。结合运输统计的特点，主要是进行统计资料的整理、统计数据的统一以及统计指标的比较等。

1) 统计资料的整理

当获得各类统计报表、各类统计调查后，首要的工作就是对这些资料进行有针对性的整理。所谓有针对性的整理，就是要根据统计分析的目的，将统计调查所得到的原始资料进行加工，为统计分析准备系统化的综合资料。在统计资料的整理过程中，要根据统计整理的原则、步骤、方法进行，如数据的分组、计算、汇总、复核等。总之，整理出的统计资料要能准确描述统计对象的真实特征。

2) 统计数据的统一

经过整理的统计数据，有些是绝对指标、有些是特定实物量指标，所以不具有可比性。为了能使统计数据具有可比性，还需要对统计数据作进一步的处理。其中，最重要的一步就是对指标进行协调与统一。统计指标和统计方法的标准化是核心。

应用实例 11-156 在运输统计中，都以每万换算吨千米作为标准口径来统计产出与消耗方面的数据。而在分组方法、计算方法、记录方法、统计时间等方面也要进行协调与统一，如统一统计时间断面(截止时间)和统计周期(统计时间段)等。

3) 统计指标的比较

用统计指标进行比较分析主要有3种方法。

第一类是不同区域之间、不同企业之间在同一时间断面或同一时间段内进行比较，这类比较一般被称为相对的横向比较，可以反映同一时期不同区域或企业之间的差距。由于这种相互之间的比较是一种相对比较，所以，这就取决于比较对象的水平。如果把统计指标与国际标准或国家标准进行比较，则被称为规范的横向比较。但国际标准和国家标准往往是必须要达到最低标准，所以只是一种限制性标准，但这类比较足以说明优势或缺陷存在于哪些方面。

应用实例 11-157 所比较的对象是世界上最好的区域或企业，则能准确反映被比较的对象的现实水准；反之，所比较的对象比较差，则可能产生假象。同理，以国际或国家标准作为比较对象，要注意标准是约束性指标，还是先进性指标。

第二类是统计对象或统计范围在时间轴上的纵向比较。这种比较多是通过回顾统计指标的演化来分析演化的趋势，并依此趋势来推断或预测未来的走势。

应用实例 11-158 纵向比较，往往是通过各类图表进行比较的，图可以直观地比较出不同时间段或时间断面的水平，表可以用量化的指标反映相对变化量，如港口吞吐量的增长率、运输周转量的增长率等。

第三类是将前两类指标进行综合比较。

应用实例 11-159 把我国沿海港口近 10 年的吞吐量的演化趋势放在一起进行比较分析，就可以发现不同港口的规模变迁、结构变化以及存在的问题等，并根据所研究的目的，发现不同港口规律性的演化特征以及各自的优劣势等。

5. 效率分析的内容

对统计区域、统计对象的统计比较分析，最终要落到效率分析方面。从大的方面来分，主要的效率指标有：运输劳动生产率、每万换算吨千米能耗、每换算吨千米成本等。具体到某一种运载方式，还有更详细的分解指标。

1) 效率指标设计

效率分析的基础来源于效率指标的设计。按照统计指标体系，运输效率指标属于运输质量考核指标(Transportation Quality Assessing Index)的范围，反映的是总体内部的数量关系。另一方面，效率指标要能够真实、简要地反映统计对象的性质、特点、关系及运动过程等。

(1) 技术指标。在运载工具上，技术指标集中体现在各种速度指标、时间指标和期限指标上。

① 速度指标。是体现效率的重要指标，由于速度的实现需要以技术做基础，所以把速度指标归类在技术性指标当中。在第 3 章中已对主要的速度指标作了介绍，在此不再赘述。

② 时间指标。对时间指标的统计主要是运载对象的实际送达时间和平均送达时间。是从时间上考核运载质量和运输组织工作的统计指标。对于货物运送主要有：货物送达时间(Cargo Dilivery Time)，是指货物自承运到交付所延续的总时间，但货物送达时间是绝对指标，缺乏分析与比较的价值，所以还要考核货物平均送达时间(Average Cargo Delivery Time)，它是衡量运行与非运行时间利用情况的统计指标。

$$\text{货物平均送达时间(h/t)}=(\Sigma\text{送货时间})(\text{h})\div\text{运载总量(t)}$$

缩短货物平均送达时间与提高送达速度是提高运送效率的两个方面，都是通过提高技术、管理等环节的工作效率来实现。

③ 期限指标。运输行业主管部门规定的货物运载各个环节所需要的时间标准，被称为期限指标。它是根据不同历史时期的技术水平而制定的，是企业参考的重要依据。

期限指标或标准是根据不同运载工具的技术特性分类制定的，主要有装卸搬运作业时限、始发终到作业时限、中途换装配载作业时限以及停站靠泊作业时限等，被统称为货物运送期限(Cargo Delivery Deadline 或 Time-Limit for Delivery)。它使时间统计指标有了比较的标准。

(2) 生产指标。对于生产性的效率指标，是以各种单位投入所获得的产出来衡量，主要有运输劳动生产率、标准单位能耗获得的产出、单位投资获得的产出等。

① 运输劳动生产率(Transportation Labour Productivity)，是指统计期(日、旬、月、季、年)内运输工作量与劳动消耗量的比值。它是衡量运输劳动生产力发展水平的量化指标。其公式为：

$$\text{运输劳动生产率}=\text{统计期运输工作量(tkm)}\div\text{统计期劳动消耗量(人)}$$

按照劳动者的类型，主要有全员劳动生产率和运营人员劳动生产率。运营人员的劳动生产率还可以进一步分解，如装卸搬运劳动生产率、司乘人员劳动生产率、业务人员劳动生产率等。

② 标准能耗生产率(Standard Resources Consuming Productivity)，是指统计期(日、旬、月、季、年)内运输工作量与标准能耗的比值。它是衡量营运生产力发展水平的量化指标。其公式为：

标准能耗生产率=统计期运输工作量(tkm)÷统计期标准能耗量(t)

标准能耗生产率可以进一步细分为运营能耗生产率、运载能耗生产率、装卸搬运能耗生产率等。由于不同运载工具在技术上的差异，所以不同运载工具之间的能耗生产率一般不能直接进行比较。

③ 单位投资生产率，是指统计期(日、旬、月、季、年)内运输工作量与单位投资的比值。它是衡量投资水平的量化指标。其公式为：

单位投资生产率=统计期运输工作量(tkm)÷统计期全部投资(元)

关于单位投资生产率的经济分析，将在11.7节详细展开。

(3) 经济指标。对于经济性的效率指标，主要是将各类效率统计指标换算成用货币衡量的经济价值。它是运输工作量的货币价值与各种投入的货币价值之比(将在财务分析中展开)。

(4) 安全指标。安全性效率指标，主要分为两大类：一类是对运载对象(客户)造成的损、失、差；另一类是对非运载对象(第三方)带来的伤害。由于这两类事件都会给企业、客户以及社会带来意外损失，将其列入安全性统计是十分必要的。

① 损差率。在货物运载中，货损(Damage to Cargo)、货失(Cargo Lose)、货差(Cargo Error)率是指统计期(日、旬、月、季、年)内货物损失差的数量与完成总运量的比值。它是考核运营质量的重要指标。其公式为：

损失差率=统计期损失差量(t)÷统计期总运量(t)×100%

损失差率可以分解为货损率(Rate of Damaged Cargo)、货失率(Rate of Losed Cargo)和货差率(Cargo Error Rate)。对指标的细化，可以更科学地分析所存在的问题。

② 运营事故率。运营事故给非载运对象(第三方)带来了伤害。运营事故率(Operational Accident Rate)是指统计期(日、旬、月、季、年)内事故次数占总运营次数的百分比。它是考核运营事故频率的质量指标。其公式为：

运营事故率=统计期事故数(次)÷统计期总工作次数(次)×100%

由于运营事故率只能反映事故的频率，不能反映事故的真实损失，所以仅仅用运营事故率指标还无法评价统计对象管理水平。因此，还需要通过事故损失率来考核统计对象对非运载对象及自身所带来的损失。

③ 事故损失率。事故损失率(Accident Damage Rate)是指统计期(日、旬、月、季、年)内，因事故需要赔偿的经济价值占总承运收入的百分比。它是考核统计对象控制事故的质量指标。其公式为：

运营损失率=统计期事故赔偿(元)÷统计期总承运收入(元)×100%

(5) 综合性指标。综合性效率指标的设计，主要是根据不同的运载类型、不同的效率指标以及实际作用等，构建评价体系、制定等级、分配权重等。

2) 效率指标分析

对统计指标进行效率分析，为的是充分利用量化的统计信息及时发现统计对象的动态。由于各种统计报表可以及时反映每一天的真实情况，所以它可以随时掌握统计对象的动态特征，尤其是当正常的动态规律发生比较大的波动时，可以及时发出变化的信号。

但仅有具体的统计数据还远远不够。如果要想真正得到产生问题的深层次原因，还需要对统计指标进行科学地分析，除了应用统计学的一些分析工具外，更重要的是对统计数据产生的条件、影响数据的因果关系等给予充分的认识。

应用实例 11-160 在什么条件下获得的统计数据，是统计分析的前提。不同的外部条件会产生不同的统计结果。如：不同气候条件下公路车流量存在比较大的差异。所以，在对不同统计数据进行比较时，要首先考虑条件是否一致。在条件不一致的情况下，有时就缺乏分析比较的基础。

应用实例 11-161 不同数据的产生有不同的原因。如：运载工具耗油量的统计，可能会有比较大的波动，如何分析这些数据，就需要调用行程日志，看运载工具所处的环境(海拔高度、经纬度、温度等)。所以，对统计数据进行因果分析，是发现导致问题原因的最好方法。

应用实例 11-162 除了对单一指标进行分析外，还需要对综合性统计指标进行分析。综合指标分析的目的是要用有代表性的指标来说明统计对象的主要特征。如：港口综合实力的体现，可以用吞吐量和集装箱吞吐量来表示。

不同的运载方式，都有自己的统计指标体系。但随着经济系统的日益复杂化，总会不断出现新的实际情况和新的问题。如何利用已有的各种统计数据推断统计对象的实际效益；又如何设计有针对性的统计指标，尤其是能够反映系统综合特征的指标；将指标进行更科学、更合理地分解，统计出不同方面的量和及时发现存在的问题，这都是运输管理工作者时时要思考的问题。

11.7 运输财务

运输财务(Transportation Finance)是对物流企业或运输企业资金的形成、运用和分配进行管理。运输财务工作要根据国家在运价、税收、补贴等方面的政策与法规，并结合企业在实际运营过程中收入与支出的情况而展开。

11.7.1 运价体系

运价(Traffic Tariff)包括旅客运输价格和货物运输价格。根据本章所介绍的内容，在此只分析货物运输(简称货运)的价格及其形式。

1. 主要形式

对于货运而言，运距与运量是影响运价的两个基本因素。通常把两个因素结合起来考虑，以运距与运量的乘积作为计价单位，即元/吨千米或吨海里。但在实际中，由于有些货物不易计重或已经标准化，所以在实际运营中，也按照单位体积或件数作为计价单位。在当今的实际运输中，主要的价格形式有以下几种。

1) 普通运价

普通运价(Common Traffic Price)把吨千米作为标准计价单位，它是货物运价的基本形式。一般情况下，国家在不同时期，会给出普通运价的指导价格。对于处在自由竞争状态下的运载方式，指导价格作为一种市场参考价格；对于处在垄断状态下的运载方式，指导价格就是一种限制性价格。不同运载方式都有自己的普通运价，它发挥着基础性的作用。

2) 特定运价

特定运价(Specific Traffic Price)是针对特定货物、特定地段、特定季节、特定条件的运价。它主要是根据可能的货物需求而设计的运价体系。最常见的特定运价有：

(1) 递远递差运价(Freight Price Differential Progressively by Distance)，它是运价率随里程远近而存在差别的一种运价制度。它包括递远递减运价(Freight Price Decrease Progressively by Distance)和递远递增运价(Freight Price Increase Progressively by Distance)。

(2) 差别运价(Differential Traffic Tariff)，它是根据货物类型、客户运量、运输方式以及合作关系等方面的不同，采取不同的运价。

应用实例 11-163 比较常见的差别运价有：货物分等运价(Cargo Classify Freight Tariff)、优待运价(Preferential Traffic Price 或 Preferential Tariff)、联运运价(Transit Traffic Price 或 Transit Freight Tariff)、零担运价(Less Than Car-Load Freight Tariff)、整车运价(Full Car-Load Freight Tariff)、集装箱运价(Container Traffic Price)等。

2. 运价分析

运价分析是围绕运价率是否合理而展开的。所谓运价率(Traffic Price Rate)，是指单位运输产品的价格。具体到货运的普通运价率，就是每一换算吨千米的运价。运价率是分析运价的重要标准。

在对运价体系(Traffic Tariff System)进行分析时，经常使用的分析手段主要有利用运价指数和运价比价等数据和方法而展开。

1) 运价指数

所谓运价指数(Traffic Price Index)，指是用来反映不同时期运价水平、变动趋势以及动态波动程度的相对数。通常会选择一个特定的时间断面作为基准，其对应的运价被称为基期运价。把其他不同时间断面的运价与基期运价进行比较，就可以求得各个时期的运价与基期运价的对比百分数。

应用实例 11-164 如果将某时刻定为基期，且基期运价为 1 元，5 年后的运价为 1.2 元，则 5 年后的运价指数就是 120%。从时间轴来分析不同时期的运价指数，基本揭示了运价的动态变化。它对预测未来运价的走势、不同运载方式之间的运价协同等具有重要意义。

2) 运价比价

所谓运价比价(Traffic Tariff Comparison)，是指各种运载方式之间运价的比例关系。某一种运载方式的运价是否合理，关键要看其与其他运载方式的运价比价。

应用实例 11-165 一般情况下，水运价格要低于陆运价格，这样就可以通过价格杠杆优先安排水运，使综合运输呈现更合理的分布。

对于运价比价的确定，既是受各种运载方式运营成本的制约的需要，也是行业调整不同运载方式之间产能平衡的需要。所以，深入研究运力、运量(周转量)和运价比价之间的内在关系或规律，对于管理好运输企业、运输行业，和协调好不同运载方式的共同发展，都有重要的意义。

11.7.2 收入分析

运输收入(Transportation Revenue)是物流企业或运输企业统计范围内，因运输及其相关业务所获得的全部货币收入。对于货运而言，货运收入主要包括运输营运收入、装卸搬运收入、各种代理服务收入以及国家按照有关政策给予的各种运输补贴等。

1. 收入构成

(1) 运输营运收入(Transportation Operational Revenue)，即通过运载工具的运行而获得的运营收入。通常，它按照运输工作量与运费率，即标准换算吨千米进行统计，计算所获得的收入。

(2) 装卸搬运收入(Handling and Carrying Revenue)。大多数物流和运输企业都配有装卸搬运设备，帮助完成货物转移或换装，尤其在现代物流系统中，装卸搬运收入额度在提高，附加值也在提高。

(3) 服务代理收入。由于很多运输需求不能只通过某一运载方式来实现，而需要不同运载方式在技术和业务层面相互配合、协同工作。但这不是客户或消费者所熟悉或擅长的，所以通过各种服务代理可以解决这些问题。实际上各种代理服务是运输服务的衍生品。

(4) 运输补贴(Transportation Subsidy)。国家按有关政策给予的各种运输补贴，有的是财政拨款，有的是减免税收，有的是政策性亏损补贴等，如我国对运输企业的燃油补贴。

2. 构成分析

对运输收入进行分析，可以比较清晰地了解收入的主要来源、收入结构、收入演化趋势以及收入的水准等。这对任何企业来说都是至关重要的。

应用实例 11-166 目前，大多数物流企业或运输企业都把运输作为自己的主营业务。分析主营业务的收入构成可以帮助企业的决策者或经营者了解企业的运营状况。如有的企业运输营业额比较高，但利润却比较低，有可能是因为运输了大量的低附加值货物。

11.7.3 支出分析

运输支出(Transportation Expenditure)通常是指物流企业与运输企业为获得收入或盈利所支出的一切费用。对于运输支出的构成有不同的分类方法，如按支出要素分类、按支出用途分类、按会计法则分类等。以下只简要介绍按与运量有无关系的分类。

1. 与运量有关的支出

与运量有关的支出(Freight-Volume Related Expenditure)是指随运量增加成正比例增加的支出。与运量有关的支出，就是经济学中描述的可变成本。在通常情况下，用科学的方法节约这类支出可以降低可变运输成本，从而使总运输成本降低。在评价与运量有关的支出时，往往要与货物周转量进行关联分析。因为周转量直接反映的是运输工作量。

应用实例 11-167 在物流企业或运输企业中，燃料、润滑料、运载工具的易损件、一线司乘人员的奖金以及各种道桥使用费、港口使用费、营业税等都与完成运量的多少有直接的关系。通常情况下，运量越大，上述的这些支出越多。

2. 与运量无关的支出

与运量无关的支出(Freight-Volume Irrelated Expenditure)是指不随运量增减变化或变化很小的支出。如：各种建筑物、机械设施以及电器设备等固定资产，还有企业员工的各种保险、基金等都与运量无关。与运量无关的支出，就是经济学中所描述的不变成本。

应用实例 11-168 在通常情况下，企业完成的运量越大，在每个运量单位中，所摊到的与运量无关的支出就越小。所以，降低运输企业的不变成本：一是在运量一定时，压缩与运量无关的支出；二是在与运量无关的支出一定时，想办法提高运量。

由于运输支出有不同的分类方法，所以要分析运输支出，首先要明确分析的目的，并在此基础上选择运输支出分类；其次是按照所选择的分类，对所有可分解的指标进行系统的统计分析；再次是进行有针对性的纵横比较，找到存在的问题和导致问题的主要原因等。

11.7.4 成本控制

成本控制方法主要有量本利分析、会计分析、绩效分析、作业流程分析、客户服务价值分析等方法。它们从不同角度分析运输的投入和产出的效益率。进行运输成本控制是为了检验核算经营期内财务状况，为预测和制订下一阶段的经营计划、经营策略、成本控制方案提供第一手资料。

在上述方法中，以量本利分析应用最为广泛。它的优点：一是与运输经营分析相联系，可促使运输经营降低风险；二是与预测技术相结合，进行保本预测，确定目标利润实现的最少业务量；三是与决策融为一体，能据此进行作业决策、定价决策和投资不确定性分析；四是可用于运输的全面预算、成本控制和责任会计。量本利分析法在运输中的应用主要包括以下基本内容。

1. 单项作业的盈亏平衡分析

根据量本利基本公式：$P=S-C=S-V-F=(p-v)\times Q-F$

式中：P 为利润；S 为运输收入；C 为运输成本；V 为变动成本；F 为固定成本；p 为运输价格；v 为单位变动成本；Q 为运输工作量。

对某项运输作业要进行保本分析，令 $P=0$，则

$$(p-v)\times Q-F=0$$

$$Q=\frac{F}{p-v}$$

只要知道固定成本 F，运输价格 p，单位变动成本 v，即可求出保本的作业量或业务量。

2. 确定目标利润条件下的业务量

根据量本利公式，若计划利润额已定，则 $Q=\dfrac{P+F}{p-v}$

应用实例 11-169 某物流企业的运输单价 0.8 元/吨千米，固定成本 60 万元/年，单位变动成本 0.6 元/吨千米，今年利润目标为 100 万元，求实现此目标利润的最低运输业务量为多少？

$$Q=\frac{P+F}{p-v}=\frac{100+60}{0.8-0.6}=800\,(\text{元/吨千米})$$

3. 多目标方案下的运输决策计算

利用量本利公式可对不同运输方案计算其各自利润总额，并找出利润最佳方案，从而做出决策。

应用实例 11-170 下面讨论物流中心的选址问题。某物流企业为了扩大规模，考虑从A、B、C 三个地点选择一个成本最小的地点建立物流中心，有关成本方面的资料表明：A、B、C 三处每年的固定成本分别为 8 万元、16 万元和 22 万元；三处的可变成本分别为 120 元/件、80 元/件、40 元/件，运输服务价格为 200 元/件，年运输规模为 2000 件。

根据已知的成本数据，确定 A、B、C 三处的成本函数，其中 x 代表运输作业数量，则有：

$$f_{\mathrm{A}}(x)=80000+120x \qquad f_{\mathrm{B}}(x)=160000+80x \qquad f_{\mathrm{C}}(x)=220000+40x$$

根据资料数据计算得，A、B、C 三点总成本分别为 32、32、30 万元。显然，在同样的运输规模和价格条件下，C 点的总成本最少，则利润最多，即 C 点利润为：2000×200−300000=10(万元)

当上述参数发生变化时，可根据 3 个函数，做“成本—作业”数量图，这样在年运输规模不确定条件下，也可进行运输地点的决策分析。

量本利分析方法简单明了，因此常被采用。但是，进行运输成本管理，在可能的情况下还应对运输成本效益进行分析，它包括运输运营能力和运输获利能力分析，这两个指标分析能较全面地反映运输“成本—效益”，为运输成本管理和决策提供依据。

11.8 案例分析

汽车动力性的综合评价

汽车在所有运载工具中用途最广。一部汽车，其品质好坏，主要从动力性、经济性、安全性、适应性以及舒适性等方面进行评价。作为要投入运营的汽车，其动力性能是重要的评价方面。主要从以下 3 个进行比较。

1. 同类车型之间的比较

同类车型，一般是指发动机排量基本相等、整车质量基本相等、汽车的功能与用途基本一致的车型。在以上条件的约束下，比较不同品牌、不同厂家、不同系列车型之间的同类指标，就可以看出彼此之间的差异，并判断出彼此之间的优劣。

但需要注意的是，这种相对比较可能引出的错误是，用两部性能都比较差的汽车进行比较。为了避免这种情况，应该寻找一款代表最高水平的同类车型或最高标准，并与之比较，则可以判断要比较对象的优劣。

2. 整车与发动机的比较

发动机的动力特征并不等同整车的动力特征，因此还需要了解整车的动力特征值。通常是分析整车的功率损失、动力匹配与运行阻力等。

1) 功率损失比较

发动机输出的动力要经过一系列的传动机构才能传递给汽车的驱动轮。在这一过程中：汽车内部运动部件的摩擦、振动和转动惯量等要消耗一部分功率；汽车自身携带的附属设备要消耗一部分功率。

因此，汽车驱动轮上输出的功率要小于发动机输出的功率。两者之间的差值越小，功率损失越小。如：在正常情况下，普通机械式的传动系统约损失10%的功率。比较不同汽车的功率损失，是判断汽车整车效率的一个重要方面。

2) 动力匹配比较

汽车的变速系统一般分为机械式的有级变速和液压式的无级变速。大多数货运汽车使用机械式变速器，通常设有若干个挡位，不同挡位上输出的动力不一样，而且是不连续的。它反映的是发动机特性与车速之间的关系。

所以，汽车能否充分发挥发动机的性能，其中一个关键环节就看如何进行动力匹配。好的动力匹配能使发动机的最大转矩、最高车速和最大功率得到充分地发挥。

3) 运行阻力比较

在相同环境下，相同质量的汽车受到的行驶阻力并不一致，其原因包括以下几点。

一是车身外形的差异。汽车在高速行驶时，行驶阻力主要来源于空气阻力，而空气阻力的大小主要由车身外形决定。

根据空气动力学给出的公式，在无风条件下汽车运动所受到的空气阻力约为

$$F_{空} = 0.047C_D \cdot A \cdot V^2$$

式中：A——汽车的迎风面积；C_D——空气阻力系数；V——车速。

可以看出，要想减少汽车在行驶中的空气阻力，主要是通过改善车身外形来减小迎风面积或降低 C_D 值。在石油危机前，轿车的 C_D 值在0.5左右。目前，有的轿车的 C_D 值为0.2～0.3；商用轿车的 A 值小于2.0；轿车的 $C_D \cdot A$ 值 ≤0.5。

二是轮胎结构之间的差异。不同轮胎在相同的地面上的滚动阻力系数存在差异。图11.4所示是斜交轮胎和子午线轮胎的滚动阻力试验值。

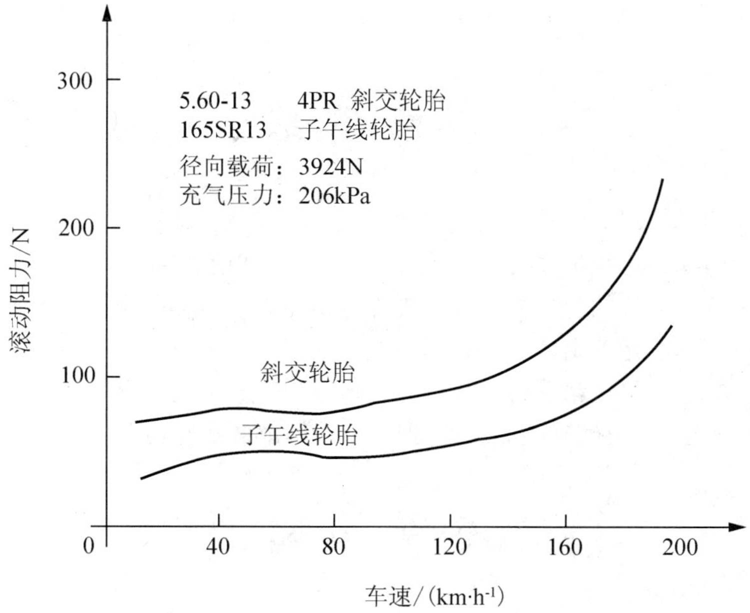

图11.4 不同轮胎的滚动阻力

从图11.4中可以看出，在相同旋转半径(R13)、相同径向载荷(3924N)以及相同充气压力(206kPa)等条件下，子午线轮胎在不同车速下的滚动阻力都小于斜交轮胎。

三是加速阻力的差异。汽车在加速时除需要克服平移质量的惯性外，还需要克服汽车内部所有旋转部件的旋转惯性。由于不同车型其旋转部分的质量并不一致、转动惯量也不一致，因此消耗在旋转惯性上的功率也不一致。

四是轮胎压力的差异。不同胎压的轮胎其弹性变量不一样，因此滚动阻力就不一样。一般来说，低于标准胎压的车轮阻力要高于标准胎压的车轮阻力。

3. 附着状态之间的比较

汽车的动力性不仅受发动机动力性的制约，还受到车轮与地面附着状况的制约。类似于滚动摩擦阻力，汽车能否正常行驶还取决于附着力。

所谓附着力，是在车轮没有受到侧向力影响下，轮胎与路面之间没有相对滑移时，地面对轮胎的切向反作用力的极限值。也就是说，附着力是地面可能给出的最大切向反作用力 X_{max} 值。

$$X_{max}=F_{\phi} \tag{1}$$

$$F_{\phi}=Z_2\cdot\phi(N) \tag{2}$$

式中：F_{ϕ}——附着力；X_{max}——最大切向反作用力；Z_2——驱动轮上获得的地面反作用力(单位为 N)；ϕ——附着系数。

ϕ表明了车轮与路面的附着性能，它与路面的状况及轮胎的类型有关。在良好路面上，$\phi\approx 0.7$。这表明：在良好路面、稳定车速的状态下，路面与车轮之间有比较稳定的附着系数。附着系数直接影响附着状态。很显然，附着力 F_{ϕ}与驱动轮上的地面垂直反作用力 Z_2 成正比。这表明，它直接影响附着状态。

以上分析表明，附着状态：一是取决于分配到驱动轮上的垂直载荷(大小与 Z_2 相等，方向与 Z_2 相反)，除了汽车构造本身的设计值是常量外，汽车的配载属于变量；二是取决于轮胎与路面之间的附着系数；三是取决于汽车的空间位置。它随着行驶坡度的变化而变化。

因此，通过调整驱动轮的载荷(如调整汽车的总体布置或动载荷的重量与位置)、改善汽车的空气动力特性(如可调节风翼)或根据外部环境更换轮胎等都可以改变汽车的附着状态，从而发挥汽车的动力性，如越野车由于采用双轿驱动，动力性得到明显提高。

本章小结

本章概要介绍了现代运输管理的相关内容。主要涉及现代运输基础知识、合理运载、综合运输、联合运输、运载工具、货运管理、运价分析以及成本控制等内容，并从管理的角度重点介绍了合理运载的要求与方法；重点分析了综合运输的本质与特征。最后比较详细地介绍了货运管理的相关内容，如货运分类、组织、调度、统计等方面的知识。了解、理解和掌握这些知识，可以帮助读者找到进入运输生产领域的钥匙，更深刻地认识现代运输的本质与内涵，也可以帮助读者同时掌握一些能够解决实际运输生产问题的方法。

本章习题

1. 概念题

运输	运输行为	运输要素	运输方式	敏捷性	便达性
不合理运载	迂回运载	综合运输	联合运输	国际货物多式联运	
货运组织	运输调度	运行密度	运输密度		

2. 思考题

(1) 怎样认识运输中的第五要素？
(2) 运输品质都包含哪些内容？
(3) 削减不合理运输的原则有哪些？
(4) 宏观的综合运输涉及哪些内容？
(5) 货运组织的重要性。
(6) 运输调度的重要性。

3. 分析题

(1) 试分析运输产品的产品属性(与实体产品比较)。
(2) 试分析运输产品的技术属性。
(3) 试分析运输产品的经济属性。
(4) 试说明运输系统的基本构成与主要特征。
(5) 举例说明运输产品的外部不经济性。
(6) 简述运输系统的结构，说明综合运输的体系的构成。
(7) 运输枢纽的作用是什么？举例说明。

4. 论述题

(1) 试论述 4 种运载方式的经济特性。
(2) 试分析运输产品以及深刻理解运输产品特征的重要性。

第 12 章 仓储配送管理

【教学目标】

通过本章学习：首先，了解仓储、配送和包装管理的相关知识；其次，熟悉库存控制的主要方法和配送中心运营方式；再次，理解仓储配送在现代物流中的重要作用。

【教学要求】

知识要点	能力要求	相关知识
仓储管理的核心内容	了解仓储管理的价值与流程 熟悉库存控制的内容与方法	了解传统仓储的演化过程 了解传统仓储的基本功能
配送管理的基本内容	掌握配送管理的要素与方法 熟悉配送中心的功能与分类	了解配送管理的演化过程 了解配送中心的应用范围
包装管理的主要内容	了解包装管理的内涵与功能 熟悉储运包装的技术与类型	了解包装管理的演化过程 了解储运包装的应用范围

章前导读

现代仓储配送——物流领域获利的重要环节

传统仓储主要通过存储货物而获得保管货物的费用。由于传统仓储业的技术门槛低、投入要求也不高，所以传统仓储市场是完全竞争型的市场结构，而激烈的竞争使传统仓储业的获利十分微薄。

传统仓储引入物流技术和融入物流领域后，发生了如下变化。

一是获取了除保管货物外的收益，而且该收益占据越来越大的比重，如：某公司曾经这样描述从现代仓储物流配送管理中获得的收益：①顾客仓库中的库存量从19天降至6天；②年库存周转次数从19次增加到60次；③仓储配送中心的设施设备利用率提高了4%～12%；④库存货物的满足率从96.4%增加到99.2%；⑤客户订货数量增加了30%，市场份额增长了4%；⑥退货率降低了60%，货物残损率减少20%～40%。

二是全面降低了全社会的流转成本。根据前面的知识，在实物领域的社会流转成本：第一部分是流动状态消耗的成本；第二部分是相对静止状态消耗的成本。仓储配送涉及第一部分中的流动方案和第二部分的全部内容。

那么，现代仓储配送是如何降低营利性组织和全社会的流转成本的呢？又是如何挖掘保管费用以外的利润呢？这正是本章要讨论的内容。

12.1 仓储管理

“仓”是仓库(Warehouse)，可以是房屋、洞穴、容器或特定场地等，具有放置和保护物品的功能；“储”是存储(Storing)，具有储藏、储备物品的意思。仓储则是利用仓库放置、储备、保护物品等环节或行为。

12.1.1 仓储管理的含义

当产品生产出现不能被即时消耗而产生剩余，需要专门的场所存放剩余产品时，就产生了“积累性”仓储；当流通领域为满足社会需求，需要有足够的储备产品在流通领域存储时，就产生了“流动性”仓储。前者是一种静态型仓储，后者是一种动态型仓储。仓储管理伴生于上述两类仓储行为，对物品入库、分类、整理、保管、控制、出库等提供管理。

12.1.2 仓储管理的价值

仓储在现代生产、流通甚至是消费领域中具有相当重要的作用：它是物质生产过程的延续，同样可以创造价值；它是物质流通过程顺利进行的保障，可以协调生产与消费之间节奏上的不同；它是物质消费过程的质量保证。总之，它是社会再生产过程中必不可少的环节。

仓储管理是现代物流管理的重要内容之一，是现代物流系统中的重要元素之一，是优化、协调、控制现代物流系统正常运转的重要手段之一。仓储管理的价值具体体现在以下几点。

1. 仓储管理是协调产销平衡的手段

应用实例 12-1 粮食生产受气候、地理等自然条件的影响，只能在特定的季节收获；而人类对粮食的消费基本是连续的。所以，只有通过仓储来消除生产与消费节奏之间的差异，调节生产方式与消费方式之间的差异。

2. 仓储管理是保护储物价值的措施

应用实例 12-2 许多农副产品，如水果、蔬菜、肉、蛋、奶、鱼等，生产出来后，如果没有必要的存储场所，将很快变质，从而失去原有的价值。只有采取了相应的仓储管理措施，才能保证这些农副产品的原有的理化特性(使用价值)和投入(价值)不受损害。

3. 仓储管理是实现流程价值的关键

应用实例 12-3 现代仓储与传统仓储的最大区别在于其是以满足客户需求为导向，通过敏捷的动态响应和高效的物流流程来创造时间效用。而控制物流流程的充要条件是要有仓储管理环节，如任何流程中的多余流量必须由仓储管理来调剂。

4. 仓储管理是现代物流价值的核心

应用实例 12-4 通过控制物流成本获取第三利润，是现代物流的核心功能。而控制物流成本的两个重要环节，一个是“储”，另一个是“运”。当代储运成本要占到现代物流成本的 90%以上，所以，仓储管理在现代物流的价值体现中占有核心地位。

12.1.3 仓储管理的利益

仓储管理所获得的利益可分为：经济利益和服务利益。经济利益是指通过诸如组织、整合、优化等仓储管理行为为经营者所带来的直接经济收益；而服务利益则是通过仓储管理，使管理对象在某个特定的市场有可能增加市场份额、收入或毛利等而实现了价值增殖。

1. 经济利益的获得

经济利益的获得，主要是仓库经营者通过组织、整合、优化等仓储管理行为使仓储运营成本下降或运营效率提高而获得更多的收益。

1) 组织

任何管理都需要精心组织，仓储管理也不例外。仓储管理的组织，主要包括物品入库前的组织、入库组织、存储过程组织、出库前的组织、出库组织以及出库后的组织等，每个环节的组织都有各自十分具体的内容。

应用实例 12-5 物品入库前的组织主要包括物品容积测算；货场、货位、货架准备；承重量估算及复核；物品理化特性评估；消防条件检查；可能进行的物品分类；仓库存储环境检查；理货空间准备；理货时间测算；入库货物堆码方案(包括积载位置、堆码次序)等。

2) 整合

仓储管理中的整合就是将进入仓库的各种货物按照一定的管理规则进行分类、配置、积载等，使仓库容积、货位等得到充分利用，并使搬运、进出库效率得到提高，最终使仓库运营成本得到控制甚至是下降，从而获得经济利益的过程。

应用实例 12-6 仓库接收的一系列物品，可能是多批次、小批量的，如果按批次、批量存储，将占用大量货位，并使货位的有效利用率不足。通过仓储管理对其进行整合，如按照同一货主的货物集中积载的原则，则可以提高货位利用，也便于提高搬运、出库效率。

3) 优化

仓储管理中的优化，是围绕提高仓库管理效率而展开的。对于每一个具体的仓库结构、存储物品，都会有一个最佳的存储方案。这个最佳方案可使仓储效率、安全性等得到充分体现。而要想得到最佳的存储方案，需要通过优化来实现。

应用实例 12-7 对于大宗同类、不分型号批次的物品，多采用依次堆码的原则，如果考虑“先进先出”的话，就需要对不同时间入库的物品进行标注；对于多类型、多品种的杂货进行存储，就需要对仓储结构进行设计或对原有的结构按照物品特性优化。

2. 服务利益的获得

根据前面对服务利益的解释，其核心是使存储对象得到价值增殖。通过仓储管理实现价值增殖的方法主要有储备调剂、支持生产、延迟加工等。

1) 储备调剂

在实际的生产过程中，有些生产是连续型的，但消费是阶段性的；有些产出是集中型的，而且有些产出品品质具有自然时效性，但消费是连续性的。即便是产销都是连续的，产销量也不一定平衡，在遇到上述这些情况时，最好的解决方案是通过储备进行调剂。

应用实例 12-8 煤炭生产是一种连续性的生产，而居民采暖用煤则是阶段性的；农产品产出大多有季节性，而消费农产品基本是连续的，只是消费量上会有波动。在这些情况下，仓储的功能就不仅仅是保护物品了，而是具有通过储备调剂供需平衡的功能。

2) 支持生产

在全球生产越来越趋向一体化的进程中，按照瞬息万变的需求拉动生产，需要有更精准的支持系统来支持生产。在这个更精准的支持系统中，必不可少的是原材料、零配件的储备。这就需要仓储管理来帮助完成这一使命。

应用实例 12-9 在精准支持生产的系统中，需要储备多少原材料、零备件才能保证正常生产或适应生产的正常波动，同时又尽可能降低库存，减少资金占压；尽可能及时补充储备，降低库存规模；尽可能协调同类储备联动，降低生产缺料风险。这些都需要仓储管理来实现。

3) 延迟加工

当今，全球的各层、各类需求总在不断变化，延迟加工是适应市场变化的产物，而且这种延迟加工已经离开生产领域，在流通领域内完成。它可以根据不同客户的最新需求，对大批量产品进行分割、分装、染色、包装、贴标签等，这些工作可以转移到仓库中完成。

应用实例 12-10 许多农产品，由于在田间地头不具备进一步加工的能力，往往直接送往保鲜仓库。在入库后，先要经过清洗、整理、保鲜处理、外包装、贴标签等工序；然后再进入保鲜库，进行堆码、托盘积载、单元化存储等。

12.1.4 仓储管理的任务

仓储管理的基本任务就是满足客户需求，科学合理地做好物品的入库、保管保养和出库等工作，为客户创造价值，为企业创造利润。具体来说，仓储管理包括仓储资源配置、经营决策、商务管理、作业管理、安全管理等一系列管理工作。

1. 配置仓储资源

配置仓储资源应根据市场供求关系，依据配置资源的经济原则、竞争优势，选择仓库位置；设计仓库结构与功能；确定仓库建设方案和仓储布局、配置相关设备等；功能定位要追求差异化；仓储运营要追求高效率。总之，仓储运营要追求市场利益的最大化。

2. 设置管理机构

好的仓储管理机构是开展高效仓储管理的基本条件和保证。要围绕仓储经营目标和依据管理幅度原则，确定仓储组织机构，要因事设岗，建立结构简单、分工明确、、责权对等的管理机构。最终形成互相合作、相互促进的高效率管理队伍。

应用实例 12-11 不同的仓库管理模式需要设置不同的仓储管理机构。独立的仓储企业，一般都设有内部行政管理、人力资源管理、商务管理、库场管理、机械设备管理、安全保卫、财务以及其他必要的机构。而附属于生产或流通企业的仓储管理机构，一些直接对外的机构就被弱化，甚至合并到一些内部管理机构中。如商务管理、财务管理、内部行政管理、人力资源管理等机构就会被削减、压缩或合并。

3. 组织仓储运营

仓储运营包括物品入库、验收、理货、堆码、存储、出库、交接等环节。在仓储期间，还需要进行保管控制、质量维护、安全防护等。组织仓储运营的原则是高效、低耗。

应用实例 12-12 运营管理的核心在于充分使用先进的运营技术和有效的管理手段，建立科学的运营作业制度和操作规程，实行严格的监督管理，采取有效的员工激励机制。提高仓储利用率，降低成本，削减差、损、错事故，保持连续、稳定的运营。

12.1.5 仓储管理的流程

仓储管理的流程是指从接收物品入库开始，到按客户需要把物品全部完好地发送出去的全过程。按仓储管理的作业流程顺序来分，主要有货物入库、储控养护、物品出库 3 个阶段。

1. 货物入库阶段

入库作业主要由货物交接、检验、整理、入库等环节构成，具体细节如图 12.1 所示。

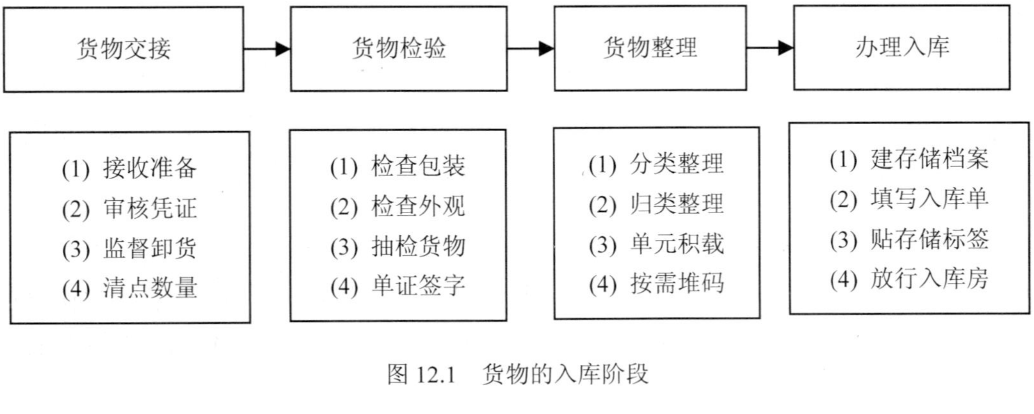

图 12.1 货物的入库阶段

下面对图12.1中涉及的内容作进一步的分析。

1) 货物交接

仓储管理人员根据入库凭证或供货合同接收货物，首先，要做好接收准备，核心是根据待接收货物数量，预留或清理出足够的存储空间，根据待接收货物的性质，确定合理的货位；其次，要严格审核随货物一同到达(或提前送达)的货物清单、运输提单、货物发票等凭证；再次，要按照凭证上的数量监督卸货；最后，一定要对卸下的货物进行清点。只有按流程完成了上述的4个步骤后，理货员才能在货物交接单上签字，它表明货物品名、数量与单证相符。

应用实例 12-13 仓库接到到货通知，应根据货物的性质和批量提前做好接收准备，主要包括以下内容：①文件准备——收集并熟悉待验货物的有关文件，如技术标准、订货合同等；②器具准备——准备好衡器、量具等验收用的检验工具并校验准确；③储位准备——根据预计入库货物的理化特性、体积、数量、质量和到货时间等信息，结合存储分区、分类和储位管理的要求，计算和规划储位，预先确定商品的理货场所和储存位置；④设备准备——大批量商品的数量验收，必须要有装卸搬运机械的配合，应做好设备的申请调用；⑤人员准备——安排好接运、卸货、检验、搬运货物的作业人员。此外，对于有些特殊货物的验收，如有毒的化工产品、有害的腐蚀品、放射品等，还要准备相应的防护措施。

应用实例 12-14 货位的规划应遵循“三个一致”的原则，即货物的自然属性、性能应一致、货物的养护措施应一致和货物的消防措施应一致，并按照货物的种类和性质分区分类存储；危险品分区分类存储；同产地集中存储；同销售地集中存储，完成货物准备。

2) 货物检验

对于有些货物，仅仅是品名、数量与相关的单证相符还不够，还需要对货物的外包装、外观进行检查，甚至对有些货物要拆包抽检，以避免货物的原有品质受到损伤、避免货物的规格、型号、批号、批次出现错误。只有当这些检验完成，并且货物与凭证上的数据完全相符时，理货员才能签单放行(让承运人离开，让货物进入下一个环节)。

应用实例 12-15 对货物进行检验，主要有品质检验和数量复核。在品质检验中，主要包括货物的包装检验、物品的外观检验、物品的理化特性检验等；数量复核主要有3种形式，分别为计件复核、重量复核、体积复核。

做好货物交接和检验的重要意义在于，防止把在运输过程中或运输之前已经发生的商品损害和各种差错带入仓库，减少或避免经济损失；验收记录为后续的换货、退货及索赔等提供依据；也为后续的货物存储创造良好的条件。

3) 货物整理

当货物交接、检验完毕后，需要将待存货物按照存储条件、要求进行有针对性的整理。首先，要将不同性质或属性的货物进行分类；其次，要将同类货物进行归类(客户有特殊要求的除外)；再次，要按照存储条件对货物进行单元积载；最后，要根据存储条件、货物性质以及客户要求等对货物进行合理堆码，以保证入库搬运、货位安置等能顺利进行。

应用实例 12-16 单元积载是现代仓储中的一种集约化的存储方式，它要求在货物入库之前就对可能实现统一管理、统一出库的货物进行单元积载，并按照货位空间的限制条件、货物的结构尺寸和理化特性等进行合理堆码，提高货位利用率和入库出库效率。

4) 办理入库

办理入库是入库阶段的最后一个环节，也是最重要的一关。其最核心的工作是核对各种凭证、建立存储档案、填写入库清单、印制存储专用标签(条码或电子标签)并贴在相应的存储货物或存储单元上，然后安排货物入库。

应用实例 12-17 在办理入库手续之前，要重点核对入库通知单、合同副本、货物的材质证明书、装箱单、磅码单、发货明细表等。经核对准确无误后，才能建立存储档案、填写入库清单，同时印制专用的存储标签。如果核对有误，追索错误源，待更正后，再办理入库手续。

应用实例 12-18 在安排入库作业时：要充分考虑入库流程的合理性，尽量避免货物在进库过程中多次搬移、倒装、回流，力争搬、卸、堆、码一次完成，提高作业效率；要充分考虑库容利用的合理性，在符合入库作业工艺的前提下，尽量减少无效的存储空间。

应用实例 12-19 托盘积载堆码是现代存储中的重要形式，它以标准化托盘为基础，以标准存储单元为核心，大大提高了入库出库效率和库容利用率，而且配合托盘上专用的存储标签(一托盘上的各种货物信息，全部记录在存储标签内)实现高效存储。

以上概要介绍了货物入库阶段的 3 个基本环节。它是仓储管理流程中最初的阶段，也是最基础的阶段。这一阶段的管理水平将直接影响后两个阶段的质量以及整个仓储管理流程的品质。因此，把好第一关，是提高仓储管理系统质量的关键。

2. 储控养护阶段

储控养护阶段主要由管理存储货物、控制存储质量、保养维护和盘点核对货物等环节组成，是对检验合格、入库货物的后续管理阶段，如图 12.2 所示。

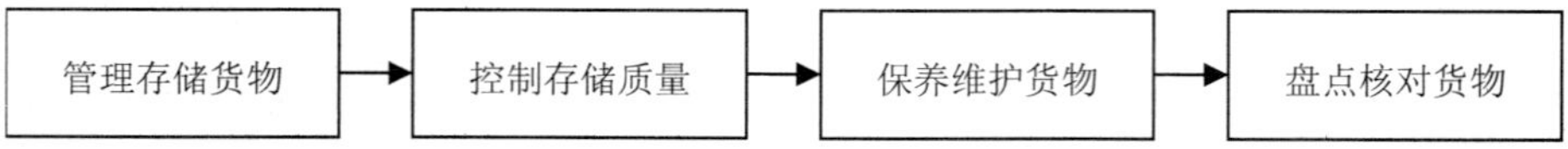

图 12.2 货物的储控养护阶段

下面对图 12.2 中各环节涉及的内容，逐一进行分析。

1) 管理存储货物

货物存储管理主要是针对已经入库，并放置在规定货位上的货物进行动态化的管理。具体管理内容包括检测存储环境或条件是否满足货物存储；存储货物的理化特性是否改变；是否需要调整存储货位；是否符合分类存储、集约利用有效库容；等等。

应用实例 12-20 对于通用型仓库，存储的货物类型多，理化特性差异比较大。所以需要随时检测存储环境。如：仓库外边温差比较大时，要根据存储的货物类型及时检测存储货物周边的温度是否满足要求，有时甚至要根据具体情况，临时调整存储货位。

2) 控制存储质量

存储质量控制主要包括存储品质控制和存储数量控制。存储品质控制主要包括仓库的温度、湿度、采光度等方面的控制；根据不同的货物类型存储品质还包括防火、防洪、防雷击、防尘、防潮、防霉变、防虫、防鼠、防盗窃以及防挤压、防坍塌、防理化特性改变(如氧化、脱水、干裂等)。存储数量控制主要包括最小库存控制、最大库容控制、最佳存储量控制等(有关存储数量控制的相关内容比较庞杂，将放在 12.2 节中详细展开)。

应用实例 12-21 仓库内部的环境状况是保证存储品质的基础条件。现代化的仓库越来越大，这就越来越强调控制条件和能够调控的幅度。如现代保鲜库可以根据不同存储区间的货物类型设定不同的温度、湿度以及相应的防腐措施。

3) 保养维护货物

有些货物在存储期间需要进行必要的保养与维护，这是现代仓储的重要特征，也是提高仓储附加值的重要手段。这就需要仓储管理者要掌握不同货物的理化特性，并根据不同性质的货物采取有针对性的保养方法和维护措施，使得存储货物能够保值增值。

应用实例 12-22 鲜花、高档果蔬、观赏鱼等在储运过程中，需要给予有针对性的保养与维护。如：有的鲜花需要按时喷水；有的水果蔬菜需要进行密封保鲜，并按时补充氮气；而大多数观赏鱼在储运途中，需要适时补充氧气。

4) 盘点核对货物

盘点核对仓库中存储的货物，是全面了解在某一时点仓库存储状态的主要方法，也是核对库存账面信息与实际存储货物是否一致的重要措施，更是检验仓储管理水平高低的手段之一。很显然，盘点"账—物"一一对应是仓储管理的基本目标。更深入地分析，可能发现诸多存储不合理的问题。不同类别的仓库经营者，可依据盘点情况，调整管理措施。

应用实例 12-23 在信息技术不发达的时代，盘点核对仓库中的货物是一项最繁复的工作。真实差错率和虚假差错率相对比较高。而现代仓储中，由于仓储管理软件和现代仓储技术(如视频、摄像、RFID)的应用，可以时时掌握库存状况，并及时处理出现的问题。

货物的存储、控制、保养、维护阶段，是仓储管理的核心阶段。尽管绝大多数时间，货物处在静止状态，但仓储管理者在保证货物合理存储、安全存储的同时，还要考虑如何提高库容利用率、如何提高"账—物"数量上的准确率，如何在保证上述目标实现的同时，维持合理的运营成本，甚至科学地降低运营成本。

3. 货物出库阶段

货物出库阶段是指仓储管理人员根据客户或业务部门的出库指令，对货物进行拣选拆分加工、组合包装集结、制单移出配货及审证复核出库等环节，如图 12.3 所示。

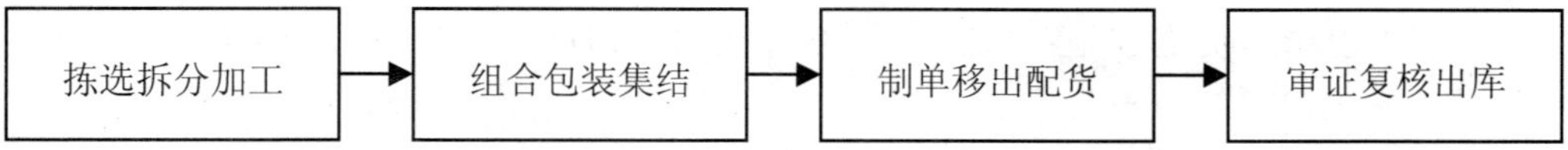

图 12.3 货物的出库阶段

下面对图 12.3 中各环节涉及的内容，逐一进行分析。

1) 拣选拆分加工

拣选拆分加工是货物出库阶段的第一环节。它包括根据业务部门的出库指令或客户提单的要求，从相应的货位上拣选相应的货物，再按要求(如果有的话)对大包装进行必要的拆分、对大规格货物进行必要的裁剪、机械加工等，并完成货物从存储区向加工区的搬移。

应用实例 12-24 拣选过程除了要保证数量、规格准确外，有时候还要注意产地批次、生产日期、适用范围等具体信息；有些货物是按照大批量规格生产和存储的，而客户订单需要的是小批量的规格，所以需要按新的规格进行拆分、裁剪、加工等。

2) 组合包装集结

组合包装配货是货物出库前的必要环节。根据出库的具体要求，将已经拣选拆分加工的货物进行组合，组合完毕后按新的尺寸进行包装，最后按出库的具体要求把相同客户的货物进行集中，以便提高后续的出库效率和配送效率。

应用实例 12-25 现代家具的生产与存储，已经趋向标准化。在现代家具的半成品仓库中，储存的是系列标准规格的板材。当客户订单发到仓库后，仓库按照具体的家具规格，从不同货位拣选不同规格的材料，按要求喷漆、组合、包装，并将同一客户整套家具集合在一起。

3) 制单移出配货

制单、移出、配货是货物出库阶段的第三个环节。当货物在出库阶段完成了组合、包装并按照客户的具体要求集结后，就可以从加工区向出库作业区转移。在出库作业区，可将相同地区、相同方向上的货物进行合理的搭配，并等候装运。

应用实例 12-26 在准备移出货物之前，需要填写并印制出库清单。需要详细填写品名、数量、规格等信息，而且填写的信息应与入库信息(或信息编码)一致，以便仓储管理系统能正常核减。出库清单一式三份，一份留仓库，另两份随出库货物一同搬移到出库作业区。

4) 审证复核出库

当需要出库的货物准备装运时，对原始的客户提单(或业务部门的出库指令)、出库清单进行审查、复核是十分重要的工作。它是仓储管理的最后一道关卡，如果此刻再发生错误，将会给仓库经营者带来难以挽回的经济损失。

应用实例 12-27 在审证复核出库环节，首先要重点审查各种单证、凭证的真实性和可靠性，如有疑义，则进行必要的机制审查；其次要详细复核各种单证上的品名、数量、规格等与实物是否完全一致，如发现错误，一定要按程序更正。

12.1.6 仓储管理合理化

仓储管理合理化主要涉及管理流程、库容利用、设备利用、能源消耗、货物保护措施、仓储作业方式、货物周转周期等是否合理。而所有这些方面又都需要围绕着具体的存储对象而展开。对于精细货物实施粗放管理是不合理的，相反，对粗放类的货物实施精细化的管理也不合理。

1. 影响仓储管理质量的主要因素

影响仓储管理质量的因素比较多，主要分为硬件和软件因素。硬件因素主要指仓库的设计结构、建筑材料和内部设施布局等是否合理；软件因素主要指货物的存储方式、保护措施以及仓储作业方式、管理流程等是否合理。如果有不合理的地方，将会影响仓储管理的质量。

应用实例 12-28 在冷藏库的设计时，要以目标库容为参数，按照相关的设计规范，尽可能选择散热面积小的方案，入库出库的仓门结构也要力求减少热量消耗，同时还要保证冷藏库内部的库容利用率高、方便进出库作业等。

2. 影响仓储运营效率的主要因素

影响仓储运营效率的因素，除了上述的质量因素对其有影响外，还有能源消耗是否合理、设备利用是否合理、库容利用是否合理、货物周转周期是否合理等因素。

应用实例 12-29 货物因素是影响仓储运营效率的客观因素。对于储备型仓库，在安全存储的前提下，提高库容利用率是提高运营效率的主要方法；对于流通型仓库，除了提高库容率外，还要提高货物周转率。这是因为仓库固定成本相对较高，而纯存储费用相对较低所致。

现代仓储管理是现代物流系统的重要组成部分。为了能更好地适应现代物流系统，仓储管理所涉及的内容进一步拓展，仓储管理的价值进一步提升，仓储管理的流程更加复杂，方法也更加科学合理，最终，整个社会系统因仓储管理而获利。

12.2 库存控制

所谓库存，是指以支持生产、流通、经营和客户服务为目的而存储的各种物品(包括原材料和在制品、生产消耗品、成品)和维修、备配件等。从准确、严格的意义进行分析，库存控制应该包括库存品质控制和库存数量及其结构控制。本节仅涉及后一项。

12.2.1 库存产生的主要原因

由于日常生产、经营、消费等在方式、周期、节奏方面的不一致性，为了协调供求双方在数量上的不一致，需要通过一定量的库存给予缓冲，于是产生了调节库存或周转库存；由于产销之间存在空间上的割裂，于是产生了在途库存；为了实现投机动机，获取更多利润，于是产生了投机库存；为了应对不确定性因素和可能的突发事件，便产生了储备库存或安全库存。

对于大多数制造商、批发商和零售商而言，库存是其资产比重中比较大的投资。在大多数行业中，由于市场越来越被细分(客户需求的多层次性所致)和变化越来越快，经常会使企业在不经意间就持有了比较高的库存。在企业所拥有、控制的资金中，用于库存的资本和企业用于其他投资机会的资本有着竞争关系，库存占用资金是产品成本提高的主要原因之一。

12.2.2 合理库存的总体要求

由于库存大量存在，存在就有其合理性，那么，什么样的库存属于不合理库存？什么样的库存属于合理库存呢？下面就做一下简要介绍。

1. 不合理库存的表现

不合理库存既有存储数量上的不合理，也有数量结构上的不合理；既有存储方式上的不合理，也有存储效率上的不合理；既有地域分布上的不合理，也有产销关系上的不合理；既有库存控制方式上的不合理，也有运营模式上的不合理；等等。

应用实例 12-30 存储数量过大，导致消费不足或消费成本上升显然不合理，但存储量不足，并导致大量产品损坏，无法满足消费也不合理。如：水果是季节性产品，如果不及时存储，并且消费不了，就会腐烂而损失；而存储量过大，到下一季节产品上市时还有剩余储藏，也不合理。

应用实例 12-31 存储结构不合理，表现为该存的没存或没存够，不该存的存了。如A类时令产品过量存储，使B类时令产品无法存储，并导致A产品的市场价格大幅上扬，

B 产品的市场价格大幅下降，就属于存储结构不合理。

2. 库存合理化的要求

库存合理化，对于仓库内部的运营而言，主要表现在能满足各类需求的前提下，仓位、货位等存储空间的利用要合理；库存成本控制要合理；库存周转量和周期要合理。对于经济系统和社会系统而言，合理库存表现为能促进经济有序发展、削减经济波动；能维持社会稳定、应对突发事件，最终，能降低整个经济系统和社会系统的运行成本。

应用实例 12-32 对于非营利性的公共储备而言，重点是维持社会稳定、应对突发事件。所以，相应的救灾物资储备，在一定区域内储备仓库要有合理的布局；在储备品种上，要有合理的比例；在储备数量上，要有科学的预测。

12.2.3 库存控制的基本内容

从某种意义上来说，库存是为了满足未来需要而暂时闲置的资源。所以库存可以是非营利组织的公共储备，可以是营利性组织的资源储备，也可以是闲置的社会资源。而在现代物流系统中，主要研究前两类库存应该控制在多少数量上是合理的。

1. 非营利组织的库存控制

非营利组织的库存是一种公共储备，主要是为了满足国防、社会稳定等需要而进行的一种储备。主要是为了抵御非正常的经济波动、突发的自然灾害、传染性疾病大面积的扩散以及恐怖组织、敌对势力引发的动乱和战争。

非营利组织的库存是一种公益性的积累性储备。库存量：一是取决于特定区域的人口数量、结构、生活水平；二是取决于自然灾害的概率、可能的危害程度；三是取决于区域结构的完善程度；四是取决于非营利组织的管理水平。

应用实例 12-33 非营利性的公共储备主要包括能源、粮食、救灾物资(主要包括药品、食品、饮用水、帐篷、衣服、被褥、救灾设备等)、军用物资(主要包括枪支弹药、运载工具、战略武器等)以及支持工业生产和经济建设的大宗原材料等。

2. 营利性组织的库存控制

营利性组织的传统做法，是在生产、经营之前，根据生产、经营计划，进行原材料或产成品、生产经营用的备配件以及低值易耗品的储备，并为在制品、半成品，等外品、次品等提供存储空间。最传统的观念认为库存是财富，所以对库存控制并不重视。

随着全球经济逐渐趋向一体化，生产、经营方式发生了本质性的变化，由传统的“供给推动”转向“需求拉动”，随之带来的“引致性”变化是“刚性”生产向“柔性”生产转变，按能力生产向按需求生产转变，大规模统一生产向小批量个性化生产转变。这些转变对计划性库存提出革命性的挑战，并导致库存观念的本质性变化——库存不再是财富，而是包袱。

应用实例 12-34 由于需求变化越来越快，价格随时间的变动频率越来越高、波动幅度也越来越大，这就导致提前采购的库存随时可能贬值，甚至因为没有任何需求而成为毫无价值的库存，但它要耗用仓库运营成本，所以这时的库存越多，亏损越大。

既然现代生产、经营的库存观念越少越好，那么是不是都去追求在零库存呢？显然不是，对于零库存的追求，必须要有许多限制性条件，如需求预测足够准确、订单管理足够细化、运营流程足够流畅等。因此，现代生产、经营的一个核心问题是如何确定最佳库存量。

3. 库存控制的通用性指标

由于库存对营利性组织而言是资本占用，所以过高的库存水平会从两方面影响企业的盈利能力。一是库存资本降低了资产周转率；二是与库存相关的支付，要进入成本。因此对库存进行有效的管理，就需要侧重提高现金的流动效率和投资收益率。

1) 库存周转率

库存周转率是衡量库存管理水平的重要指标。库存周转率越高意味着占用资金越少，并且可以提高资金的流动效率和利用效果。

$$库存周转率=\frac{年销售额}{年平均库存值}\left(或\frac{一定期间内出库金额}{平均库存金额}\right)$$

2) 平均库存值

平均库存值是指一定的统计时间内全部库存物品价值的总和。对于营利性组织而言，一般用企业全部资产与库存相关部分的比率来衡量一个企业库存状况是否合理。一般来说，制造企业为25%左右，批发、零售企业可能达到75%左右。

3) 可供应时间

库存的可供应时间是指现有的库存能够满足多长时间的需求。即

$$可供应时间=\frac{平均库存值}{相应时间段内单位时间的需求量}$$

以上指标表明，最佳库存量应该是维持正常生产、经营的最小库存量，同时也是资金占压的最小值，更应该是物流系统效率最佳的库存量。另一方面，围绕一项生产或经营所产生库存可能会涉及成千上万个品种，如何实现多品种的最佳库存，是库存数量结构控制的问题，并同时诱发最佳订购批量问题。这些都是营利性组织在库存控制中需要重点解决的问题。

12.2.4 库存控制的常用方法

为获得最佳库存量，需要确定在什么样的库存水平时需要补货、一次补货量是多少、库存数量结构应该维持在怎样的动态幅度中。所以，库存控制的基本方法都是围绕这3个问题而设计的。经过不断实践与改善，成熟的库存控制方法有以下几种。

1. ABC分类法与库存控制

应用于库存控制的ABC分类控制法与第10章中涉及的控制采购成本的ABC分类管理法的原理和内容基本是一致的，都是根据帕累托的财富分布存在“20-80”法则(即20%的人控制80%的财富)来设计控制方法，即控制好20%的部分可以收到80%的效果。

尽管库存与资金占用之间的关系和采购成本与资金占用之间的关系，在内容上有很多的关联性和一致的地方。但不同的是，ABC分类控制法应用于库存控制，侧重于库存数量结构的控制；而ABC分类管理法应用于采购，则侧重于采购成本的控制。

应用实例12-35 应用于库存控制的ABC分类法也采用“20-80”法则，即20%的少数库存却占有80%金额的A类物品要严格检查、重点控制；而对于80%的多数库存只占有20%金额的C类物品，只进行低等级的简单控制；而介于两者之间的B类物品进行适当控制。

2. EOQ 模型与库存控制

关于经济订货批量(Economic Order Quality，EOQ)模型，在第 10 章的采购管理中已经作了简要的介绍，根据 EOQ 模型的公式 10-1 可知，理想条件下的经济订货批量，即库存总成本最小时的订货量为

$$EOQ=\sqrt{\frac{2C_2D}{C_1}} \tag{12-1}$$

式中：D——货物需求量(件/年)；C_2——单位订购成本(元/件)；C_1——年平均单位库存保管费用(元/件×年)，$C_1=PF$，P 为单位采购成本(元/件)，F 为单件库存保管费用与单件库存采购成本之比(年储存费率)。

需要进一步说明的是，虽然涉及采购批量，但理论依据是基于库存理论，即库存分为独立需求库存和相关需求库存。所谓独立需求，是指库存需求变化独立于人的主观控制能力之外，因而其数量与出现的概率是不确定的、模糊的。而独立需求库存控制模型又根据其主要参数(如需求量、前置期等)确定与否，分为确定型与随机型两种。公式 10-1 是确定型库存控制模型。

所谓确定型库存控制模型，是指需求量、前置期都是确定的条件下的库存控制模型，其基本管理方法就是经济订购批量法。用经济订购批量法来制定库存策略，不但可以确定订货量，而且还可以确定订货周期，既解决什么时候订货，又解决订多少货。

该模型有如下假设：①缺货费用无穷大；②货物存储量减少到零时，可以立即得到补充；③货物需求是连续、均匀的，即货物消耗速率(单位时间的提货量)为常数；④每次进货量不变，订货费用不变；⑤单位存储费用不变。

在上述假设条件下，不允许缺货、瞬时到货的确定性存储模型的存储量 Q 与时间 t 的变化可以用公式(12-1)表示，则总成本为

$$C(t)=\frac{R}{Q}C_2+KD+\frac{QC_1}{2} \tag{12-2}$$

式中：R 为货物消耗速率；K 为单位产品成本(单价)；Q 为订购批量；C_2 为每次订购成本；C_1 为单位存货储存成本。求导后，可得到公式 10-1。

但由于上述模型是在不考虑缺货情况下的理想模型，也就是在需求不变，提前期稳定(两者都已知)，成本是确定已知的条件下成立的，现实中这种情况很难具备，缺货现象是不可避免的。所以在缺货状态下的经济订货批量公式修正为

$$EOQ=\sqrt{\frac{2C_3D}{C_1}}\cdot\sqrt{\frac{C_1+C_2}{C_2}} \tag{12-3}$$

式中：C_1 为保管费用；C_2 为缺货费；C_3 为订货费；D 为需求量。

3. MRP、MRPⅡ与库存控制

MRP 是在库存管理的订货点法基础上提出来的，通过综合分析订单、当前库存以及生产顺序的信息，使得正确的物料在正确的时间到达，以此来减少不必要的库存，从而降低仓库运营成本、提高按时发货率。

MRP 主要涉及“需求什么？”、“需要多少？”、“什么时候需要？”等问题。根据前面 EOQ 模型的分析可知，需求主要有两种：独立需求和相关需求。很显然，当一个库存项目的需求与其他库存项目的需求无关时，就是独立需求，它不能从上级需求派生出下级需求，如对成品、备配件的需求直接受市场等随机因素的影响。而当一个库存项目的需求与其他库存项目的需求直接相关时，就是相关需求。

EOQ 模型就系统地解决了独立需求的库存控制问题，而 MRP 则主要解决相关需求的系列问题。相关需求包含两方面：一是纵向的，即上一级需求派生出下一级需求；二是横向的，即某一产品需求派生互补品的需求。在库存管理中，需要搞清独立需求与非独立需求之间的区别。因为 MRP 系统决策的基础与需求来自最终产品还是与该产品本身有关。

由于 MRP 系统是一种模拟技术，所以系统要根据主生产计划(要生产什么)、物料清单(用什么生产、需要用些什么)和库存余额(有什么)，对每种物料进行计算，指出何时将会发生物料短缺，并给出建议，以最小库存量来满足需求且避免物料短缺。

由于 MRP 系统只涉及物料需求计划，在实践中遇到最多的问题和瓶颈是不能及时掌握销售信息和财务管理信息，因此在制定物料需求计划之前，要了解最新的销售信息和财务管理信息。但由于这两类信息随时间的变化率比较大，也缺少一定的规律，所以 MRP 系统的缺陷越来越明显。

物料需求计划需要进一步扩展，将整个生产流程，甚至是销售过程中的一些相关因素纳入系统中，就成为必然选择。扩展后的系统发生了本质性的变化，它将市场预测、订单接收、生产计划、物料需求、能力需求、库存控制、车间管理直到产品销售的整个生产经营过程以及相关的所有财务活动都包括进来，不但解决了物流和信息流的统一，还集成了资金流，为生产、销售和财务分析提供有效计划、控制工具和决策支持。从而成为新的系统——制造业资源计划(Manufacturing Resource Planning)，即 MRPⅡ(详细介绍参考第 9 章)。

应用实例 12-36 MRPⅡ控制库存的特点是：通过把企业中各子系统有机地结合，形成一个面向整个企业的一体化系统，这样，企业的所有数据都来源于中央数据库，各子系统在统一的数据环境下工作。这时 MRPⅡ根据不同的决策方针模拟出的各种库存就是生产、经营的动态需求。

4. JIT 与库存控制

在第 9 章涉及了准时制(JIT)生产，在第 10 章又涉及准时制(JIT)采购。其核心都是通过“拉式”和“看板”系统管理，有计划地消除所有浪费，追求零库存、零缺陷。其中，零库存是一种现代库存管理方法，它基于在准确的时间把准确的数量送到准确的地点。

应用实例 12-37 JIT 理念认为，库存是由于计划不周、能力不够、供应商过失、订单处理延迟和生产操作不规范、设备保养差等原因造成的。JIT 要求备货时间短、补货频率高而批量小，且要有长期稳定的“伙伴型”供应商，所以 JIT 能够应对柔性生产。

5. ERP 与库存控制

ERP 是以客户为中心的经营战略，主要对整个供应链上的资源进行管理，同时也体现精益生产、同步工程和敏捷制造的思想。ERP 可以对客户需求迅速做出响应，并根据客户需求迅速重组业务流程，消除业务流程中非增值的无效活动，在最短的时间内向客户提供高质量和低成本的产品。

由于ERP追求并行作业和所有环节的高效率和动态响应，业务和生产流程需要重新组合。它在保留MRPⅡ的人、财、物等资源基础上，把客户需求和企业内部的制造活动以及供应商的制造资源整合在一起，形成了一个完整的企业供应链，并对供应链的所有环节，如订单、采购、库存、计划、生产、质控、运输、分销、服务与维护、财务等，进行有效的管理。

应用实例 12-38 ERP能很好地支持混合型库存环境，满足企业多方位的经营需求。由于通过流程重组实现了信息资源共享，所以可以准确地实时监控企业的库存状况。其本质变化在于由事后库存控制转向事前和对整个过程中的动态控制。

6. DRP与库存控制

DRP(Distribution Requirement Planning)——分销需求计划，是库存管理的一种计划方法，主要是制定分销物品的供应计划和调度计划，达到既有效满足市场需求又使配置费用最少的目的。DRP是优化配置商品资源的核心技术之一，对商品流通过程有着巨大的影响和深远的意义。

DRP主要在流通企业和大型生产企业得到应用。它通过对需求(主要包括客户及下属的订单、提单、合同等)及其预测、库存、生产计划等输入性文件进行处理，并迅速生成订货、进货、送货计划等输出性文件。DRP的逻辑关系如图12.4所示。

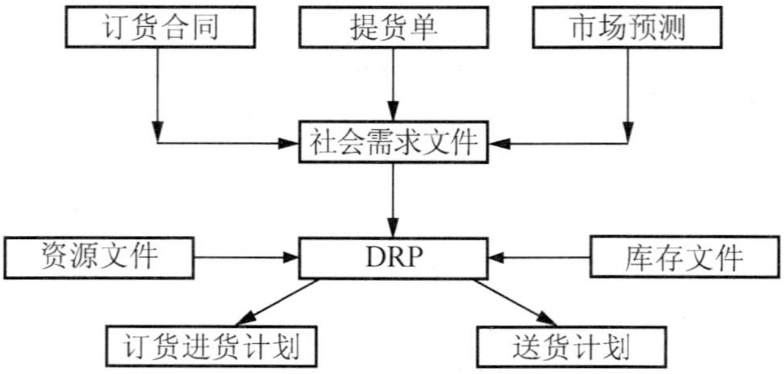

图 12.4 DRP的逻辑关系

应用实例 12-39 在储运配送、流通加工、商贸连锁等含有物流业务的流通企业中，大多会涉及储运、进货、配送、加工、销售等工序。DRP可以对这些环节的信息进行统一协调、调度和处理，从而使商品流通中的总费用不断降低，运载工具、仓库、流通加工中心等资源利用率不断提高。其中，降低仓储费用，提高仓库利用率是重点工作。

应用实例 12-40 大型生产企业一般都有自己的销售网络和储运设施。自己的产品多自销或部分由流通企业销售。这就要求企业既要面对市场组织产品生产，又要负责流通、销售。DRP的分销功能和调度功能可将产品的产、储、运、销等业务进行合理的分配。

12.2.5 订货法控制库存简介

由于库存目的不同，库存控制的方法也不同。除了12.2.4小节介绍的6种控制方法外，定量订货法、定期订货法也是比较常用的方法。其中，定量订货法中，比较有代表性是订货点法和定量维持法。下面将简要介绍定量订货法和定期订货法。

首先，通过一个订货法模型(图 12.5)来分析不同订货法的差异。

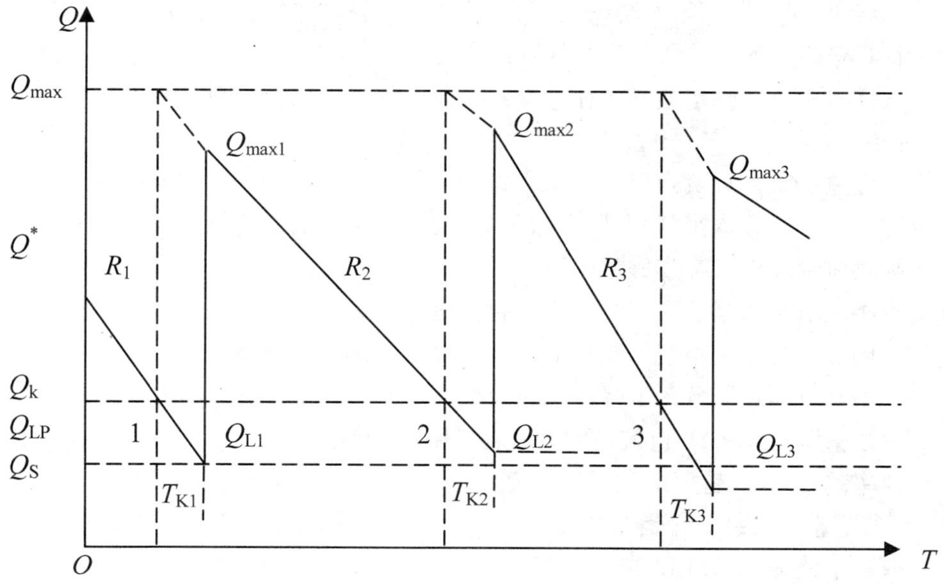

图 12.5 订货法模型

在实施订货法之前，首先要确定安全库存(Q_S)和为保证安全库存而设计的订货提前期平均消耗的库存(Q_{LP})。那么需要订货时的库存量(Q_K)，被称为订货点时的库存量。很显然：$Q_K=Q_S+Q_{LP}$；其次要确定订货批量为 Q^*，$Q^*= Q_{max}-Q_K$(Q_{max}——设计的最大库存量)。

在系统开始运作(点 0)后，假设第一个周期，库存量以 R_1 速率下降，随着运营的进行，当库存下降到 Q_K(点 l)时，系统发出订货信息，订货量为 Q^*。

随后进入订货提前期 T_{K1}。提前期 T_{K1} 结束时，在 T_{K1} 期内消耗掉的库存数量为 Q_{L1}，使库存水平下降到安全库存 Q_S。在 T_{K1} 周期结束，库存水平正好到达 Q_S。这时所订货物批量到达，实际库存上升一个 Q^*，达到 $Q_{max1}=Q_S+Q^*$，然后进入第二个运营周期。

假设第二个周期的运营速率为 R_2(且 $R_2<R_1$)，库存下降到 Q_K(点 2)时，系统又发出订货信息，订货批量仍为 Q^*。随后进入第二个订货提前期 T_{K2}。

提前期 T_{K2} 结束时，T_{K2} 内所消耗掉的库存数量为 Q_{L2}，由于提前期消耗量 Q_{L2} 小于提前期平均库存消耗量 Q_{LP}，所以，实际库存水平高于安全库存量 Q_S。

这时所订的货物批量到达，实际库存量又上升一个 Q^*，此时的最大库存 $Q_{max2}>Q_{max1}$，并进入第三个周期的运营。如此不断循环下去。

如果假设库存消耗是随机的，即 $R_1\neq R_2\neq R_3\neq\cdots$，则订货提前期内的库存消耗量 $Q_{L1}\neq Q_{L2}\neq Q_{L3}\neq\cdots$；如果订货提前期($T_{KX}$)也是随机的，即 $T_{K1}\neq T_{K2}\neq T_{K3}\neq\cdots$，则订货提前期内的库存消耗量也不相等，即 $Q_{L1}\neq Q_{L2}\neq Q_{L3}\neq\cdots$。

1. 定量订货法

所谓定量订货法，是预先确定一个订货点和订货批量，随时监控货物库存，当库存下降到订货点时，就发出订货单进行订货的一种控制库存方法。定量订货法在操作中有可能随时发生，主要取决于生产企业或市场对该物资的需求情况。

定量订货法假设库存消耗速率确定，即 $R_1=R_2=R_3=\cdots$；$T_{K1}=T_{K2}=T_{K3}=\cdots$。这样，

提前期库存消耗量 $Q_{L1}=Q_{L2}=Q_{L3}=\cdots=Q_{LP}$。由于订货点、订货量和库存消耗量都是确定的，系统运行的结果，最大库存量不会超过 Q_{max}，即 Q_K+Q^*，实际最高库存不会超过 $Q_K+Q^*-Q_{LP}$。

定量订货策略要解决的3个核心问题：确定订货点，即什么时候订货；确定订货批量，即解决一次订多少货；确定基本库存、安全库存，具体实施和控制周转率。

1) 确定订货点

在定量订货法中，订货点以库存水平作为参照点，是一个决策变量，也是控制库存水平的关键因素。当库存水平降到某个库存水平时就发出订货信息。在库存控制理论中，订货点在实际物流管理中又称为额定库存量。

订货点不能取得太高，如果太高，库存量过大，占用资金就大，导致库存费用升高，成本增加；同样订货点也不能取得过低，如果过低，则可能导致缺货损失，一方面是增加缺货成本，另一方面使服务率下降。一般情况下，影响选择订货点的因素主要有3个。

(1) 货物需求速率(R_P)，也就是库存消耗速率，用单位时间内的平均消耗量来描述。显然，需求速率越高(斜率越大)，订货点也越高。

(2) 订货提前期(T_K)。它是指从发出订单到所订物资运送入库所需要的时间长度，T_K 值的大小取决于路途的远近和送达的速度。

(3) 订货提前期需求量(Q_L)或库存消耗量是指按照已有的需求速率在订货提前期内发生的需求量或消耗量，其公式为

$$Q_L=R_P\times T_K \tag{12-4}$$

因此，合理的订货量等于提前期需求量。如果用 Q_K 表示订货点量，即有

$$Q_K=Q_L=R_P\times T_K \tag{12-5}$$

2) 确定订货批量

所谓订货批量，就是每一次订货的数量。订货批量的高低，不仅直接影响库存量的高低，而且直接影响货物供应的满足程度。因此，订货批量一定要合理。

订货批量大小的主要影响因素有两个：一是货物需求速率(R_P)，速率越高，订货批量就越大；二是经营费用，它与订货批量相互影响，如订货量大，经营费用就可能低，反之，则经营费用不足，订货批量就小。在定量订货中，对每一个具体品种而言，每次订货批量都是相同的，所以对每个品种都要制定一个订货批量，通常是以经济批量EOQ作为订货批量。

3) 定量订货的特点

首先，定量订货法的每次订购量是相同的，即 Q 是固定的，这样操作较简单并可降低成本；其次，定量订货法的平均库存量较低，因此定量订货法有利于贵重物资的库存，可以对运营中潜在的缺货做出更快的反应；再次，由于要随时掌握库存信息和控制存货，所以每次补充库存或物资出库都要进行记录，这使维持定量订货模型需要的时间更长；最后，由于订货时间不能预先确定，所以定量订货法不灵活且要占用一定的人力和物力。

此外，在实际运营中，库存量下降到必须在此订货(Q_K)并实施订货时，就称为订货点法。它的特征是以订货点作为控制点或控制手段。而以实际订货量作为控制手段，则称为定量维持法。它主要用于出库不规则，且一次出库量比较大的运行结构中。

2. 定期订货法

定量订货法是从数量上控制库存量，但工作量大。定期订货法则是从时间上控制订货周期，从而达到控制库存量目的的一种方法。所谓定期订货法又称定期盘点订货法，是指每隔一个固定的时间周期订货，但每次订货量不定。这种方法不必每天检查库存，只是在订货时检查。

定期订货法的原理是预先确定一个订货周期 T^* 和一个最高库存量 Q_{max}，周期性地检查库存，并根据库存情况进行订货。订货批量的大小取决于订货后的“名义”库存量(Q_K+Q^*)要等于最高库存量 Q_{max}。定期订货法的运行模型如图 12.6 所示。

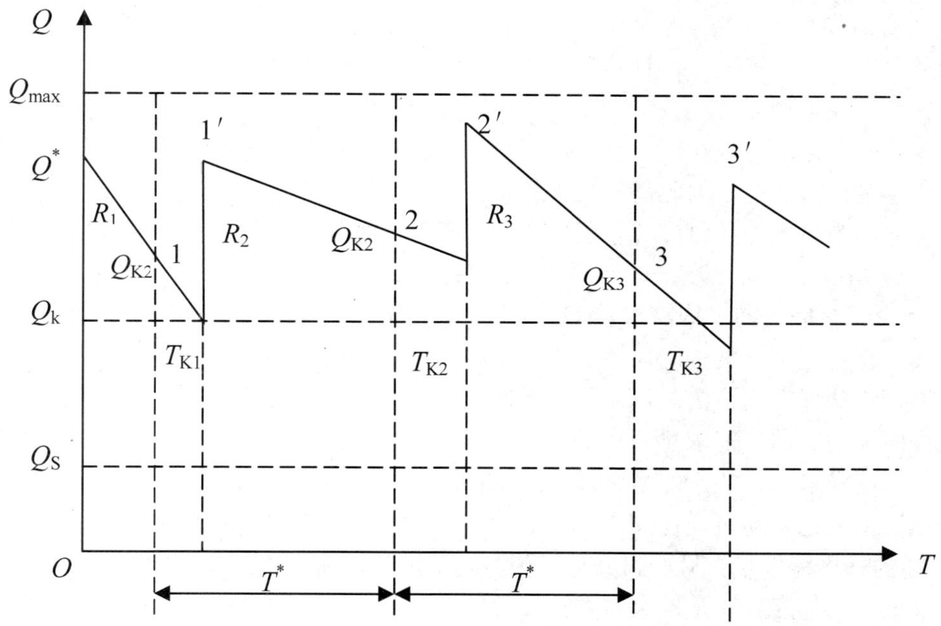

图 12.6 定期订货法模型

1) 确定最佳订货周期

定期订货法确定订货周期是本着总费用最省的原则。根据经济订货周期公式(10-3)和经济批量公式(12-1)，经济订货周期计算公式为

$$T^* = \frac{Q^*}{D} = \sqrt{\frac{2C_2}{C_1 D}} \tag{12-6}$$

2) 确定最高库存量

定期订货法的最高库存量(Q_{max})是为了满足 $T+T_K$ 期间的库存需求的，并以此时间为基础，考虑到不确定因素，增加一个安全库存量 Q_S，这样，$T+T_K$ 期间的最高库存量为

$$Q_{max}=R_P(T+T_{KP})+Q_S \tag{12-7}$$

式中：R_P 为物品在$(T+T_{KP})$期间单位时间的平均需求量；T_{KP} 为平均订货提前期。

3) 确定实际订货量

每个周期订货量的大小由当时实际库存量的大小确定。由于每次检查的结存库存不同，则每次的订货量也不同。

4) 定期订货法的运行

假设从时间 0 点开始执行定期订货法；在 1 点时刻检查库存量，库存量为 Q_{K1}，则开始订货。订货量取 Q_{K1} 与 Q_{max} 的差值，即第一次的订货量 $Q_1=Q_{max}-Q_{K1}$；随后进入第一个订货提前期 T_{K1}。提前期结束，所订 Q_1 的商品到达，实际库存一下升高 Q_1，库存到达 1′点。

然后进入第二个周期，整个运营过程按 R_2 速率消耗库存。经过一个订货周期 T^*，又到了该订货的日子，检查库存量，此时点 2 库存量为 Q_{K2}，又发出订货量 Q_2，Q_2 的大小等于 Q_{K2} 与 Q_{max} 的差值。随后进入第二个订货提前期 T_{K2}。

T_{K2} 结束，所订货物 Q_2 到达，将实际库存量提高到 2′点。随后进入第三个销售周期。到下一个订货日，又检查库存、进行订货，这样不断循环继续。

5) 定期订货法的特点

一是每次订购量为变量，订购量的大小取决于各个时期物品需求量，由于每次订购量不同，其运作成本相对较高；二是平均库存量较大，为的是防止盘点期发生缺货；三是在盘点期盘点库存，工作量相对较少，同时可以做到批量有计划采购，提高效率；四是安全库存量比定量订货法高，因此需要较大的安全库存作保证。

这种方法为何既能控制库存量又能满足需要呢？实际订货时，订货量加实际库存量就是最高库存量(Q_{max})。但经过一个订货提前期(T_K)，所订货物实际到达后，实际最高库存量比 Q_{max} 减少一个提前期平均需求量(Q_{LP})，即 $Q_{max}-Q_{LP}$。所以，Q_{max} 实际上就是最高库存量的控制线，它是定期订货法用以控制库存量的一个关键性的控制参数。

定期订货法保证用户需求满足程度的方法、原理与定量订货法不同。定期订货法不是以满足提前期内的用户需求量为目的的，而是以满足订货周期内的需求量再加上满足提前期内用户的需求量为目的，即是以满足 $T+T_K$ 期间的用户总需求量为目的的。因为 $T+T_K$ 期间的总需求量也是随机变化的，Q_{max} 也是一个随机变量，其值由两部分构成。一部分是 $T+T_K$ 期间的平均需求量，另一部分是为预防随机性延误而设置的安全库存量。安全库存量的大小根据一定的库存满足率来设置。库存满足率越高，则安全库存量也越多，Q_{max} 也越大，库存满足程度也越高。

定量订货法以提前期用户需求量为依据，制定的库存策略、目的是保证提前期内用户需求量的满足，它的决策参数 Q_K 只能按一定满足程度来保证提前期内用户的需求量。对用户需求的满足程度主要取决于安全库存量大小的设置。应根据库存满足率要求的大小，来设计安全库存的数量。如：在 T_{K3} 内提前期需求量大于提前期平均需求量 Q_{LP}，而使库存水平低于安全库存量 Q_S。安全库存程度越高，则库存满足需求的程度也越高，但是相应成本也增加了。

库存控制的目的之一就是在库存成本和客户服务之间实现最优平衡。及时、准确的信息可以缩短执行订货周期的时间，从而提高现金流的利用效率。因此先进的信息系统，对于制定库存策略、改善库存管理是必不可少的。

12.3 配 送 管 理

所谓配送，是在经济合理区域范围内，根据用户要求，对物品进行流通加工(包括拣选、分割、组配、包装等)、货物配置(包括理货、配货、积载等)、集装配载、流程优化、在途保管等作业，并按时送达指定地点的物流活动。下面对配送及其管理进行概要分析。

12.3.1 配送含义分析

对配送的理解可从两个方面进行：第一，从配置资源的角度，配送是社会再生产中实现资源配置的经济活动；第二，从配送行为的角度，配送是按照用户的要求，通过科学合理的流通加工、货物配置、集装配载、流程优化、在途保管等形式，以最合理方式将货物配送给用户。从配送定义可以看出，它几乎包括了所有的物流要素。所以，配送是现代物流的核心功能之一。

那么，配送与物流、运输存在哪些差异？又有怎样的关联呢？从物流角度来说，配送是物流在小范围内全部活动的体现。但从商流角度来说，物流和配送有明显的不同。物流是商物分离的产物，而配送则是商物合一的产物。配送是配和送的有机结合体。

配送与一般送货(运输)的重要区别在于，配送以物流中心为条件，通过流通加工、货物配置等工作实现功能上的拓展；通过物流中心、配送中心的集约功能，使货物存储、送货达到一定规模，也使集装配载、流程优化有了更多的选择性，并可以利用规模优势降低送货成本。

总之，配送强调以客户需求为出发点，以客户的订货要求为目标，不断完善配送对于物流系统的提升，服务于企业的发展以及整个经济社会效益的提高。

12.3.2 配送演化简介

配送从最原始的运输行为演化而来。其最初的功能重心在于送，它与运输的基本功能几乎是重合的。随着社会的发展，需要存储、调配的货物越来越多，单一的仓储功能、单一的运输功能越来越不能满足实际需要，在这种背景下，将储运功能有机整合的趋势越来越明显，在这一进程中，最重要的功能转移是从送逐渐过渡到配。

应用实例 12-41 1985 年，日本颁布的《日本工业标准(JIS)物流用语》中将配送定义为：“将货物从物流据点送交给收货人。”从当时这个定义可以看出，配送的功能只集中在从物流据点实施货物运送阶段，物流据点的其他功能并未从定义中显现出来。

在随后的发展中，配送以储运为核心，从两个方面不断拓展功能：一是将流通加工的功能与仓储功能进行了有机的整合，使一些仓库变成了集存储和流通、加工于一身的“存储—加工”中心；二是将运输功能与货物配载功能进行了有机的整合，使一些货栈变成了集运输和货物配载置于一身的“运输—配载”中心。前者侧重内部整合，后者侧重外部整合。

应用实例 12-42 在“存储—加工”中心，最初只进行诸如金属板材的分割、杂货的捆扎、件货的外包装(用于运输途中的保护)等服务，服务的附加值比较低，与存储费用相比，占的比重比较小。所以只作为仓库运营的辅助手段。

到了 20 世纪末，随着经济全球化浪潮的涌动和各类需求的进一步分化，货物流动呈现出速度快、品种多、需求差异大的特点。在这样的背景下，传统的储运方法以及粗放的存储加工、运输配载已经不能满足经济与社会的实际需要，进一步整合就成为必然。在这一时期的突出特征是流通加工、集装配载和在途保管的功能得到强化，货物配置、流程优化功能初步显现。

应用实例 12-43 到了 1998 年，对配送的典型描述已经演化为："从发货地到消费地之间，所有物品都是有计划、统一实施和管理。配送是以费用最低、服务最好的送货方式，最有效地将原材料、产品送达，把采购、运输、仓库的功能有机地组合在一起。"

12.3.3 配送功能分析

配送的重要功能体现在：可降低整个社会的物资库存水平；可有效节省运力，实现合理运输，从而降低物流成本；推动社会再生产的准时化；推动流通社会化，大幅度降低社会流转成本。

应用实例 12-44 实施集中库存，必然使整个社会物资的库存总量低于各个分散的库存总量。发展大规模配送，可借助规模经济的优势，集中进货、大批量发货，从而降低库存、运输及物流成本，同时，增加货物配置、运输配载、流程优化的选择性。

应用实例 12-45 实行定时配送，可使企业大量压缩库存，甚至实现零库存，降低生产储备，节约储备资金；另一方面，配送的本质是要求物流资源社会化，它是打破我国流通体制条块分割，降低社会流转成本的重要元素。

12.3.4 配送类型简介

在长期的实践中，配送以不同的运作特点和形式满足不同的顾客需求，形成不同的配送形式。配送可以按不同的分类方法进行分类。

1. 按配送时间及数量分类

按配送时间及数量进行分类主要有：即时、定时、定量、定线配送，以及这几种方式的组合配送。下面给予简要介绍。

1) 即时配送

即时配送是根据客户临时急需的货物，按规定的时间，将规定的数量、品种送达指定的地点。即时配送对配送速度、时间的要求相当高。因此只有配送设施完备、具有较高管理和服务水平及作业组织和应变能力的专业化配送机构才能开展即时配送业务。

2) 定时配送

定时配送是按事先约定的时间间隔进行配送，每次配送的品种及数量可预先计划，也可以临时根据客户的需求进行调整。这种方式时间固定，双方均易于安排作业计划，但也可能由于配送品种和数量的临时性变化增加管理和作业的难度。

3) 定量配送

定量配送是按规定的批量在一个指定的时间范围内进行配送。定量配送的品种和数量相对固定，备货工作相对简单，且没有严格的时间限制，所以可以将不同客户所需的货物拼车，并对配送线路合理优化以节约运力、降低配送成本。

4) 定线配送

定线配送是通过对客户分布状况的分析，设计出合理的配送运输路线，并按照规定的运行路线进行配送。这种配送方式一般由客户事先提出货物需求计划，然后根据双方商定的接收地点、接收时间进行配送。这种配送易于有计划地安排接送，比较适于消费者集中的地区。

5) 组合配送

最常见的组合配送有定时定量和定时定线配送。定时定量配送强调按规定时间、规定数量进行配送。定时定线配送强调按规定时间、规定线路配送。组合配送兼顾两种配送方式的特点，对配送企业的服务要求比较严格，管理和作业的难度较大。

应用实例 12-46 即时配送服务可以使客户保持较低的库存水准，真正实现“推时制”生产和经营，是配送发展的趋势之一。但由于灵活性突出，配送难度比较大；而定时、定量、定线配送，由于其配送计划性强，准确度较高，所以比较适合于生产和销售比较稳定的企业。

2. 按配送种类及数量分类

按配送种类及数量进行分类主要有按品种、按批量和按定制配送以及品种与批量兼顾的配送形式等，下面给予简要介绍。

1) 按品种配送

按品种配送主要以配送的品种为依据，把保证配送品种是否满足客户需要作为评价标准。按品种配送分为：单一品种、少品种、多品种配送等几种形式。单一品种和少品种配送的批量一般都比较大；而多品种配送，相对于每个品种而言，批量相对比较小。

2) 按批量配送

按批量配送，主要以配送批量为依据，把保证配送批量是否满足客户需要作为评价标准。按批量配送分为：小批量和大批量配送两种形式。小批量配送多与多品种配送结合在一起；大批量配送多与少品种配送结合在一起。

应用实例 12-47 少品种、大批量配送方式是当代比较流行的配送方式，常见于为制造业和批发商配送。由于品种少，所以配送机构内部的策划、组织工作等比较简单；由于配送数量大，所以易于配载，甚至采取直送方式，车辆使用效率高，因此可以降低配送成本。

应用实例 12-48 多品种、少批量配送是按用户的要求，将多种货物通过流通加工、集货配货等环节，少量而多次地配送给顾客。这种配送方式相对来说作业难度较大、技术要求高、设备投入比较大。目前这种方式常见于国内发达地区的制造业的零配件配送和连锁商业体系的商品配送。

3) 按定制配送

按定制配送是按顾客的具体要求，将其所需要的多种货物(包括配套产品)配备齐全后直接运送到顾客指定的地方。定制配送的核心是所有配送的货物是一个有机的整体，不能随意或随机拆分。尽管从形式上看，类似按品种或按批量配送，但却有本质上的不同。

应用实例 12-49 对制造业生产的某台设备或某个部件，将其所需的全部零件配齐，再按生产计划的要求在一定时间送达指定地点，以满足企业的即时装配。这种配送方式强化了物流的服务功能，有利于企业实行“准时制”生产。

12.4 配送中心

我国国家标准《物流术语》(GB/T 18354—2006)对配送中心(Distribution Center)的定义是：“从事配送业务且具有完善信息网络的场所或组织。应基本符合下列要求：①主要为特定客户或末端客户提供服务；②配送功能健全；③辐射范围小；④提供高频率、小批量、多批次配送服务。”

12.4.1 配送中心的功能

根据上述的定义，配送中心与传统的仓库、堆场、货栈、货场等有明显的区别，配送中心主要具备5大功能。

1. 流通加工功能

流通加工功能是传统储运所不具备的功能。它主要开展的业务有货物分类、拣取、筛选、分割、裁剪、组配、计量、包装、打包、捆扎、贴标签等，它是将生产领域待完成的工序转移到流通领域来完成，或对完整的产成品根据客户需要进行再加工。

2. 存储保管功能

存储保管功能与传统仓储功能基本相同，其主要开展的业务有货物的存储、保养、维护等，并适时对货物堆码、仓储环境以及货物的理化特性等进行检查，发现问题及时调整，以保证存储品质的完好；适时核对账物、清仓盘点，以保证存储数量的准确。

3. 货物配置功能

货物配置功能是将需要配送的货物，按照客户的具体要求进行理货、分装(包括换装、倒装等)、配货、积载等。理货是按具体要求分类、核对出入库货物；分装侧重按客户、按理化特性等进行货物或容器装填；配货强调执行预定方案；积载强调次序与重心的合理性。

4. 集装配载功能

集装配载功能主要是指为运载工具配载、为确定的运输线路配置运载工具或运输设施等。它的主要业务包括方案设计以及具体的装、运、搬、卸、堆、码、垛的工艺(包括设备选择、工作次序、约束条件等)。它是实现合理配载与流程优化的关键。

5. 信息处理功能

信息处理功能在现代化的信息手段支持下，得到革命性的开发与强化，是最重要的支持配送中心高效运转的辅助手段。它主要对进、出配送中心的各种单据以及处在存储状态等的货物进行全方位的信息化处理，甚至对存储环境的各种变量进行管理。

12.4.2 配送中心的分类

对于不同的行业、不同的经营方式，需要有不同类型的配送中心给予支持。这就使得配送中心在作业内容、设备类型、营运范围等方面可能完全不同，按照不同标准，配送中心主要分为专业型、供应型、销售型、城市型、区域型、存储型、流通型、加工型等。

12.5 包装管理

中国国家标准《包装通用术语》(GB 4122—1983)中定义：“包装为在流通过程中保护

产品、方便储运、促进销售，按一定技术方法而采用的容器、材料及辅助物等的总体名称；也指为了达到上述目的而采用容器、材料和辅助物的过程中，施加一定技术方法等的操作活动。”

12.5.1 包装的基本内涵

从静态角度讲，包装是容纳物品的器具或对物品进行盛、装、捆、扎以对内装物施予保护的材料。从动态角度讲，包装是一种技术、手段和方法，更是一个过程。它进一步强调了包装在流通中的作用，明确指出包装可以使内装物处于稳定状态，使内装物在装、运、搬、卸、堆、码、垛、管的过程中减少损坏并便于销售。

应用实例 12-50 国外主要强调包装目的及构成。如美国认为包装是使用适当材料、容器并应用一定的技术以便使产品安全到达目的地，并不论遇到怎样的外来影响，都能保护其内装物而不影响其价值。而日本认为包装在运输及保管物品时，为保护其价值和状态，以适当的材料和容器，施加于物品的技术和施加包装后的包装状态。

12.5.2 包装的主要功能

随着包装的发展，包装的功能要求越来越多，但包装最基本的功能主要有 3 个，即防护功能、方便功能和促销功能。其中，前两项功能是储运包装的主要功能。

1. 防护功能

包装的防护功能主要体现在两个方面：一方面，包装能够防止内装物在流通过程中出现数量上的差错和减少理化特性的改变；另一方面，包装能够防止危害性内装物对与其接触的人、生物和环境造成危害或污染。因此，防护是包装最基本的功能。

应用实例 12-51 具有防护功能的包装，一般要求能够保持内装物的化学成分的稳定性或正常的生理活动(对鲜活物品而言)，防止其在流通中由于潮湿、光照、虫鼠等变质损坏；防止装、运、搬、卸、堆、码、垛中的振动、碰撞等各种外力所带来的损伤；防止由于密封不当造成散失、丢失和泄漏，尤其是对易燃、易爆、易腐、有毒、放射性物品，应采用特殊包装并打上危险货物标志和说明文字，以防止流通过程中污染环境，也利于保护人和生物的安全。

2. 方便功能

包装能为人们带来许多方便，这对于提高工作效率和生活质量都发挥着重要作用。包装的方便功能应体现在方便生产、计量、储运、使用和处理等方面。

应用实例 12-52 对每件包装容器的质量、体积、形态等均应考虑便于装、运、搬、卸、堆、码、垛，尤其应考虑人工装卸能力，如单件包装总质量一般在 20kg 左右，同时还要考虑便于传递(如生产线上)、入库、堆码、陈列以及消费过程中保管等。

应用实例 12-53 合适的包装，应使消费者在开启、使用、保管、收藏时感到方便。如：封纸箱口的胶带纸、塑封包装、易拉罐、便携式包装等，并以简明扼要的语言或图示向消费者说明注意事项及使用方法，以方便使用。

应用实例 12-54 大部分包装材料都具有重复使用的功能。如塑料周转箱、铝合金易拉罐、镀锌铁皮(用于制作密封罐头)、玻璃瓶、各种规格的纸包装、发泡填充物等，这些包装材料都可以回收并再生利用。这既保护了环境，又节省了资源。

3. 促销功能

包装的促销功能体现在能诱导购买者产生购买动机，从而促进商品销售，加速商品流转，并与其所包装的物品一起创造价值。但过度包装是一种资源浪费。

应用实例 12-55 形状或构造特异的包装以及包装上的文字、图案、色彩等具有吸引顾客、激起购买欲望的魅力，如装潢艺术的特有语言可在瞬间引起消费者的注意，起到推荐作用；有些包装美观实用、造型独特，还具有潜在的收藏价值。

关于商品的包装是否属于过度包装，从不同的视角有不同的理解。但总的来看，如果包装本身的价值超过内装物的价值，基本就属于过度包装，如这几年，我国的月饼包装就出现过度包装，包装成本比月饼都贵。如果能用更简洁的包装就达到包装的基本功能，就应该坚持使用。

一般而言，包装的三大基本功能是彼此联系、相辅相成的，它们通过包装容器被融为一体，并通过包装容器共同发挥作用。这 3 个功能是最基本的功能，但是不同用途的包装，其侧重的功能有所不同，如销售包装侧重于促销功能，而储运包装则强调防护、方便功能。

12.5.3 储运包装的技术

包装是以满足内装物的储运、促销为主要目的。而在储运过程中，包装要侧重防护和方便功能。它既是保证储运安全的条件，又是提高作业效率的物质基础。下面将主要介绍储运包装的结构、材料、造型、技法和标志等方面的内容。

1. 储运包装的结构

储运包装的结构是指储运包装的空间特征，即它的各个组成部分之间相互作用、相互联系的内在方式，储运包装的结构通常要围绕内装物的结构进行设计，在实施包装后，其结构对内装物起防护作用和便于搬运的功能。

2. 储运包装的材料

储运包装材料是指用于储运包装的各种材料，包括制作包装容器、制作包装标志以及应用包装技法中所采用的各种材料。这其中，包装容器所使用的材料相对比较多，占包装材料的主要部分，其余是在包装技法中所使用的各种材料，如各种填充料。

3. 储运包装的造型

储运包装造型是指储运包装所采用的实体形态，它包括包装形状和尺寸。通常，储运包装的造型主要有矩形的、圆柱形的和不规则形(如软包装袋)。进行储运包装的造型设计，需要充分考虑内装物的特点、包装材料、包装技法等。

4. 储运包装的技法

储运包装技法是指包装操作时所采用的技术和方法，是形成储运包装件的一个关键性要素。它包括包装操作中的一系列工作，如置放、排列、加固、捆扎以及进行缓冲、保鲜、防锈、防水、防霉等处理，并使小包装件与储运包装件成为一个整体。

应用实例 12-56 储运包装技法往往与包装设备联系在一起，有时还需要一些辅助材料，如衬垫材料、防潮材料、防锈材料、包扎材料等，才能完成。随着科学技术的发展，很多先进的储运包装技法被应用，所以储运包装技法的作用也越来越重要。

5. 储运包装的标志

储运包装标志是指在储运包装外部制作的特定记号或说明，其主要作用是便于在物流管理中识别或辨认。良好的储运包装标志能加快货物交接和点验。

任何一个储运包装件都需要考虑如何适应内装物的特点和具体物流需要后，将以上要素以不同方式巧妙地结合在一起，从而形成不同的储运包装。

12.5.4 储运包装的类型

最常见的储运包装主要有缓冲包装、防潮包装、防霉包装、防锈包装、保鲜包装、压力密封包装等。下面给予简要介绍。

1. 缓冲包装

缓冲包装又叫防震包装，是为减缓内装物受到冲击和震动，保护其免受损坏而采取的防护措施。内装物受到的损伤主要有物品表面受破坏或局部变形、物品的部件脱落或部件原有功能失效等。为防止损伤，需采用缓冲材料，使得外力最先作用在缓冲材料上，起到“缓和冲击”的作用。

在实践中，设计一个合理的缓冲包装应系统地考虑内装物的特性、流通环境、包装容器及缓冲材料的性能、价格等因素。缓冲包装一般分为全面缓冲、部分缓冲和悬浮式缓冲3类方法。

应用实例 12-57 全面缓冲法是将内装物的周围空间用缓冲材料衬垫，从而对其进行全面保护的一种包装方法，主要有压缩、浮动、裹包、模盒、就地发泡等包装法；部分缓冲包装法是指仅在内装物的拐角或局部地方使用缓冲材料衬垫，它的包装成本较低，广泛用于家电包装。

应用实例 12-58 悬浮式缓冲包装是对内装物先用柔软材料衬垫包裹妥当，再用弹簧或绳索从不同方向、位置将内装物悬浮在外包装箱内，形成柔性连接，实现高等级缓冲。这种方法适用于极易受损且要求确保安全的产品，如精密仪器、仪表等。

2. 防潮包装

防潮包装是为防止因潮气影响内装物的内在品质而采取的防护措施。通常是采用防潮材料对内装物进行密封，以隔绝外部的湿度变化比较大的空气，消除湿度对内装物的影响，使得包装内的相对湿度符合相关要求，从而保护产品质量。

应用实例 12-59 在流通过程中，货物不可避免地要受到大气中潮气的影响，从而引起货物的种种变质。有些易吸潮的货物，如医药、农药等，因受潮而变质；有些食品、皮革等因受潮而发霉；有些金属制品因受潮而生锈；等等。

防潮包装技术的选择主要根据内装物的形状、性质、防潮要求来确定。选择防潮包装技术的重要原则，是既要防止包装不足，又要防止过分包装。前者会使内装物在储运中损坏；后者会增加成本。为防止防潮过度，应根据内装物的性质、储运地区的气候条件和储运期限来确定防潮等级。并根据所选择的等级来选择防潮材料的透湿度和容器。

应用实例 12-60 包装形式、封口方法以及内装物的受力强度等，是选择防潮包装材料的主要依据。选用保护性、经济性、操作便利性等均较优越的防潮包装材料是基本原则。在具体操作中，还应注意：货物包装前是否清洁干燥；防潮材料是否有针孔、砂眼、气泡及裂痕等；不规则内装物是否会损伤防潮层；储运中因震动和冲击是否可能使内装物发生移动、摩擦等而损伤防潮层；等等。

在实施防潮包装时，应尽量缩小内装物的体积和防潮包装的总表面积，尽可能使包装表面积对体积的比率达到最小；应尽量做到连续操作，一次完成包装，若中间需要停顿，则应采取有效的临时防潮保护措施；包装场所应清洁干燥，温度不应有剧烈变化，并不高于 35℃，相对湿度不大于 75%，以避免发生凝露现象；防潮包装封口时，不论粘合还是热封合，均须良好地密封。塑料薄膜包装的热焊或粘合封口强度应通过封口性试验。

3. 防霉包装

防霉包装是为防止内装物霉变影响品质而采取的防护措施。防霉包装除了防潮外，还有对包装材料甚至是内装物进行防霉处理。霉变是霉菌在一定条件下的大量繁殖，并使内装物和包装材料的有机物产生生物化学变化，最终发生变质。

防霉措施主要有：药剂防霉、低温防霉、低湿防霉、降氧防霉、气相防霉以及微波、电离、紫外线、远红外辐射等防霉。其主要机理：一是通过不同方式进行杀菌；二是通过控制包装容器内部的环境来抑制细菌的繁殖。有时，两种方法同时采用。

应用实例 12-61 气相防霉是利用气相防霉剂挥发的气体杀死或抑制霉菌，以起到防霉效果。使用气相防霉剂时，需将防霉剂与内装物一起放入包装容器，它要求包装容器或包装材料的密封性好，这样才能有效防霉。常用的气相防霉剂有多聚甲醛、环氧乙烷等。

应用实例 12-62 降氧防霉是通过降低包装环境的氧气浓度抑制霉菌生长。降氧方法：一是先抽真空，再充入氮气或 CO_2；二是在包装内加入脱氧剂来消耗包装内的氧气，以降低氧气浓度。当包装空间内 CO_2 浓度为 10%～14%时，对霉菌有抑制作用；当浓度超过 40%时，可杀死多数霉菌。

4. 防锈包装

为防止内装物锈蚀，而采取一定防护措施的包装，称为防锈包装。金属和合金制品极易受水分(H_2O)、氧气(O_2)、二氧化碳(CO_2)、二氧化硫(SO_2)、盐类等影响而造成变色和各式各样的腐蚀，统称为锈蚀或生锈。用防锈包装的方法来防锈，应当在内装物投入使用时，该防锈包装材料可以顺利地除去。另一方面，防锈包装的有效期要比较长，因为有些内装物即使送达客户手中，也可能很长时间不拆开使用。

应用实例 12-63 防锈包装比较常用的方法有：在内装物表面涂抹防锈材料，如在钢铁类制品表面涂抹润滑脂、防锈漆等；在内装物表面镀膜、塑封等。实践证明，上述的这些方法的防锈效果长达几个月到数年。这对金属或合金制品的生产、储运具有重要意义。

12.5.5 环境对包装的影响

在实际的储运过程中，环境对包装及内装物的影响主要来自气候和各种施加在包装及内装物上的作用力两大类。再具体地分，主要是包装及内装物在相对静止状态和运动状态受到外部因素的影响。下面给予简要介绍。

1. 气候因素

在实际储运过程中，气候因素是影响包装品质的重要因素。它又主要包括下列各种子因素：温度、湿度、气压、辐射(包括电磁、各种波长的射线、核放射等)、气体污染(包括不慎外溢的各种酸性、碱性、有毒有害的气体)、液体污染、微尘、霉菌、虫害、鼠患等。除此之外，如雾、霜、雹、雨、雪、雷、风等恶劣气候，也会给储运带来不利的影响。

应用实例 12-64 SO_2对金属的腐蚀与湿度有很大关系，大气中只要微量的水气存在，其锈蚀活性会很快上升。在工业大气各种有害污染物质中，SO_2 对金属的腐蚀影响最大。它很容易在金属表面氧化生成 SO_3，并在液膜中生成 H_2SO_4，从而加速金属的腐蚀。

2. 受力因素

在包装及内装物处于相对静止状态时，受力方式相对简单，主要是承受由地球引力产生的重力，只要包装物上方的重力在包装结构所允许的承重范围内，内装物就不会受到过度挤压而产生变形；而包装及内装物处于运动状态时，则受力方式比较复杂，除承受重力外，还要受到离心力、向心力以及三维 6 个自由度上的无规则加速度，具体体现出来的就是无规则的振动和冲击。

12.6 案例分析

多品种、小批量、高价值的物流配送模式

A 公司是一家世界规模的化妆品及相关产品的企业，在物流配送管理方面有很独特的方法，其主要配送的是多品种、小批量、高价值的产品。其先进的物流配送模式，成为支撑其整个流通体系的重要支柱。下面将概要介绍 A 公司的物流配送模式。

1. 早期的物流配送变革

A 公司的化妆品生产规模为，月平均出货约 5 万箱(平均重量为 25kg)，年销售额达到了 352 亿元，涉及 400 多家日用品批发商，1 万多家连锁店，10 万多家零售店(A 公司销售成员)。由于化妆品多为高附加值产品，需求量(指体积或重量)比较少，而且都要求能迅速地配送到零售店，所以 90%的商品采用汽车进行小批量配送，其余部分，集中利用铁路运输。但由于一次出货量很难超过 1t，所以无法实行集装箱运输。

20 世纪 60 年代初，公司在物流配送方面出现混乱，所以公司开始重视物流配送。60 年代中期，A 公司开始在工厂附近建立了仓库，工厂和仓库之间铺设了 150m 的装载线用来输送产品，设计了最大载重为 250kg 的装载工具用于装卸。随后，又开发出了适合装载工具使用的小型平托盘，以追求装卸活动的合理化。

通过以上一系列的建设，该仓库基本上具备了商品保管、备货、打包和配送等物流职能，从而成为 A 公司的商品配送基地。可是，随着工厂生产能力的不断提高和市场需求的增长，公司仓库已不能满足大规模商品保管的需要。在这种情况下，A 公司不得不利用外部资源，通过租借营业性仓库来满足不断增长的物流需求。

但是，这样一来不可避免地形成了一些物流管理上的问题：从提高物流效率的角度上看，要避免在营业性仓库的商品向公司仓库回流的现象。然而，营业性仓库游离于公司的控制范围，所以经常出现配送方面的问题，如商品配送的“损、差、错”等各类事故平均每月发生 30 多起，配送延迟问题每月也有 5～6 起。

为解决上述问题，公司开始摸索在营业性仓库中建立自己的包装保管作业所和物流管理部门。从工厂

来的商品都在这里集中，通过集中的流通加工，再配送到各地。这一改进规范了物流管理，降低了物流成本。自上述改进后，很长时段期没有进行更显著的物流改革，其中商品出货流程沿用至今。它对公司的配送体系建设起着重大的推动作用。

但上述的物流配送模式，还有许多不完善的地方，新问题仍然层出不穷。首先，将物流活动完全委托给专业物流经营者，必然增加物流管理费用；其次，在“商物”合二为一的状况下，经常出现远程配送费用高和在商圈密集地配送往往因交通阻塞而降低物流效率。为彻底解决以上问题，公司的物流企划部门开始探索如何全面改善企业的物流管理系统。在当时，这种变革的焦点主要集中在“商物分离”和“自有仓库与营业性仓库的比较”两点上。

然而，这一阶段物流管理的改革遇到了阻碍。首先，在商物分离的变革上，受到非难。其主要原因，销售公司确信他们应该拥有商流的控制权，商品销售必然是物的销售，所以不能只有交易权而没有物权。正因为如此，商物分离一经提出就受到了否决；其次，在自有仓库和营业仓库的比较上，很多人认为建立自己的现代化仓库费用很高，而且难度太大。

尽管从 20 世纪 60 年代中期，公司就开始摸索现代物流管理，但没有取得实质性进展，特别是物流费用过高的问题，被当时 A 公司业务急剧扩展和产品高附加价值所带来的巨量销售额所掩盖，物流并没有得到优先地位，物流问题还没有到非解决不可的地步。

2. 现代物流体系的确立

在当时，A 公司的物流配送模式：一是根据连锁店的订货，经由销售公司实行配送，即“工厂—销售公司—连锁店”；二是专门针对新产品，主要是工厂根据连锁店的订货实行集中配送，即“工厂—营业仓库—连锁店”。前者约占 60%，后者约占 40%。

从当时的配送作业流程来看，各销售公司集中进货，然后通过手工作业开包、分类和指定保管地点。在接受零售店订货后，作业人员按照各店铺订单取货，将商品放置到拣货箱中，再发货。这种配送作业流程采用分段处理商品，其配送效率相对不高的劣势逐渐显现出来。

1) 建立标准化的配送系统

20 世纪 70 年代中后期，A 公司已有两万多家零售店，且大多数是连锁店，如果不采用统一标准、集中配送，难以维持原有的物流服务水准，各种管理费用也会不断上升。所以，建立基于标准化的商品配送中心集中处理商品是 A 公司为发挥规模效益、提高效率迈出的重要一步。

在配送管理上，商品配送中心以统一规格的箱式托盘作为配送周转容器，并配备与此相符的传送带、车辆和装卸设备等。实行代码分类管理，将批量大的产品分别保管在平托盘自动化仓库和集装箱自动化仓库中，处理量较少的产品则保存在手工分拣区的周转架中。同时对产品进行分类，A 类产品用统一规格的箱式托盘和堆叠式货架管理，B 类和 C 类产品用统一规格的小型货箱和产品货架管理。产品拣选则按产品类型进行，拣选完成后进行商检、包装和按配送对象分货，最后配送。

箱式托盘主要有两种标准规格：一是 40 公升型；二是专为少量配送而开发的 30 公升型。这两种箱式托盘侧面可折叠，折叠后的体积分别为展开时的 1/5 和 1/3。正因为如此，当配送车辆从零售店返回时，车辆的装载效率大大提高。此外，这种货箱内部有 10 条沟槽，所以插入隔板将商品固定，可以防止商品因颠簸、相互磕碰而造成损坏。尽管箱式托盘的制造成本是普通货箱的 10 倍，但由于它能反复使用、不易损坏，所以仍然具有良好的经济效益。到目前为止，A 公司大约有 12 万个箱式托盘，它们在多品种、小批量的物流配送中发挥着积极的作用。

从商品配送中心的物流作业流程来看，在各销售公司接到各零售店订货时(订货截止到每天下午 5 点)，将本区域的订单汇总，并向商品配送中心输入配货指令。商品配送中心据此处理这批订单，先按店铺分拣(从下午 5 点后到第二天早晨)，将所需商品放入各店铺的配送箱中，然后各店铺进行商品检验。完成上述作业流程后，就可以在第二天执行发货程序，第三天实行配送。

从实际的运营效果来看，到 1980 年，每天配送 1000～1200 多家店铺，出货量为 3～4 万件。不仅销售公司能专心于客户需求的了解和服务，而且商品配送中心也通过整合配送系统，实施系统化、标准化、规范化作业及采用先进的管理流程和设备，使公司的各种费用削减 20%，库存降低 20%，削减员工 52 名，每年节约运费 222 万元。

2) 自动化与集装化的应用

随着配送量的不断增加，商品配送中心建立了自动化立体仓库。仓库高度25m，有1950个货架，可容纳标准化箱式托盘(1100mm × 800mm)22320个，并配有自动存取、堆码设备(巷道堆垛机)，能实现10秒1个箱式托盘的出入库速度，并完全由计算机系统实现出入库的控制。

除了存储实现了自动化和集约化，该中心还配有自动备货系统和人工备货线。该系统分为4段，950条作业线，进行全货架管理。自动备货系统主要根据订单自动配货，运作能力平均为1秒钟处理1件不超过150kg的货物。全部950条流水线的处理能力，可同时处理600多个品种。

当自动备货作业结束时，会将商品标签和出货单放进箱中，然后，商品进入有22条流水线的再包装场所。在这个地方对配送用的箱式托盘进行包装，并在箱式托盘外侧贴上标签，商品配送中心读取该标签上的代码后，再决定货物的流径，一般的流径有3种：一是直接出货；二是流向小批量、袋装线；三是流向手工备货线(主要处理量较少的商品)。当所有备货作业结束后，箱式托盘被运到出货场，那里的自动分拣装置通过读取货物代码将货物分送到12个方向。

自动化程度极高的商品配送中心自建立后取得良好效果，运费削减6%，物流成本减少20%，手工备货量只占全部商品的5%，约250个品种。但是应当看到，随着社会经济的进一步发展，A公司的物流管理变革远没有结束，如由于多品种化的发展，手工备货商品如今又增加到1000多个品种。此外，多品种化要求更高的物流配送水平，这些都是新的挑战。

本章小结

本章概要地介绍了仓储配送管理的相关内容，主要涉及仓储管理和配送管理两部分。在仓储管理中，又比较详细地介绍库存控制的主要方法；在配送管理中，除了系统介绍配送流程外，对流通加工环节中的包装管理作了重点介绍；最后，通过具体的案例分析，介绍了配送中心在物流系统中的重要作用。了解、理解和掌握这些知识，可以帮助读者更深刻地认识现代物流的本质与内涵。

本章习题

1. 概念题

仓储和仓储管理　　库存和库存控制　　配送、配送中心及配送管理　　包装及包装管理

2. 思考题

(1) 仓储管理有哪些价值？
(2) 如何实现仓储管理的合理化？
(3) 库存控制的主要方法有哪些？

3. 分析题

(1) 分析仓储管理的基本流程。
(2) 简述库存控制的基本内容。
(3) 库存产生原因和不合理库存的表现是什么？

(4) 配送的功能有哪些？
(5) 配送中心的主要功能有哪些？
(6) 包装的主要功能有哪些？
(7) 储运包装技术包含哪些元素？
(8) 环境对包装的影响有哪些？

4. 论述题

配送在现代物流中的核心作用是什么？它有哪些特点？

第13章 供应链管理

【教学目标】

通过本章教学，理解和掌握供应链管理的基本理论和知识、供应链战略伙伴的选择及影响因素、供应商管理及目标、供应链绩效评价的原则和指标体系等内容。

【教学要求】

知识要点	能力要求	相关知识
供应链及其供应链管理	熟悉供应链管理的主要内容 掌握供应链管理的基本方法	了解供应链的含义及产生过程 了解供应链管理的目标及思想
供应链合作伙伴关系的选择	了解合作伙伴关系的含义 把握合作伙伴的本质特征	了解形成供应链战略合作伙伴关系的条件及其主要制约因素
供应商管理	学会管理供应商及关系处理 熟悉选择供应商的主要指标	了解供应商管理的含义 了解供应商管理的目标
供应链的绩效评价	掌握供应链绩效评价的目的 学会客观评价供应链的绩效	了解供应链绩效评价的含义及内容 了解供应链绩效评价的原则及体系

章前导读

"四高"策略是依靠什么来支持的?

W 公司是加工三黄鸡的企业，所面临的一个难题是：为保证市场供应，就必须与对手竞争，根据对手情况，随时可能提高生鸡的收购价格，但带来的问题是使企业的采购成本上升，企业的利润降低。所以，W 公司采取了独特的"四高"策略以保证生鸡的供应。

公司与养殖户签订收购三黄鸡的合同，但同时规定，为保证生鸡符合要求，鸡苗、疫苗和饲料必须由 W 公司提供，W 公司采取了"四高"策略，即收购价格高、鸡苗价格高、疫苗价格高、饲料价格高。此举加大了养殖户的养殖成本，只能把三黄鸡卖给 W 公司才有利润。W 公司从而掌握和控制了生鸡的供应源。同时，W 公司又采取各种措施，尽可能地降低三黄鸡生产过程各个环节的成本。原种鸡与广州农科所合作开发；将祖代、父母代种鸡放在河南禹县养殖，成本低；商品(蛋)运回公司所在地孵化、养殖，保证收购。

"四高"策略，使 W 公司在经营过程中，比竞争对手更有优势，因此得到了快速的发展。那么，W 公司"四高"策略的出发点是什么？该案例给人们什么启示？

13.1 供应链基础知识

经济全球化的到来及进程的不断深入，主要表现在生产活动国际化、贸易和投资自由化、世界金融市场一体化、信息技术网络化。它使得企业间的竞争出现新特征，主要表现为：产品寿命周期越来越短，产品品种数量快速膨胀，对交货期的要求、对产品和服务的期望越来越高。

在新的生存环境下，企业所面对的可以概括为"3C"：顾客(Customer)、竞争(Competition)和变化(Change)。顾客需求不断提高；竞争变得越来越剧烈；外部的其他影响，范围越来越大，变化程度不仅是量上的，甚至是革命性的。

世界上越来越多的企业清醒地认识到，任何一个企业都不可能在所有的业务领域成为世界上最杰出的企业，只有优势互补，才能共同增强竞争实力。因此，世界上许多企业在选择性摒弃传统的"纵向一体化"的经营模式后，转为发展"横向一体化"(同行或同业之间的联合)。这就要求企业由内部资源管理者转变为外部资源的整合者，以快速响应市场需求。

13.1.1 供应链的含义

供应链是指围绕核心企业，通过对信息流、物流、资金流的控制，从采购原材料开始，到制成中间产品以及最终产品，最后由销售网络把产品送到消费者手中的，将供应商、制造商、分销商、零售商、最终的用户连成一个整体的"功能网链"结构，如图 13.1 所示。

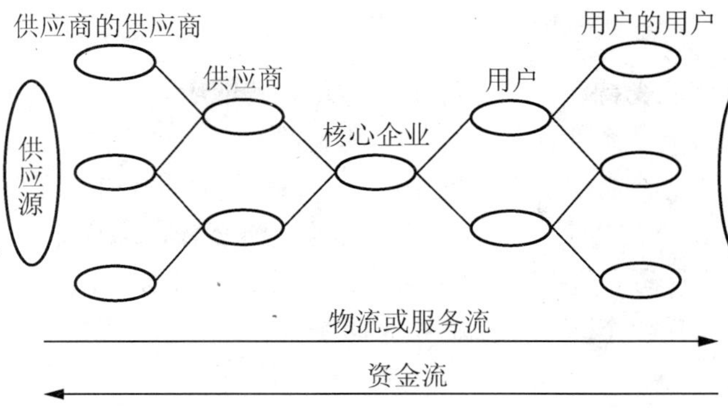

图 13.1　供应链结构模型示意图

13.1.2　供应链的特征

从第 8 章的物流系统分析可知，供应链是一个系统，其系统特征表现为导向性、复杂性、动态性、合作性、层次性和交叉性。

1. 导向性

供应链的导向性是指供应链具有面向用户需求的特征。供应链的形成或重构，都是基于准确把握市场导向、满足特定的市场需求来完成的。

应用实例 13-1　在供应链的运作过程中，用户需求是拉动供应链中产品(服务)流、资金流的原动力。而以现代信息技术支撑的互联网能提供准确及时的信息，它极大地扩展了企业的时空概念，因此实现了真正意义上的、更大范围的资源共享与整合，并能快速响应市场。

2. 复杂性

供应链由多个企业构成，而且每个企业都是供应链上的一个节点。每个企业在法律上独立，它们之间形成的是基于供应、生产和销售的多极交易关系，并根据自身核心竞争力在供应链中扮演不同的角色，还有各企业在制度、技术、组织等方面的差异以及经济上不可避免的冲突，这些都决定了供应链系统的复杂性，而且供应链的动态变化更增加了其的复杂性。

应用实例 13-2　供应链的复杂性还表现在：从类型看，有制造业、零售业，物流服务业等；从企业在供应链中的位置看，有上游与下游之分，也有核心层和非核心层的划分；从企业分布的地理范围看，可能来自不同的区域、行业，甚至是国家。

3. 动态性

供应链的动态性主要表现为供应链的成员自身的不稳定和供应链的成员之间关系的不稳定。供应链是在一定的市场目标和环境下建立的一种合作竞争模式，各成员在共同利益引导下而参与供应链，这必然导致成员因利益的消失而退出供应链，而另一些“逐利者”因利益而加入。因此，供应链的成员总处在变动状态。同时，由于供应链的成员之间既竞争又合作，一旦某成员出现变故，其在供应链中的地位也将随之发生变化，从而造成成员间关系的变动。

4. 合作性

在信息技术网络化的支持下、国际经济一体化和响应市场变化快速化的要求下，不同企业为适应形势，合理调整企业间的目标冲突和利益冲突，将不同地域、不同国度、不同形式的各种企业以一种协作组织的形式连接起来，供应链由此产生，它是合作的结果。

应用实例 13-3 供应链的本质是将竞争转化为战略合作，为的是及时应对市场的快速变化，实现供应链上成员的“多赢”目标。如在合作形式上借助虚拟经营，将各成员的“劣势”职能社会化，从而保证企业做自己最擅长的事情。

5. 层次性

由于供应链的各成员所处的地位不同，其发挥的作用也不同，层次的合理划分能够保证供应链系统的相对稳定。按照成员在供应链中的重要性，有的成员是供应链的核心主体、有的是非核心主体、有的甚至是非主体，如紧密层企业和松散层企业。

6. 交叉性

由于供应链的导向性、动态性和复杂性等，决定了某供应链中的成员同时是其他多个供应链的成员，而且成员在不同的供应链中扮演不同的角色。这样，不同的供应链就通过节点企业连接起来，形成相互交叉的网络结构。供应链的这种交叉性增加了供应链管理的难度。

应用实例 13-4 某供应链上的节点企业，在其市场经营活动中不仅与链上的成员进行交易，还会与其他供应链上的企业进行交易，甚至该节点企业可能处于几个不同的供应链中，它既是这个供应链的成员，又是另一个供应链的成员。

13.1.3 供应链的类型

供应链的特征决定了供应链不可能是单一类型。根据不同的分类标准，下面简要介绍几种供应链的类型。

1. 按照供应链的稳定与否划分

按照供应链的稳定与否，可将供应链划分为稳态的供应链和动态的供应链。稳态的供应链是基于相对稳定、单一的市场需求而组成的供应链。动态的供应链是基于频繁变化、复杂的市场需求而形成的供应链。稳定与否是相对的，并可以相互转化。

应用实例 13-5 成熟产品、竞争相对平缓、处于朝阳产业的产品或垄断市场，一般相对稳定，以此为基础形成的供应链就相对稳定；而竞争激烈、产品处于更新换代时期，其市场需求变动频繁，而且变动比较复杂，这种状态下的供应链就缺乏稳定性。

2. 按照供应链的供求关系划分

按照供应链的供求关系，可将供应链划分为倾斜的供应链和平衡的供应链。当供应链的供给不能满足用户需求时，供应链处于不平衡态，称其为倾斜的供应链；反之，当供应链的供给能满足用户需求时，供应链处于平衡态，则称其为平衡的供应链。平衡的供应链可实现各主要职能间的均衡，如采购成本低、生产有规模效益、分销成本低、市场产品多样化、财务资金运转快等。

应用实例 13-6 每个供应链都有相对稳定的设备容量和生产能力(包括链上所有成员的供应、制造、运输、分销、零售商等的能力综合)，能满足用户需求的不断变化时，供应链处于平衡态；而当市场变化加剧，造成供应链成本增加，并且不是最优运行状态，其供应链处于倾斜态。

3. 按照供应链的功能模式划分

按照供应链的功能模式，可将供应链划分为有效性供应链和反应性供应链。有效性供应链主要体现“链”的依次传递功能；反应性供应链主要体现“链”的市场中介功能。

应用实例 13-7 有效性供应链将原料转化为零部件、半成品、产品，完成链式传递；反应性供应链追求对市场变化的敏感性，将产品快速分配到满足用户需求的市场。两种供应链在许多方面存在着不同，其差异见表 13-1。

表 13-1 有效性供应链与反应性供应链的比较

内　容	有效性供应链	反应性供应链
基本目标	以尽可能低的成本供应可预测的需求	以尽可能快的响应面对难预测的市场需求
主要功能	保持供应能力等具有高的平均利用率	有效协调缺货、库存量和价格变化的关系
库存策略	使整个链的库存最小化而获得高利润	配置必要的缓冲库存，以应对市场的变化
运营提前期	不增加成本前提下尽可能短的提前期	在短时间内，通过大量投资以缩短提前期
供应商标准	以成本和产品质量为核心选择供应商	以反应速度和柔性水平为核心选择供应商
产品设计策略	以绩效最大化和成本最小化进行设计	用模块化设计尽可能延迟产品之间的差别

13.2 供应链管理简介

供应链管理(Supply Chain Management，SCM)以现代信息技术为基础，对整个供应链系统的活动和过程进行计划、控制、协调和优化，并通过整合供应链上各成员或企业的资源，以尽可能小的成本迅速为客户提供尽可能大的附加值。从企业角度看，供应链管理是指企业通过改善供应链的上、下游关系，整合和优化供应链中的信息流、物流、资金流等以获得企业的竞争优势的手段。

应用实例 13-8 供应链管理表现在战略、策略和战术 3 个层面上。在战略上，侧重于根据外部环境和内部优劣状况，进行供应链的组建或重构；在策略上，侧重整合和优化供应链上的资源，提高供应链的效率；在战术上，侧重整个流程的优化，突出有效管理。

13.2.1 供应链管理的基本目标

供应链管理的基本目标是将顾客所需的正确产品(Right Product)，在正确时间(Right Time)，按正确数量(Right Quantity)、正确质量(Right Quality)和正确状态(Right Status)，送到正确地点(Right Place)，即实现“6R”。

13.2.2 供应链管理的主要思想

供应链管理的主要思想基于：供应链上的企业应该从供应链的总成本考察供应链的运

营效果，而不是片面地追求诸如采购、生产及分销等单个功能的优化。供应链管理的主要思想可概括为以下几点。

1. 追求多流的集成，促进“横向一体化”

供应链管理的本质是追求物质流、信息流、资金流、工作流、组织流以及服务流等“多流”的有效集成，并追求集成后的“规模效应”和流转“加速效应”。而快速实现大规模有效集成的最佳途径是促进同行或同业的一体化，即“横向一体化”。而“横向一体化”实现后的整体运营效率的提高，有赖于供应链管理所具有的协调机制。

应用实例 13-9 企业在现实的运营中，上述各种“流”的流量存在间歇或间断，流速会时快时慢，因而影响企业运营的稳定性，并可能导致企业整体竞争力下降。供应链管理则强调跨企业的“多流”集成化与规模化，以便供应链协调，实现高效率的运营目标。

2. 非核心业务外包，竞争转向“竞—合”

供应链管理的核心提高供应链的整体竞争力，而主要措施是要求供应链上的企业，将自己的非核心业务外包出去，以提高自身的核心竞争力，最终提高供应链整体的竞争力。并基于这样的整合，调整资源配置，促进供应链上的企业由纯粹的竞争关系转向“竞争—合作”关系，即“竞—合”关系。维系积极、稳定的“竞—合”关系是供应链管理的核心。

应用实例 13-10 非核心业务外包，可与原来的竞争对象结成业务伙伴而形成战略联盟关系，即“竞—合”关系，从而促进供应链上的高度的专业分工与合作。“竞—合”关系，既可以共同研发新技术，成果共享；也可以合作参与竞争，实现核心竞争力的互补效应。

3. 借助各种新技术，提高顾客满意度

供应链管理的目的是借助各种可能的技术，来提高顾客的满意程度。高效率的供应链，需要依靠信息化、标准化、集装化等技术的串联与支撑。同时，各种新技术也是改变供应链生存方式、获利方式的主要手段，更是提高供应链服务品质的核心。

应用实例 13-11 高效率的供应链大多是成员之间有共同的战略目标、系统的库存策略、标准化的作业流程、协调供应链各环节的功能、集约化的处理能力，实现了供应链及系统信息的共享，为客户提供高附加值的服务。

13.2.3 供应链管理的运营原则

供应链管理是为了提高流程的运营品质、降低系统的运营成本、输出满足客户需求的服务。因此，对整个供应链系统的活动和过程进行计划、控制、协调和优化时需要遵循以下运营原则。

1. 全局观点

供应链管理要坚持用系统的、全局的观点分析在局部上看似合理的流程，并根据分析的结果制订计划，设计控制程序，协调供应链上的各环节、各企业的利益，将解决问题、实现优化、共同提高、分享成功作为供应链的驱动力。

应用实例 13-12 在整个供应链中，某企业或某环节会在某段时间内出现局部收益下降，但这种下降可能提高了供应链的整体利益。因此，供应链管理要以全局利益为重。可以通过协调新增利益，在供应链成员之间的重新分配，或在未来给予受损企业收益弥补。

2. 压缩时间

从供应链收到客户订单开始到供应链完成全部流程为止所耗用的时间，可以称为供应链的“流时”。在流程的耗时过程中，有些环节的时间很难压缩，但有些环节的时间是可以大幅度压缩的。压缩时间的本质是减少整个供应链中的非价值增殖过程。

应用实例 13-13 从供应链收到客户订单到供应链开始流转，有一个准备期，这个周期越短，供应链全流程的耗时就越少。而在这个准备期内，要涉及供应链组织、方案设计、调度设备、协调供应链成员等，所以压缩这段时间意味着供应链的流转速度加快、效率提高。

3. 减少波动

9.6 节介绍了啤酒游戏，游戏的核心说明在发生信息曲解时，可能产生“长鞭效应”(Bullwhip Effect)，即消费实际需求与预测存在偏差。零售商信息向批发商、制造商传递时，由于不同产品可能有不同的准备期，实际需求与订货的偏差随着向上游转移会变得越来越大。

一般来说，产生“长鞭效应”的主因有：对市场需求信息预测、分析失真；采购对策缺乏理性；销售策略不符合实际；价格波动。供应链管理，实际上就是充分利用现代信息技术削弱“长鞭效应”引起的波动。其核心是信息在一定范围内、一定程度上共享，以提高整个供应链的竞争优势。

应用实例 13-14 实际上，减少“长鞭效应”所产生的波动，需要供应链的成员理性传递信息和处理信息。因为供应链越长，能够共享的信息越少、信息共享的程度也越低，非价值增殖的环节也越多。另外，消除供应链成员行为引起的“共振”，也是减少波动的重要方面。

4. 流程再造

当今市场上，成功的供应链是对末端客户的需求能够形成快速反应。这就需要对工业过程中的各个工作流程之间的相互关系进行再思考，要求供应链中的成员要根据客户需求不断调整合作方式。因此，根据需要实施流程再造就成为供应链管理的重要原则。

应用实例 13-15 越来越多的公司运用并行工程(Concurrent Engineering, CE)的方法进行流程再造。它包括上游的供应商可以直接参与下游的产品设计，下游的零售商可以参与设计生产过程的时间、成本和品质等方面的控制。

13.2.4 供应链管理的重要特征

供应链管理超越了单一组织的职能管理范畴，与一般组织的管理相比，具有以下重要特征。

1. 供应链流程的集成性

供应链的形成过程是由终端需求主导的、若干供需关系相关环节链接的集成化过程，所以供应链管理是跨企业范畴的流程集成化管理。在这一管理流程中，包含了作业集成、信息集成、系统集成等内容，它需要工业工程技术、现代信息技术、系统科学技术的支撑。

2. 供应链目标的共赢性

供应链是在共赢思想的指导下构建的，它也是维系供应链成员实现有效协同的机制。所以通过供应链成员的协同运作，除了形成紧密关系外，还具有目标的一致性、行动的协调性，使得供应链在各种竞争中，能保持足够的竞争力。

3. 供应链成员的交叉性

一般来说，每个供应链上都有主导者、主要客户，而处于供应链节点上的一般成员(供应商、制造商、销售商或物流商)有可能是其他供应链的主导者或成员。这样，就有可能形成供应链成员占据多条供应链，而构成供应链网络，并增加供应链管理的难度。

4. 供应链联盟的动态性

每个供应链的构成主体，要随着客观存在的市场需求、资源供给的变化，不断调整供应链成员的组合，以保证供应链在运营过程中有足够的竞争能力，以适应新的形势。这样，供应链原有的结盟或合作关系会时常发生变化。

5. 供应链范畴的相对性

通常所认为的供应链范畴，是根据供应链供需地位、关联方式和重要程度等来划定范畴的。但由于供应链联盟的动态性和供应链成员的交叉性，就决定了供应链范畴只能是相对稳定、范畴的边界相对模糊、供应链成员选择有一定的随机性。

6. 供应链管理的复杂性

相对一般的营利性组织管理而言，供应链管理不仅涉及一般企业的管理，还涉及供应链战略联盟的动态管理，如联盟成员的关系管理。由于供应链各成员在文化、技术、经营等方面的差异，所以，供应链管理比单一企业管理要更为复杂。

应用实例 13-16 通常，设计部门负责开发产品，生产商负责制造，但它们都需要掌握市场信息与生产流程，并建立起紧密联系，以保证系统能生产出令客户满意的产品。然而，面对瞬息万变的市场，还需要经销商对设计产品、工艺流程等提出明确的建议。这些都将增加管理的难度。

13.2.5 供应链管理的相关内容

供应链管理主要涉及诸如合作伙伴、供应商选择、系统规划等战略层面的管理，还涉及诸如信息、流程、库存、风险等与运营密切相关的日常管理，也涉及诸如客户关系、绩效评价等与管理机制密切相关的模式化或系统性的管理。

1. 战略管理

从宏观层面上讲，供应链管理本身就属于战略层面的问题。它涉及供应链的运作方式、经营思想、发展战略、组织战略等。如选择什么类型的合作伙伴，对不同类型的供应商、客户，企业应该采用什么样的管理模式、管理机制等都需要在战略层面给予充分考虑(有关供应链的战略管理，涉及的内容比较多，将在后面用专门的章节详细讲解)。

2. 日常管理

供应链的日常管理所涉及的内容与一般的工商管理所涵盖的内容基本相似，但其核心内容与重点有明显的专业特征。供应链的日常管理，突出信息管理的品质和提高信息资源的合理共享，以及流程、库存、风险等方面的有效控制。

应用实例 13-17 处理信息的质量和速度是供应链能否获益的关键，也是实现供应链整体效益的关键。因此，信息管理是供应链管理的重要方面之一。信息管理的基础是构建信息平台，实现供应链的信息共享。如通过 VMI(供应商管理库存)技术的应用，将供求信息及时、准确地传递到供应链的相关节点上，从技术上实现与供应链成员的集成化和一体化。

应用实例 13-18 信息不对称、信息扭曲、市场不确定性等因素，都可能导致供应链的运营风险，需要采取一定的措施尽可能地规避这些风险。如供应链成员相互合作，可减少不必要的竞争，将主要精力集中于预防可能出现的不确定性问题上。

3. 机制管理

机制管理是供应链管理中相对固化或在相当一段时间相对稳定的管理模式。每个供应链都有自己的供应链管理机制、管理模式，它也是提高供应链运营效率的基本保证。供应链的管理机制是日常管理的基础，也是维系供应链内外关系、保证正常运营的手段。

应用实例 13-19 供应链源于客户需求，所以客户关系管理是供应链机制管理的起点，它以满足客户需求为核心来运营，并在运营的过程中，不断降低供应链运营的系统成本，力求实现供应链与客户的双赢以及供应链成员的多赢。

本节概要地介绍了供应链管理的基本目标、主要思想、运营原则、重要特征和相关内容等。其中，要突出说明的一点，就是供应链必须建立在现代信息技术和信息网络平台上。供应链的竞争力体现在信息优势上，是把信息优势转化为节省时间、缩短流程、削弱“长鞭效应”、降低物流成本、快速拓展销售渠道的手段，从而大幅度提高供应链在全球的竞争力。

13.3 供应链管理务实

经济一体化和市场全球化，要求有一个系统能满足这种全球化的需求，供应链管理就是以经营全球的思维逻辑，为全球客户提供满意的产品和服务。它通过统一采购、集中生产、规模经营来降低成本和扩大市场规模。但对于全球市场而言，却面临着市场需求存在更大差异、经济波动趋势更难预测、运营流程组织更加复杂的问题。这些，都是供应链管理所面临的挑战。

13.3.1 供应链管理规划系统

供应链管理规划系统是指供应链成员根据共同设定的目标，设计和规划对需要运转的供应链流程进行全方位管理的系统。供应链管理规划系统能够收集市场需求信息，进行原材料采购、产品生产、产品库存，将产品运往客户指定的地点等。目前，供应链管理规划系统都是以需求为向导的“拉”式系统。常见的规划系统有以下几种。

(1) 需求规划(Demand Planning)。需求规划要知道市场需求，要对产品与服务流程进行预测。准确预测客户需求，改善客户服务，降低不正确预测需求所产生的成本是其目标。

(2) 制造规划(Manufacturing Planning)。制造规划要知道企业生产什么样的产品，如何采购到生产产品所需的原料，如何进行生产过程的组织，它包括物料需求规划(Material Requirements Planning，MRP)、产能需求规划(Capacity Requirements Planning，CRP)和“排程”(Scheduling) ，是按客户订单优化制造能力的强制性规划。

(3) 供应规划(Supply Planning，SP)。供应规划要知道如何进行原料和产品的库存，是在库存和运输设施许可的情况下满足客户的需求。它包括分销需求规划(Distribution Requirements Planning，DRP)、销售方库存管理(Vendor Managed Inventory，VMI)规划、持续补货规划(Continuous Replenishment Planning，CRP)。这些都是为了满足市场需求而建立的企业间的规划系统。

(4) 运输规划(Transportation Planning)。运输规划要知道如何将客户需求的产品运达指定地点，是优化向客户交货、装运产品的流程，如交货日期、交货途径、运输方式等，必须按客户的要求，以最快速度将正确的商品运到正确的位置。

从以上 4 点可以看出，一个好的规划系统可以达到 3 个目标：有效收集客户需求信息；根据市场需求采用柔性生产；按市场需求信息进行库存、补货、供货等。为保证规划系统的正常运转，供应链管理还需要配套相应的执行软件和服务软件，常见应用软件有：①销售管理系统(Point of Sale，POS)；②电子订货系统(Electronic Ordering System，EOS)；③快速反应(Quick Response，QR，根据市场需求将产品早期投入市场的机制)；④有效客户反应(Efficient Consumer Response，ECR，优化库存量的一种机制)；⑤订单管理周期(Order Management Cycle，OMC，订单管理的一种机制)；⑥电子采购系统(E-Procuration)；⑦持续补货系统(Continuous Replenishment System，CRS)。

供应链管理的各种应用软件注重提高诸如订单、制造、库存、物流作业等的效率，降低运营成本；并不断与各种新技术、新方法相结合，提高供应链各种作业的自动化、合理化、智能化水平，使企业形成跨职能、跨行业的协作，形成供应链同步运作的局面，以提高生产力，并能快速地向客户提供高品质的产品，满足客户的需求。

13.3.2 供应链合作伙伴选择

供应链合作伙伴关系的建立是供应链管理的核心之一。要建立起良好的合作伙伴关系，就必须了解供应链合作伙伴关系的含义、制约因素以及选择步骤等。

1. 供应链合作伙伴关系的核心含义

供应链的合作伙伴关系是指供应商与生产商之间、生产商与分销商之间、分销商与零售商之间在一定时期内的信息与利益共享、风险与责任共担、分工清晰明确的协议关系。供应链合作伙伴关系的主要特征就是以合作为核心，以供应链联盟或集成商利益为核心。

应用实例 13-20 传统运营方式以产品生产(“推式”)为核心；随着全球经济流转速度的不断提高，也由于“推式”向“拉式”转型，传统运营方式开始向以物流为核心过渡。这种转变要求供应商不断提高创新能力(如设计有创意)和控制能力(如交货时间准确、品质可靠)。然而，不断提高创新能力和控制能力，对于一个独立的企业而言，到一定高度后就会遇到严重的“瓶颈”。消除这种瓶颈的最好方法就是以需求为导向，以需求链上聚集的供应商的共同利益为核心，通过优势互补来实现。共同利益、优势互补是合作伙伴关系形成的重要基础。

2. 供应链合作伙伴关系的制约因素

影响供应链合作伙伴关系稳定的因素各种各样，而且由于供应链的类型不同以及不同成员在供应链中的位置不一样，影响程度有所差异。对于众多的供应链成员而言，有些因素共同影响了合作伙伴关系的建立，就必须给予充分的重视。

1) 成员间的依赖程度

由于资源的有限性和顾客需求的多样性，供应链成员为更有效地运营就必须寻求与其他成员的协作，逐渐形成彼此的依赖。在不同的合作关系中，彼此之间的依赖程度不同，分为对称性和非对称性依赖。前者指合作双方实力相当，合作对彼此意义重大，失去对方意味着巨大损失。后者指合作中一方实力强大，而另一方非常弱小，彼此之间的依赖不对称。

应用实例 13-21 研究表明，在对称性的合作关系中，彼此的依赖性越强，越容易建立起长期的战略合作关系，也越容易提高合作的绩效；而在非对称性的合作关系中，由于合作方之间实力悬殊，则很难建立战略合作伙伴关系和长期稳定的合作关系。

2) 成员间的各种冲突

成员间的冲突是指其中任何一方的组织行为阻碍或影响了另一方正常运营的程度。成员之间的冲突是多方面的，有战略规划方面的、经营目标方面的甚至有文化理念方面的，但归纳起来，主要是利益方面的冲突和非利益方面的冲突。研究表明，供应链成员间的利益关系紧张和矛盾是阻碍合作团队建立的主要原因。

应用实例 13-22 目前，大型零售业在我国迅猛发展，但对其供应商，尤其是众多中、小供应商提出比较苛刻的供应条件，使供应商的利润空间不断缩小。这种合作模式虽然实现了零售商的快速扩张，但与供应商存在着长期的利益冲突，两者并没有真正建立长期的战略合作伙伴关系。

3) 成员间的相互信任

互信是指没有约束监督也不会采取利己的机会主义行为，并会考虑给对方的利益。成员间的相互信任不仅节约监督成本和交易成本，提高交易效率，更好地满足顾客需求，而且有利于合作伙伴关系从操作层面向战略层面过渡。战略合作伙伴关系是建立在相互高度信任基础之上的。

应用实例 13-23 信守承诺是保证合作方之间保持长期合作伙伴关系的关键。为了共同目标和长期利益，供应链成员可能会牺牲短期利益。但任何一方的一次失信都可能会影响合作方对未来投资，甚至失去合作信心，给战略合作伙伴关系带来负面影响。

4) 成员间的相容程度

任何一个组织都有自己的管理模式、文化理念以及价值观念等，因此，当不同的组织需要一起构建供应链时，必然要面临不同组织的管理模式、文化理念等是否能有效相容的问题。供应链成员之间相容程度越高，供应链运营就会越顺利。

应用实例 13-24 研究表明，合作伙伴在经营信誉度、工作稳定性、战略导向性、管理模式等方面和供应链目标不能很好相容将不利于建立战略合作关系。因为这些方面的不相容，不会在短期内得到改变，也意味着合作伙伴之间会存在很多冲突。

5) 成员间的共同愿景

成员间的共同愿景对供应链价值观的形成和合作导向的确定起着重要的作用。如果合作方的愿景一致或偏差不大，则合作伙伴关系可以建立在战略层面，并得到积极促进。反之，合作方的愿景不一致或偏差较大，则合作伙伴关系只能建立在操作层面。

应用实例 13-25 供应链成员的高层管理者是供应链运营的决策者和管理者。所以高层管理者的愿景能否一致，是供应链合作伙伴关系能否顺利建立的关键。因此，高层间需要不断进行战略对话、加深理解，使各自的愿景在面临不同的市场机遇时，逐渐趋于一致。

3. 供应链合作伙伴选择的主要步骤

建立供应链合作伙伴关系，需要分析市场竞争环境、建立合作伙伴选择目标和评价标准、进行选择和评价，以及最终实施等，具体步骤如图 13.2 所示。

1) 分析市场环境

市场需求是供应链运营的驱动源。所以，建立供应链，首先需要分析市场环境，目的在于找到供应链合作伙伴都适合的项目，确认是否需要建立供应链。如果已经建立供应链合作伙伴关系，则根据需求的变化确认供应链合作伙伴关系变化的必要性。

2) 选择合作伙伴

选择合作伙伴，涉及合作伙伴评价、设计选择过程、确定选择目标等。其中，合作伙伴评价，不仅是一个评价，还是企业自身以及未来供应链成员之间的一次业务流程重构的过程，这个过程实施得好，本身就可带来一系列的利益。

3) 建立评价标准

建立评价标准，实际上是通过一系列由供应链成员都认同的指标体系来反映成员所处的环境、自身系统运营的状况以及在供应链系统中可能产生的变化等。评价标准要既简明又全面；要具有稳定的可比性；要有严谨的逻辑和有序的结构层次。

4) 成立评价小组

供应链成员需要建立一个小组以控制和实施合作伙伴评价。组员应来自采购、质量、生产、工程等与供应链合作伙伴关系密切的部门，组员需要有团队精神和一定的专业技能。评价小组必须同时得到合作伙伴成员最高领导层的支持。

5) 合作伙伴参与

评价小组实施评价时，须与初定的合作伙伴联系，以确认是否愿意成为供应链成员，是否有获得更高业绩的愿望。评价小组应尽可能让合作伙伴参与评价的设计过程，虽然一个成员的力量和资源有限，但也只能与少数、关键的合作伙伴保持紧密合作，所以参与的合作伙伴不能太多。

6) 评价合作伙伴

评价合作伙伴的工作主要是调查收集有关合作伙伴的生产运作信息，并在收集信息的基础上，利用一定的工具和技术方法进行评价。在评价过程中，根据评价结果择优，然后开始构建供应链合作伙伴关系；如果没有合适的合作伙伴，则重新评价选择。

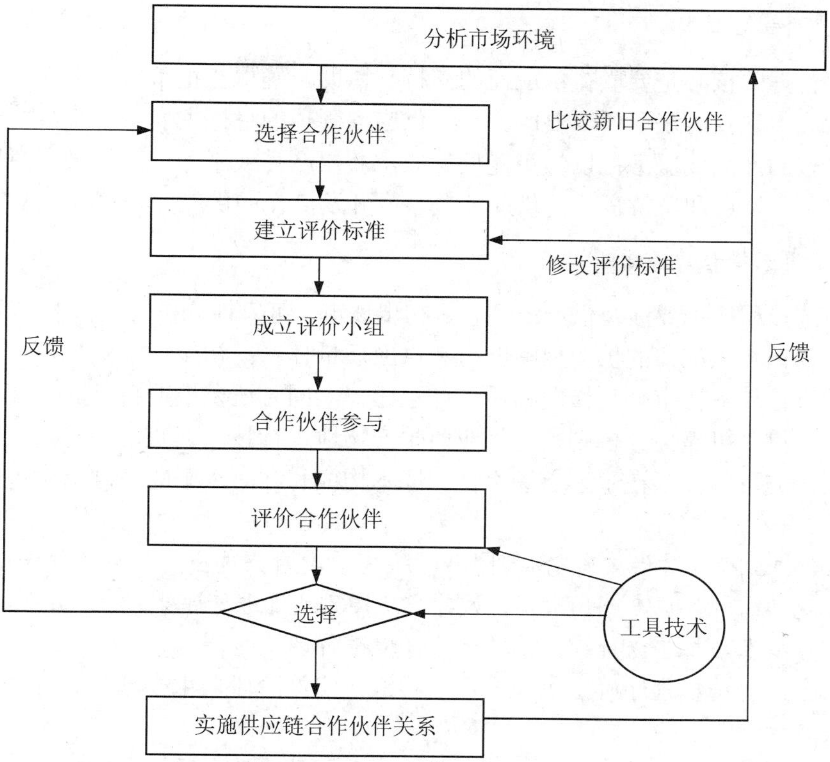

图 13.2　合作伙伴选择步骤示意图

应用实例 13-26　1997 年，“供应链合作伙伴关系”(Supply Chain Partnership，SCP)正式提出，建立 SCP 的目的在于通过提高信息共享水平，使供应链整体减少库存总量、降低成本和提高运营绩效。随着市场需求的不确定性增加，合作各方要尽可能削弱需求不确定性的影响和风险。SCP 的风险在于，一个伙伴的失败或不合作可能导致整个供应链处于非有效运作状态，造成巨大的损失。另外，SCP 绝不应该仅考虑企业间的交易价格，还有很多方面值得关注，如制造商总期望供应商完善服务，搞好技术创新，实现产品的优化设计等。SCP 的潜在效益，往往在 SCP 建立后 3 年左右甚至更长时间才能转化成实际利润或效益。只有着眼供应链管理的整体竞争优势的提高和长期市场战略，才能从 SCP 中获得更大效益。

13.3.3　供应链的供应商管理

供应链顺利运营，对供应商的有效管理是十分重要的一个环节。它主要涉及供应商管理的目标、选择、评价等方面的内容。

1. 供应商管理含义

供应商管理是指供应链通过设计一种合理的供应结构，并遵循诚信、互利的原则，与供应商建立起长期合作关系。供应商管理的内容包括供应商管理目标；供应商开发、选择与评价；供应商合作关系的建立与维护；供应商绩效管理；等等。其中，供应商选择与评价是供应商管理的最关键环节，目的是使供应商能为供应链不断降低成本、提高质量作出贡献。

2. 供应商管理目标

供应商管理的核心是要取得供应商的支持与协助，确保在正常情况下，供应链都能以尽可能低的成本，及时获取所需要的产品。供应商管理的目标主要有：获得符合供应链品质和数量要求的产品或服务；以尽可能低的成本获得产品或服务；确保供应商提供最优服务和及时送货；发展和维持良好的供应商关系；开发潜在的供应商；等等。

3. 供应商选择程序

供应商选择程序主要涉及供应商调查、初步评审、可靠性分析等。其中，调查要全面、深入，重点要调查供应商的供应保障能力和供应质量体系；初步评审则是在对所有供应商完成调查后进行的资格审查与横向的质量体系比较，同时还要根据自身的发展状况，明确需要的质量支撑；可靠性分析则是对供应商生产场地进行技术调研，确定调查样品的真实来源及其工艺的可靠性。在了解市场价格、成本构成和利润水平的基础上，进行价格协商和谈判。

应用实例 13-27 对供应商完成调查和初评后，要对筛选出的供应商作进一步的考察。这时的重点就转向对供应产品的考察，如对产品样品品质进行评估、对样品来源进行评估、对样品的生产技术与工艺进行评估、对生产环境进行调研与评估等。

当完成全部的选择程序确定供应商后，将进入实施阶段，主要涉及签订合同，然后进入采购阶段。

应用实例 13-28 为了减少纠纷，与供应商签订的采购合同一定要详尽；另一方面，合同签订后，要建立档案，每年对供应商进行定期的考核，在连续考核的基础上对供应商进行动态分类，并将考核结果归档管理。

4. 供应商选择标准

供应链选择供应商都有一定的标准，并通过具体的指标体系将供应商筛选出来。通常供应商选择标准有短期指标和长期指标之分。

短期指标包括：商品品质是否适当；成本是否合理；交货是否及时；整体服务(包括安装、培训、维修、技术支持等)水平是否满足客户需求；履行合同的能力是否符合供应链的要求；等等。

长期指标包括：产品及加工的创新能力；可靠性(包括产品、技术、财务状况)；技术、信息分享与合作的意愿；供应商内部的组织与管理；沟通能力。

5. 供应商绩效考评

供应商管理是一个不断开发、选择、淘汰的过程，及时清除不合格供应商、寻求新的供应商，巩固与合格供应商的稳定关系，是一种工作常态。所以，经常要对供应商进行绩效考评。考评的目的就是要淘汰绩效差的供应商，促进供应商改进工作绩效。绩效考评的主要原则有以下几点。

(1) 持续性原则。对供应商的绩效考评应经常进行，使之成为一种常态性的管理工作，这样既有利于供应商改进质量和服务，又有助于提升整个供应链的运营效率。考评分为定期与不定期两种，并应适当结合，以定期考评为主，在考评的频率上取得一种平衡。

(2) 针对性原则。供应商的绩效受各种各样因素的影响，既有供应链上相关节点的成员，也有供应链以外的影响因素。因此对供应商进行绩效评价时，需要确定真正属于供应商本身的影响范围和影响结果，对供应商的行为和结果作出客观公正的评价。

(3) 整体性原则。对供应商的绩效考评，需从供应链整体运营效率出发，在整体运营效益指标的基础上，确立各方共同认可的考评规则和整体的评价指标，不能孤立地、单方面地设定指标或单独衡量一个供应商的绩效。要使绩效考核既科学合理，又严谨规范。

应用实例 13-29 供应商的绩效考评指标主要分为定量和定性两类，概括起来主要包括：品质指标，如批次合格率；供应指标，如准时交货率、交货周期和订单变化接受率；经济指标，如价格水平、报价及时性、报价单透明度、付款方式等；服务指标，如沟通手段、合作态度、共同改进、参与开发和售后服务等。

6. 供应商关系管理

供应商关系管理(Supply Relationship Management，SRM)是企业供应链上的一个基本环节。它建立在对企业的供方以及与供应相关信息完整有效地管理与运用的基础上，对供应商的现状和历史、提供的产品或服务、沟通、信息交流、合同、资金、合作关系、合作项目以及相关的业务决策等，进行全面的管理与支持。供应商关系管理已开发成系统管理软件。

应用实例 13-30 实施供应商关系管理，能给企业带来如下好处。第一，优化供应商关系。供应商关系管理能够帮助企业针对供应商的性质及其对企业的战略价值进行分类，评出不同的优先等级，从而采取不同的对待方式。第二，强化供应商关系。扩展、加强与重要供应商的关系，与其建立合作关系，共享产品设计、信息资源和运营计划，并在运营方式上进行改进，只要有利，甚至可以采取外包的方式。第三，建立竞争优势。供应商关系管理能够主动地帮助企业去建立、改变与供应商之间的战略联盟，不是被动地与供应商打交道，而是主动引导、改变和管理他们之间的合作关系与业务模式。第四，在保证产品品质的前提下，供应商关系管理能够帮助企业通过降低供应链与运营成本，来提升企业的利润。

13.3.4 供应链的客户管理

供应链的客户管理是指企业在现代信息技术的基础上，收集和分析客户信息，掌握客户的需求动态，有针对性地提供产品和服务，通过提高客户的满意度、培养客户忠诚，以实现客户价值最大化与企业收益最大化之间的平衡的管理方式。

1. 客户管理内容

供应链客户管理主要涉及客户调查、开发、信息、服务及促销等管理内容。它与一般企业的客户管理有许多相似之处。

1) 客户调查管理

客户调查管理主要是在了解客户各种特征的基础上分析目标客户，了解客户需求，及时掌握客户信息，把握市场动态，通过调整、修正产品和服务，满足客户不同的需求，促进产品和服务的销售。调查内容包括客户基础资料、客户特征、业务状况和交易现状等信息。

2) 客户开发管理

客户开发管理的任务是通过各种方法，将潜在的客户转变成为现实客户。客户开发的前提是要确定目标市场，只有准确地选择了目标市场，才能很好地研究目标客户，进而采取有效的客户开发策略。如特定区域的特定人群的消费行为有其内在的特征。

3) 客户信息管理

客户信息管理主要是指客户信息的搜集、处理和保存。客户信息管理是客户管理的重要内容，也是客户管理的基础。准确、及时、全面的客户信息可以帮助供应链很好地区分准客户、新客户和老客户，以及重要客户和一般客户，并采取针对性的营销策略，进行有效的客户关系管理。

4) 客户服务管理

客户服务管理是了解与创造客户需求，以实现客户满意为目的，供应链全员全过程参与的一种管理方式。客户服务管理的核心理念是供应链的全部活动要从满足客户需要为出发点，以为客户实现增值服务为核心。

5) 客户促销管理

促销是供应链的营销人员通过与客户进行商品或服务信息的沟通，使客户了解、信赖并使用供应链的产品或服务，以达到稳定和扩大市场份额、提高客户忠诚度为目的的行为。促销的实质是营销人员与客户之间的进行有效的沟通。

应用实例 13-31 常见的促销方式有 4 种：广告、人员推销、营业推广和公共关系。促销管理就是通过科学的分析，选择合理的促销方式和恰当的时机，对企业与客户之间的信息沟通进行计划与控制，以使信息传播的更加准确、快速。

2. 客户管理原则

供应链的客户管理原则强调动态管理、突出重点、灵活运用和专人负责。最根本的是要减少已有客户的流失、挖掘潜在客户，培养客户对供应链品牌的忠诚度。

1) 动态管理

由于供应链客户的情况不断发生变化，使得客户信息具有很强的动态性，所以要想及时、准确地掌握客户的信息，就要对客户变化进行跟踪，对客户资料也要不断调整，剔除过时或已经变化了的资料，及时补充新资料，使客户管理保持动态性。

2) 突出重点

供应链有很多客户，不同客户的需求也有差异，而供应链资源有限，这就决定了要通过客户资料找出重点客户。更关键的是，不仅要重视现有的重点客户，还应该重视未来客户和潜在客户。这样可以开拓新的市场，为供应链创造发展机遇。

3) 灵活运用

收集和管理客户资料，为的是用于销售过程。所以在建立客户资料后，应以灵活的方式及时全面地提供给营销人员及其他有关人员，便于他们使用，使他们能进行更详细的分析，使客户信息变成有价值的资料，提高客户管理的效率。

4) 专人负责

由于许多客户的信息和资料只能供内部使用，不能向外部泄露。所以，客户信息管理应有具体的规定和规范的操作程序，并应由专门机构保管，专人负责，严格控制客户情报资料的利用和阅读，特别要注意保护客户的权益免受侵犯。

3. 客户关系管理

客户关系管理(Customer Relationship Management，CRM)起源于 20 世纪 80 年代初提出

的“接触管理”(Contact Managment)，即专门收集整理客户与公司联系的所有信息。到20世纪 90 年代初期，则演变成为包括电话服务中心与支援资料分析的客户服务(Customer Care)。

经过不断发展，客户关系管理日趋成熟，最终形成一套完整的管理理论体系。随着企业最重要的管理指标从成本和利润向客户满意度的转变，加之 Internet 技术的广泛应用，供应链逐渐推出了客户关系管理软件系统。

1) 客户关系管理的思想

客户关系管理是管理客户与企业关系的动态过程，这个过程是使客户选择继续与企业进行互利的商业交易关系，并劝阻客户不参与对公司不利的交易。客户关系管理的核心思想主要包括：客户是企业发展最重要的资源之一；对企业与客户发生的各种关系进行全面管理；进一步延伸企业供应链管理。

2) 客户关系管理的目标

客户关系管理的目标体现在客户保留、客户获取和客户赢利。通过保留忠诚的和创利的客户以及渠道，从而带来利润的增长；基于已知和了解的客户特征，促进业务发展和增加利润收入，从而获得真正的客户；通过在正确时间提供正确产品，增加供应链利润。

3) 客户关系管理的实施

供应链及其成员实施客户关系管理的目的是要有效地赢得客户的信赖。客户关系管理实施的基本步骤包括如下几点。

(1) 收集信息。供应链根据自身的管理需要、客户特征和收集信息的能力，按不同类型收集客户信息，以保证信息的经济性、实用性。收集方法包括阅读、座谈会、交谈等。要做好收集客户信息的工作，需要建立客户信息档案。客户信息档案包括客户原始记录、客户统计资料分析等。

(2) 制订计划。此阶段需要做的基本决定包括需要做什么及由谁来做。为作出规定，要准备需求说明书和功能说明书。它们包括时间安排、成本估计、资源需求和对投资回报的明确估计。

(3) 执行计划。此阶段按计划确定的目标付诸实施。这要求做好以下基本工作：首先是制定方案；其次是选择方案，从备选方案中选择最合适的管理方案；最终为确保方案的实施，需要供应链提高必要的支持条件，如围绕客户关系管理进行流程再造。

应用实例 13-32 供应链可以借助公共资源或专业咨询公司，多方面了解、获取客户管理资料，然后进行综合、总结出多套客户管理方案。供应链应该根据自身的实际情况，充分考虑软件、经销商和经费这 3 个重要因素，并对相关人员进行培训。

(4) 检查评估。实施客户关系管理，需要进行定期或阶段性的检查和评估，以便查找执行过程中出现的偏差，如每个部分的子目标是否能够完成，各子目标与总体目标是否一致以及其对总体目标的贡献程度等。

(5) 修正目标。当评估中发现目标出现偏差时，要及时进行修正。修正的目的是为了有效地改进客户关系管理，为达到这一目的，要分清出现的偏差是严重到了必须作出改变，还是可以在以后的工作过程中能够得以解决。

13.4 供应链绩效评价

供应链运营品质和运营效率，通常是通过绩效评价显现出来。所谓绩效，就是运营的成果、成绩与效率。所以绩效评价是一种综合性的、过程性的评价。

13.4.1 评价概述

衡量一个项目、一个过程的好坏，关键要有一套评价标准，而评价标准则由相互关联的指标体系组成，好的评价指标体系能准确显示评价对象的特征。评价主要涉及评价指标类型、影响评价因素分析、基本评价步骤、主要评价方法等内容。

1. 评价指标类型

对于在经济领域中运营的项目或运营过程，通常会从：是否符合政府的法律、法令、方针和政策进行规范性评价；运营技术、产品或服务的性能等是否先进，寿命是否合理，可靠性和安全性是否达到一定的标准等进行技术性评价；运营的投资、成本、收益、利润、效益、建设周期以及投资回收期等是否合理进行经济性评价；能源消耗、资源类型、耗费方式、排放物治理等是否可持续、是否节能减排、是否符合绿色循环进行生态性评价；是否能为社会福利、社会节约和社会发展作出贡献进行社会性评价；是否能够满足社会多层次的需求进行服务性评价。

应用实例 13-33 近些年，由于全球环境的不断恶化，所以对运营项目的评价加大了生态类评价的力度，并细化了评价指标。如污染物、废弃物排放量的测量与控制，非污染性排放(如 CO_2)对生态环境影响的评价，再生性资源的可持续利用评价等。

2. 评价因素分析

在选择评价指标时，要根据评价对象所涉及的因素进行综合分析，要考虑评价因素之间的层次关系和相互制约、影响的程度，并抓住关键的评价因素。在评价因素确定之后，要把这些因素尽可能量化为评价指标，并使用标准的评价尺度。

不是所有的评价因素都容易量化，因为影响因素可能涉及法律、技术、经济、社会和生态环境等诸多方面。所以，为使评价方法科学化、评价结果能准确反映评价对象的特征，还需要借助各种评价方法，建立关联合理的评价体系，对不易量化的评价因素进行科学评价。

应用实例 13-34 越复杂的评价对象，越需要研究与分析因素之间的关系。如：复杂的物流系统，其评价因素就有很多，物流成本和利润等经济性指标比较简单且容易量化，而物流系统对社会发展的影响，则是涉及国家政策、环境生态、资源消耗等方面的综合性指标，不易量化。因此，如何构建一个好的物流系统，就需要系统地筛选评价因素，形成因素关联良好的评价体系。

3. 基本评价步骤

对一个需要评价的对象进行评价时，最重要的是把握住评价的次序和步骤。通常情况下，基本评价步骤主要包括明确评价目的、了解评价内容、分析评价因素、制定评价准则、设计评价体系、选择评价方法 6 个方面。

应用实例 13-35 对从事危险品储运的物流企业进行评价，最首要的目的就是评价系统流程的安全可靠性。在明确评价目的后，需要对评价对象进行全面了解，关键是解析影响储运安全的因素，抓住能反映安全可靠特征的因素，并构建轮廓清晰、层次分明评价路径。在完成上述工作后，需要根据安全储运的核心内容、因素特征及外部影响等，有针对性地制定科学合理的评价准则。评价准则过宽或过低，会降低运营的安全系数；过严或过高，会增加无效评价的工作量或加大评价的工作量。在评价准则确定后，就可以在评价准则框架下，设计安全储运的评价体系了。这一环节的关键是协调指标之间的冲突，如储运系统效率与安全可靠的冲突。

4. 主要评价方法

当评价体系确立后，就要针对具体的评价指标去选择具体的评价方法。这是比较难的一项工作，评价方法选择是否合理，直接影响到是否能真实反映评价对象特征的问题。目前国内外使用的评价方法很多：从评价类型来看，主要有定量分析评价、定性分析评价和两者相结合的评价方法；从评价因素来分，主要有单因素评价和多因素评价；从评价标准来看，主要有规范评价(与国标或国家标准对照)和相对比较评价；从评价方式来看，主要有时间截面上的横向比较评价和时间轴上的纵向比较评价；从评价技术来看，主要有统计评价法、专家评价法、层次分析法；等等。因此，选择适当的评价方法需要根据具体的评价对象进行深入分析。

应用实例 13-36 实践表明：有些评价方法是在使用后，甚至是多年后才发现并不合适。其原因是不同评价对象的系统结构不同，功能不同，评价因素不同。因此评价方法的选用要根据评价对象的具体情况而定。如何准确评价，是一个需要深入研究的问题。

13.4.2 物流评价

随着我国物流产业的迅速发展，物流企业大量涌现，建立物流产业的评价体系已显得越来越重要。为此，全国物流标准化技术委员会组织了专门课题组，研究并提出了我国物流企业分类及评价的基本思路与框架。并将物流企业界定在供方与需方以外、能够提供物流整合服务的第三方物流范围内，以区别于物流活动中只在单个环节提供单项服务的其他社会企业，如仅从事运输、仓储的公司。并根据不同类型物流企业在提供物流服务时的主要特点，初步提出 7 种类型的物流企业：运输服务型；仓储服务型；配送服务型；速递服务型；代理服务型；综合服务型；其他新类型。

对现代物流企业或系统进行评价是现代物流管理中的一项重要内容，也为管理决策提供了科学的依据。要想对一个现代的物流企业或现代的物流系统有比较透彻的了解，就必须对其进行科学的评价，进而才能对企业或系统的运行实施有效的控制。在现代物流领域中，物流评价指标体系主要涉及物流运营效率、物流成本构成、物流品质体系 3 类。

1. 物流运营效率

物流运营效率是指物流系统投入产出的转换效率。物流系统的运行过程，是一定的劳动消耗和劳动占用(投入)完成某种服务(产出)的过程。物流系统的投入包括人力、物资和技术等，各项在价值形态上统一表现为物流成本。物流系统的产出就是为运营系统提供的服务。物流运营效率是物流指标体系的重要组成部分，通常包括投入产出率、资源利用率、预期产出率等。

1) 投入产出率

实际产出率是指物流系统实际消耗的投入与实际完成的产出之比，从整体上反映物流运营效率，如年均单位面积的货物存储量、周转量等。

2) 资源利用率

资源利用率是指物流系统的实际产出与设计能力之比，反映的是各种物流资源被有效利用的程度，它可以细分成若干更具体的指标。如运载工具的吨位利用率、仓库的仓容利用率、运载工具每个载重吨位的年货运量等。

3) 预期产出率

预期产出率是指物流系统实际的产出与期望的产出之比，反映的是对物流系统各生产要素工作完成情况的评价，如每人每小时的实际完成件数与定额数量之比。有时也用完成工作的实际使用时间与规定时间之比等。

2. 物流成本构成

物流系统的各项投入在价值形态上表现为物流系统的成本。物流成本构成能有效地反映物流系统的运行状况，并且是评价物流过程中各项活动的共同尺度。通过比较成本与产出，衡量物流系统的实际生产率；或者通过实际成本与成本定额的比较，衡量物流系统的运营水平。

3. 物流品质体系

物流品质体系是物流指标体系的重要组成部分，它是对物流系统产出品质的评价。根据物流系统的产出，可将物流品质划分为物料流转品质和物流业务品质两方面。

1) 物料流转品质

物料流转品质是对物流系统在提供货物流转过程中的物品时间、数量、地点以及安全性、可靠性等进行科学合理的评价。主要评价指标有下几个。

(1) 时间的准确性：指物料流转过程中物品流向的实际时间与要求时间的符合程度，常见的指标有及时进货率、及时供货率等。

(2) 数量的准确性：指物料流转过程中物品的实际数量与规定数量之间的符合程度，常见的指标有仓储物品盈亏率、错发率等。

(3) 地点的正确性：指物料流转过程中物品流向的实际地点与要求地点的符合程度，常见的指标如错误送货率等。

(4) 安全与可靠性：指物料流转过程中实际品质与要求品质的符合程度，常见的指标有仓储物品完好率、运输物品完好率、出库货物合格率等。

2) 物流业务品质

物流业务品质指对物流系统的物流业务在时间、数量上的正确性及工作的完善性进行科学合理的评价。主要指标有以下几个。

(1) 时间的正确性：指物流过程中物流业务在时间上实际与要求的符合程度，常见的指标有采购周期、供货周期、发货故障平均处理时间等。

(2) 数量的正确性：指物流过程中物流业务在数量上实际与要求的符合程度，常见指标有采购计划完成率、供应计划完成率、供货率、订货率等。

(3) 工作的完善性：指物流过程中物流业务工作的完善程度，常见的指标有对用户问询的响应率、用户特殊送货要求满足率、售后服务的完善性等。

应用实例 13-37 在对不同方案评价时，须建立能衡量各个替代方案的统一尺度，它是系统评价的基础。建立一套完整的评价指标体系，有助于对物流系统或物流项目进行合理地规划和有效地控制，也有助于准确反映物流系统或物流项目的合理化状况。

13.4.3 绩效评价

绩效评价是指围绕评价对象及其目标，对评价对象整体、各个环节的运作状况和各环节之间的协作关系等进行的事前、事中与事后的分析评价。下面，就以供应链及其管理作为评价对象，分析其在运营以及管理过程中的主要内容。

1. 供应链绩效评价的含义

供应链绩效评价是围绕供应链管理的目标进行的，其评价客体是供应链整体及其组成成员，其评价范围涉及供应链的内部绩效、外部绩效和综合绩效，其内容涉及反映供应链的运营状况和运作关系的各种指标，包括事前、事中和事后的绩效管理。

2. 供应链绩效评价的特点

供应链的绩效评价主要是基于供应链业务流程和供应链整体运营状况而展开的，所以供应链绩效评价特点体现在整体性、动态性和复杂性等方面。

1) 整体性

供应链绩效评价是根据供应链管理运行机制的基本特征和目标，来反映供应链整体运营状况和上下节点之间的运营关系，而不是孤立地评价某一节点的运营情况；它不仅要评价该节点企业的运营绩效，而且还要考虑该节点企业的运营绩效对上下节点或整个供应链的影响。

应用实例 13-38 某供应商所提供的某种原材料的成本和价格尽管很低，但是其加工性能较差，不能完全满足生产节点的生产工艺的要求，这势必会增加供应链的生产成本，影响生产效率，进而影响整个供应链的成本与运营效率。

2) 动态性

供应链绩效评价是基于业务流程的绩效评价，其目的不仅要获知供应链成员和供应链的运营状况，更重要的是要找出优化供应链流程的动态要素。它明显不同于单个企业的绩效评价。单个企业的绩效评价主要是基于职能的绩效评价，评价对象是企业内部职能部门或资源要素。

应用实例 13-39 在供应链流转过程中，信息流、资金流、业务流等的动态要素的流转状况可直接反映供应链的运营动态，所以对这些动态要素进行多维度的绩效评价就成为供应链绩效评价的必要环节。这种绩效评价属于过程中评价。

3) 复杂性

与单一企业相比，供应链的运营比较复杂，而且在某些方面，供应链绩效指标难以量化，难以建立简便、合理的绩效标准。更困难的是不同供应链类型之间，结构差异比较大、运营方式也有比较大的不同，所以难以建立可供比较的绩效评价标准。

应用实例 13-40 建立一套有效的供应链绩效评价体系对供应链的高效运营非常重要，但由于供应链运营的复杂性，到目前为止，比较成熟的供应链绩效评价体系并不多见，所以需要对供应链绩效评价在理论上和实践上进一步探讨与完善。

3. 供应链绩效评价的目的

供应链绩效评价主要是基于 3 个目的：考察供应链动态盈利性；分析供应链盈利持续性；培养供应链盈利增长潜力。为实现供应链绩效评价的目的，必须明确供应链的运营目标，这些目标包括压缩流程时间、提高流程柔性、减少流程浪费和获取流程利润等。

4. 供应链绩效评价的原则

供应链绩效评价原则主要包括全面性、兼顾性、可控性、经济性和平衡性等原则。

1) 全面性原则

全面性原则有两层含义。一是评价范围要全面。不仅要反映单个节点的运营状况，还要反映整个供应链的运营情况。因此，应尽量将评价对象扩大到供应链的所有成员以及成员之间的关系上。二是评价指标要全面，即评价指标应该既包括容易定量的技术经济指标，又包括难以量化的社会环境指标，定性与定量相结合，以便更加全面、客观地评价供应链绩效。

2) 兼顾性原则

对供应链业务流程进行动态评价，能起到事中控制的作用，同时也可以使评价过程和评价体系更加透明与互动，在一定程度上规避了主观评价因素所产生的风险。因此，不仅要重视定期的结果性绩效的评价，而且要重视基于供应链业务流程的过程性绩效评价。

3) 可控性原则

在构建供应链的绩效评价体系时，应注意剔除不可控因素对供应链绩效的影响。绩效评价应集中于可控制因素，以提高评价的可操作性和实际效果。如供货商的可控体现的是供应效率，制造商的可控体现的是生产效率，零售商的可控体现的是销售业绩等。

4) 经济性原则

实施供应链绩效评价所获得的收益要大于评价成本。供应链绩效评价涉及信息的收集、整理和分析，需要相应的组织体系支持，这些都需要投入。另外，绩效评价是一个持续过程，应根据经济性原则，合理确定绩效评价实施的时间间隔。

5) 平衡性原则

为保证供应链能够持续健康地运营，在进行供应链绩效评价时应注意使短期利益服从长期利益，局部利益服从整体利益，并注重长期利益与短期利益、整体利益与局部利益的平衡。尽量避免只注重短期行为和局部优化的绩效评价。

5. 供应链绩效评价的体系

供应链绩效评价指标体系的框架结构，可从财务状况评价、运营状况评价、合作伙伴评价和客户满意评价 4 个方面来构建。

1) 财务状况评价

供应链的财务状况评价指标包括成本、资产与投资回报等。其中，成本指标包括订货完成、原材料取得、总库存运行、与物流有关的财务和管理信息系统、制造劳动力和库存间接成本等；资产指标包括应收账款、设备和库存等；投资回报指标包括各项目、各节点及供应链投资回报率等。

应用实例 13-41 供应链资产绩效是评价供应链财务状况的重要指标，它是指供应链的销售额与总资产的比率，它受到资产利用率和流动资产持有量的双重影响。供应链财务状况评价是通过资金流在供应链流程中的表现来反映供应链运营状况的。

2) 运营状况评价

运营状况评价指标主要包括订单阶段绩效评价指标、与产品相关的绩效评价指标、采购环节的绩效评价指标和配送环节的绩效评价指标等。

订单阶段绩效评价指标包括订单生成方法(它将决定客户要求转变成可以利用的信息、并沿着供应链向下传递的程度)和订单到货周期(收到客户订单至货物交付之间所需要的时间)。

与产品相关的绩效评价指标包括产品和服务覆盖范围、生产能力利用率、计划安排、产销率(一定时期内已售出产品与已生产产品数量的比值)、产需率(一定时期内节点企业已生产的产品与其下游节点对该产品需求的数量比值)、产品出产或服务循环期(供应链各节点产品出产的节拍或出产间隔时间)和供应链产品品质指标(包括合格率、废品率、退货率、破损率等)。

采购环节的绩效评价指标主要包括采购价格/成本指标、采购产品/质量指标和采购物流尺度(包括对需求材料进行及时、准确处理的控制，供应商及时供货控制，交货数量控制)、采购组织尺度(主要包括采购人员，采购管理，采购程序和指导方针)和采购信息系统等。

配送环节的绩效评价指标主要包括选择适当的配送渠道、车辆的安排、仓储位置的选择等。这三个方面是提高配送环节整体绩效的关键。

3) 合作伙伴评价

对供应商的绩效评价的内容一般分为产品层次、流程层次、品质保证系统层次和公司层次。对分销商绩效评价的内容主要包括：分销渠道运行状态、财务绩效、价值增殖等。

4) 顾客满意评价

有效的供应链绩效评价体系要考虑客户是否满意，它主要体现在产品或服务是否灵活(产品和服务满足客户个性化需求的程度)、客户信息响应(供应链向客户提供所需信息以及应对客户需求所耗的响应时间)是否敏捷以及客户服务水准等方面。

应用实例 13-42 敏捷制造系统、成组技术和计算机集成技术的开发，使得满足客户个性化需求成为可能，而信息和通信技术的发展又加快了响应速度。如客户可利用快速信息处理系统询问或要求告知订单状况或库存和配送方面的信息，并可使其帮助客户安排他们的活动。

13.5 案例分析

Z公司的供应链运营

Z公司创建于1975年，是世界上著名的服装公司。Z公司的品牌是时尚服饰业界的另类，在传统的顶级服饰品牌和大众服饰中间独辟蹊径开创了快速时尚(Fast Fashion)模式。随着快速时尚成为时尚服饰行业的一大主流业态，Z 公司品牌也备受推崇，有人称之为“时装行业中的戴尔电脑”。表 13-2 中的数据体现出了 Z 公司 2005 年的经营业绩。

表 13-2　Z 公司与其他公司的销售比较

	生产周期	库存周转	产品品种	销售数量	销售金额
Z 公司	7～14 天	12 次/年	12000 多种/年①	2.5 亿件/年	44 亿欧元/年②
国际一流公司	120 天左右	3～4 次/年	3000～4000 种/年		
国内一流公司	6～9 个月	0.8～1.2 次/年	少数企业>1000 种		

注：①Z 公司每年开发 4 万多种产品，上市 12000 多种；②Z 公司的的销售金额超过中国服装企业前 10 强的总和。

大多数的研究分析认为，Z 公司成功的原因主要是以顾客为导向、实施垂直一体化的高效组织管理、强调生产速度和灵活性、不做广告不打折的独特营销价格策略等。实际上至关重要的环节是 Z 公司的敏捷供应链系统大大缩短了 Z 公司的生产周期。Z 公司最敏捷的生产周期只有 7 天，平均周期为 12 天。这是具有决定意义的 12 天。

Z 公司的全程供应链可划分为四大阶段，即产品组织与设计、采购与生产、产品配送、销售与反馈，所有环节都围绕着目标客户运转，整个过程不断滚动循环和优化。

1. 产品组织与设计

Z 公司给自己的定位是“不做时尚的领导者，做时尚的追随者”，其开发模式是基于模仿而不是一般服装企业所强调的原创性设计或开发。所以 Z 公司设计师的主要任务不是创造产品，而是在艺术指导决策层的指导下重新组合现成产品，因此可用产品组织与设计来诠释。

Z 公司主要利用高档品牌时装公司在巴黎、米兰、佛罗伦萨、纽约、伦敦、东京等世界时尚中心来发布新款服装的机会整合流行信息。Z 公司的设计师作为 T 台旁边的观众，从这些顶级设计师和顶级品牌的设计中获取灵感。

Z 公司在全球各地都有极富时尚嗅觉的买手，他们购买当区各高档品牌或主要竞争对手的当季流行产品，并把样品迅速集中返回总部做“逆向工程”。

Z 公司有专人搜集时装展示会、交易会、咖啡馆、餐厅、酒吧、舞厅、街头艺人、大街行人、时尚杂志、影视明星、大学校园等地方展示的流行元素和服装细节。如 2001 年，某歌星为期 3 天演唱会还在进行中，台下已经有观众穿着该歌星在演唱会上穿的衣服，之后，在演出地更是迅速掀起了一股该歌星的时装热，而服装都来自当地 Z 公司分店。

Z 公司全球各专卖店通过信息系统返回销售和库存信息，供总部分析畅销和滞销产品的款式、花色、尺码等特征，供完善或设计新款服装时参考。另外，各门店可以通过把销售过程中顾客的反馈意见、或者他们自己对款式、面料或花色的一些想法和建议甚至是来自光顾 Z 公司商店的顾客身上穿的可模仿的元素等各种信息反馈给 Z 公司总部。

以上信息被迅速返回总部后，马上会有专业的时装设计师团队分类别、款式及风格进行改版设计，重新组合成新的产品主题系列。Z 公司总部有一个 260 人的专业团队，由设计专家、市场分析专家和买手(负责采购样品、面料、外协和生产计划等)组成，他们一起探讨将来可能流行的服装款式、花色、面料等，讨论大致的成本和零售价格等问题，并迅速达成共识。然后由设计师快速手工绘出服装的样式，再进一步讨论修改。接下来设计师在 CAD 上进行细化和完善，保证款式、面料纹路、花色等搭配得更好，并要给出详细的尺寸和相应的技术要求。之后这个团队进一步讨论、确定成本和零售价等问题，决定是否投产，款式设计出来后决定投产的比例为 1/4～1/3。

在产品组织与设计阶段，Z 公司与大多数服装企业不同的是：从顾客需求最近的地方出发并迅速对顾客需求做出反应，始终与时尚保持同步，而不去预测 6～9 个月后甚至更长时间的需求；设计师团队由设计人员、市场人员、采购和计划调度人员等跨部门的成员构成，不仅要不断改进当季产品，设计下季度的新款式，还要保证信息快速传递，保证计划可执行和易执行；整个设计过程开放，沟通非常频繁，并不设首席设计师；直接整合市场上已有的众多资源，更准确地收集时尚信息、更快速地开发出相应产品、压缩生产周期、形成更多产品组合，大大降低产品开发的风险。

2. 采购与生产阶段

某一设计方案确定并决定投产后，马上开始制作样品。由于Z公司仓库里备有各种面料、辅料和小装饰品等，所以制作样品只需要很短的时间。同时，采购人员和生产计划人员开始制订原材料采购计划和生产计划。首先依据产品特点、产品投放时间长短、产品需求数量和速度、专业技术要求、工厂的生产能力、综合性价比、市场专家的意见等，确定各个产品是自己生产还是外包出去。

如果决定自己生产，且有现成的库存，则直接领料开始生产；如果没有现成的用料，则可以选择采购半成品或原料(一般提前6个月采购，并保证足够的库存)。为防止对某个供应商的依赖，同时也鼓励供应商更快的反应，Z公司自备原料以外的部分，来自附近的260家供应商，每家供应商的份额最多不超过4%。采购完成后，就可以进行原料、半成品的加工生产。

Z公司在公司本部所在地拥有22家工厂，约50%的产品通过自己的工厂完成。在自己生产产品时，准备好面料就下达生产指令，一般内部工厂只安排生产下季预期销量的15%，这样为当期畅销产品补货预留了大量产能。另一方面，有50%的布料是未染色的，这样就可以应用供应链的“延迟”功能，迅速应对市场上花色变换的潮流。

如果从公司内部的工厂不能获得满意的价格或者产能有限、运输受限以及品质难以保证时，可以选择外包。Z公司50%的产品由400余家外协供应商完成，这些供应商有70%位于欧洲。外包的方式也不尽相同。其中一些当地的外协缝制厂通过地下传送带(其累计长达200多千米)与Z公司相连接，Z公司用高速裁床按要求迅速裁剪布料，裁剪好的面料及配套的拉链、纽扣等被一同运送到外协缝制厂。Z公司为这些工厂提供一系列容易执行的指令，一般情况，在一段时间内一个外协缝制厂只集中做一款服装，以减少差错。外协缝制厂把衣服缝制好之后，再送回Z公司做熨烫、贴标签和包装等最后处理并接受检查，然后送到物流配送中心。这种运作模式达到成组单元的效果，因此在其他公司需要几个月时间的工作，Z公司在几天内就能完成。

在采购与生产阶段Z公司与大多数服装企业不同的有以下几点。

(1) Z公司的大部分生产是安排在附近区域进行，且很多都是在总部周围一个很小的辐射范围内，而其他中高档服装公司基本上是采用“第一世界的时装在第三世界的工厂里生产”模式，这种模式最大的优点就是成本低，但是缺点也同样明显——速度慢。

(2) Z公司拥有染色、设计、裁剪和服装加工的“一条龙”的最新设备，采用延迟制造的策略，提前买来白坯布等标准化的半成品，大大缩短了产品生产周期，而通过保持对染色和加工领域的控制，使得公司具有按需生产的能力，能为新的款式提供所需的布料；而中国绝大多数服装企业都没有储备面料的习惯，却因市场信心不准，造成大量成品服装积压。由于服装成品基本不再具有可变性，一旦错过对位或对应的需求，将严重贬值。

(3) Z公司并不拥有劳动密集型的生产环节，如衣服缝制过程，而是将该环节外包给一些小加工厂来降低成本。正是这种垂直整合的模式，使得Z公司能够以比竞争对手快得多的速度(10～15天即可)、小得多的批量进行生产；而中国的大服装企业多采用流水线，每批批量非常大，产品生产周期也就比较长，从采购面料到商店上架至少要3个月，而且产能、面料都能充分利用的状况时，基本失去了根据市场需求变化进行调整的弹性。往往成为制约整个服装响应周期的瓶颈。

3. 产品配送阶段

Z公司对产品完成检验后，按每个专卖店的订单进行装箱、包装，并通过大约20km的地下传送带运送到配送中心。为确保每一笔订单准时、准确地到达其目的地，Z公司借用激光条码(出错率不到0.5%)分捡和挑选货物，它每小时能拣选80000件衣服。

为加快物流周转，Z公司总部设有直通配送中心高速通道。通常订单收到后8个小时以内货物就可以被运走，每周给各专卖店配货2次。配送中心的卡车都按固定的发车时刻表直接将货物运送到欧洲的各个专卖店，并利用附近的两个空运基地运送到美国和亚洲，再利用第三方物流的卡车送往各专买店。这样，欧洲的专卖店可在24小时内收到货物，美国的专卖店可在48小时内收到货物，日本的专卖店在48～72小时之内收到货物。

在产品配送阶段，Z公司与大多数服装企业不同的有以下几点。

(1) Z公司更强调的是速度，甚至有些不惜代价地抢时间，因为失去时间也就失去时尚，而其他服装企业更注重成本。所以Z公司的配送中心快速、高效地运转，其主要功能不是服装存储，而是周转；而国内众多服装企业的配送中心越建越大，基本成了堆积成品的仓库。

(2) Z公司基本上采用从配送中心直接配送到各专卖店的模式，并采用高频、快速、少量、多款的补货策略，因此保证了专卖店的种类丰富且库存少；而国内大多数服装企业多采用异地设分公司建仓库，从而在各级中间环节积压了大量成品库存。

(3) Z公司对各店长考核重点是预测准确率、库存周转率、人均销售、评效(平均每平方米的销售额或利润)和增长率，而国内众多服装企业基本只考核销售额。

4. 销售和反馈阶段

通过产品组织与设计、采购与生产、产品配送环节的快速有效运转，Z公司虽然不是时尚的第一倡导者，却是以最快的速度把“潜能”变成现实的行动者。有人称“Z公司是一个怪物，是设计师的噩梦”，因为Z公司的快速模仿无疑会使他们的创造性大大贬值。

由于大多数服装零售商的生产周期为6～9个月甚至更长，所以他们不得不努力去预测几个月后会流行元素、销售量。但是一般情况下，提前期越长预测误差越大，最后结果往往是滞销的商品剩下一大堆，畅销的又补不上，只能眼看着大好的销售机会流逝。

而Z公司的各专卖店每天把销售信息发回总部，并且根据当前库存和近两周内销售预期，每周向总部发两次补货订单。为了保证订单能够集中批量生产，从而减少生产转换时间和降低成本，各个专卖店必须在规定时间前下达订单，如果错过了最晚的下订单时间则只有等到下一次了，Z公司对订单时间点的管理非常严格，因为它将影响供应链上游的多个环节。

总部拿到各专卖店的销售、库存和订单等信息后，分析判断各种产品是畅销还是滞销。如果滞销则取消原定生产计划(因为在当季销售前只生产下个季度出货量的15%左右，而大多数服装企业已经生产下个季度出货量的45%～60%)，这样Z公司就可以把风险控制在最低水平；如果有产品超过2～3周的时间还没销售出去，就会被送到某专卖店进行集中处理。

在一个销售季节结束后，Z公司有最多不超过18%的服装不太符合消费者口味，而行业平均水平约35%。如果产品畅销，且总部有现存的面料，则迅速通过高效的供应链体系追加生产、快速补货以抓住销售机会，如果没有面料则会停产。一般畅销品最多也就补货两次，一方面为了减少同质化产品的产生，满足市场时尚化、个性化的需求；一方面制造一些人为的断货，因为顾客知道了有些款式的衣服不会第二次供货，会毫不犹豫地购买。

Z公司完全打破了传统服装品牌惯例的运作模式，最根本的创新在于高效的供应链协同体系。

问题：试用最简洁文字描述Z公司的敏捷供应链系统。你如何看待Z公司颠覆性的供应链运作？

本章小结

本章概要介绍了供应链管理的相关内容。它主要涉及供应链基础知识、供应链管理务实和供应链绩效评价等内容。其中，供应链管理是现代物流中的核心部分，供应链绩效评价是供应链管理的核心内容。更重要的是，供应链运营模式和供应链管理提供了管理复杂系统的思想、原则和方法。而现代信息技术和互联网的广泛应用，是供应链产生和推动的重要基础，现代管理技术和系统科学是支持供应链管理的核心。所以，了解和熟悉供应链的相关知识，深刻认识与理解供应链管理的本质与内涵，是掌握现代物流理论与方法的关键环节之一。

本章习题

1. 概念题

供应链　　供应链战略合作伙伴关系　　供应商管理　　供应链管理的规划系统
供应链客户管理　　供应链绩效评价

2. 简答题

(1) 供应链管理的目标是什么？
(2) 供应商管理的目标是什么？
(3) 客户管理的内容有哪些？
(4) 客户关系管理的目标有哪些？
(5) 供应链绩效评价目的是什么？
(6) 选择供应商的主要指标包括哪些？
(7) 供应链管理的内容是什么？

3. 论述题

(1) 简述供应链管理的主要思想。
(2) 简述供应链合作伙伴关系形成的制约因素。
(3) 简述供应链绩效评价原则。
(4) 有效性供应链与反应性供应链有哪些差异？
(5) 供应链管理的运营原则是什么？
(6) 供应链管理的重要特征有哪些？
(7) 分析供应商关系管理。
(8) 物流评价包括哪些内容？
(9) 供应链绩效评价体系的主要指标有哪些？

附录　主要物流词汇英汉对照

ABC——Activity-Based Costing，作业成本法
Accident Damage Rate——事故损失率
Accumulate——积载
Agricultural Transportation——农业运输
AGV——Automatic Guided Vehicle，自动导向车
AIIE——美国工业工程协会
ALDEP——自动设计法
AM——Agile Manufacture，敏捷制造
AMRC——美国先进制造研究公司
AS/RS——Automatic Storage/Retrieval System，自动存取系统
Average Cargo Delivery Time——货物平均送达时间
Average Freight Distance——平均运距
Automatic Conveyor——自动传输系统
Auto-Passenger Ship——汽车客船
Back Carry——倒流运载
Bar Code——条形码技术
Barge Ship——载驳船，又称“子母船”
Beer Game——啤酒游戏
Break-Bulk Cargo——件杂货
Break-Bulk Container——杂货集装箱
Broker——运输经纪人
BSI——英国标准协会
Bulk Cargo——干散货
Bulk Cargo Container——散货集装箱
Bulk Carrier——散货船
Bulk Cement Boat——散装水泥船
Bullwhip Effect——长鞭效应
Buy-Side Systems——买方系统
CAD——Computer Auxiliary Design，计算机辅助设计
CAM——Computer Auxiliary Manufacturing，计算机辅助制造
CAPP——计算机辅助工艺设计
运价率(Traffic Price Rate)运价体系(Traffic Tariff System)
Cargo Classify Freight Tariff——货物分等运价
Cargo Delivery Deadline 或 Time-Limit for Delivery——运送期限

Cargo Delivery Time——货物送达时间
Cargo Error——货差
Cargo Error Rate——货差率
Cargo Load And Unload Volume——货物装卸量
Cargo Lose——货失
Cargo Throughput——货物吞吐量
Cargo Traffic Volume 或 Freight Volume——货物运输量
Cargo Turnover 或 Volume of Cargo Turnover——货物周转量
Carrier 或 Carry Vehicles——运载工具
Carry——运载
Carrying——搬运
Casual Loop——因果循环
CE——Concurrent Engineering，并行工程
Centralized Purchasing——集中采购
CIM——Computer Integrated Manufacturing，计算机集成制造
CIMS——计算机集成制造系统
Circuitous Carry——迂回运载
CLM——Council of Logistics Management，美国物流管理协会
Code bar——库德巴码
Combined Transportation——联合运输
Combustible Liquid 或 Inflammable Liquid——易燃液体
Combustible Solid 或 Inflammable Solid——易燃固体
Commercial Transportation——商业运输
Common Traffic Price——普通运价
Compressed and Liquescent Gas——压缩和液化气体
Communication and Transportation Network——交通运输网
Concurrent Engineering——并行工程
Contact Management——接触管理
Container——集装箱
Container Ship——集装船
Container Traffic Price——集装箱运价
Continuous Improvement——连续改进
Convective Carry——对流运载
Conversion Turnover Volume——换算周转量
Convey——输送
CORELA——相互关系法
Corridor System——通道系统
Corrodible Goods 或 Corrosive Goods——腐蚀物品
Corruptible——易腐

Cost Estimates——成本估算
Cost Structure——成本结构
CRAFT——位置配置法
Critical Purchase——关键采购
CRM——Customer Relationship Management，客户关系管理
CRP——Continuous Replenishment Planning，持续补货规划
CRP——Capacity Requirements Planning，产能需求规划
CRS——Continuous Replenishment System，持续补货系统
Cruise Ship——大型豪华客轮或旅游船
Customer Care——客户服务
Damage to Cargo——货损
Dangerous——危险
Hazardous——有害
DC——Distribution Center，配送中心
Decentralized Purchasing——分散采购
Demand Planning——需求规划
Design & Redesign——设计与再设计
Differential Traffic Tariff——差别运价
Delivery Speed——送达速度
Distribution Center——配送中心
Distribution Logistics——销售物流
Diesel Locomotive——内燃机车
DRP ——Distribution Requirements Planning，分销需求规划
EAN——European Article Number，国际物品编码协会
Economic Freight Distance——经济运距
ECR——Efficient Consumer Response，有效客户反应
EDI——Electronic Data Interchange，电子数据交换
EDIFACT 标准——美、日等国使用的 EDI 标准
Efficiency Density——效率密度
ELA——European Logistics Association，欧洲物流协会
Electric Locomotive——电力机车
Embargo Goods——禁运物品
Energy Consumed Per 10000 Conversion Ton-Kilometre——每万换算吨千米能耗
EOQ——Economic Order Quality，经济订货批量
EOS——Electronic Ordering System，电子订货系统
EPI——早期新产品开发
E-Procurement——电子化采购
Ergonomics——工效学
ERP——Enterprise Resources Planning，企业资源计划

ESI——Early Supplier Involvement，早期供应商参与
Explosive Goods——爆炸品
Feeder Line Transportation——支线运输
Ferry——渡船
Fixed Rack——固定式货架
Flow Routing——流径
FM——Flexible Manufacturing，柔性制造
FMC、FMS——柔性制造
FoB——Free On Board，船边交货价格
Food Carrier——粮食船
Fragile——易碎
Freight Forwarder——运输代理人
Freight price decrease progressively by distance——递远递减运价
Freight price differential progressively by distance——递远递差运价
Freight price increase progressively by distance——递远递增运价
Freight-Volume Irrelated Expenditure——与运量无关的支出
Freight-Volume Related Expenditure——与运量有关的支出
Full Car-Load Freight Tariff——整车运价
Gantt Chart——甘特图
GAUA 标准——欧洲汽车行业统一的报文形式和传输方式
General Cargo——普通货物
General Cargo Ship——杂货船
GIS——Geographic Information System，地理信息系统
GPS——Global Positioning System，全球卫星定位系统
GT——成组技术
Handling——搬运
Handling and Carrying Revenue——装卸搬运收入
Horizontal Portals——水平门户
IE——Industry Engineering，工业工程
IM——Integrated Manufacturing，集成制造
IMVP——国际汽车计划组织
Industrial Transportation——工业运输
Information Distortion——信息曲解
Insubmersibility——抗沉性
Integrated Transportation——综合运输
Internal Logistics System——企业物流系统
International Conventions and Rules for Multimodal Transport——《多式联运国际公约与规则》
International Multimodal Transport of Goods——国际货物多式联运

Irrational Carry——不合理运载
ISO——International Organization for Standardization，国际标准化组织
ISO9000——质量体系认证
ISO14000——绿色环保体系认证
JIT——Just In Time，准时制
Lane Stacker——巷道堆垛机
Less than Car-Load Freight Tariff——零担运价
Less-than-Carload——零担
Less-than-Container Load——拼箱
Less-than-Whole Entire Transportation——零散运输
Light and Puffy Cargo——轻泡货物
Liquid-Dbulk Cargo Container——液散货集装箱
Liquid Tanker——液货船
Live——鲜活
Loading and Unloading——装卸
Logistics(法语)——原意是兵站、军事后勤，后被引译为物流
Low-Impact Purchase——影响比较小的采购
LP——Lean Production，精益生产
LRT——Light Rail Transit，轻轨
Maneuverability——操纵性
Manufacturing Planning——制造规划
Material Handling——物料搬运
Maglev Train——磁悬浮列车
Matter Flow——物流
Military Transportation——军事运输
MPS——Manufacturing Planning and Scheduling，制造规划和排程
MRP——Material Requirements Planning，物料需求计划
MRP Ⅱ——Manufacturing Resource Planning，制造资源计划
NC——数控技术
Ocean Ship——邮船
OEM——Original Equipment Manufacture，一种原汁原味原产地的制造
OHSAS18000——职业健康安全体系认证
Oil Tanker——油轮
OMC——Order Management Cycle，订单管理周期
Open Books——成本资料
Operational Accident Rate——运营事故率
Operational Density——运行密度
Operational Line——运行线路
Operation Method——操作方法

OPT——Optimized Production Technology，优化生产技术
Ore Carrier——矿石船
Over Large and Heavy——超大超重
Over-Limits 或 Exceptional Clearances——超限
Oxidant 或 Oxidizing Agent——氧化剂
Pallet——托盘
Passenger Ship——客运船舶
PD——Physical Distribution，直译为实物分配
PICQMDS——精益生产终极目标，具体表现在追求 7 个“零”的极限目标
Pile and Stack——堆码
PLANET——分析评价法
Plant Layout——工厂布置
Platform——站台
POS——Point of Sale，销售时点系统
Poisonous Articles 或 Poisonous Substances——毒害品
Postal Transportation——邮政运输
Precious 或 Valuable——贵重
Preferential Traffic Price 或 Preferential Tariff——优待运价
Production Logistics——生产物流
Purchase Strategy or Tactics——采购策略
QC——质量控制
Q-GERT——带有排队功能的图示评审技术
QR——Quick Response，快速反应
Radioactive Goods——放射性物品
Rate of Damaged Cargo——货损率
Rate of Losed Cargo——货失率
Rational Carry——合理运载
Refrigerated Container——冷藏集装箱
Refrigerated Ship——冷藏船
Returned Logistics——回收物流
RFID——Radio Frequency Identification，电子射频
RO/RO Ship 或 Roll On/Roll Off Ship——滚装船
RS——Remote Sensing System，遥感系统
SA8000——社会责任体系认证
Safety Density——安全密度
SC——Supply Chain，供应链
Scheduling——排程
SCL——Supply Chain Logistics，供应链物流
SCM——Supply Chain Management，供应链管理

SCP——Supply Chain Partnership，供应链合作伙伴关系
Seakeeping——耐波性
Selective Rack——可调式货架
Self-Combustible Goods——自燃物品
Sell-Side Systems——卖方系统
Serving Ship——服务船
Simultaneous Engineering——同步工程
Sliding Rack——可动式货架
SP——Supply Planning，供应规划
Special Cargo——特殊货物
Special Ship——专用船
Specific Traffic Price——特定运价
SRM——Supply Relationship Management，供应商关系管理
Stability——船舶稳定性
Standardized-Logistics Circulation Box——标准化物流周转箱
Standard Resources Consuming Productivity——标准能耗生产率
Steam locomotive——蒸汽机车
Storing——存储
Storage rack——存储货架
Strategic Purchase——策略性采购
Subway——地铁(美国称谓)
System——系统
Target Costing——目标成本法
TCO——Total Cost of Ownership，所有权的总成本
Team Work——团队工作法
Thermal Container——保温集装箱
Third-Party Systems/Portals——第三方交易平台/门户
Time Compression——压缩时间
TOC——Theory of Constraints，约束理论
TPL 或 3PL——Third Party Logistics，第三方物流或称为合约物流
TQM——Total Quality Management，全面质量管理
Traffic Price Index——运价指数
Traffic Price Rate——运价率
Traffic Tariff——运价
Traffic Tariff Comparison——运价比价
Traffic Tariff System——运价体系
Transit Traffic Price 或 Transit Freight Tariff——联运运价
Transport/Transportation——运输
Transportation Distance——运距

Transportation Labour Productivity——运输劳动生产率
Transportation Density——运输密度
Transportation Dispatching——运输调度
Transportation Expenditure——运输支出
Transportation Finance——运输财务
Transportation Network——运输网
Transportation Object——运输客体
Transportation Operational Revenue——运输营运收入
Transportation Planning——运输规划
Transportation Quality Assessing Index——运输质量考核指标
Transportation Revenue——运输收入
Transportation Statistics——运输统计
Transportation Subsidy——运输补贴
Transportation System——运输系统
Transportation Volume——运量
Transportation Way——运输方式
Trunk Line Transportation——干线运输
Tug——拖船
Turnover Volume——周转量
UCC——美国统一代码委员会
Underground——地铁(英国称谓)
Uniform Rules for Combined Transport Documents——《联合运输单证统一规则》
Unitary Standardized Container——集装箱
Unit Load Equipment——单元负载设备
Value Analysis——价值分析
Vertical Portals——垂直门户
VMI——Vendor Managed Inventory，供应商管理库存技术
Warehouse——仓库
Waste Material Logistics——弃物物流
Water-Contacted Combustible Goods——遇水燃烧物品
WFMONITOR——流程监控工具
WFVISIO——可视化流程定义工具
Whole Entire Transportation——整批运输
WMS——Warehouse Management System，仓库管理系统
Work Table——工作台
Working Ship——工程船

参考文献

[1] 王侃．现代物流学[M]．北京：中国商务出版社，2005.
[2] 王侃，吕向丽．运输与运载[M]．北京：中国物资出版社，2009.
[3] 彭云飞，邓勤．现代物流管理[M]．北京：机械工业出版社，2009.
[4] 陈唐民．汽车运输学[M]．北京：人民交通出版社，1998.
[5] 齐二石，霍艳芳，刘亮．物流工程与管理概论[M]．北京：清华大学出版社，2009.
[6] 鲁晓春．仓储自动化[M]．北京：清华大学出版社，2002.
[7] 孙宏岭，武文斌．物流包装实务[M]．北京：中国物资出版社，2003.
[8] 宋伟刚．物流工程及其应用[M]．北京：机械工业出版社，2003.
[9] 王之泰．物流工程研究[M]．北京：首都经济贸易大学出版社，2005.
[10] 秦明森．物流技术手册[M]．北京：中国物资出版社，2002.
[11] 汝宜红．物流学[M]．北京：高等教育出版社，2003.
[12] 王耀斌，简晓春．物流装卸机械[M]．北京：人民交通出版社，2003.
[13] 真虹，朱云仙．物流装卸与搬运[M]．北京：中国物资出版社，2004.
[14] 张晓川．现代仓储物流技术与装备[M]．北京：化学工业出版社，2003.
[15] 叶怀珍．现代物流学[M]．2 版．北京：高等教育出版社，2006.
[16] 姜大立．现代物流装备[M]．北京：首都经济贸易大学出版社，2003.
[17] 季建华，邵晓峰．物流案例[M]．北京：高等教育出版社，2008.
[18] 刘凯．现代物流技术基础[M]．北京：北京交通大学出版社，2004.
[19] 王明智．物流管理实例与实训[M]．北京：机械工业出版社，2003.
[20] [日]菊池康也．物流管理[M]．丁立言，译．北京：清华大学出版社，1999.
[21] 李晓龙．现代物流企业管理[M]．北京：北京大学出版社，2004.
[22] 夏文汇．现代物流管理[M]．重庆：重庆大学出版社，2002.
[23] 赵刚．现代物流基础[M]．成都：四川人民出版社，2002.
[24] 现代物流管理编写组．现代物流管理[M]．郑州：郑州大学出版社，2004.
[25] 现代物流管理课题组．物流成本管理[M]．广州：广东经济出版社，2002.
[26] 黄乐恒．物流成本及物流成本管理[J]．物流技术与应用，1998，(3)3.
[27] 杨希怀．企业战略管理[M]．北京：高等教育出版社，2005.
[28] 马士华，林勇．供应链管理[M]．北京：机械工业出版社，2005.
[29] 黄福华，袁世军．现代企业物流运作管理案例选评[M]．长沙：湖南科学技术出版社，2003.
[30] [美]彼德·圣吉．第五项修炼[M]．郭进隆，译．上海：上海三联书店，1998.
[31] 顾培亮．系统分析与协调[M]．2 版．天津：天津大学出版社，2008.
[32] 许国志．系统科学[M]．上海：上海科技教育出版社，2000.
[33] 李怀祖．管理研究方法论[M]．西安：西安交通大学出版社，2005.
[34] 蓝仁昌．第四方物流[M]．北京：中国物资出版社，2009.
[35] 翟光明．采购与供应商管理[M]．北京：中国物资出版社，2009.
[36] 齐二石，周刚．物流工程[M]．天津：天津大学出版社，2001.
[37] 光昕．物流服务营销[M]．北京：中国物资出版社，2008.
[38] 孙元欣．供应链管理原理[M]．上海：上海财经大学出版社，2003.

[39] 杨赞．国际多式联运与现代物流理论与务实[M]．北京：中国对外经济贸易出版社，2005．
[40] 中国国际货运代理协会．国际货运代理基础知识[M]．北京：中国对外经济贸易出版社，2005．
[41] 王转，程国全．配送中心系统规划[M]．北京：中国物资出版社，2003．
[42] 王成．现代物流管理务实与案例[M]．北京：企业管理出版社，2001．
[43] 翁心刚．物流管理基础[M]．北京：中国物资出版社，2006．
[44] 赵国杰，于海洋．企业发展战略的选择[M]．天津：天津大学出版社，2000．
[45] 吴清一．物流管理(中级)[M]．北京：中国物资出版社，2003．
[46] 王国华．供应链管理[M]．北京：国防工业出版社，2005．
[47] 上海朗域供应链管理研究中心．21 世纪供应链管理实务[M]．北京：中国海关出版社，2004．
[48] 马士华，林勇．供应链管理[M]．北京：高等教育出版社，2003．
[49] 王昭凤．供应链管理[M]．北京：电子工业出版社，2006．

21 世纪全国高等院校物流专业创新型应用人才培养规划教材

序　号	书　名	书　号	编著者	定　价	出版日期
1	物流工程	7-301-15045-0	林丽华 刘占峰	30.00	2009.4
2	现代物流决策技术	7-301-15868-5	王道平 王 煦	30.00	2009.10
3	物流管理信息系统	7-301-16564-5	杜彦华 吴秀丽	33.00	2010.1
4	物流信息管理	7-301-16699-4	王汉新	38.00	2010.1
5	现代物流学	7-301-16662-8	吴 健	42.00	2010.2
6	物流英语	7-301-16807-3	阚功俭	28.00	2010.2
7	第三方物流	7-301-16663-5	张旭辉 杨勇攀	35.00	2010.2
8	物流运作管理	7-301-16913-1	董千里	28.00	2010.2
9	采购管理与库存控制	7-301-16921-6	张 浩	30.00	2010.2
10	物流管理基础	7-301-16906-3	李蔚田	36.00	2010.2
11	供应链管理	7-301-16714-4	曹翠珍	40.00	2010.3
12	物流技术装备	7-301-16808-0	于 英	38.00	2010.4
13	现代物流信息技术	7-301-16049-7	王道平 周 叶	30.00	2010.4
14	现代物流仿真技术	7-301-17571-2	王道平 张学龙	34.00	2010.8
15	物流信息系统应用实例教程	7-301-17581-1	徐 琪	32.00	2010.8
16	物流项目招投标管理	7-301-17615-3	孟祥茹	30.00	2010.8
17	物流运筹学实用教程	7-301-17610-8	赵丽君 马建华	33.00	2010.8
18	现代物流基础	7-301-17611-5	王 侃	37.00	2010.8
19	现代企业物流管理实用教程	7-301-17612-2	乔志强 程宪春	40.00	2010.8
20	现代物流管理学	7-301-17672-6	丁小龙	42.00	2010.8
21	物流运筹学	7-301-17674-0	郝 海 熊德国	36.00	2010.8